고시넷



GSAT 삼성직무적성검사

# 삼성그룹 4급 전문대졸 채용 실전모의고사

온라인 시험 완벽 대비
수리+추리+지각

대표예제 & 기출예상문제
출제유형학습+실전모의고사

gosinet
(주)고시넷

# 정오표 및 학습 질의 안내

## 정오표 확인 방법

고시넷은 오류 없는 책을 만들기 위해 최선을 다하고 있습니다. 그러나 편집 과정에서 미처 바로잡지 못한 실수가 뒤늦게 발견되는 경우가 있습니다. 고시넷은 이런 잘못을 바로잡기 위해 정오표를 실시간으로 제공하고 있습니다. 책을 선택해 주신 수험생들께 감사하는 마음으로 끝까지 책임감을 갖고 최선을 다하겠습니다.

고시넷 홈페이지 접속 › 고시넷 출판-커뮤니티 › 정오표

www.gosinet.co.kr

모바일폰에서 QR코드로 실시간 정오표를 확인할 수 있습니다.

## 학습 질의 응답

학습과 교재 관련 문의를 받고 있습니다. 적절한 교재 선택에 관한 조언이 필요하거나 고시넷에서 발행한 교재로 학습 중에 의문 사항이 생기면 아래 주소로 연락주십시오. 성실히 답변을 드리겠습니다.

이메일주소 qna@gosinet.co.kr로 문의주시면 확인 후 빠르게 답변드리겠습니다.

# 차례



## 파트 1 출제유형학습

### 01 수리능력



### 02 추리능력



### 03 지각능력

## 파트 2 실전모의고사



## 파트 3 인성검사



## 파트 4 면접가이드



## 책속의 책

### 파트 1 출제유형학습



### 파트 2 실전모의고사

# 구성과 활용

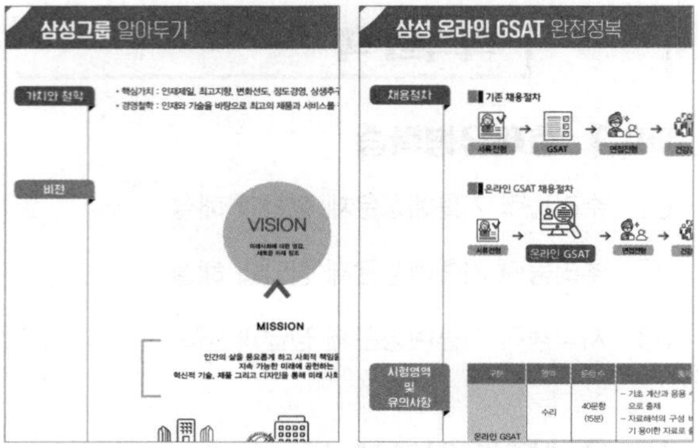


## 1 삼성 그룹 소개 & 채용 분석

삼성 그룹에서 추구하는 경영철학 및 핵심 가치, 비전, 경영전략, 인재상 등을 수록하였으며 삼성 그룹의 계열사들과 채용 절차 및 출제 영역 등을 한눈에 파악할 수 있도록 구성하였습니다.

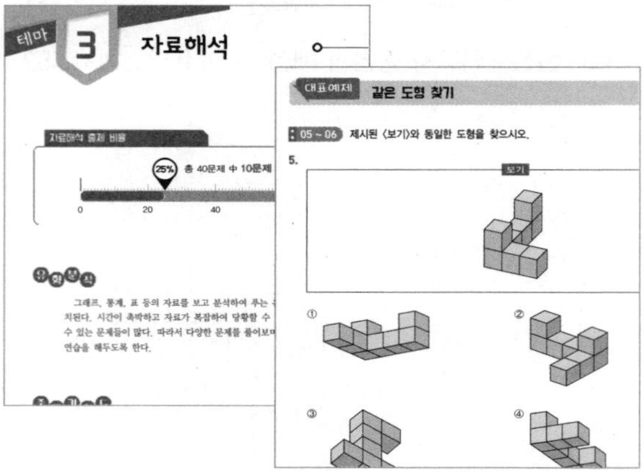


## 2 테마별 유형 분석 & 대표예제로 출제 경향 분석

수리, 추리, 지각능력에서의 자주 출제되는 유형을 테마로 분석하여 최신 출제 경향을 파악할 수 있도록 하였으며 테마별 출제 키워드를 정리하고 대표예제를 실어 영역별 효율적인 학습이 이루어지도록 하였습니다.

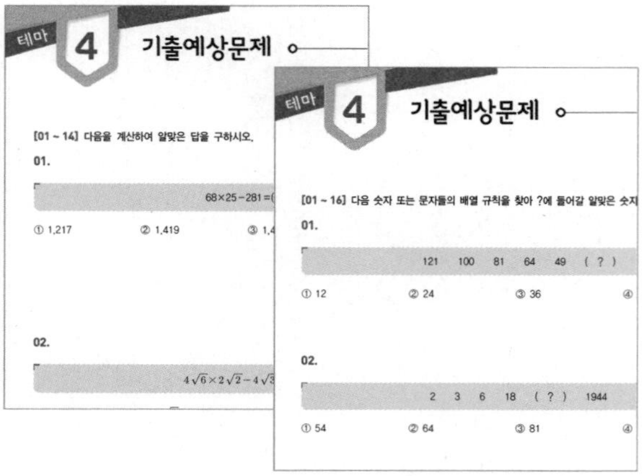


## 3 기출예상문제로 문제 풀이 연습

과목별 기출예상문제를 자주 출제되는 유형의 문제로 구성하여 문제 풀이 연습을 할 수 있도록 구성하였습니다.

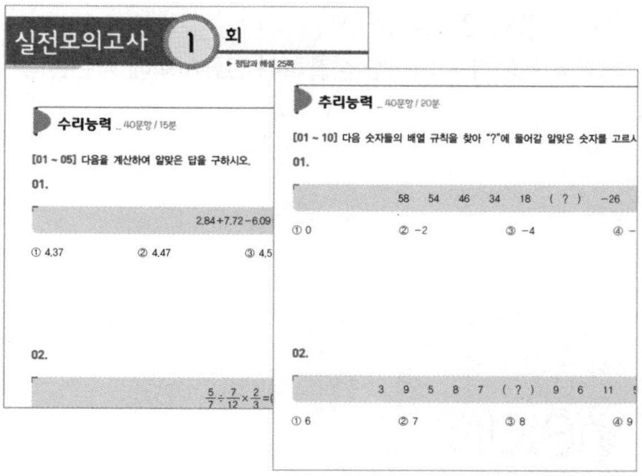

## 4 실전모의고사로 실전 연습 & 실력 UP!!

최신 기출문제 유형에 맞게 구성한 총 3회분의 실전모의고사로 완벽한 실전 준비가 가능하도록 하였으며 세 번의 실전 연습을 통해 자신의 실력을 점검하고 향상시킬 수 있도록 구성하였습니다.

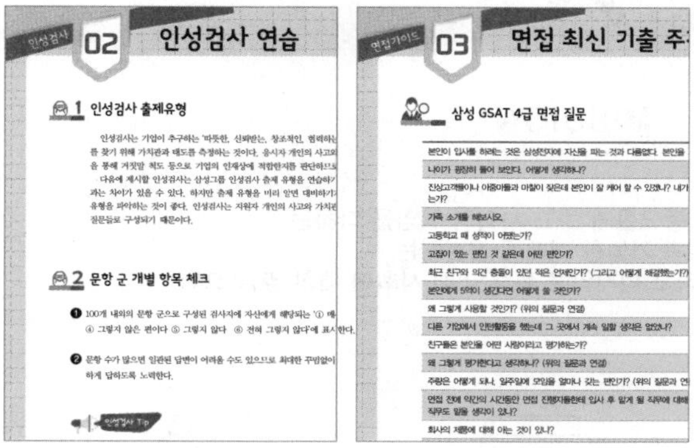

## 5 인성검사 & 면접으로 마무리까지 OK!!!

채용 시험에서 최근 점점 중시되고 있는 인성검사와 면접 질문들을 수록하여 마무리까지 완벽하게 대비할 수 있도록 하였습니다.

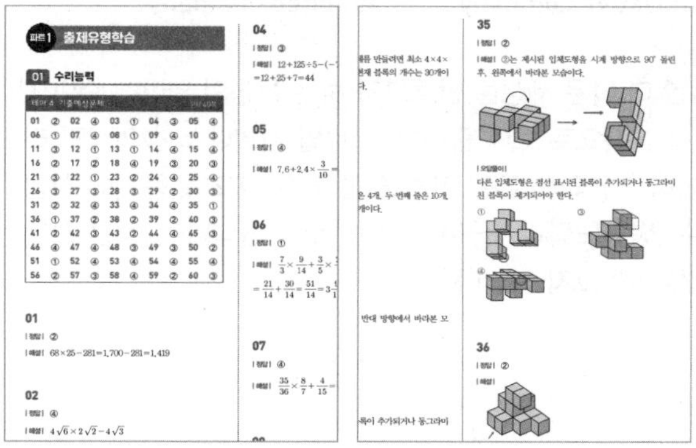

## 6 상세한 해설과 오답풀이가 수록된 정답과 해설

기출예상문제와 실전모의고사의 문제에 상세한 해설을 수록하였고 오답풀이 및 보충 사항들을 수록하여 문제풀이 과정에서의 학습의 효과가 극대화될 수 있도록 구성하였습니다.

# 삼성그룹 알아두기

## 가치와 철학

- 핵심가치 : 인재제일, 최고지향, 변화선도, 정도경영, 상생추구
- 경영철학 : 인재와 기술을 바탕으로 최고의 제품과 서비스를 창출하여 인류사회에 공헌한다

## 비전

**VISION**

미래사회에 대한 영감,
새로운 미래 창조

**MISSION**

인간의 삶을 풍요롭게 하고 사회적 책임을 다하는
지속 가능한 미래에 공헌하는
혁신적 기술, 제품 그리고 디자인을 통해 미래 사회에 대한 영감 고취

**Beloved Brand** **Innovative Company** **Admired Company**

보다 풍부한 디지털 경험으로 가득한 더 나은 세상을 만들고자 하는 삼성의 열망에 수반되는 기술, 제품 그리고 결연한 의지를 핵심적으로 보여 줍니다. 글로벌 사회에서 창의적인 리더로서의 책임을 인식할 때 직원과 협력사 간의 공유된 가치를 만들 수 있으며, 동시에 산업과 고객에게 새로운 가치를 제공할 수 있는 노력과 자원을 투입할 수 있습니다. 삼성은 모든 사람이 흥미를 느끼고 기대하는 미래를 만들고자 합니다

## 경영전략

## 인재상

Samsung People

We invite global talent of diverse backgrounds.

삼성은 학력, 성별, 국적, 종교를 차별하지 않고 미래를 이끌어 나갈 인재와 함께 합니다.

- **Passion 열정**
  We have an unyielding passion to be the best.
  끊임없는 열정으로 미래에 도전하는 인재

- **Creativity 창의혁신**
  We pursue innovationg through creative ideas for a better future.
  창의와 혁신으로 세상을 변화시키는 인재

- **Integrity 인간미 · 도덕성**
  We act responsibly as a corporate citizen with honesty and fairness.
  정직과 바른 행동으로 역할과 책임을 다하는 인재

## 삼성전자

### 기업소개

- 1969년 설립된 글로벌 IT 기업으로, 주요사업은 CE부문(TV / 냉장고 등)과 IM부문(컴퓨터 / HHP 등), DS부문(DRAM / 모바일AP / LCD / OLED 등), Harman(인포테인먼트 등)으로 구성된다.

### 경영전략

- 인재와 기술을 바탕으로 최고의 제품과 서비스를 창출하여 인류사회에 공헌한다.
  - 인재육성과 기술우위 확보를 경영의 원칙으로 삼는다.
  - 인재와 기술의 조화를 통하여 경영전반의 시너지 효과를 증대한다.
  - 고객에게 최고의 만족을 줄 수 있는 제품과 서비스를 창출한다.
  - 동종업계에서 세계 1군의 위치를 확보한다.
  - 인류의 공동이익과 풍요로운 삶을 위해 기여한다.
  - 인류공동체 일원으로서의 사명을 다한다.

### 비전

- 미래사회에 대한 영감, 새로운 미래 창조

### 핵심가치

- 인재제일
  - '기업은 사람이다'라는 신념을 바탕으로 인재를 소중히 여기고 마음껏 능력을 발휘할 수 있는 기회의 장을 만든다.
- 최고지향
  - 끊임없는 열정과 도전정신으로 모든 면에서 세계 최고가 되기 위해 최선을 다한다.
- 변화선도
  - 변화하지 않으면 살아남을 수 없다는 위기의식을 가지고 신속하고 주도적으로 변화와 혁신을 실행한다.
- 정도경영
  - 곧은 마음과 진실되고 바른 행동으로 명예와 품위를 지키며 모든 일에 있어서 항상 정도를 추구한다.
- 상생추구
  - 우리는 사회의 일원으로서 더불어 살아간다는 마음을 가지고 지역사회, 국가, 인류의 공동번영을 위해 노력한다.

## 삼성전기

### 기업소개

- 첨단 전자부품에서 기계부품까지 생산하는 종합부품 제조사이다. 주요 사업에는 컴포넌트 솔루션, 모듈 솔루션, 기판 솔루션 등이 있다.

### 경영전략

- 지속가능경영
  - 삼성전기는 첨단 기술업계를 선도하는 창조적 혁신기업으로 도약하기 위해 고객과 주주 등 다양한 이해관계자와의 신뢰를 바탕으로 지속가능경영을 실천한다. 이를 위해 녹색경영, 주주중시, 품질경영, 인재양성, 나눔경영, 상생경영의 6개 핵심영역을 설정하고, 이를 기반으로 경제적 수익성을 도모하고, 환경과의 조화를 추구하며, 사회적 문제 해결에 기여할 것이다.
- 윤리경영
  - 법과 윤리를 준수한다.
  - 청결한 조직 문화를 유지한다.
  - 고객 · 주주 · 임직원을 존중한다.
  - 환경 · 안전 · 건강을 중시한다.
  - 글로벌 기업시민으로서 사회적 책임을 다한다.

### 비전

- 세계 최고의 부품회사

## 삼성 SDI

### 기업소개

- 1970년에 설립되어 IT, 자동차, ESS(Energy Storage System)용 2차 전지와 반도체, 디스플레이, 태양광 등의 재료로 사용되는 첨단 소재를 생산하고 있다.

### 비전

- Creative Energy & Materials Solution Leader(변화와 혁신을 바탕으로 기술과 시장을 선도하는 창조적인 리더)

### 핵심가치

- 최고 Excellence, 고객 Customer, 혁신 Innovation

# 삼성 계열사의 모든 것

## 삼성 SDS

### 기업소개

삼성의 ICT를 담당하기 위해 설립되었으며 시스템통합 구축서비스와 소프트웨어의 개발 및 정보처리기술에 관한 전문적인 서비스와 교육훈련을 사업 목적으로 하고 있다. 생산성을 혁신하는 엔터프라이즈 솔루션 및 4차 산업 혁명을 견인하는 AI, 클라우드, 블록체인 등의 IT 기술력을 기반으로 제조, 금융, 물류, 리테일 등 다양한 영역에서 활용되고 있다.

### 비전

DATA-DRIVEN DIGITAL TRANSTORMATION LEADER

### 슬로건

Realize your vision

## 삼성 디스플레이

### 기업소개

액정 평판 디스플레이(TFT-LCD / OLED)를 제조 및 판매하는 업체로, AMOLED 누적 생산량이 20억 대를 돌파하는 등 세계 최대의 디스플레이 기업으로 자리잡았다.

### 비전

DISPLAY BEYOND IMAGINATION "상상 속에서만 가능했던 디스플레이, 그 이상을 우리가 만듭니다."

### 핵심가치

FIRST&BEST, SMART&TOGETHER

## 삼성중공업

### 기업소개

1974년 설립된 선박 및 해양플랜트 전문 기업으로 사업부문은 선박, 해양플랫폼 등의 판매업을 영위하는 조선해양 부문과 건축 및 토목공사를 영위하는 E & I 사업부문으로 구분된다.

### 기업 사명

안전하고 환경 친화적이며 경제성과 편리성이 탁월한 선박 및 설비를 제공함으로써 고객만족과 삶의 질 향상에 기여한다.

## 삼성 엔지니어링

### 기업소개

- 1970년 설립된 계열사로 플랜트 건설 및 산업기계 제작판매 공학, 기술서비스, 토건 등을 주력하고 있다. 사업부문은 오일 & 가스 프로세싱, 정유, 석유화학, 산업, 환경으로 구성된다.

### 비전

- 세계 1등의 기술경쟁력을 갖춘 EPC 회사

### 핵심가치

- 확고한 기본, 기술의 축적, 존중과 협력, 끝없는 혁신

## 삼성생명

### 기업소개

- 1957년에 설립되었으며 국내 최대 규모의 개인연금과 퇴직연금 적립금을 보유하고 있으며 보험, 대출, 퇴직연금, 펀드, 신탁을 사업 영역으로 두고 있다.

### 비전

- 고객 이익 중심의 글로벌 라이프 파트너

### 핵심가치

- 고객중심, 사람중시, 프로지향, 도전추구, 소통원활

## 삼성화재 해상보험

### 기업소개

- 1952년 설립된 손해보험사로, 국내 및 해외시장에서 개인과 기업 고객 대상으로 화재, 해상, 자동차, 상해, 배상책임, 장기손해보험, 개인연금 등 다양한 보험상품과 종합 Risk Solution 서비스를 제공하고 있다.

### 비전

- Good Insurance Company for Better Life

## 삼성카드

### 기업소개

- 신용카드, 선불카드의 카드사업과 할부금융, 일반대출, 팩토링의 할부리스사업 그 외 보험대리판매, 오토 케어 등의 사업으로 구분된다.

### 비전

- A World of Trust over The Card

## 삼성증권

### 소개

- 증권 중개 및 자산관리, 기업금융, 자금운용 등 다양한 서비스를 제공하는 금융투자회사이다.

### 슬로건

- 신뢰에 가치로 답하다.

## 삼성물산

### 소개

- 삼성물산은 삼성그룹의 모기업으로 1938년 설립되었으며, 1975년 '종합상사 1호'로 지정되어 해외 영업을 주도해 왔다. 1995년 12월에는 삼성건설과 합병하여, 전 세계 50여 개국의 거점에서 글로벌 사업을 활발하게 전개하고 있다. 1963년 국토개발의 의지 아래 설립된 삼성에버랜드는 리조트, 식음, 조경 영역으로 업을 확장하며 대한민국의 서비스 사업을 선도해 왔으며, 1954년 설립 이후 대한민국의 패션산업을 이끌어온 제일모직 패션부문을 2013년 12월 인수하며 제일모직으로 사명을 변경하고 Lifestyle을 디자인하는 사업을 전개해 왔다. 각 산업 군에서 리딩 기업으로서 명성을 쌓아온 삼성물산과 제일모직은 2015년 9월 합병을 통해 건설/상사/패션/리조트 부문을 아우르는 Global Business Partner 및 Lifestyle Innovator로 더욱 성장해 나가고 있다.

### 비전

- GLOBAL BUSINESS PARTNER & LIFESTYLE INNOVATOR
- 토탈라이프 서비스를 제공하는 글로벌 가치 창조 기업

## 호텔신라

### 소개

- 호텔신라는 '최고의 호스피탈리티 기업'을 목표로 오랜 세월동안 품위와 전통을 유지하며 고객들의 마음을 사로잡아 왔다. LHW 가입을 통해 세계 최고의 럭셔리 호텔들과 어깨를 나란히 하는가 하면 전통이라는 지붕 위에 모더니즘적 디자인 요소를 가미, 삶에 여유와 품격을 한층 높여 주는 프리미엄 라이프스타일 공간으로 변화를 거듭해 왔다. 또한 서비스 기업으로서의 노하우를 기반으로 면세점 사업을 시작, 최고의 글로벌 유통 회사로서의 이미지를 구축하는가 하면 국내외 특1급 호텔과 피트니스 시설의 위탁 운영을 비롯, 외식 사업까지 그 범위를 확대하고 있습니다. 호텔신라는 앞으로도 끊임없는 창조적 혁신과 도전을 바탕으로 차별화된 최상의 가치를 선사하는 글로벌 호스피탈리티 명문 기업으로 성장할 것이다.

### 비전

- 최고의 품격과 신뢰를 바탕으로 고객이 꿈꾸는 라이프스타일을 제공하는 글로벌 선도기업

### 미션

- 우리는 최고의 라이프스타일 전문가로서 더 많은 인류에게 품격과 자부심을 경험하게 한다.

## 삼성 경제연구소

### 소개

- 경제, 경영, 산업, 금융, 보험시장, 기업 조사, 연구, 경영자문 / 도서 출판 등 다양한 분야를 연구하고 진단하는 삼성그룹 산하의 민간 연구소이다.

### 비전

- Knowledge Hub for Creative Solution

### 미션

- 창의성과 종합력을 바탕으로 양질의 지식을 창출하여 기업과 국가사회를 선도한다.

## 삼성의료원

### 소개

- 삼성생명공익재단이 운영하는 의료법인으로, 삼성서울병원, 강북삼성병원, 삼성창원병원, 성균관대의과대학 등이 있다.

## 삼성 바이오로직스

### 소개

- 삼성그룹 계열사들과 퀀타일즈트랜스내셔널사의 합작으로 세워진 바이오 의약품 생산전문 기업이다. 국내외 제약회사의 첨단 바이오의약품을 위탁 생산하는 CMO(Contract Manufacturing Organization) 사업을 영위하고 있다.

### 비전

- World Best CDMO Company

## 삼성웰스토리

### 기업소개

- 푸드 서비스를 시작으로 식자재 유통 및 해외 사업을 운용하는 글로벌 식음서비스 기업이다.

### 비전

- 더 건강하고 행복한 세상을 만듭니다.

### 핵심가치

- Cook The Health Life

# 삼성 온라인 GSAT 완전정복

## 채용절차

### 기존 채용절차

### 온라인 GSAT 채용절차

## 시험영역 및 유의사항

| 구분 | 영역 | 문항 수 | 출제 유형 및 비고 |
|---|---|---|---|
| 온라인 GSAT (총 120문항) | 수리 | 40문항 (15분) | – 기초 계산과 응용 수리의 난이도는 비교적 쉬운 편으로 출제<br>– 자료해석의 구성 비율이 높았으나 비교적 해석하기 용이한 자료로 출제 |
| | 추리 | 40문항 (20분) | – 수 · 문자추리 위주 출제<br>– 코드 해석, 참 · 거짓 등 다양한 유형도 함께 출제 |
| | 지각 | 40문항 (10분) | – 상식적인 수준의 문제로 출제<br>– 블록 쌓기와 같은 시각적 문제 다수 출제 |

※ 채용 절차, 시험 영역, 시간 등은 계열사 및 시기별로 상이할 수 있다.

## 온라인 GSAT 시험 특징

### 응시환경 사전 설정 및 준비 사항

**응시자 매뉴얼 확인 [응시자 매뉴얼] 클릭**
- 응시자 매뉴얼을 정독 후 온라인 예비소집 및 삼성직무적성검사 응시당일 전까지 시험에 필요한 모든 준비를 완료해야 함.

**삼성직무적성검사 응시/감독 프로그램 설치 및 세팅**
- 응시 프로그램 설치 : [응시 프로그램 다운로드] 클릭 ※ PC에서 클릭 후 설치
- 감독 프로그램 설치 : [감독 프로그램 다운로드] 클릭 ※ 스마트폰에서 클릭 후 설치

### 온라인 예비소집 및 삼성직무적성검사 응시당일

**예비소집**
- 09:00 ~ 10:30(시험 당일과 날짜 상이함)
  ※ 예비소집을 통해 검사 당일 시간 계획 안내 및 응시자 시험 환경을 점검
  ※ 예비소집에 참석하지 않은 응시자는 검사 당일 응시가 제한될 수 있음.

**삼성직무적성검사 응시당일(오전시험 기준)**
- ~ 09:00 : 응시환경 세팅 및 PC/스마트폰 설정 상태 확인
- 09:00 ~ 10:00 : 응시 프로그램(PC)실행 및 감독 프로그램(스마트폰) 접속 후 감독관 안내에 따라 삼성직무적성검사 시험 준비
- 10:00 ~ 10:45 : 삼성직무적성검사 실시
- 10:45 ~ 11:15 : 감독관이 답안 정상 제출 여부 및 문제풀이 용지 확인 후 검사 종료
  ※ 검사 종료 후 문제풀이 용지 답 앞/뒷면 총 4면을 카메라로 촬영하고, 12시까지 "단계별 안내"에 로그인하여 문제풀이 용지 업로드

## 온라인 GSAT 시험 주의사항

- 예비 소집일에 감독관이 확인한 장소와 동일한 장소에서 시험에 응시해야 함.
- 책상에는 PC, 모니터, 필기구, 문제풀이 용지 외의 물건을 놓을 수 없음.
- 시험 도중 응시자 외 다른 인원이 시험 공간 내에 입장할 수 없음.
- 시험은 가급적 소음이 적은 조용한 곳에서 응시해야 함.
- 문제풀이 용지는 이메일로 제출해야 하며, 문제 번호에 맞게 풀이 과정과 정답을 정확히 작성해야 함.
- 모니터를 손으로 가리는 행위 등 모니터에 손을 대는 행위는 일체 금지됨.
- 핸드폰으로 방 후면, 책상 아래, 책상 좌우 전부 비춰야 하며 시험의 모든 과정은 녹화됨, 차후에 부정행위 검증 자료로 사용될 수 있음.
- 고개를 옆으로 돌리는 행위 금지됨.
- 스탠드의 사용은 금지되며 음식물 섭취도 금지됨.

# 2021 하반기 삼성 GSAT 기출 유형분석

## 수리

[영역별 유형 비중]

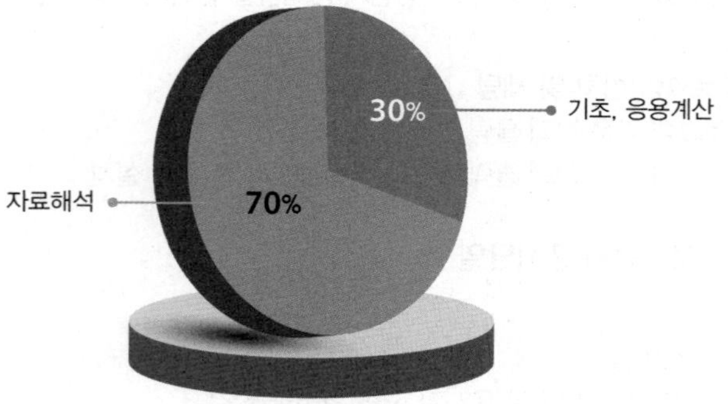


[출제경향 및 학습전략]

기초, 응용계산의 출제 비중은 줄어들고 있으며 난이도는 쉬운 편으로 계산의 정확성에 대한 중요도가 높아지고 있다. 자료해석의 출제 비중이 늘어나고 있는데, 해석하기 까다롭거나 어려운 자료보다는 한눈에 확인할 수 있는 자료를 기반으로 푸는 문제가 출제되므로, 문제를 풀이하는 속도를 올리기 위한 연습이 필요하다.

## 추리

[영역별 유형 비중]

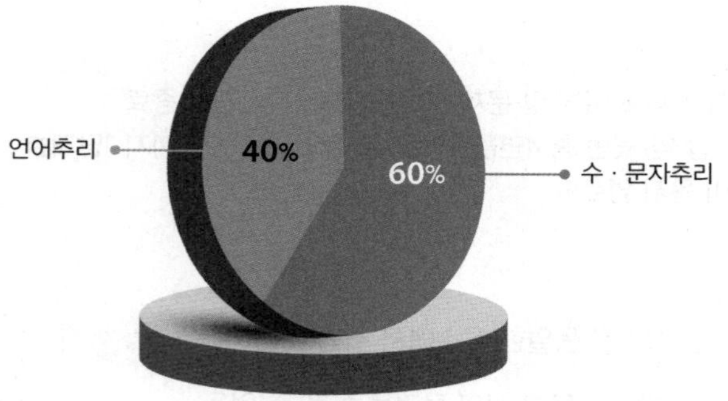


[출제경향 및 학습전략]

수나 문자의 규칙에 대해 추리하는 유형의 문제가 지속적으로 나오고 있다. 특히, 숫자와 자음, 알파벳을 섞어 배열하여 그 속에서 규칙을 찾는 문제도 출제되었다. 이 외에도 명제와 참 · 거짓과 같은 언어추리, 코드 해석, 단어 삽입 등의 문제들도 골고루 출제되었으므로 다양한 유형의 추리 문제를 풀어 보는 것이 필요하다.

## 지각

[영역별 유형 비중]

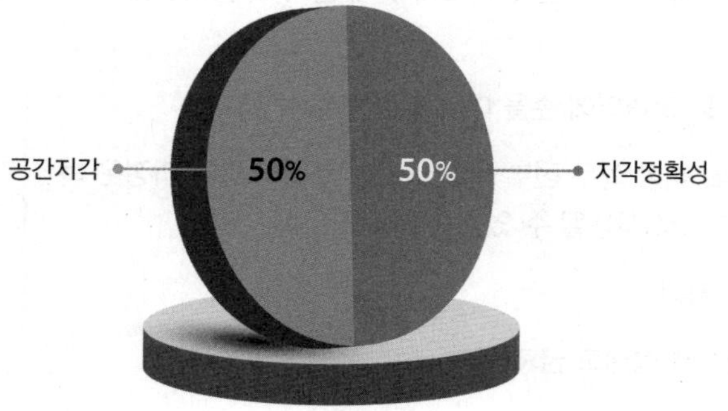


[출제경향 및 학습전략]

지각정확성 문제와 공간지각 문제가 골고루 출제되었다. 지각정확성의 경우 단어와 뜻을 연결하는 문제, 크기에 따라 수를 배열하는 문제 등이 출제되었다. 또한, 쌓여진 블록의 개수, 블록의 가려진 면 또는 인접한 면의 수를 구하는 문제와 육면체로 만들기 위해 필요한 블록의 개수를 구하는 문제 등의 블록 쌓기 문제가 다수 출제되었다. 블록 쌓기 문제의 경우 비교적 쉽게 출제되었으나, 사소한 계산 실수가 나올 수 있는 문제가 대거 출제되었으므로 정확도를 높이는 연습이 필요하다.

## 수리

[세부 영역별 출제키워드와 기출 유형분석]

| 영역 | 출제 키워드 | 기출 유형 분석 |
|---|---|---|
| 기초, 응용계산 | ⊙ 삼각형 높이<br>⊙ 소금물의 농도<br>⊙ 자전거의 속도<br>⊙ 사칙연산<br>⊙ 경우의 수 | ▶ 기본적인 응용 계산 공식을 외워 둘 필요가 있다.<br>▶ 쉬운 난이도로 구성되었다. |
| 자료해석 | ⊙ 신입사원의 남녀 구성비<br>⊙ 취업률<br>⊙ 응답의 비율 | ▶ 자료해석의 비중이 높게 출제되었다.<br>▶ 다양한 소재에 대한 자료가 다채롭게 출제되었다. |

## 추리

[세부 영역별 출제키워드와 기출 유형분석]

| 영역 | 출제 키워드 | 기출 유형 분석 |
|---|---|---|
| 수 · 문자 추리 | ⊙ 숫자 배열 규칙<br>⊙ 문자 배열 규칙 | ▶ 다양한 형태의 수열이 출제되었다. |
| 언어추리 | ⊙ 참 · 거짓 · 알 수 없음<br>⊙ 명제 추론<br>⊙ 단어 삽입<br>⊙ 코드 해석 | ▶ 숫자와 문자가 섞여 배열된 문제가 출제되었다.<br>▶ 단어 삽입, 코드 해석 등 다양한 유형의 문제가 출제되었다. |

## 지각

[세부 영역별 출제키워드와 기출 유형분석]

| 영역 | 출제 키워드 | 기출 유형 분석 |
|---|---|---|
| 지각정확성 | ⊙ 그림의 상하좌우 배치<br>⊙ 언어의 오름차순과 내림차순<br>⊙ 단어의 연결 | ▶ 그림의 순서를 한눈에 파악하기 어렵도록 출제되었다.<br>▶ 단어의 정렬은 상식 수준에서 출제되었다. |
| 공간지각 | ⊙ 블록의 개수<br>⊙ 블록의 면 | ▶ 블록에서 보이지 않는 면이나 숨겨진 블록의 개수를 확인하는 문제로 구성되었다.<br>▶ 육면체를 만들기 위해 필요한 블록의 개수를 구하는 문제가 출제되었다. |

파트

# 1

## 삼성 GSAT 4급 _ 전문대졸 직무적성검사

# 출제유형학습

| | |
|---|---|
| 01 | 수리능력 |
| 02 | 추리능력 |
| 03 | 지각능력 |

*주어진 상황을 유연하게 대처하고 해결할 수 있는 종합적인 능력을 평가하는 GSAT.

Global
Samsung
Aptitude
Test

## 영역별 최근 출제경향

**수리능력**

사칙연산과 할푼리 등을 이용하는 단순계산 문제, 소금물, 확률, 경우의 수, 거리 · 속력 · 시간, 일률 등 정해진 공식을 이용해 값을 구하는 응용계산 문제가 기본적으로 출제되었다. 또 주어진 도표나 그래프를 보고 올바른 해석을 요구하는 자료해석 문제도 묶음 문제로 출제되었다.

**추리능력**

나열된 수 사이에 숨어 있는 규칙을 찾아 이어질 수를 찾는 수추리 문제와 알파벳, 자음 등의 순서를 활용하는 문자추리 문제 그리고 주어진 문장을 기반으로 참과 거짓을 판별하는 언어추리 문제가 출제되었다. 또한 과학적 상식을 기반으로 과학적 현상에 대해 파악하는 과학추리 문제도 소량 출제되었다.

**지각능력**

길게 나열된 문자 또는 기호들의 연속을 보고 서로 같음의 여부를 판별하거나 각도를 기울여 놓는 두 개의 그림을 보고 서로 같음의 여부를 판별하는 지각정확성 문제가 출제되었다. 이 외에도 한 각도에서 바라보는 나무블록을 분석하거나 지도의 위치 또는 주사위의 전개도 등을 파악하는 공간지각 문제가 나왔다.

## 최신 기출 분석

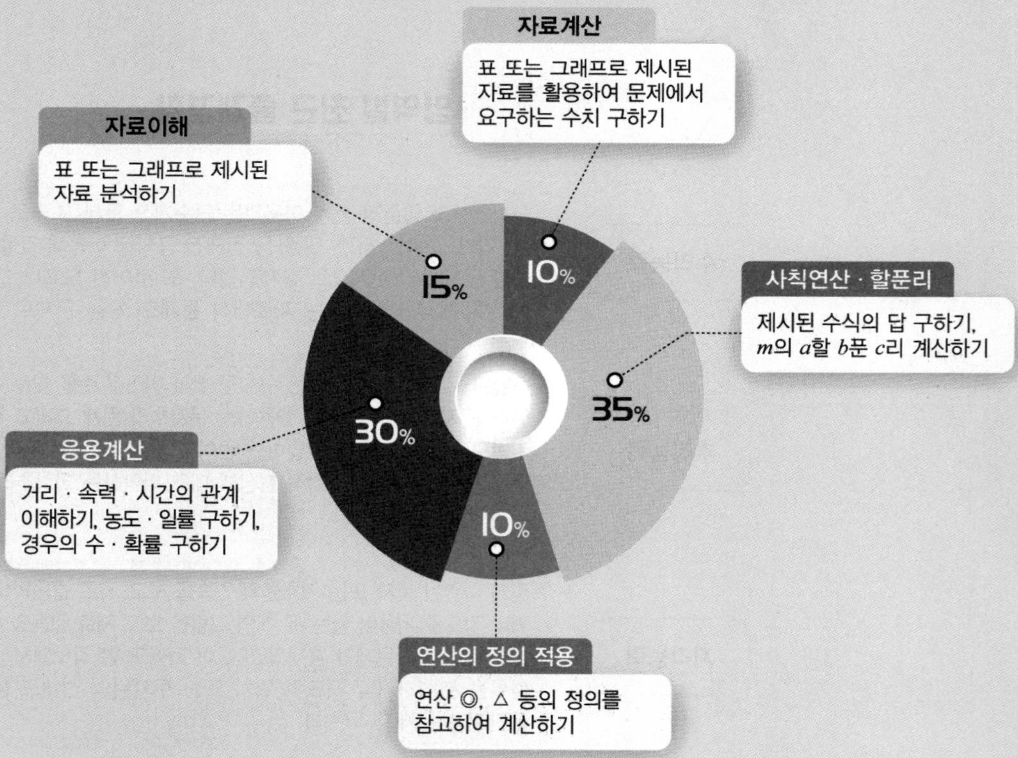
자료계산
표 또는 그래프로 제시된 자료를 활용하여 문제에서 요구하는 수치 구하기
자료이해
표 또는 그래프로 제시된 자료 분석하기
15%
10%
사칙연산 · 할푼리
제시된 수식의 답 구하기, m의 a할 b푼 c리 계산하기
35%
30%
응용계산
거리 · 속력 · 시간의 관계 이해하기, 농도 · 일률 구하기, 경우의 수 · 확률 구하기
10%
연산의 정의 적용
연산 ◎, △ 등의 정의를 참고하여 계산하기

삼성 GSAT 4급 직무적성검사

# 01 수리능력

테마 1

# 단순계산

## 단순계산 출제 비율

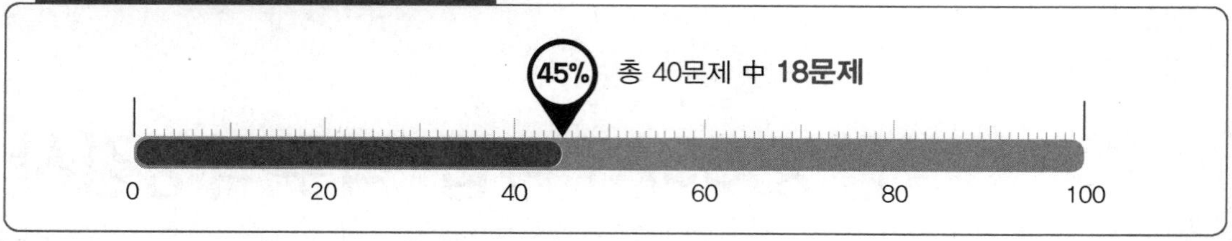


## 유형분석

단순계산은 가장 많은 문항 수를 차지하는 유형으로, 2 ~ 3자리 정수, 소수, 분수 등의 사칙연산이 주를 이루며 소괄호 · 중괄호로 묶인 연산이나 루트, 제곱이 포함된 문제가 출제되기도 한다. 또한 계산과정을 기호로 나타내어 주어진 숫자를 대입해 푸는 문제도 드물게 출제된다. 문제 자체가 어렵지는 않지만 계산 과정에서 실수하기 쉽기 때문에 빠른 시간 안에 정확하게 푸는 연습을 해야 한다. 할푼리는 일상생활에서 많이 쓰이는 용어가 아니기 때문에 준비 없이 시험장에서 처음 접하게 되면 당혹스러울 수 있다. 그러나 비슷한 유형의 문제가 계속 반복되기 때문에 한번 유형을 익혀두면 쉽게 풀 수 있다. 퍼센트 값을 구하는 문제와 푸는 방법이 유사하기 때문에 기출문제와 연습문제를 통해 빠르고 정확하게 푸는 연습을 해야 한다.

## 출제키워드

**사칙연산**

- $183+277-25$
  $1.7\times0.4$
  $(\sqrt{27}+4\sqrt{3})\times2\sqrt{2}$

**대소비교**

- $3,055\times0.6$ □ $3,754\times0.5$
  $8,961\div1,150$ □ $8$
  $\frac{26}{17}$ □ $\frac{51}{35}$

**할푼리**

- 4L의 8푼
  410의 6할 3푼

**연산의 정의 적용**

- A☆B=AB−A+B
  A●B=AB+A+B
  A◎B=(A−B)×(A+B)

## 대표예제 사칙연산

**01 ~ 04** 다음을 계산하여 알맞은 답을 구하시오.

**1.**

$$13.22+154.22+21.79=(\quad)$$

① 78.23 ② 690.53 ③ 1,925 ④ 189.23

| 정답 | ④

| 해설 | 선택지의 수 사이에 큰 차이가 있으므로 반올림한 값으로 빠르게 답을 찾을 수 있다.

$13.22+154.22+21.79=13+154+22=189 \fallingdotseq 189.23$

**2.**

$$824\times0.35=(\quad)$$

① 665.4 ② 288.4 ③ 28 ④ 2,864

| 정답 | ②

| 해설 | 선택지의 수 사이에 큰 차이가 있으므로 반올림한 값으로 빠르게 답을 찾을 수 있다.

$824\times0.35 \fallingdotseq 800\times0.4=80\times4=320 \fallingdotseq 288.4$

**3.**

$$7^2+2(9-6)^2=(\quad)$$

① 67 ② 87 ③ 97 ④ 107

| 정답 | ①

| 해설 | $7^2+2(9-6)^2=49+2(3)^2=49+2(9)=49+18=67$

**4.**

$$\frac{2}{3}+\frac{3}{7}\times\left(\frac{4}{9}+\frac{2}{3}\right)\div\frac{3}{7}=(\quad)$$

① $\frac{7}{9}$ ② $\frac{16}{7}$ ③ $\frac{16}{3}$ ④ $\frac{16}{9}$

| 정답 | ④

| 해설 | $\frac{2}{3}+\frac{3}{7}\times\left(\frac{4}{9}+\frac{2}{3}\right)\div\frac{3}{7}=\frac{2}{3}+\frac{3}{7}\times\left(\frac{4}{9}+\frac{6}{9}\right)\div\frac{3}{7}$

$=\frac{2}{3}+\frac{3}{7}\times\frac{10}{9}\times\frac{7}{3}=\frac{2}{3}+\frac{10}{9}=\frac{6}{9}+\frac{10}{9}=\frac{16}{9}$

**5.** 다음 중 계산했을 때 가장 큰 수가 나오는 것은?

① 183+277−25 ② 235+289−36

③ 839−421+53 ④ 752−509+194

| 정답 | ②

| 해설 | 235+289−36=524−36=488

| 오답풀이 |

① 183+277−25=460−25=435

③ 839−421+53=418+53=471

④ 752−509+194=243+194=437

## 대표예제 할푼리

**6.** 49의 5푼 1리는?

① 24.99 ② 2.499 ③ 24.549 ④ 2.4549

| 정답 | ②
| 해설 | 49×0.051=2.499

**7.** 410의 6할 3리는?

① 2.4723 ② 24.723 ③ 247.23 ④ 2,472.3

| 정답 | ③
| 해설 | 선택지를 먼저 비교하면 모두 소수점의 위치만 다르므로 어림잡아 계산한다.
410×0.603≒400×0.6=240≒247.23

# 테마 2 응용계산

### 응용계산 출제 비율

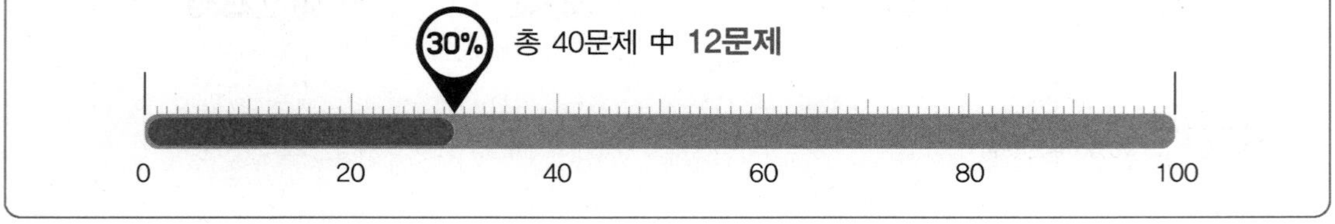


### 유형분석

거리 · 속력 · 시간, 농도, 일의 양 등 일차방정식이나 연립방정식을 통해 풀 수 있는 문제들이 주를 이룬다. 예상치 못한 문제가 출제되는 경우도 있지만 대부분은 문제 유형에 따라 일정한 공식이나 패턴을 적용하면 쉽게 해답을 찾을 수 있는 문제들이다. 따라서 중학교 때 배운 속력, 농도, 일의 양 등을 구하는 공식이나 연립방정식, 이차방정식 등의 풀이법을 미리 익혀두는 편이 좋다.

### 출제키워드

**거리 · 속력 · 시간**

- 기차의 속력, 배의 속력, 철교의 길이, 두 사람이 만나는 데 걸리는 시간

**농도**

- 소금물 A, B를 섞었을 때의 농도, 소금물 A에 물(또는 소금)을 추가했을 때의 농도

**일의 양**

- 업무를 진행하는 데 걸리는 시간, 물을 채울 때 걸리는 시간, 창고를 정리하는데 걸리는 시간

## 대표예제 거리 · 속력 · 시간

**1.** A는 강아지와 함께 7,500m 떨어져 있는 B를 만나러 가고 있다. A는 6km/h, B는 9km/h의 속력으로 서로를 향해 가고 있고, 강아지는 10km/h의 속력으로 B를 향해 달려가다가 B를 만나면 A에게 돌아오고, 다시 B에게 가는 식으로 A와 B 사이를 왔다 갔다 하고 있다. A와 B가 만나면 강아지는 달리기를 멈춘다고 할 때, 강아지의 총 이동거리는 몇 km인가?

① 5km ② 5.5km ③ 6km ④ 6.5km

| 정답 | ①

| 해설 | '거리=속력×시간'이므로 강아지의 총 이동거리를 구하기 위해서는 강아지가 달린 시간을 알아야 하는데, 이것은 A와 B가 만나는 데 걸린 시간과 같다.

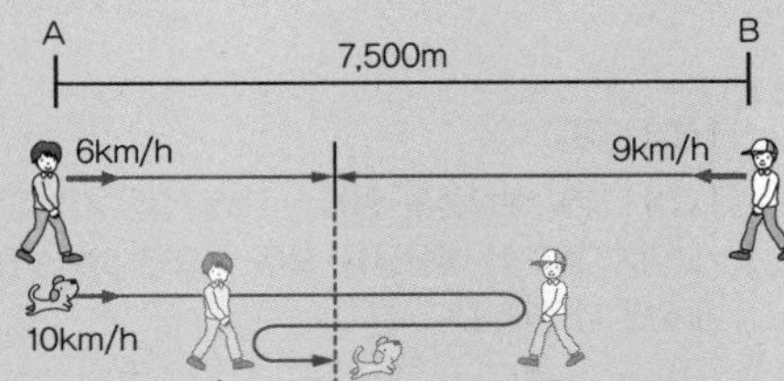


'시간$=\frac{거리}{속력}$'이므로, A와 B가 만나는 데 걸린 시간을(A를 기준으로) 구하기 위해 먼저 A가 이동한 거리를 구해야 한다. A가 B를 향해 이동한 거리를 $x$km라고 하면, B가 이동한 거리는 $(7.5-x)$km가 된다. A와 B가 이동한 시간이 같으므로 이를 기준으로 식을 세우면 다음과 같다.

$\frac{x}{6}=\frac{7.5-x}{9}$

양변에 54를 곱하면

$9x=(7.5-x)\times 6$

$9x=45-6x$

양변에 $6x$를 더하면

$15x=45$

$\therefore\ x=3(km)$

A와 B가 만나는 데 걸린 시간$=\frac{3(km)}{6(km/h)}=\frac{1}{2}(h)$ [=강아지가 달린 시간]

$\therefore$ 강아지가 이동한 거리$=10(km/h)\times\frac{1}{2}(h)=5(km)$

## 대표예제 농도

**2.** 채수정 씨는 농도가 3%, 5%, 10%인 설탕물을 가지고 있고 이 설탕물의 총량은 1,000g이다. 세 가지 농도의 설탕물을 모두 섞으면 5%의 설탕물이 되고, 5%와 10%의 설탕물을 섞으면 7%의 설탕물이 된다고 한다. 채수정 씨가 가지고 있는 설탕물 중 농도가 3%인 설탕물의 양(㉠)과 5%인 설탕물의 양(㉡)은?

| | ㉠ | ㉡ |
|---|---|---|
| ① | 200g | 600g |
| ② | 300g | 500g |
| ③ | 400g | 400g |
| ④ | 500g | 300g |

| 정답 | ④

| 해설 | 3% 설탕물의 양을 $x$, 5% 설탕물의 양을 $y$, 10% 설탕물의 양을 $z$라고 두면 $x+y+z=1{,}000$이다. ……… ①
세 가지 농도의 설탕물을 모두 섞으면 5% 설탕물이 된다고 할 때, 설탕의 양은 변하지 않으므로 설탕을 기준으로 식을 세우면 다음과 같다.

$$\frac{3}{100}x+\frac{5}{100}y+\frac{10}{100}z=1{,}000\times\frac{5}{100}$$

$3x+5y+10z=5{,}000$ …… ②

다음으로 5%와 10%의 설탕물을 섞으면 7% 설탕물이 되므로

$$\frac{5}{100}y+\frac{10}{100}z=\frac{7}{100}(y+z)$$

$5y+10z=7y+7z$

$2y=3z$ ……………………… ③

②−①×3을 하면

$2y+7z=2{,}000$

③을 대입하면

$3z+7z=2{,}000$

$z=200$

$z$의 값을 다시 ③에 대입하면 $y=300$이고 $y$, $z$의 값을 ①에 대입하면 $x=500$이 된다.
따라서 ㉠은 500g, ㉡은 300g이다.

## 대표예제 일의 양

**3.** 총무과 소속 김 대리, 이 대리, 박 대리 3명이 1일에 하는 일의 비율은 3 : 2 : 2이고, 어떤 일을 하는 데 3명이서 10일 동안 전체의 $\frac{1}{3}$만 완성할 수 있었다. 그 후 김 대리는 5일, 이 대리는 3일 쉬었지만 박 대리는 쉬지 않았다. 이 일을 처음부터 전체를 완성하는 데 며칠이 걸렸는가?

① 30일 ② 33일 ③ 36일 ④ 39일

| 정답 | ②

| 해설 | 3명이 10일 동안 전체의 $\frac{1}{3}$만 완성하였다고 했으므로 3명이 1일 동안 한 일은 $\frac{1}{3}\div 10=\frac{1}{30}$이다. 김, 이, 박 대리 3명이 함께한 $\frac{1}{30}$의 일에서, 일의 비율은 3 : 2 : 2이므로 김, 이, 박 대리가 1일 동안 한 일은 다음과 같다.

• 김 대리 : $\frac{1}{30}\times\frac{3}{7}=\frac{3}{210}$ • 이 대리 : $\frac{1}{30}\times\frac{2}{7}=\frac{2}{210}$ • 박 대리 : $\frac{1}{30}\times\frac{2}{7}=\frac{2}{210}$

박 대리가 일한 날을 $x$일이라고 하면 김, 이 대리가 일한 일수는 각각 $(x-5)$일, $(x-3)$일이므로 다음과 같은 식이 성립한다.

$\frac{3}{210}(x-5)+\frac{2}{210}(x-3)+\frac{2}{210}x=1$ $\therefore x=33$(일)

따라서 이 일을 처음부터 전체를 완성하는 데 총 33일이 걸렸다.

**4.** 수조에 물을 퍼 담아 가득 채우는 데 A는 3분, B는 9분이 걸린다. 또한 가득찬 물을 빼는 데 C는 6분, D는 12분이 걸린다. 물이 절반 높이까지 차 있는 상태에서 A와 B는 물을 채우고 C와 D는 물을 뺄 경우 수조에 물이 가득 차는 데까지 걸리는 시간은?

① $\frac{15}{7}$분 ② $\frac{16}{7}$분 ③ $\frac{17}{7}$분 ④ $\frac{18}{7}$분

| 정답 | ④

| 해설 | 조건이 모두 '분'으로 제시되었으므로 1분당 작업량을 계산해 본다. A ~ D의 1분당 작업량은 각각 $\frac{1}{3}$, $\frac{1}{9}$, $\frac{1}{6}$, $\frac{1}{12}$이다. 수조 전체 물의 양을 1이라 하고 수조에 물이 가득 찰 때까지 걸리는 시간을 $x$분이라 할 때, 이미 절반의 물이 채워져 있으므로 더 채워야 할 물의 양은 $\frac{1}{2}$이 되며 다음 식이 성립한다.

$$\left(\frac{1}{3}+\frac{1}{9}-\frac{1}{6}-\frac{1}{12}\right)\times x=\frac{1}{2}$$

$$\left(\frac{4}{9}-\frac{3}{12}\right)\times x=\frac{1}{2} \qquad \therefore x=\frac{18}{7}(\text{분})$$

따라서 수조에 물이 가득 차는 데까지 걸리는 시간은 $\frac{18}{7}$분이다.

## 대표예제 확률

**5.** 상자 안에 파란 공 3개, 빨간 공 5개가 들어 있다. 2개의 공을 동시에 꺼냈을 때 파란 공과 빨간 공이 1개씩 나올 확률은?

① $\frac{3}{28}$ ② $\frac{9}{28}$ ③ $\frac{11}{28}$ ④ $\frac{15}{28}$

| 정답 | ④

| 해설 | 순서를 생각하지 않고 뽑으므로 조합을 사용하면 된다.

$$\frac{{}_3C_1 \times {}_5C_1}{{}_8C_2} = \frac{3\times5}{\frac{8\times7}{2\times1}} = \frac{15}{28}$$

**6.** 양궁 선수 A와 B는 각각 $\frac{7}{8}$과 $\frac{8}{9}$의 확률로 10점 과녁을 명중시킨다고 한다. 두 선수가 동시에 화살을 날렸을 때 두 명 모두 10점 과녁에 명중시키지 못할 확률은?

① $\frac{1}{72}$ ② $\frac{7}{9}$ ③ $\frac{1}{36}$ ④ $\frac{1}{9}$

| 정답 | ①

| 해설 | A가 10점 과녁을 명중시킬 확률이 $\frac{7}{8}$이므로 명중시키지 못할 확률은 $\frac{1}{8}$이고, B가 10점 과녁을 명중시킬 확률이 $\frac{8}{9}$이므로 명중시키지 못할 확률은 $\frac{1}{9}$이다. 따라서 A와 B 모두 10점 과녁에 명중시키지 못할 확률은 $\frac{1}{8}\times\frac{1}{9}=\frac{1}{72}$이다.

## 대표예제 최소공배수

**7.** (주)○○은 A와 B 두 대의 기계를 작동해서 제품을 생산한다. A 기계는 4초에 한 개, B 기계는 7초에 한 개씩 제품을 생산한다고 할 때, 5분 동안 두 기계가 동시에 제품을 생산하는 횟수는 몇 번인가?

① 7번 ② 8번 ③ 9번 ④ 10번

| 정답 | ④

| 해설 | A 기계는 4초마다, B 기계는 7초마다 한 개씩 제품을 생산하므로 4와 7의 최소공배수인 28초마다 두 기계가 동시에 제품을 생산한다. 1분은 60초이므로 5분 동안 두 기계가 동시에 제품을 생산하는 횟수는 5×60÷28=10.71 … ≒10(번)이다.

**8.** 김새롬 씨는 사무실에 세 가지 화초를 키우고 있다. 화초에 물을 주는 주기가 아래와 같을 때, 다음에 세 가지 화초에 동시에 물을 주는 날짜는 언제인가?

- 새롬 씨가 키우는 화초는 A, B, C 세 가지이다.
- A는 6일마다, B는 8일마다, C는 9일마다 물을 준다.
- 새롬 씨가 세 가지 화초에 처음으로 동시에 물을 준 날은 4월 10일이다.

① 6월 18일 ② 6월 19일 ③ 6월 20일 ④ 6월 21일

| 정답 | ④

| 해설 | 4월 10일 이후 세 가지 화초에 동시에 물을 주는 날은 6, 8, 9의 최소공배수인 72일이 지난 후이다. 4월은 30일, 5월은 31일까지 있으므로 20(4월)+31(5월)+$x$(6월)=72(일)의 조건을 충족해야 한다. 따라서 $x$=21이므로 세 가지 화초에 동시에 물을 주는 날은 6월 21일이다.

테마 3

# 자료해석

## 자료해석 출제 비율

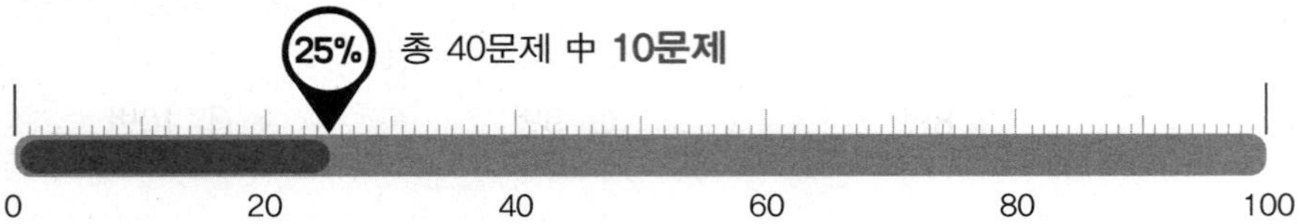


## 유형분석

그래프, 통계, 표 등의 자료를 보고 분석하여 푸는 유형으로 일반적으로 수리능력 뒷부분에 배치된다. 시간이 촉박하고 자료가 복잡하여 당황할 수 있으나 자료를 정확히 읽는다면 충분히 풀 수 있는 문제들이 많다. 따라서 다양한 문제를 풀어보며 이해하는 연습을 통해 침착하게 대처하는 연습을 해두도록 한다.

## 출제키워드

## 대표예제 자료이해

**1. 다음 자료에 대한 설명으로 옳은 것은?**

〈국가예산(총지출) 전년 대비 증가율 추이〉

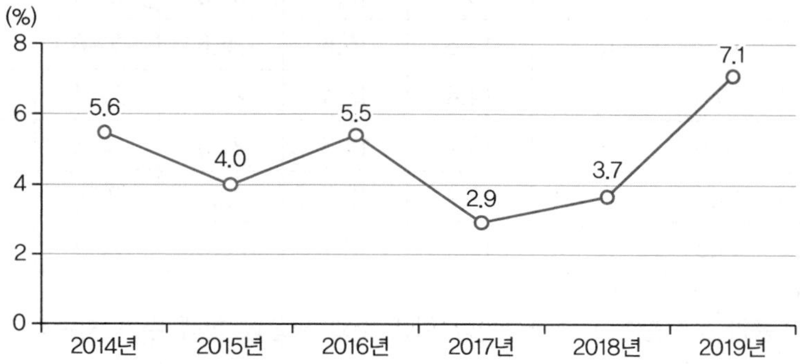


① 2017년 국가예산은 전년 대비 감소하였다.
② 2014년 국가예산은 2015년 국가예산보다 많다.
③ 2018년 국가예산은 2019년 국가예산의 92.9%이다.
④ 2014 ~ 2017년 중 국가예산이 가장 적은 해는 2014년이다.

| 정답 | ④

| 해설 | 2014년 이후 국가예산의 증가율은 계속 양수이므로 지속적으로 국가예산이 증가하였음을 알 수 있다. 따라서 국가예산이 가장 적은 해는 2014년이다.

| 오답풀이 |

① 2017년 국가예산의 증가율은 2.9%로 양수이므로 2017년 국가예산은 전년보다 증가하였다.
② 2015년 국가예산의 전년 대비 증가율이 4.0%이므로 전년보다 증가하였다. 따라서 2014년 국가예산은 2015년 국가예산보다 적다.
③ 2019년 국가예산=2018년 국가예산×1.071이므로 2018년 국가예산=2019년 국가예산÷1.071이다. 따라서 2018년 국가예산은 2019년 국가예산의 $\frac{\text{2019년 국가예산}\div 1.071}{\text{2019년 국가예산}}\times 100 \fallingdotseq 93.4(\%)$이다.

**2.** 다음 자료에 대한 설명으로 옳지 않은 것은?

| 구분 | 교원 1인당 학생 수(명) | | | | 학급당 학생 수(명) | | | |
|---|---|---|---|---|---|---|---|---|
| | 초등학교 | 중학교 | 고등학교 | 일반 | 초등학교 | 중학교 | 고등학교 | 일반 |
| 2013년 | 28.7 | 20.1 | 19.9 | 20.9 | 35.8 | 38.0 | 42.7 | 44.1 |
| 2014년 | 25.1 | 19.4 | 15.1 | 15.9 | 31.8 | 35.3 | 32.7 | 33.9 |
| 2015년 | 18.7 | 18.2 | 15.5 | 16.5 | 26.6 | 33.8 | 33.7 | 35.5 |
| 2016년 | 16.3 | 16.7 | 14.4 | 15.4 | 24.3 | 32.4 | 32.5 | 34.2 |
| 2017년 | 14.9 | 15.2 | 13.7 | 14.6 | 22.8 | 30.5 | 30.9 | 32.4 |
| 2018년 | 14.6 | 13.3 | 12.9 | 13.7 | 22.4 | 27.4 | 29.3 | 30.6 |
| 2019년 | 14.5 | 12.7 | 12.4 | 13.1 | 22.3 | 26.4 | 28.2 | 29.3 |

① 조사기간 동안 초 · 중학교 교원 1인당 학생 수와 학급당 학생 수가 지속적으로 감소하였다.

② 2016 ~ 2019년까지 초 · 중 · 고등학교 교원 1인당 학생 수와 학급당 학생 수의 감소폭은 점점 감소하고 있다.

③ 2013년 대비 2019년의 초등학교 교원 1인당 학생 수 감소율이 동기간 초등학교의 학급당 학생 수 감소율보다 크다.

④ 2013 ~ 2019년까지 교원 1인당 학생 수는 두 해를 제외하고는 초등학교, 중학교, 고등학교 순으로 많다.

| 정답 | ②

| 해설 | 중학교 교원 1인당 학생 수의 경우 2017년에는 전년 대비 1.5명 감소하였지만 2018년의 경우 전년 대비 1.9명 감소하였기 때문에 감소폭이 증가하였다.

**3.** 다음은 희소금속 부존량이 많은 8개 국가의 부존량이 세계 전체 부존량에서 차지하는 비율을 나타낸 자료이다. 이에 대한 설명으로 옳은 것은?

〈희소금속 부존량이 많은 8개 국가의 부존량 비율〉

(단위 : %)

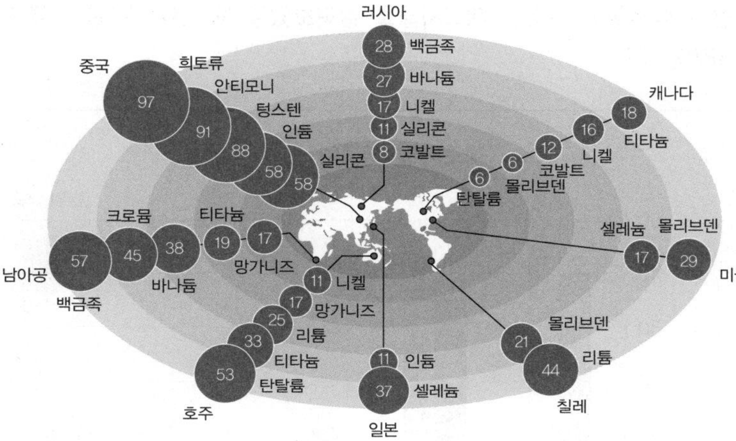


* 부존량 : 거래에 의해 받은 것이 아니라 원래부터 가지고 있던 재화의 양 또는 천연적으로 파묻혀 있는 자연자원의 양을 말한다.
* 희소금속의 총 부존량은 모든 금속이 각각 다르다.
* 제시된 8개 국가를 제외한 다른 국가에서는 각 희소금속을 제시된 국가보다 적게 보유한다.

① 남아공의 백금족 부존량은 러시아의 백금족 부존량의 2.5배이다.
② 부존량의 과반인 희소금속을 보유하고 있는 국가는 6개국이다.
③ 제시된 국가 중에서 티타늄을 부존자원으로 보유한 국가는 2개 국가이다.
④ 니켈은 제시된 국가 이외에도 6개 이상의 국가에서 부존자원으로 보유하고 있다.

| 정답 | ④

| 해설 | 니켈은 러시아가 17%, 캐나다가 16%, 호주가 11%를 보유하고 있다. 나머지 56%는 8개국을 제외한 국가가 보유하고 있는데, 제시되지 않은 국가는 제시된 국가보다 적게 보유한다. 따라서 11% 미만을 보유해야 하므로 6개 이상의 국가에서 니켈을 보유하고 있다.

| 오답풀이 |

① 같은 희소금속인 백금족이므로 비율 자료로 배수를 비교할 수 있다. $\frac{57}{28} \fallingdotseq 2.04$(배)이다.

② 부존량 비율 50%를 넘는 희소금속이 있는 국가는 중국, 남아공, 호주 3개국이다. 제시된 국가가 아닌 경우 제시된 국가보다 각각의 희소금속을 적게 보유하므로 3개국뿐이다.

③ 남아공, 호주, 캐나다 3개국이다.

## 대표예제 자료계산

**4.** 다음 그래프는 제조사별 국내 자동차 판매 실적에 대한 2018, 2019년의 통계치를 나타낸 것이다. 2018년의 총 판매량은 140만 대이고, 2019년의 총 판매량은 145만 대라고 한다. 2018년 대비 2019년에 판매 점유율이 감소한 제조사들을 살펴보았을 때, 2018년에 비해 2019년에 판매량이 몇 대 감소하였는가?

〈제조사별 자동차 판매 점유율〉

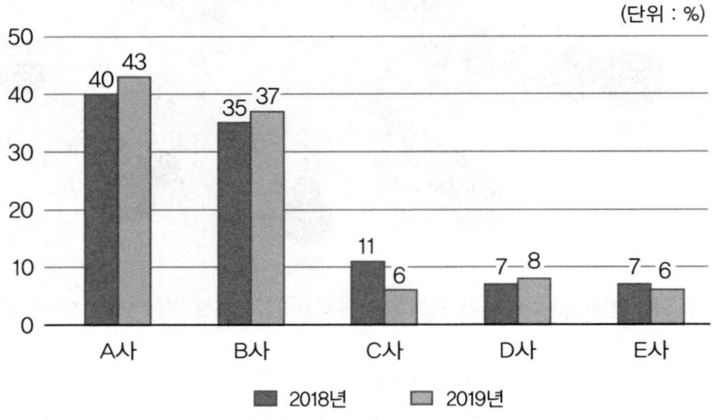


① 7.0만 대　　② 7.4만 대

③ 7.8만 대　　④ 8.2만 대

| 정답 | ③

| 해설 | 2018년 대비 2019년에 판매 점유율이 감소한 제조사는 C사와 E사로, 판매량은 140×(0.11+0.07)−145×(0.06+0.06)=25.2−17.4=7.8(만 대) 감소하였다.

**5.** 다음은 주요 5개 도시의 미세먼지 및 초미세먼지 농도에 대한 자료이다. 이 중에서 통합미세먼지 지수가 '보통' 단계인 도시는 몇 곳인가?

〈주요 5개 도시 미세먼지 및 초미세먼지 농도〉

(단위 : $\mu g/m^3$)

| 구분 | 서울 | 부산 | 광주 | 인천 | 대전 |
|---|---|---|---|---|---|
| 미세먼지 | 86 | 77 | 43 | 63 | 52 |
| 초미세먼지 | 40 | 22 | 27 | 23 | 38 |

| 단계 | 좋음 | 보통 | 나쁨 | 매우 나쁨 |
|---|---|---|---|---|
| 통합미세먼지 지수 | 0 이상~90 미만 | 90 이상~120 미만 | 120 이상~160 미만 | 160 이상 |

**계산식**

- 통합미세먼지 지수=미세먼지 지수+초미세먼지 지수
- 미세먼지 지수
  - 미세먼지 농도가 70 이하인 경우 : 0.9×미세먼지 농도
  - 미세먼지 농도가 70 초과인 경우 : 1.0×(미세먼지 농도−70)+63
- 초미세먼지 지수
  - 초미세먼지 농도가 30 미만인 경우 : 2.0×초미세먼지 농도
  - 초미세먼지 농도가 30 이상인 경우 : 3.0×(초미세먼지 농도−30)+60

① 1곳 ② 2곳 ③ 3곳 ④ 4곳

| 정답 | ③

| 해설 | 5개 도시의 통합미세먼지 지수를 구하면 다음과 같다.

- 서울 : (86−70+63)+(3×10+60)=169
- 부산 : (77−70+63)+(2×22)=114
- 광주 : (0.9×43)+(2×27)=92.7
- 인천 : (0.9×63)+(2×23)=102.7
- 대전 : (0.9×52)+(3×8+60)=130.8

따라서 통합미세먼지 지수가 '보통' 단계인 도시는 부산, 광주, 인천 총 3곳이다.

테마 4

# 기출예상문제

정답과 해설 2쪽

**[01 ~ 14]** 다음을 계산하여 알맞은 답을 구하시오.

**01.**

$$68\times25-281=(\quad)$$

① 1,217 ② 1,419 ③ 1,439 ④ 1,539

**02.**

$$4\sqrt{6}\times2\sqrt{2}-4\sqrt{3}=(\quad)$$

① 4 ② $4\sqrt{3}$ ③ 12 ④ $12\sqrt{3}$

**03.**

$$2\frac{1}{2}\times\frac{4}{3}+2+\frac{4}{3}=(\quad)$$

① $6\frac{2}{3}$ ② $6\frac{1}{2}$ ③ 7 ④ $7\frac{2}{3}$

**04.**

$$12+125\div5-(-7)=(\quad)$$

① 40 ② 42 ③ 44 ④ 46

**05.**

$$7.6+2.4\times\frac{3}{10}=(\quad)$$

① 5.12 ② 6.17 ③ 7.64 ④ 8.32

**06.**

$$\frac{7}{3}\times\frac{9}{14}+\frac{3}{5}\times\frac{25}{7}=(\quad)$$

① $3\frac{9}{14}$ ② $\frac{47}{14}$ ③ $3\frac{9}{7}$ ④ $\frac{47}{7}$

**07.**

$$\frac{35}{36}\times\frac{8}{7}+\frac{4}{15}=(\quad)$$

① $\frac{22}{15}$ ② $\frac{21}{20}$ ③ $\frac{32}{35}$ ④ $\frac{62}{45}$

**08.**

$$3\sqrt{8}+\sqrt{18}=(\quad)$$

① $9\sqrt{2}$　② $11\sqrt{2}$　③ $13\sqrt{8}$　④ $15\sqrt{8}$

**09.**

$$7.65\times3.2\div2.4=(\quad)$$

① 9.0　② 9.4　③ 9.8　④ 10.2

**10.**

$$5\frac{1}{4}-\frac{8}{9}\times\frac{3}{4}=(\quad)$$

① $3\frac{7}{12}$　② $3\frac{11}{12}$　③ $4\frac{7}{12}$　④ $4\frac{11}{12}$

**11.**

$$102-54\div2=(\quad)$$

① 67 ② 69 ③ 75 ④ 85

**12.**

$$\frac{5}{6}\div2+\frac{8}{15}=(\quad)$$

① $\frac{19}{20}$ ② $\frac{23}{30}$ ③ $\frac{41}{60}$ ④ $\frac{53}{60}$

**13.**

$$2^2+7^2-(-3)^2=(\quad)$$

① 44 ② 50 ③ 56 ④ 62

**14.**

$$2\frac{1}{3}+4+\frac{1}{6}=(\quad)$$

① $6\frac{1}{4}$ ② $6\frac{1}{6}$ ③ $6\frac{1}{3}$ ④ $6\frac{1}{2}$

**[15 ~ 16] 기호를 다음과 같이 가정하여 주어진 문제를 푸시오.**

$$A \triangle B = (A+B)-(A-B)$$
$$A \bullet B = (A-B)^2$$

## 15.

$$15 \triangle 8$$

① 13 ② 14 ③ 15 ④ 16

## 16.

$$(6 \triangle 11) \triangle (13 \bullet 22)$$

① 141 ② 162 ③ 183 ④ 204

**[17 ~ 18] 기호를 다음과 같이 가정하여 주어진 문제를 푸시오.**

A♤B=A+B×2
A♧B=AB+2

## 17.

5♤20

① 40 ② 45 ③ 50 ④ 55

## 18.

3♧(6♤4)

① 41 ② 42 ③ 43 ④ 44

**[19 ~ 20] 기호를 다음과 같이 가정하여 주어진 문제를 푸시오.**

A★B=AB−A
A◇B=2A+B

**19.**

12★32

① 272 ② 352 ③ 372 ④ 374

**20.**

(8◇7)★3

① 23 ② 26 ③ 46 ④ 49

**21.** 어느 아파트 옥상의 수조를 비우는 데 P관은 12분, Q관은 18분, R관은 36분이 걸린다. 3개의 관을 동시에 열어 가득 찬 수조를 비우려면 몇 분이 걸리는가?

① 2분　② 4분　③ 6분　④ 10분

**22.** 과일가게에서 10,000원, 6,000원, 3,000원, 1,000원, 500원짜리 다섯 종류의 과일을 각각 2개 이상씩 구매하여, 총 11개를 42,000원에 구입하였다. 이때 1,000원짜리 과일은 몇 개인가?

① 3개　② 4개　③ 5개　④ 6개

**23.** H가 연금복권에 당첨될 확률이 일정하고 복권을 네 장 샀을 때 하나라도 당첨될 확률이 $\frac{175}{256}$ 라면 연금복권의 당첨 확률은?

① $\frac{1}{8}$　② $\frac{1}{4}$　③ $\frac{3}{8}$　④ $\frac{5}{8}$

**24.** A, B 두 공장에서 컴퓨터를 생산하는데 작년에 두 공장에서 생산한 컴퓨터의 총대수는 2,500대이고 올해 A 공장의 생산량과 B 공장의 생산량은 각각 전년 대비 10%와 20% 증가하였다. 증가한 컴퓨터 대수의 비율이 1 : 3일 때 올해 A 공장의 컴퓨터 생산량은 몇 대인가?

① 900대 ② 950대 ③ 1,000대 ④ 1,100대

**25.** 사무용품 1개를 생산할 때 문제없는 제품을 생산하면 3,000원의 수익이 발생하고, 불량 제품을 생산하면 1,000원의 손실이 발생한다. 사무용품을 3,500개 생산할 때, 이익을 얻기 위해서 불량 제품은 몇 개 이하여야 하는가?

① 2,621개 ② 2,622개 ③ 2,623개 ④ 2,624개

**26.** 농도가 4%인 소금물 300g에 물을 더 넣었더니 3%가 되었다. 추가로 넣은 물의 양은 몇 g인가?

① 50g ② 80g ③ 100g ④ 150g

**27.** 어떤 상품의 원가에 30%의 이익을 붙여 정가를 책정했다가, 시간이 지나 정가에서 20%를 할인해서 팔았더니 260원의 이익을 얻었다. 상품의 원가는 얼마인가?

① 5,500원 ② 6,000원 ③ 6,500원 ④ 7,000원

**28.** 영욱이가 혼자서 하면 10시간, 영욱이와 미정이가 함께 하면 6시간 걸리는 일이 있다. 미정이가 혼자서 일을 하면 몇 시간이 걸리겠는가?

① 13시간 ② 14시간 ③ 15시간 ④ 16시간

**29.** 시속 4km로 걷는 인성이와 시속 6km로 걷는 효진이가 서로 12km 떨어진 거리에 서 있다. 두 사람이 마주보고 걸을 때 출발한 시점으로부터 시간이 얼마나 지난 후 만나는가?

① 1시간 후 ② 1시간 12분 후 ③ 1시간 24분 후 ④ 1시간 36분 후

**30.** 100보다 작은 자연수 $x$와 54의 최대공약수는 18이고, $x$와 40의 최대공약수는 4이다. $x$와 54의 최소공배수를 $a$, $x$와 40의 최소공배수를 $b$라 할 때 $a+b$를 구하면?

① 256　② 324　③ 468　④ 548

**31.** 1개 200원짜리 과자와 1개 50원짜리 사탕을 넣은 종합선물세트를 3,600원에 판매하고 있다. 선물세트 안에 들어 있는 제품의 총 개수는 20개이고 200원의 이윤을 남기고 있다면, 선물세트 안에 들어 있는 과자의 개수는?

① 15개　② 16개　③ 17개　④ 18개

**32.** 물통에 물을 채우는 데 A관은 4분, B관은 3분, C관은 6분 걸린다. 3개의 관을 동시에 사용하여 용기를 채우는 데 걸리는 시간은?

① 30초　② 40초　③ 1분 10초　④ 1분 20초

**33.** 미영이네 상점에서는 4,000원인 실내화를 판매하고 있다. 첫날 4,000원에서 시작하여 매일 하루에 500원씩 값을 내려 판매하였더니 4일 동안 하루에 10개씩 판매되었다. 미영이네 상점의 총 판매수입은?

① 90,000원　② 15,000원　③ 120,000원　④ 130,000원

**34.** 철수와 정수의 키를 합하면 362cm이고, 철수는 정수보다 12cm가 더 크다. 철수의 키는 몇 cm인가?

① 175cm　② 178cm　③ 183cm　④ 187cm

**35.** 철수와 영희가 100m 달리기를 하는데 철수는 출발선 20m 뒤에서 출발하고 영희는 출발선에서 출발하였다. 결과적으로 철수는 120m를 달렸고, 영희는 96m를 달렸다면 철수가 결승선에 도착했을 때 두 사람의 거리 차이는 몇 m인가?

① 4m　② 10m　③ 24m　④ 28m

**36.** 지연이의 저금통에는 3,000원, 소연이의 저금통에는 5,000원이 들어 있다. 지연이는 매일 500원씩, 소연이는 매일 200원씩 저금통에 넣을 때, 저금통의 금액이 지연이가 소연이보다 커지는 것은 며칠 후부터인가?

① 7일 ② 6일 ③ 5일 ④ 4일

**37.** 수지가 운동장을 한 바퀴 도는데 절반까지는 시속 4km로 달리다가 속력을 줄여 나머지 절반은 시속 3km로 달렸더니 35분이 걸렸다. 운동장 한 바퀴는 몇 km인가?

① 1km ② 2km ③ 3km ④ 4km

**38.** 규리와 승연이가 같은 지점에서 같은 방향으로 동시에 걷기 시작하였다. 규리의 속력은 분속 80m, 승연이의 속력은 분속 50m라고 할 때 두 사람 사이의 거리가 600m가 되는 것은 몇 분 후인가?

① 10분 ② 20분 ③ 30분 ④ 40분

**39.** 5%의 소금물과 11%의 소금물을 섞어 8%의 소금물 400g을 만들려고 한다. 5%의 소금물은 몇 g 필요한가?

① 100g ② 200g ③ 300g ④ 400g

**40.** 햄버거를 50개 이상 사면 10%를, 100개 이상 사면 20%를 할인해준다. 100개를 주문했을 때의 가격보다 비싼 최소 개수는 몇 개인가?

① 79개 ② 87개 ③ 89개 ④ 91개

**41.** 다음은 2015 ~ 2019년의 아르바이트 동향에 관한 자료이다. 이에 대한 설명으로 옳은 것은?

〈최근 5년간 아르바이트 동향 자료〉

(단위 : 원, 시간)

| 구분 | 2015년 | 2016년 | 2017년 | 2018년 | 2019년 |
|---|---|---|---|---|---|
| 월 평균 소득 | 642,000 | 671,000 | 668,000 | 726,000 | 723,000 |
| 평균 시급 | 6,210 | 6,950 | 7,100 | 6,900 | 9,100 |
| 주간 평균 근로시간 | 24.5 | 24 | 22 | 21 | 19.5 |

① 5년 동안 월 평균 소득은 꾸준히 증가하였다.
② 2019년 평균 시급은 2015년의 1.4배 이상이다.
③ 2017년 월 평균 근로시간은 100시간을 초과한다.
④ 5년 동안 월 평균 소득이 증가하면 평균 시급도 증가하는 양상을 보이고 있다.

**42.** 다음 자료에 대한 설명으로 옳지 않은 것은?

〈OECD 주요국의 지적재산권 사용료〉

(단위 : 백만 달러)

| 구분 | 사용료 수입 | | | 사용료 지급 | | |
|---|---|---|---|---|---|---|
| | 2017년 | 2018년 | 2019년 | 2017년 | 2018년 | 2019년 |
| 한국 | 5,167 | 6,199 | 6,622 | 10,546 | 10,056 | 9,292 |
| 일본 | 37,336 | 36,427 | 39,013 | 20,942 | 17,034 | 19,672 |
| 프랑스 | 14,273 | 14,974 | 15,625 | 12,333 | 13,982 | 13,319 |
| 독일 | 15,507 | 15,235 | 17,596 | 10,687 | 9,761 | 10,489 |
| 영국 | 19,826 | 19,370 | 16,318 | 10,420 | 12,940 | 11,740 |

① 2017년 독일의 지적재산권 사용료 수입은 한국의 3배 이상이다.

② 조사기간 동안 한국을 제외한 다른 나라들은 사용료 지급보다 사용료 수입이 더 많다.

③ 2019년 영국의 지적재산권 사용료 지급은 전년 대비 10% 이상 감소하였다.

④ 2019년 프랑스의 지적재산권 사용료 지급은 전년 대비 64,000만 달러 이상 감소하였다.

**43.** 다음 자료에 대한 설명으로 옳지 않은 것은?

〈1인 1일 스팸 수신량〉

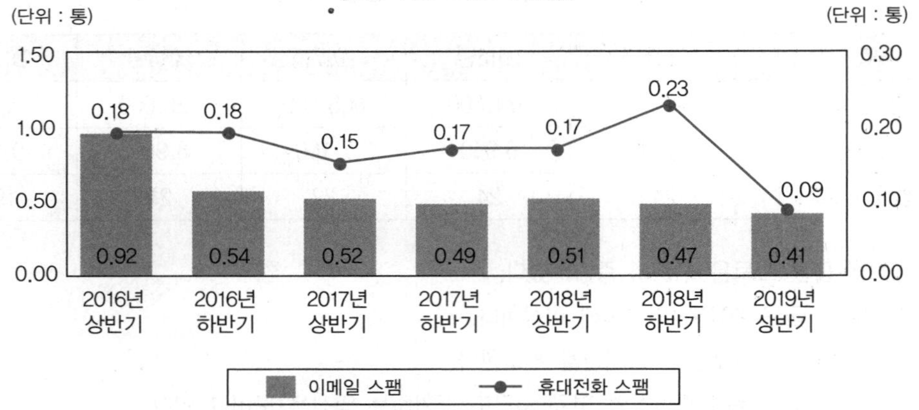

① 휴대전화 스팸 수신량이 전년 동기 대비 가장 크게 감소한 시기는 2019년 상반기로 45% 이상 감소하였다.

② 이메일 스팸 수신량이 전년 동기 대비 가장 크게 감소한 시기는 2017년 상반기로 45% 이상 감소하였다.

③ 2016년 하반기 휴대전화 스팸 수신량은 2019년 상반기의 휴대전화 스팸 수신량의 두 배이다.

④ 2018년 상반기에는 6개월간 90통 이상의 스팸 이메일을 받았을 것으로 추론할 수 있다.

**44.** 다음 자료에 대한 설명으로 옳지 않은 것은?

〈수도권 5대 대형병원 의료 통계 자료〉

(단위 : 억 원, %, 명)

| 순위 | 병원명 | 의료수익 | 의료이익 | 의료이익률 | 의사 수 | 의사 1인당 의료수익 |
|---|---|---|---|---|---|---|
| 1 | A 병원 | 13,423 | 825 | 6.1 | 1,625 | 8.3 |
| 2 | B 병원 | 10,612 | −463 | −4.4 | 1,230 | 8.6 |
| 3 | C 병원 | 10,244 | 1,640 | 16.0 | 1,240 | 8.3 |
| 4 | D 병원 | 8,715 | −41 | −0.5 | 1,208 | 7.2 |
| 5 | E 병원 | 6,296 | 399 | 6.3 | 830 | 7.6 |
| 5대 대형병원 평균 | | 9,858 | 472 | 4.7 | 1,227 | 8.0 |

* 의료이익률(%) = $\frac{\text{의료이익}}{\text{의료수익}}$ × 100

* 의사 1인당 의료수익 = 의료수익 ÷ 의사 수

① 의사 수가 가장 많은 병원은 의료수익도 가장 많다.

② 의사 1인당 의료수익이 가장 큰 병원은 B 병원이다.

③ 5대 대형병원 의료수익 평균에 미치지 못하는 대형병원은 2개이다.

④ E 병원의 의사 1인당 의료이익은 A 병원의 의사 1인당 의료이익보다 크다.

**45.** 다음은 국민건강통계자료 중 월간음주율에 대한 그래프이다. 자료를 바르게 이해한 것은?

〈월간음주율〉

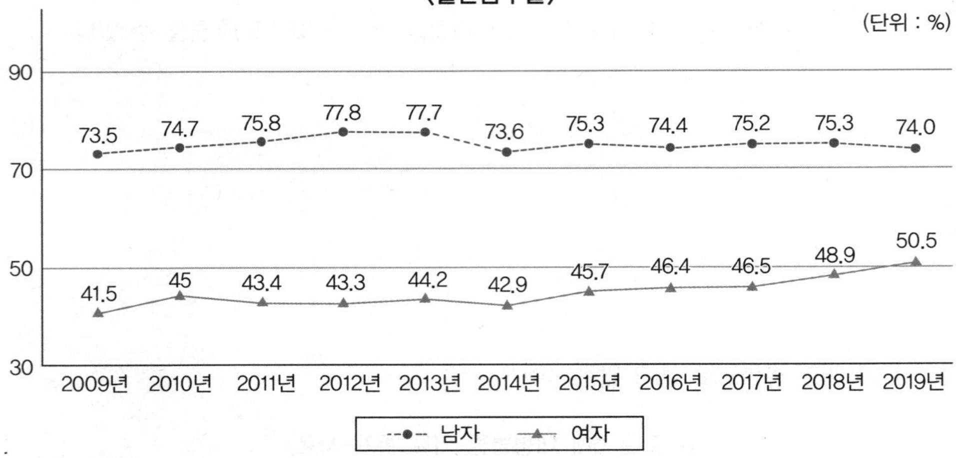


* 월간음주율 : 만 19세 이상 성인이 최근 1년 동안 한 달에 1회 이상 음주한 분율

① 2013년 이후로 남성의 월간음주율은 매년 증가와 감소가 교대로 반복되었다.

② 2019년 여성의 월간음주율은 지난해에 비해 1.6%p 증가하였으나 남성의 월간음주율은 지난해에 비해 1.2%p 줄었다.

③ 2010년 만 19세 이상 여성인구를 1,160만 명으로 보면 2010년 매달 1번 이상 음주한 여성의 수는 500만 명보다 많다.

④ 2012년 만 19세 이상 남성인구를 1,390만 명으로 보면 2012년 매달 1번도 음주하지 않은 남성의 수는 약 309만 명이다.

**46.** 다음 자료에 대한 설명으로 옳지 않은 것은?

〈2018 ~ 2019년 월별 학교급식 식중독 발생 현황〉

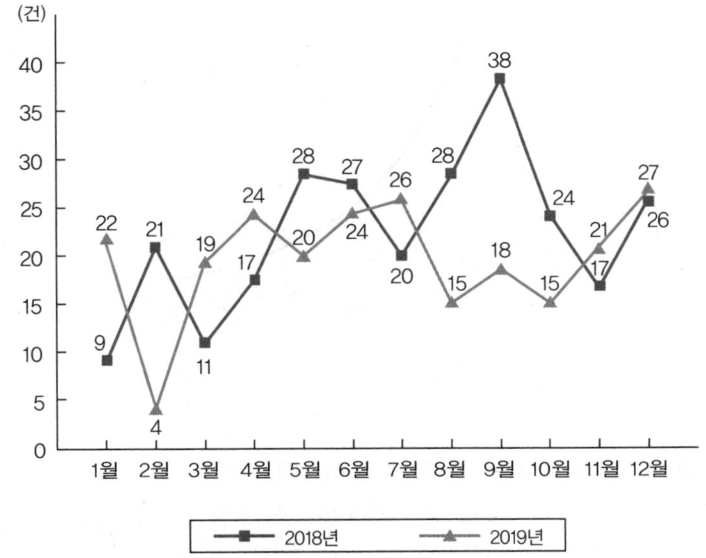


① 2018 ~ 2019년 사이에 식중독이 가장 많이 발생한 달은 9월이다.

② 2019년의 월별 식중독 평균 발생 건수는 약 19.6건이다.

③ 2018년에 식중독이 가장 많이 발생한 달과 가장 적게 발생한 달의 건수 차이는 29건이다.

④ 2018년과 2019년 모두 봄(3 ~ 5월)보다 가을(9 ~ 11월)에 식중독이 더 많이 발생하였다.

**47.** 다음 표의 (가)에 들어갈 숫자는?

〈2019년 6월 A, B 빵집 케이크 판매량〉

(단위 : 개)

| 구분 | 첫째 주 | 둘째 주 | 셋째 주 | 넷째 주 | 계 |
|---|---|---|---|---|---|
| A 빵집 | 23 | 52 | B | 25 | A |
| B 빵집 | C | 34 | 45 | 42 | 159 |
| 계 | D | 86 | (가) | 67 | 303 |

① 66　　② 71　　③ 79　　④ 89

**48.** 다음 그래프에 대한 설명으로 옳은 것은?

〈월별 감기 발병 추이(외래환자 천 명당 감기환자 수)〉

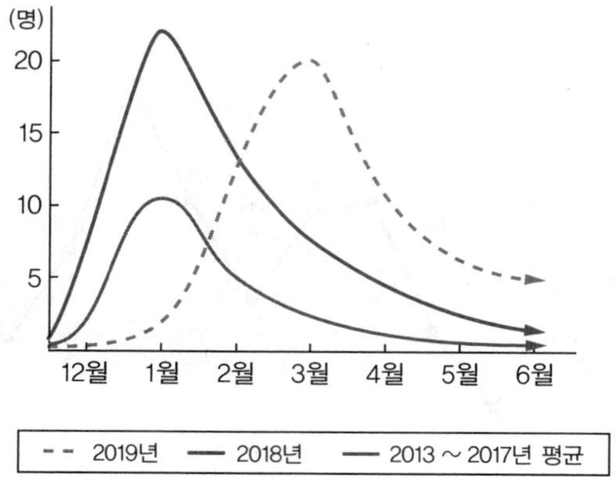


① 2013년 이후 월별 총 감기환자 수는 1월에 가장 많았다.
② 2013 ~ 2017년 사이의 월별 감기환자 수가 외래환자 천 명당 15명을 초과하는 경우는 없었다.
③ 2019년의 외래환자 천 명당 감기환자 수는 3월까지 증가한 후 감소하였다.
④ 해가 갈수록 감기환자 수는 계속해서 증가하고 있다.

**49.** 다음 그래프에 대한 설명으로 옳은 것은?

〈연도별 대북지원 통계〉

(단위 : 억 원)

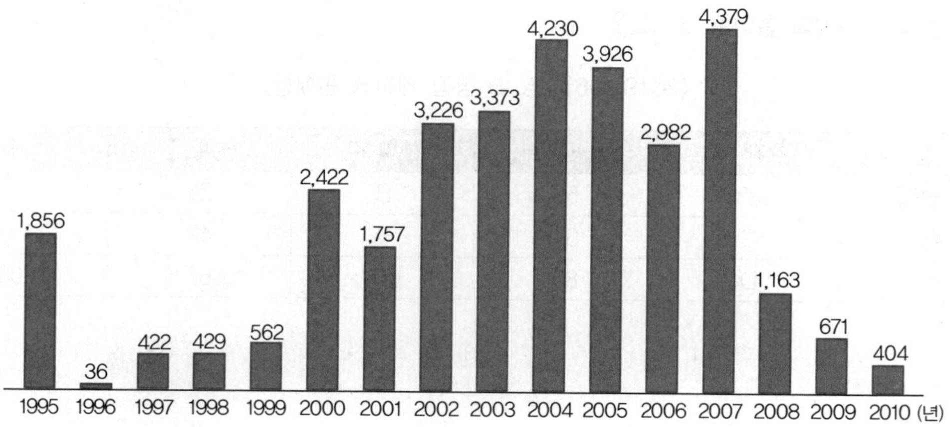

① 대북지원 액수가 가장 적은 연도는 2010년이다.
② 대북지원 액수가 가장 많은 연도는 2004년이다.
③ 1990년대 후반에 비하여 2000년대 초중반 대북지원 액수가 크게 늘어났다.
④ 대북지원 액수는 갈수록 늘어나고 있다.

**50.** 다음 자료에 대한 설명으로 옳지 않은 것은?

〈남녀 갑상선 질환 환자 수의 변화〉

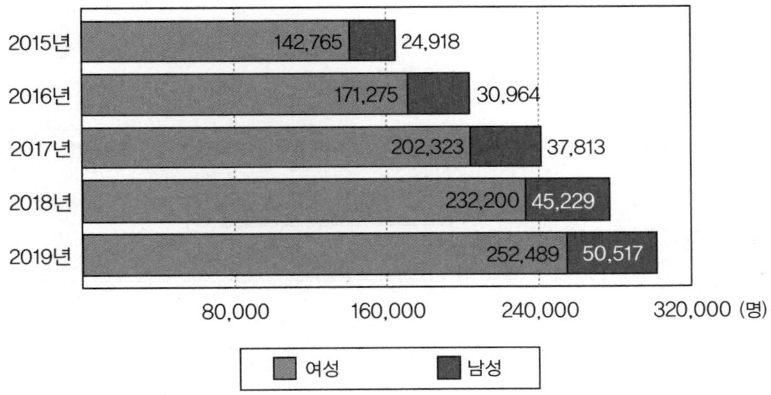


① 남녀 갑상선 질환 환자 수는 해마다 증가하고 있다.
② 여성 환자 수가 전년 대비 가장 많이 증가한 해는 2018년이다.
③ 전체 환자 중 남성이 차지하는 비율은 해마다 증가하고 있다.
④ 2015 ~ 2019년 남성 환자 수의 평균은 37,888.2명이다.

**[51 ~ 52] 다음 자료를 보고 이어지는 질문에 답하시오.**

〈부품소재 산업동향〉

(단위 : 조 원)

| 구분 | 2013년 | 2014년 | 2015년 | 2016년 | 2017년 | 2018년 | 2019년 |
|---|---|---|---|---|---|---|---|
| 생산 | 584 | 642 | 658 | 660 | 650 | 638 | 658 |
| 내수 | 491 | 545 | (　) | (　) | 538 | 532 | (　) |

* 내수=생산−수출+수입

〈부품소재 무역통계〉

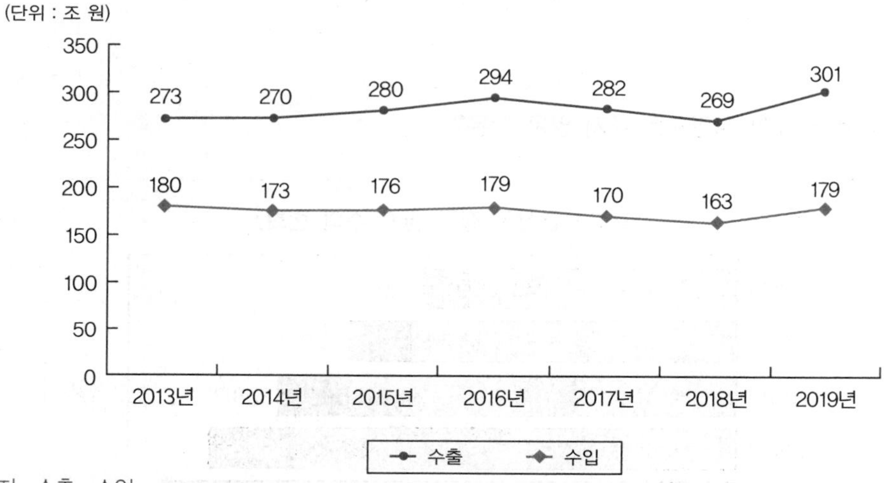


* 무역수지=수출−수입

**51.** 제시된 자료의 조사기간 중 부품소재 내수 규모가 가장 작은 해와 큰 해를 순서대로 나열한 것은?

① 2013년, 2015년
② 2013년, 2016년
③ 2018년, 2015년
④ 2018년, 2016년

**52.** 제시된 자료에 대한 설명으로 옳지 않은 것은?

① 조사기간 중 부품소재 생산 규모가 전년 대비 가장 큰 비율로 증가한 해는 2014년이다.
② 2017년 부품소재 생산, 수출, 수입 규모는 모두 전년 대비 하락하였다.
③ 부품소재 생산 규모는 2014년 이후 600조 원을 상회한다.
④ 조사기간 동안 부품소재 무역수지는 꾸준히 증가하였다.

**[53 ~ 54] 다음 자료를 보고 이어지는 질문에 답하시오.**

〈농축산물 도매물가〉

(20X8년 5월 3일 기준, 단위 : 원)

| 구분 | 단위 | 오늘 | 전주 대비 | 전년 대비 |
|---|---|---|---|---|
| 쌀 | 20kg | 44,520 | 0 | 12,720 |
| 배추 | 포기 | 1,756 | −295 | 309 |
| 무 | 개 | 2,648 | 114 | 1,096 |
| 양파 | kg | 927 | −16 | −37 |
| 시금치 | 4kg | 8,771 | −249 | 457 |
| 당근 | kg | 1,886 | 108 | 585 |
| 애호박 | 20개 | 12,074 | −3,385 | 5,572 |
| 토마토 | 10kg | 9,916 | −1,928 | 2,095 |
| 딸기 | 2kg | 13,921 | −1,106 | 900 |
| 사과(부사) | 10kg | 22,890 | −1,797 | −4,424 |
| 배(신고) | 15kg | 24,588 | 1,141 | −10,942 |
| 소고기(한우) | 지육/kg(평균) | 17,711 | 453 | 2,020 |
| 돼지고기(탕박) | 지육/kg(평균) | 4,988 | 173 | −229 |
| 닭고기(산지) | 육계/kg(평균) | 1,523 | 52 | −805 |
| 계란(산지) | 특란/10개 | 932 | −2 | −1,165 |

**53.** 자료에 대한 해석으로 옳지 않은 것은?

① 작년 쌀 40kg의 가격은 63,600원이었다.
② 오늘 소고기는 kg당 가격이 닭고기보다 10배 이상 더 비싸다.
③ 오늘 애호박은 개당 가격이 지난주에 비해 약 170원 저렴하다.
④ 지난주 당근은 kg당 가격이 양파보다 2배 이상 더 비쌌다.

**54.** A 씨는 일주일 전 잼과 청을 만들기 위해 딸기 6kg을 구입하였다. 만약 같은 중량의 딸기를 오늘 구입하였다면 A 씨가 지불한 금액은 어떻게 달라지는가?

① 1,106원 덜 지불
② 1,106원 더 지불
③ 2,212원 덜 지불
④ 3,318원 덜 지불

**[55 ~ 56]** 다음은 ○○식품의 부류별(품목별) 수출동향에 대한 자료이다. 이어지는 질문에 답하시오.

(단위 : 톤, 천 $)

| 구분 | | 2018년 | | 2019년 | |
|---|---|---|---|---|---|
| | | 물량 | 금액 | 물량 | 금액 |
| 신선농산물 | | 102,730 | 219,771 | 138,440 | 272,529 |
| | 채소류 | 27,306 | 104,848 | 57,418 | 153,533 |
| | 과실류 | 36,914 | 66,924 | 41,730 | 78,002 |
| | 화훼류 | 36,969 | 44,516 | 24,081 | 29,469 |
| | 버섯류 | 1,541 | 3,483 | 15,211 | 11,525 |
| 가공식품 | | 3,868 | 15,700 | 5,706 | 25,954 |
| 인삼류 | | 4,960 | 17,244 | 5,700 | 22,266 |

**55.** 제시된 자료에 대한 설명으로 옳지 않은 것은?

① 인삼은 신선농산물에 포함되지 않는다.
② 화훼류를 제외한 모든 신선농산물 품목에서 수출량이 증가하였다.
③ 인삼류의 수출량보다 가공식품의 수출량이 더 많이 증가하였다.
④ 2019년도는 신선농산물 수출액이 가공식품 수출액의 20배 이상이다.

**56.** 신선농산물의 하위 품목 중 수출액의 증가율이 가장 높은 품목 두 가지는?

① 버섯류, 과실류
② 버섯류, 채소류
③ 채소류, 과실류
④ 채소류, 화훼류

**[57 ~ 58]** 다음은 우리나라 도시와 농촌 간 소득격차에 관한 자료이다. 이어지는 질문에 답하시오.

〈연도별 도시 · 농촌 간 소득격차〉

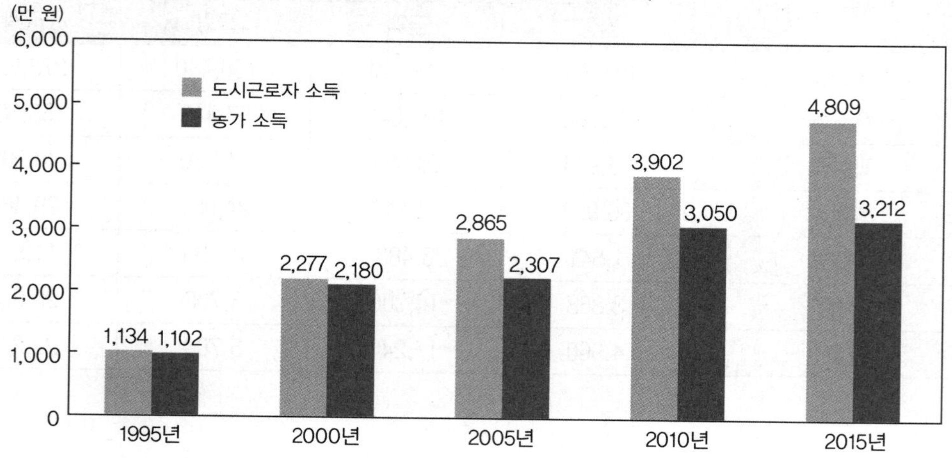


**57.** 도시와 농촌 간 소득격차가 가장 큰 해의 농가 소득은 그 해 전체 소득의 몇 %인가? (단, 소수점 아래 둘째 자리에서 반올림한다)

① 약 39.6%
② 약 39.8%
③ 약 40.0%
④ 약 40.2%

**58.** 2005년 대비 2015년의 도시근로자 소득과 농가 소득의 증가분은 각각 얼마인가?

① 1,835만 원, 801만 원
② 1,844만 원, 805만 원
③ 1,935만 원, 901만 원
④ 1,944만 원, 905만 원

**[59 ~ 60]** 다음은 S 과수원에서 일 년 동안 생산할 수 있는 사과와 배의 생산가능곡선이다. 이어지는 질문에 답하시오.

〈S 과수원 생산가능곡선〉

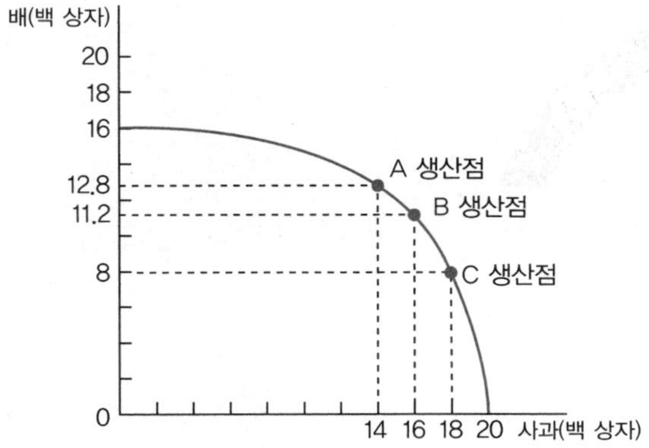


* 생산가능곡선 : 한정된 자원으로 생산할 수 있는 두 가지 상품의 조합을 연결시킨 곡선

**59.** 위 그래프에 대한 설명으로 옳지 않은 것은?

① S 과수원은 최대 2,000상자의 사과를 생산할 수 있다.
② 생산점을 A에서 C로 옮길 경우 배의 생산량은 480상자 늘어난다.
③ 생산점을 B에서 A로 옮길 경우 사과의 생산량은 200상자 줄어든다.
④ 사과와 배의 총 생산량이 가장 많은 생산점은 B 생산점이다.

**60.** S 과수원의 판매이윤을 살펴보니 사과 한 상자당 만 원, 배 한 상자당 6천 원의 이윤이 남았음을 알게 되었다. 가장 많은 이윤을 남기려면 생산점을 어디로 옮겨야 하는가?

① A 생산점
② B 생산점
③ C 생산점
④ 모두 같다.

## 삼성 GSAT 4급 직무적성검사

### 최신 기출 분석

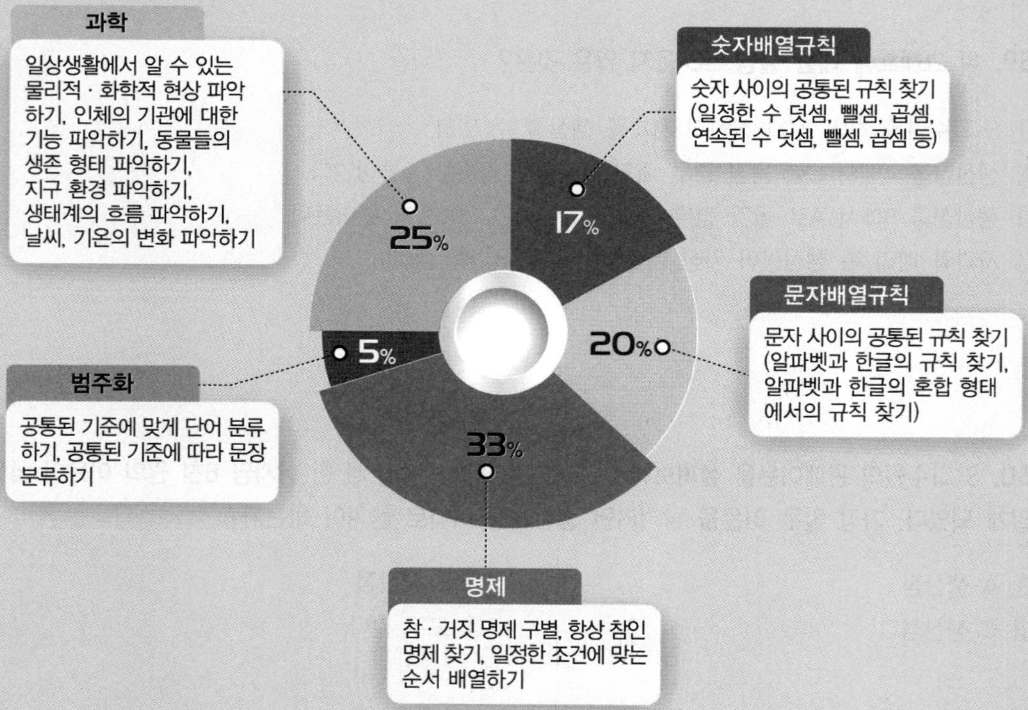

삼성 GSAT 4급 직무적성검사

# 02 추리능력

# 테마 1 수 · 문자 추리

## 수 · 문자 추리 출제 비율

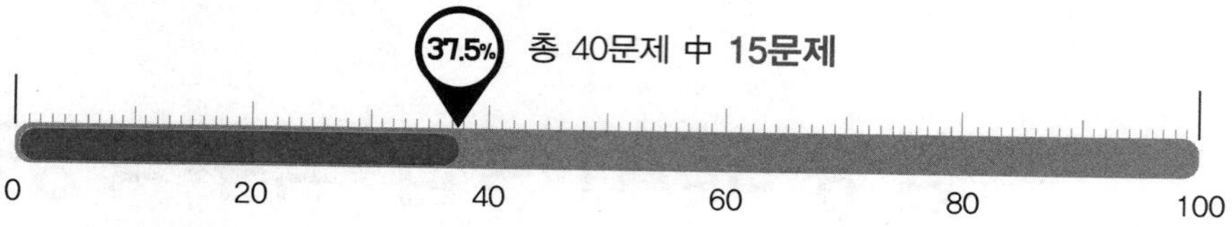


## 유형분석

수추리는 나열된 숫자의 규칙성을 찾아 물음표에 해당하는 값을 찾는 유형으로만 출제된다. 그에 비해 문자추리는 크게 2가지 유형으로 출제되는데, 첫 번째는 수추리와 같은 유형이고 두 번째는 공통된 규칙에 의해 나열된 문자를 보고 동일한 규칙이 적용되지 않은 선택지를 고르는 유형이다. 문자추리는 알파벳이나 한글을 숫자로 치환하여 풀어야 하므로 좀더 어렵게 느껴질 수 있으나, 문자와 대응되는 숫자를 알면 수추리의 풀이 방법과 크게 다르지 않다. 또한 자주 반복되어 나오는 규칙이 있으므로 미리 학습하여 정확하게 풀 수 있도록 한다.

## 출제키워드

**숫자 배열 규칙**

- 일정한 숫자 더하기, 일정한 숫자 곱하기, 홀수 더하기, 연속된 수 곱하기, 주어진 숫자 덧셈, 배수 구하기 등

**문자 배열 규칙**

- 알파벳 순서, 한글 순서, 알파벳과 한글의 혼합 등

## 대표예제 숫자 배열 규칙

**01 ~ 03** 다음 숫자들의 배열 규칙을 찾아 ?에 들어갈 알맞은 숫자를 고르시오.

**1.**

| | | | | |
|---|---|---|---|---|
| 1 | 4 | 9 | 16 | ? |

① 15 ② 20 ③ 25 ④ 30

| 정답 | ③

| 해설 | 주어진 숫자는 다음과 같은 규칙으로 배열되어 있다.

1 →(+3) 4 →(+5) 9 →(+7) 16 →(+9) ?

따라서 ?에 들어갈 숫자는 16+9=25이다.

**2.**

| | | | | | | | | | | | |
|---|---|---|---|---|---|---|---|---|---|---|---|
| 2 | 7 | 9 | | 3 | 8 | 11 | | 4 | ? | 14 | |

① 6 ② 8 ③ 10 ④ 12

| 정답 | ③

| 해설 | 주어진 숫자는 다음과 같은 규칙으로 배열되어 있다.

| | | |
|---|---|---|
| A | B | C |

→ A+B=C

따라서 ?에 들어갈 숫자는 10이다.

**3.**

| |
|---|
| 1　　2　　6　　24　　120　　( ? ) |

① 360　　② 480　　③ 600　　④ 720

| 정답 | ④

| 해설 | 주어진 숫자는 다음과 같은 규칙으로 배열되어 있다.

1 →(×2) 2 →(×3) 6 →(×4) 24 →(×5) 120 →(×6) ?

따라서 ?에 들어갈 숫자는 120×6=720이다.

## 대표예제 문자 배열 규칙

**04 ~ 05** 다음 문자들의 배열 규칙을 찾아 ?에 들어갈 알맞은 문자를 고르시오.

**4.**

| |
|---|
| G　　K　　O　　S　　W　　A　　( ? ) |

① B　　② D　　③ E　　④ G

| 정답 | ③

| 해설 | 일반 알파벳 순서를 이용하여 푼다.

G → K → O → S → W → A → ?

7 →(+4) 11 →(+4) 15 →(+4) 19 →(+4) 23 →(+4) 1(=27, 53, …) →(+4) 5

따라서 ?에 들어갈 문자는 5에 해당하는 E이다.

| 보충 | 알파벳 순서(순서 패턴)

| A | B | C | D | E | F | G | H | I | J | K | L | M |
|---|---|---|---|---|---|---|---|---|---|---|---|---|
| 1 | 2 | 3 | 4 | 5 | 6 | 7 | 8 | 9 | 10 | 11 | 12 | 13 |
| N | O | P | Q | R | S | T | U | V | W | X | Y | Z |
| 14 | 15 | 16 | 17 | 18 | 19 | 20 | 21 | 22 | 23 | 24 | 25 | 26 |

**5.**

| |
|---|
| Z　A　C　F　J　( ? ) |

① P　② O　③ Y　④ H

| 정답 | ②

| 해설 | 일반 알파벳 순서를 이용하여 푼다.

Z ⟶ A ⟶ C ⟶ F ⟶ J ⟶ ?

26 ⟶ 1(=27) ⟶ 3(=29) ⟶ 6(=32) ⟶ 10(=36) ⟶ 15(=41)

(+1, +2, +3, +4, +5)

따라서 ?에 들어갈 문자는 15에 해당하는 O이다.

**6.** 다음 알파벳과 한글의 자음은 어떤 논리적 순서에 따라 배열되어 있다. (가), (나) 각각의 뒤에 올 알파벳과 자음을 바르게 짝지은 것은?

| |
|---|
| (가) AABBAABCBAABCDCB　(나) ㅅㅇㅅㅇㅁㅂㅈㅊㅈㅊㅁㅂ |

| | (가) | (나) | | (가) | (나) |
|---|---|---|---|---|---|
| ① | B | ㅁ | ② | A | ㅋ |
| ③ | C | ㅈ | ④ | D | ㅌ |

| 정답 | ②

| 해설 | 알파벳과 한글 자음을 숫자로 치환하면 다음과 같다.

| 기호 | A | B | C | D | E | F | G | H | I | J | K | L | M | … |
|---|---|---|---|---|---|---|---|---|---|---|---|---|---|---|
| 숫자 | 1 | 2 | 3 | 4 | 5 | 6 | 7 | 8 | 9 | 10 | 11 | 12 | 13 | … |

| 기호 | ㄱ | ㄴ | ㄷ | ㄹ | ㅁ | ㅂ | ㅅ | ㅇ | ㅈ | ㅊ | ㅋ | ㅌ | ㅍ | ㅎ |
|---|---|---|---|---|---|---|---|---|---|---|---|---|---|---|
| 숫자 | 1 | 2 | 3 | 4 | 5 | 6 | 7 | 8 | 9 | 10 | 11 | 12 | 13 | 14 |

(가)의 경우 '(1, 1), (2, 2), (1, 1), (2, 3, 2), (1, 1), (2, 3, 4, 3, 2)'로 전개됨을 파악할 수 있으므로 다음에 올 알파벳은 1에 해당하는 A이다.

(나)의 경우 '(7, 8, 7, 8), (5, 6), (9, 10, 9, 10), (5, 6)'으로 전개됨을 파악할 수 있으므로 다음에 올 자음은 11에 해당하는 ㅋ이다.

테마 2

# 언어추리

## 언어추리 출제 비율

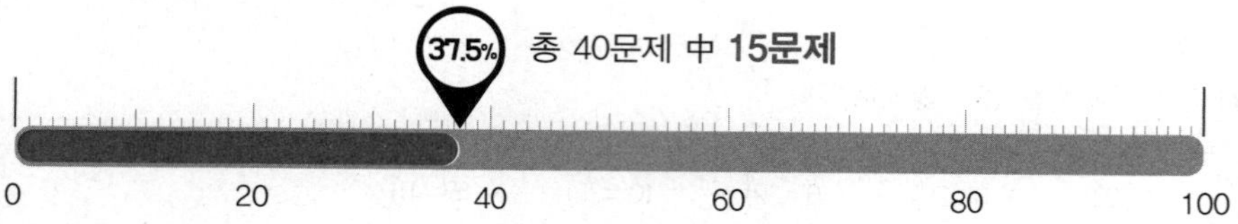


## 유형분석

언어추리는 주로 GSAT 3급에서 출제되다가, 2014년 4급에서도 출제되기 시작한 문제 유형이다. 일정한 지문 또는 자료를 제시한 후, 이에 비추어 주어진 명제의 참 · 거짓을 판별하는 문제가 출제된다. 수험자의 논리적 판단력을 측정하고자 하는 문제이므로 주어진 지문 또는 자료를 면밀히 분석하고 표 · 그림 등을 활용하여 조건을 파악하는 연습이 필요하다. 또한 명제의 역 · 이 · 대우와 삼단논법 등 여러 가지 논리적 개념들을 정리해 두면 도움이 될 것이다. 마지막으로 문제를 풀 때에는 긴 문장을 기호로 대체해서 푸는 것이 효과적이다.

## 출제키워드

**명제**

- 당직 근무, 키의 크기 배열, 형제자매 순서 배열, 리그전, 결승에 진출할 부서 찾기, 전열기, 도착순서, 영업실적, 건강, 질병, 부서 위치 등

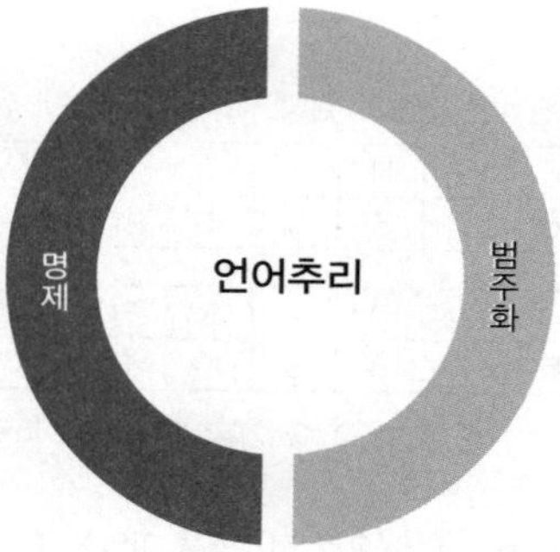


**범주화**

- 이동수단, 농구, 배구, 축구, 야구, 검도, 격분하다, 기쁘다, 권태롭다, 분개하다, 즐겁다, 무료하다, 청유문, 의문문, 명령문, 평서문, 군주제, 입헌 군주제 등

## 대표예제 명제

**1. 갑, 을, 병, 정, 무 5명의 직원이 당직 근무에 대한 대화를 하고 있다. 대화의 내용이 모두 참이라고 할 때, 세 번째로 당직을 서는 사람은?**

> 갑 : 나는 을과 연달아 당직을 서지는 않아.
> 을 : 나는 갑보다 당직을 먼저 서게 되었어.
> 병 : 을과 정은 나보다 당직을 늦게 서는구나.
> 정 : 당직 근무일 표기함에 내 당직 카드 좀 끼워 줄래? 갑보다는 앞에 끼우면 돼.
> 무 : 나는 병 바로 다음으로 당직을 설래.

① 갑　② 을　③ 병　④ 정

| 정답 | ②

| 해설 | 병의 진술에 의해 '병-을-정' 또는 '병-정-을'의 순서가 된다. 또한 을과 정의 진술에 의해 갑은 을과 정보다 뒤 순서가 되고 무는 병 바로 다음이라고 했으므로 '병-무-을-정-갑' 또는 '병-무-정-을-갑'의 순서만 가능하게 된다. 갑은 을과 연달아 당직을 서지 않는다고 하였으므로 결국 '병-무-을-정-갑'의 순서가 모두의 진술에 알맞은 당직 순서가 된다. 따라서 세 번째로 당직을 서는 사람은 을이 된다.

**2. 같은 엘리베이터에 탄 사원 A ~ E 중 한 명은 거짓말을 하고 있다. 다음 조건을 고려할 때 반드시 참인 것은? (단, 같은 층에서 내린 사람은 없다)**

> • A : B는 1층에서 내렸어.
> • B : C는 1층에서 내렸어.
> • C : 잘은 모르겠지만, D는 적어도 3층에서는 내리지 않았어.
> • D : E는 4층에서 내렸어.
> • E : 나는 4층에서 내렸고 A는 5층에서 내렸어.

① A는 4층에서 내렸다.　② B는 3층에서 내렸다.
③ C는 1층에서 내렸다.　④ D는 2층에서 내렸다.

| 정답 | ④

| 해설 | A ~ E의 진술을 살펴보면, A와 B가 상반된 진술을 하고 있음을 알 수 있다. 따라서 C ~ E 중 거짓을 말하는 사람이 있을 경우, A와 B의 진술이 모순이 되므로 거짓을 말하는 사람은 A 또는 B이다.

- A가 거짓인 경우 : 1 ~ 5층 → C, D, B, E, A
- B가 거짓인 경우 : 1 ~ 5층 → B, D, C, E, A

따라서 A와 B 중 누구의 진술이 거짓이냐에 관계없이 D는 항상 2층에서 내린 것임을 알 수 있다.

**3. 다음은 ○○회사 A ~ D 팀의 지난주 점심메뉴를 정리한 내용이다. 〈보기〉의 명제들이 모두 참일 때, 반드시 참이라고 할 수 없는 것은?**

보기

- A 팀이 중식을 먹으면 B 팀은 일식을 먹는다.
- B 팀이 일식을 먹으면 C 팀은 한식을 먹는다.
- C 팀이 한식을 먹으면 D 팀이 한식을 먹는다.

① A 팀이 중식을 먹으면 C 팀은 한식을 먹는다.
② A 팀이 중식을 먹으면 D 팀은 한식을 먹는다.
③ B 팀이 일식을 먹으면 D 팀은 한식을 먹는다.
④ D 팀이 한식을 먹으면 C 팀은 한식을 먹는다.

| 정답 | ④

| 해설 | ④는 주어진 명제로 반드시 참인지 판단할 수 없다.
'A 팀이 중식을 먹는다'=p, 'B 팀이 일식을 먹는다'=q, 'C 팀이 한식을 먹는다'=r, 'D 팀이 한식을 먹는다'=s로 바꿔서 주어진 명제를 나타내면 다음과 같다.

- p → q ………………………… ㉠
- q → r ………………………… ㉡
- r → s ………………………… ㉢

㉠과 ㉡의 삼단 논법으로 ㉣ p → r을 도출할 수 있고, ㉡과 ㉢의 삼단 논법으로 ㉤ q → s, ㉢과 ㉣의 삼단 논법으로 ㉥ p → s을 도출할 수 있다. 이 내용을 선택지에 적용하면 ①=㉣, ②=㉥, ③=㉤이다. 하지만 ④는 위의 조건만으로 알 수 없다.

## 대표예제 범주화

**04 ~ 12** 다음 제시된 단어 또는 문장을 일정한 기준에 따라 빈 박스에 분류하시오.

**4. ~ 6.**

① 사이클 ② 낙하산
③ 수상스키 ④ 요트
⑤ 비행기 ⑥ 전기자동차
⑦ 오토바이 ⑧ 헬리콥터
⑨ 유람선

**4.** ① 사이클

**5.** ② 낙하산

**6.**

**4.**

| 정답 | ①, ⑥, ⑦

| 해설 | '사이클'은 땅에서 이용하는 이동수단, '낙하산'은 하늘에서 이용하는 이동수단이다. 따라서 4에는 땅에서 이용하는 이동수단, 5에는 하늘에서 이용하는 이동수단이 들어가야 하고, 남은 제시어를 고려하였을 때 6에는 물에서 이용하는 이동수단이 들어가야 한다. 따라서 4번에는 '사이클, 전기자동차, 오토바이'가 들어가야 함을 알 수 있다.

**5.**

| 정답 | ②, ⑤, ⑧

| 해설 | 4번의 해설을 참고하면 5번에는 '낙하산, 비행기, 헬리콥터'가 들어가야 함을 알 수 있다.

**6.**

| 정답 | ③, ④, ⑨

| 해설 | 4번의 해설을 참고하면 6번에는 '수상스키, 요트, 유람선'이 들어가야 함을 알 수 있다.

**7. ~ 9.**

① 혹시 지금 당장 나한테 오천 원만 줄 수 있을까?
② 지금부터 이쪽으로 와서 이 일을 끝내십시오.
③ 민수야, 그러지 말고 나랑 같이 집으로 가자.
④ 우리 같이 그 문제에 대해 생각해 보는 게 어때?
⑤ 기회가 된다면 잊지 말고 연락해 줘.
⑥ 잊지 말고 우산 가져가라.
⑦ 혹시나 넘어진다고 하더라도 다시 뛰어라.
⑧ 자, 연말이 되었으니 회식을 하러 갑시다!
⑨ 오는 길에 진통제 하나만 사다 주면 정말 고마울 것 같은데.

| 7. | 8. | 9. |
|---|---|---|
| ② | ④ | |

**7.**

| 정답 | ②, ⑥, ⑦

| 해설 | ②는 명령의 의미가 내포되어 있는 문장이고 ④는 청유의 의미가 내포되어 있는 문장이다. 남은 문장을 고려하였을 때 9번에는 부탁의 의미가 내포되어 있는 문장이 들어가야 알맞다. 따라서 7번에는 ②, ⑥, ⑦이 들어가야 함을 알 수 있다.

**8.**

| 정답 | ③, ④, ⑧

| 해설 | 7번의 해설을 참고하면 8번에는 ③, ④, ⑧이 들어가야 함을 알 수 있다.

**9.**

| 정답 | ①, ⑤, ⑨

| 해설 | 7번의 해설을 참고하면 9번에는 ①, ⑤, ⑨가 들어가야 함을 알 수 있다.

**10. ~ 12.**

① 모든 것은 오로지 군주 한 사람의 결정에 맡겨져 있다.
② 국가의사의 결정 또는 집행 과정에 국민이 직접 참여한다.
③ 국가기관은 군주의 권력 집행기관에 지나지 않는다.
④ 시민계급의 대두로 군주의 권한을 제한하려는 투쟁이 전개되었고, 그 과정에서 왕권과 의회라는 두 국가기관이 병존 타협의 형태로 출현하였다.
⑤ 홉스는 인간의 자연상태를 '만인의 만인에 대한 투쟁'이라 하며, 이 무질서 상태에서 벗어나기 위해 국가 권력을 군주에게 집중시켜야 한다고 주장했다.
⑥ 오늘날 각국에서 국민투표, 국민발안, 국민소환 등으로 부분적으로나마 채택하고 있는 제도이다.
⑦ '국왕은 군림하되 통치하지 않는다'는 영국형 제도가 대표적이다.
⑧ 민주주의의 본질이라 할 수 있는 국민자치의 원리를 가장 충실하게 실천할 수 있는 제도이다.

| 10. | 11. | 12. |
|---|---|---|
| ① | ④ | |

**10.**

| 정답 | ①, ③, ⑤

| 해설 | 10번의 정답 문장들은 '군주제'라는 범주로 분류될 수 있으며 11번의 정답 문장들은 '입헌군주제'라는 범주로 묶을 수 있다. 마지막으로 12번의 정답 문장들은 '국민투표제'라는 범주로 분류된다. 따라서 10번에는 ①, ③, ⑤가 들어가야 한다.

**11.**

| 정답 | ④, ⑦

| 해설 | 10번의 해설을 참고하면 11번에는 ④, ⑦이 들어가야 한다.

**12.**

| 정답 | ②, ⑥, ⑧

| 해설 | 10번의 해설을 참고하면 12번에는 ②, ⑥, ⑧이 들어가야 한다.

테마 3

# 과학추리

## 과학추리 출제 비율

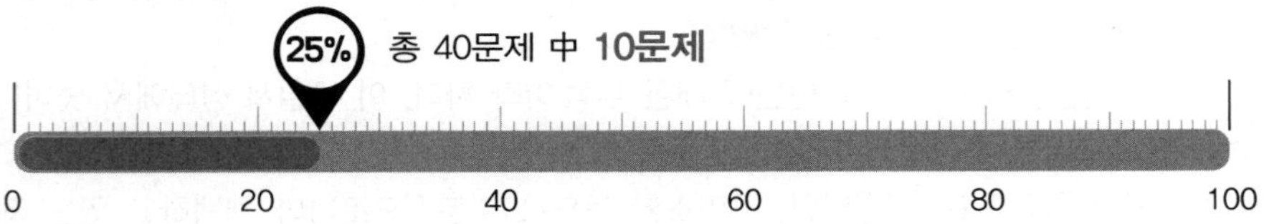


## 유형분석

과학추리는 운동법칙, 에너지 보존의 법칙, 속력과 속도, 빛의 굴절, 물질의 상태변화 등 중 · 고등학교 수준의 과학지식을 바탕으로 접근하는 유형이다. 주로 물리와 관련된 문제가 많이 출제되지만 화학, 지구과학, 생물에 관련된 문제도 종종 출제된다. 공식에 넣어 숫자를 계산하는 문제는 거의 출제되지 않으며, 주로 일상생활에 적용할 수 있는 과학적 추리력을 요하는 문제로 구성되어 있다. 따라서 최근 이슈가 되고 있는 과학 지식이나 기본적으로 알고 있어야 하는 상식들을 위주로 정리하여 숙지해 두도록 한다.

## 출제키워드

**물리**

- 중력, 가속도, 초전도체, 전기력, 전하, 대전체, 도체, 부도체, 나침반, 자기장, 구리, 은, 자유전자, 빛의 파장, 굴절, 프리즘, 빛의 분산, 에어백의 원리, 도르래, 공전, 자유낙하 등

**생물**

- 적응과 진화, 발생과 성장, 물질 대사, 혈액, 혈장, 항체, 혈청, 응집반응, 폐, 신장, 횡격막, 흉강, 늑골 등

**환경**

- 생산자, 에너지의 흐름, 1차 소비자, 2차 소비자, 3차 소비자, 분해자, 생태계, 저녁노을, 날씨 등

## 대표예제 물리

**1. 다음 그림 (가)는 철수가 탄 엘리베이터가 정지한 상태를, 그림 (나)는 이 엘리베이터가 일정한 속력 $v$로 위로 움직이고 있는 상태를 나타낸 것이다. (가)와 (나)에서 철수에게 작용하는 힘에 대한 설명으로 옳지 않은 것은?**

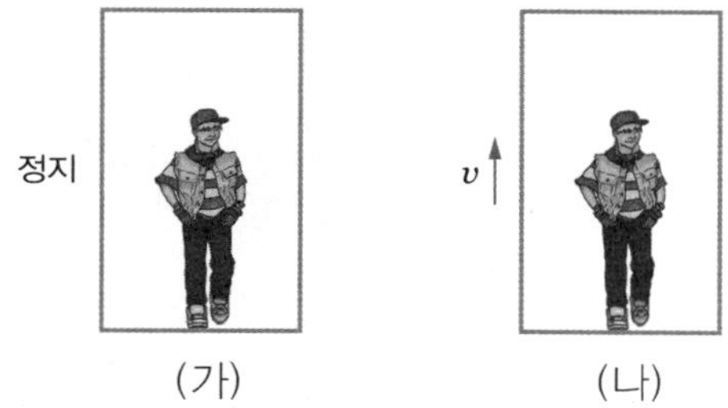


① 철수에게 작용하는 알짜힘(합력)은 모두 0이다.

② (가), (나)에서 엘리베이터의 바닥이 철수를 미는 힘의 방향은 같다.

③ (가)에서 철수에게 작용하는 중력의 크기는 (나)에서보다 크다.

④ 철수에게 작용하는 힘에는 중력과 수직 항력이 있다.

| 정답 | ③

| 해설 | 물체에 작용하는 중력 $F=mg$이고 중력 가속도($g$)는 평균 9.8m/s$^2$으로 거의 일정하므로 (가)에서 철수에게 작용하는 중력의 크기와 (나)에서 철수에게 작용하는 중력의 크기는 같다.

**2. 다음은 온도를 낮추었을 때 자석 위에 떠 있는 물체를 나타낸 그림이다. 이러한 물체에 대한 설명으로 옳지 않은 것은?**

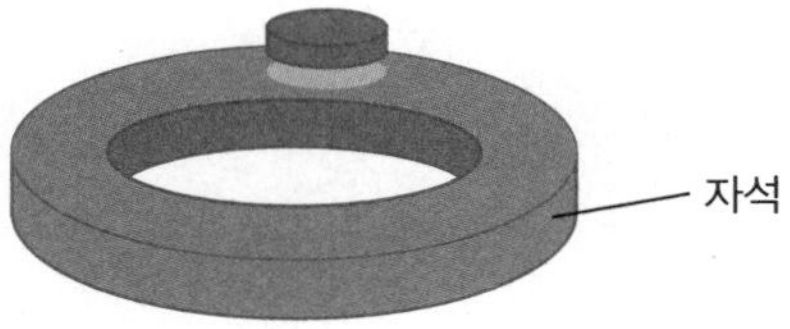


① 특정 온도에서 전기 저항이 0이 되는 초전도 현상이 나타난다.

② 초전도 현상이 발생하기 시작하는 온도를 임계 온도라고 한다.

③ 상온에서도 초전도 현상이 나타나는 신물질이 개발되었다.

④ 초전도 상태를 이용한 기술로 자기부상열차가 있다.

| 정답 | ③

| 해설 | 현재까지 발견된 초전도체의 최고 임계 온도는 77K(−196℃)이다.

| 오답풀이 |

①, ④ 극저온의 특수한 온도에서 전기 저항이 0이 되는 상태를 초전도 상태라고 하며, 이러한 특성을 가진 물질을 초전도체라고 한다. 현재 초전도체를 이용하는 자기부상열차가 개발되어 있다.

② 초전도 현상이 발생하기 시작하는 온도를 임계 온도라고 하고, 임계 온도 이하에서 초전도체 내부의 자기장이 0이 되는 현상을 '마이스너 효과'라고 한다.

## 대표예제 생물

**3. 신장의 기능으로 적절하지 않은 것은?**

① 노폐물을 여과한다.
② 삼투압을 조절한다.
③ 오줌을 생성한다.
④ 암모니아를 요소로 만든다.

| 정답 | ④

| 해설 | 독성 물질인 암모니아를 요소로 만드는 일은 오르니틴 회로를 통해 간에서 담당한다.

| 보충 | 신장의 주요 기능

- 신장은 소변으로 배설되는 물과 이온들의 양을 변화시킴으로써 체액의 양, 삼투압, 전해질 양과 농도, 산성도 등을 조절한다. 소변으로 배설되는 양이 변함으로써 조절되는 이온으로는 나트륨, 칼륨, 클로라이드, 마그네슘, 인산염 등이 있다.
- 대사의 최종산물이나 외부 물질들의 배설. 신장은 요소와 같은 여러 가지 대사산물이나 독성 물질과 약물을 배설한다.
- 효소와 호르몬의 생산과 분비
  - 레닌은 혈장 글로불린인 안지오텐신이 만들어지는 과정에 촉매작용을 한다. 안지오텐신은 강력한 혈관수축제로 염분 균형과 혈압 조절에 중요한 역할을 한다.
  - 골수에서 적혈구의 성숙을 자극한다.
  - 체내 칼슘과 인산염 균형 조절에 중요한 역할을 한다.

## 대표예제 환경

**4. 다음 그림은 안정된 생태계에서 일어나는 물질과 에너지의 이동을 간략하게 나타낸 것이다. 이에 대한 설명으로 옳은 것은?**

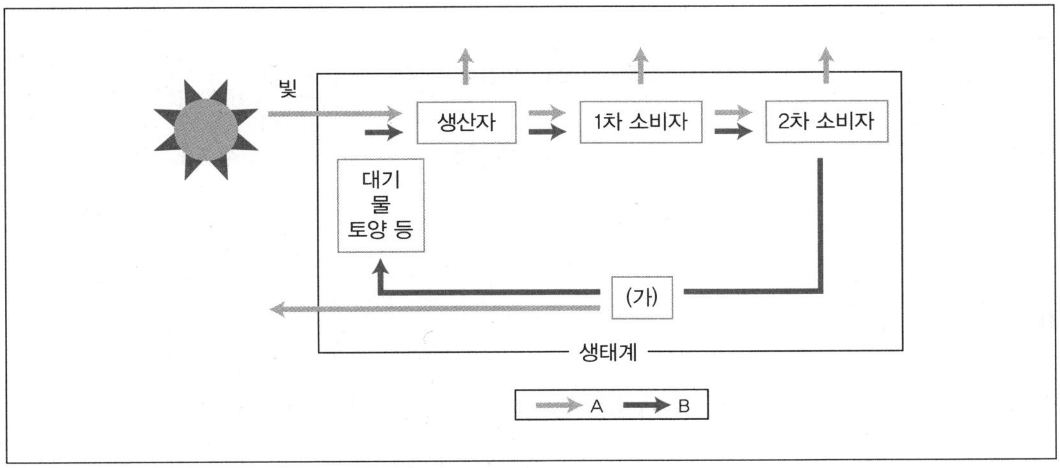


① (가)에 들어갈 생태계의 구성 요소는 3차 소비자이다.

② 1차 소비자는 태양의 빛에너지를 화학에너지로 전환하여 유기물 형태로 저장한다.

③ A와 B 중 에너지의 이동을 나타낸 것은 A이다.

④ 생태계 내에서 최종 소비자 단계로 갈수록 이용 가능한 에너지 양은 증가한다.

| 정답 | ③

| 해설 | A는 에너지의 이동 경로를, B는 물질의 이동 경로를 나타낸다.

| 오답풀이 |

① (가)에 적합한 생태계의 구성 요소는 '분해자'이다.

② '생산자'는 태양의 빛에너지를 화학에너지로 전환하여 즉, 광합성 작용을 통해 유기물 형태로 저장한다.

④ 생태계의 먹이 연쇄 과정에서 호흡활동과 같은 다양한 활동을 통해 에너지를 방출하므로 생태계 내에서 최종 소비자 단계로 갈수록 이용 가능한 에너지 양은 감소한다. 하지만 에너지 효율은 상위로 갈수록 높아진다.

| 보충 |

생태계의 생물적 구성요소

| | | |
|---|---|---|
| 생산자 | | 광합성을 하며 스스로 필요한 양분을 생성하는 식물 |
| 소비자 | 1차 소비자 | 생산자를 먹이로 하는 동물(초식 동물) |
| | 2차 소비자 | 1차 소비자를 먹이로 하는 동물 |
| | 3차 소비자(최종) | 2차 소비자를 먹이로 하는 동물 |
| 분해자 | | 죽은 생물로부터 양분을 얻고, 다른 생물이 이용 가능하게 해 주는 생물 |

테마 4 기출예상문제

정답과 해설 10쪽

**[01 ~ 16]** 다음 숫자 또는 문자들의 배열 규칙을 찾아 ?에 들어갈 알맞은 숫자 또는 문자를 고르시오.

**01.**

121 100 81 64 49 ( ? )

① 12 ② 24 ③ 36 ④ 48

**02.**

2 3 6 18 ( ? ) 1944

① 54 ② 64 ③ 81 ④ 108

**03.**

2 10 7 35 32 160 ( ? )

① 40 ② 96 ③ 152 ④ 157

**04.**

11 13 ( ? ) 17 19

① 14 ② 15 ③ 16 ④ 18

**05.**

$\frac{1}{2}$  1  $\frac{5}{4}$  $\frac{7}{5}$  $\frac{3}{2}$  ( ? )

① $\frac{9}{4}$  ② $\frac{13}{6}$  ③ $\frac{11}{7}$  ④ $\frac{15}{9}$

**06.**

135  120  106  93  81  ( ? )

① 64  ② 67  ③ 70  ④ 73

**07.**

1  212  32123  4321234  ( ? )

① 246810121  ② 321321321  ③ 478563279  ④ 543212345

**08.**

13  15  18  22  27  ( ? )

① 31  ② 33  ③ 35  ④ 37

**09.**

4 12 9 27 24 ( ? )

① 60 ② 64 ③ 68 ④ 72

**10.**

7 14 20 25 29 ( ? )

① 31 ② 32 ③ 33 ④ 34

**11.**

ㄲ ㄷ ㅁ ㅆ ( ? )

① ㅋ ② ㅌ ③ ㅍ ④ ㅎ

**12.**

M L P O S ( ? )

① Q ② R ③ T ④ U

**13.**

ㅐ ㅑ ㅔ ( ? ) ㅠ ㅔ

① ㅘ ② ㅙ ③ ㅛ ④ ㅚ

**14.**

C F E H G ( ? )

① J ② K ③ M ④ Q

**15.**

ㄴ ㅂ ㄹ ㅇ ㅂ ( ? )

① ㅋ ② ㄷ ③ ㅊ ④ ㅎ

**16.**

A 2 E 10 Q ( ? )

① 23 ② 24 ③ 26 ④ 27

**[17 ~ 20] 다음의 각 선택지들은 공통된 규칙에 의해 문자가 배열된 것이다. 다음 중 동일한 규칙이 적용되지 않은 하나를 고르시오.**

**17.**

① 여어야아 ② 이유워외 ③ 으웨요와 ④ 우왜예어

**18.**

① 타차타타 ② 바다바바 ③ 카아카카 ④ 하카하하

**19.**

① EFHI ② ABDF ③ MNPQ ④ KLNO

**20.**

① GQAK ② 다파자마 ③ 가계구갸 ④ ㅂㄴㅌㅇ

**[21 ~ 24]** 다음 지문을 읽고, 지문의 내용에 비추어 각 제시된 명제의 참, 거짓, 알 수 없음을 판단하시오.

- 사과를 매일 먹는 사람은 건강하다.
- 건강하지 못한 사람은 질병에 잘 걸린다.
- 그는 건강하지 못하다.
- 질병에 잘 걸리는 사람은 병원에 자주 간다.

**21.**

건강하지 못한 사람은 사과를 매일 먹지 않는다.

① 참 ② 거짓 ③ 알 수 없음.

**22.**

그는 병원에 자주 간다.

① 참 ② 거짓 ③ 알 수 없음.

**23.**

사과를 매일 먹지 않는 사람은 질병에 잘 걸린다.

① 참 ② 거짓 ③ 알 수 없음.

**24.**

질병에 잘 걸리지 않는 사람은 병원에 자주 가지 않는다.

① 참 ② 거짓 ③ 알 수 없음.

**[25 ~ 27]** 다음 지문을 읽고, 지문의 내용에 비추어 각 제시된 명제의 참, 거짓, 알 수 없음을 판단하시오.

- 수호는 찬열보다 키가 크다.
- 백현은 수호와 세훈보다 키가 크다.
- 찬열은 루한보다 키가 크다.
- 키가 가장 작은 사람은 루한이 아니다.

## 25.

세훈은 루한보다 키가 크다.

① 참 ② 거짓 ③ 알 수 없음.

## 26.

찬열보다 키가 큰 사람은 2명이다.

① 참 ② 거짓 ③ 알 수 없음.

## 27.

세훈보다 키가 작은 사람은 1명이다.

① 참 ② 거짓 ③ 알 수 없음.

**28.** 다음 내용을 참고할 때 옳은 것은?

- D는 J의 딸이다.
- B는 J의 오빠이다.
- R은 J의 언니이다.
- F는 D의 남동생이다.
- J는 G의 언니이다.

① D와 G는 자매이다.
② B는 F의 외삼촌이다.
③ G는 R의 언니이다.
④ R은 B의 누나이다.

**29.** A, B, C, D 네 개의 부서가 축구시합을 한다. 리그전을 통해 이기면 3점, 무승부는 1점, 지면 0점이 주어지며 승점이 많은 상위 두 개의 부서가 결선에 진출한다. 다음 내용을 근거로 할 때, 결선에 진출할 두 개의 부서는? (단, 무승부는 두 부서 모두 기록한다)

- A 부서는 D 부서를 이겼고, 한 번의 무승부를 기록했다.
- B 부서는 A 부서에게 졌고, 무승부 기록이 없는 부서에게 이겼다.
- C 부서는 A 부서에게 진 부서들과 1무 1패를 기록하였다.

① A, B 부서
② B, C 부서
③ A, C 부서
④ A, D 부서

**30.** 영업부, 총무부, 기획부, 관리부, 구매부, 홍보부 각 6개의 부서 직원이 원탁에 앉아 회의를 하고 있다. 다음과 같은 조건으로 앉아 있다고 할 때, 관리부 직원의 바로 옆 왼쪽에 앉아 있는 직원은 어떤 부서인가? (단, 조건에 제시된 왼쪽, 오른쪽은 앉은 사람 기준이다)

- 영업부 직원은 홍보부 직원의 바로 옆 왼쪽에 앉아 있고, 총무부 직원의 바로 옆 오른쪽에 앉아 있다.
- 총무부 직원의 맞은편에는 관리부 직원이 앉아 있다.
- 구매부 직원의 왼쪽 두 번째 옆에는 관리부 직원이 앉아 있고, 그 사이에 기획부 직원이 앉아 있다.

① 총무부
② 기획부
③ 홍보부
④ 구매부

**31.** A ~ E 다섯 사원은 이번 주 평일에 당직 근무를 선다. 하루에 두 명씩 당직을 서고 근무 배정은 다음과 같을 때 반드시 참인 것은? (단, 다섯 명 모두 당직을 서는 횟수는 동일하다)

- E는 금요일 당직을 선다.
- 수요일은 A와 C가 함께 당직을 선다.
- D는 수요일 이후로 당직 근무를 서지 않는다.
- A와 E는 이번 주에 한 번씩 D와 함께 당직을 선다.

① A는 두 번 연이어 당직을 선다.
② B는 화요일과 목요일에 당직을 선다.
③ E는 월요일과 금요일에 당직을 선다.
④ 목요일에는 B와 C가 함께 당직을 선다.

**32.** A, B, C, D, E 다섯 사람이 함께 모이기로 하였다. 다음 〈조건〉이 모두 참일 때 항상 참인 것은?

조건

- D가 도착했다면 A는 도착하지 않았다.
- E가 도착했다면 D도 도착하였다.
- C가 도착하지 않았다면 B도 도착하지 않았다.
- D가 도착하지 않았다면 B도 도착하지 않았다.
- E가 도착했다면 B도 도착하였다.

① A가 도착했다면 E도 도착하였다.
② B가 도착했다면 A도 도착하였다.
③ C가 도착했다면 A도 도착하였다.
④ E가 도착했다면 C도 도착하였다.

**33.** 다음과 같은 A 씨의 전열기 사용 현황을 참고할 때, 반드시 참이라고 할 수 없는 것은?

- 전기장판을 사용하면 열풍기도 사용한다.
- 전기장판을 사용하면 전기히터도 사용하고, 전기밥솥을 사용하면 전기히터도 사용한다.
- 전기스토브를 사용하면 열풍기도 사용한다.
- 전기밥솥을 사용하지 않으면 열풍기도 사용하지 않는다.

① 전기장판을 사용하면 전기밥솥도 사용한다.
② 전기장판을 사용하면 전기스토브도 사용한다.
③ 전기밥솥을 사용하지 않으면 전기스토브를 사용하지 않는다.
④ 전기히터를 사용하지 않으면 열풍기도 사용하지 않는다.

**34.** 다음은 ○○기업 영업팀 하반기 영업실적에 관한 진술이다. 옳은 설명은?

영업팀 직원은 5명이고, 이들의 영업실적은 다음과 같다.
- A는 2등이 아니다.
- B는 3등이 아니다.
- C는 1등이다.
- D는 A, B보다 영업실적이 높다.
- E는 B보다 영업실적이 높다.

① A는 B보다 순위가 낮다.
② A는 E보다 순위가 낮다.
③ B는 2등도 5등도 아니다.
④ D는 4등도 5등도 아니다.

**[35 ~ 40] 다음 제시된 단어 또는 문장을 일정한 기준에 따라 빈 박스에 분류하시오.**

**35. ~ 37.**

① 농구 ② 테니스
③ 축구 ④ 야구 ⑤ 펜싱
⑥ 검도 ⑦ 탁구
⑧ 배구

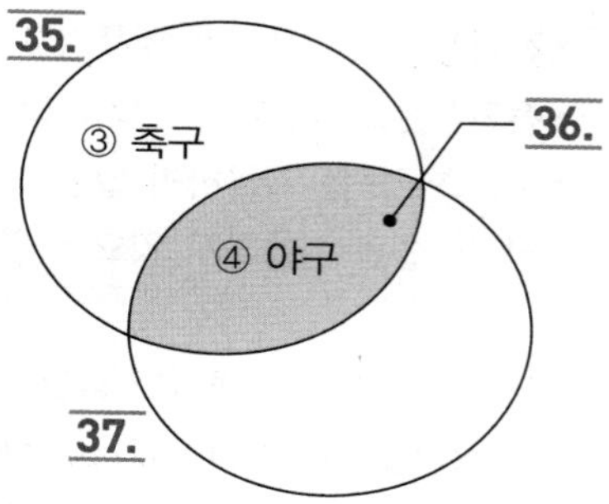


※ 색칠된 부분인 36번은 35번과 37번의 교집합이며 35, 36, 37의 답은 중복되지 않는다.

**38. ~ 40.**

① 격분하다 ② 기쁘다
③ 지루하다 ④ 성나다 ⑤ 무료하다
⑥ 따분하다 ⑦ 즐겁다 ⑧ 분개하다
⑨ 권태롭다 ⑩ 신나다

**38.** ① 격분하다

**39.** ② 기쁘다

**40.**

**41.** GPS에 대한 설명으로 옳지 않은 것은?

① GPS는 인공위성을 이용하여 자신의 위치를 정확하게 알 수 있는 시스템이다.
② GPS는 처음의 사용 목적과 달리 군사 목적에 더 활용도가 높아지고 있다.
③ 정확한 시계가 필요한 GPS위성에 원자시계를 탑재하여 사용하기도 한다.
④ 최근에는 스마트폰의 친구 찾기 애플리케이션 등도 GPS를 이용하고 있다.

**42.** 다음 빈칸에 들어갈 말로 옳지 않은 것은?

- 물체가 전기를 띠게 되는 현상을 대전이라 하고, 대전된 물체를 ( ① )라고 한다.
- 구리, 은과 같이 자유 전자가 많아서 전기나 열이 잘 통하는 물질을 ( ② ), 유리, 플라스틱과 같이 자유 전자가 없어서 전기가 잘 통하지 않는 물질을 ( ③ )라고 한다.
- 자기력선은 자기장 내에서 나침반 자침의 ( ④ )이 가리키는 방향을 이어 놓은 선이다.

① 대전체 ② 도체 ③ 부도체 ④ S극

**43.** 다음 그림은 (+)전하 주위의 전기력선을 나타낸 것이다. A ~ D 중 전기장의 세기가 가장 큰 지점은?

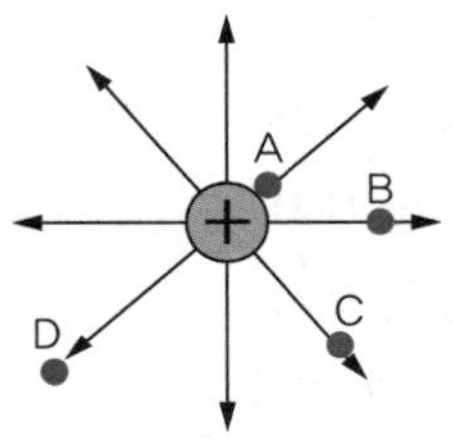


① A ② B ③ C ④ D

**44.** 삼각 프리즘을 사용하면 무지개와 같은 색깔의 띠를 볼 수 있다. 이와 같은 현상에 대한 설명으로 옳지 않은 것은?

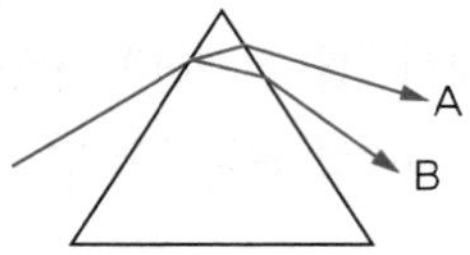


① 빛의 파장에 따라 굴절률이 다르기 때문에 나타나는 현상이다.
② A 빛의 굴절률이 B 빛의 굴절률보다 크다.
③ 빛의 분산을 이용한 것이다.
④ A 빛의 색은 빨강, B 빛의 색은 보라이다.

**45.** (가) ~ (다)와 가장 관련이 깊은 생명 현상을 바르게 짝지은 것은?

(가) 개구리의 긴 혀는 곤충을 잡아먹기에 적당하다.
(나) 알을 깨고 나온 거북이는 바다를 향해 기어간다.
(다) 벼는 빛에너지를 이용하여 양분을 합성한다.

| | (가) | (나) | (다) |
|---|---|---|---|
| ① | 적응과 진화 | 발생과 생장 | 물질 대사 |
| ② | 발생과 생장 | 항상성 유지 | 물질 대사 |
| ③ | 적응과 진화 | 자극과 반응 | 물질 대사 |
| ④ | 유전 | 항상성 유지 | 자극과 반응 |

**46.** 그림은 ABO식 혈액형의 응집원과 응집소이다. 각각의 혈액형에 대한 설명으로 옳은 것은?

| 구분 | (가)형 | (나)형 | (다)형 | (라)형 |
|---|---|---|---|---|
| 적혈구<br>(응집원) | 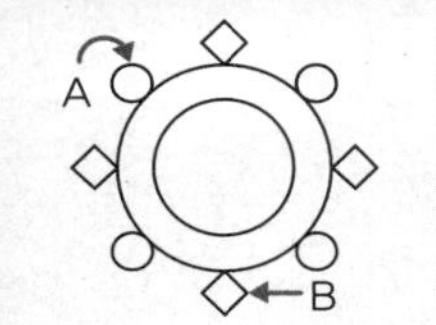 | 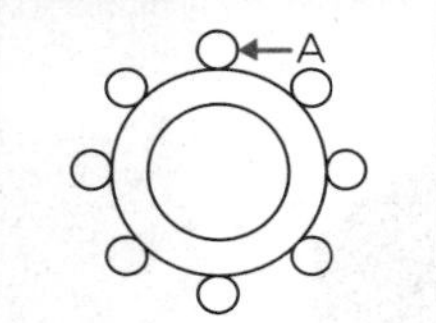 | 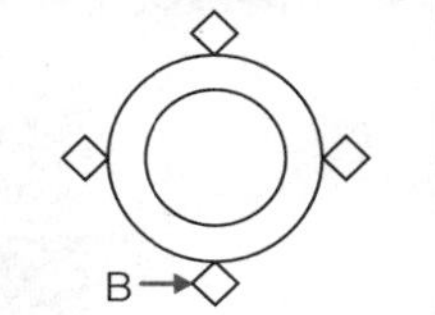 | 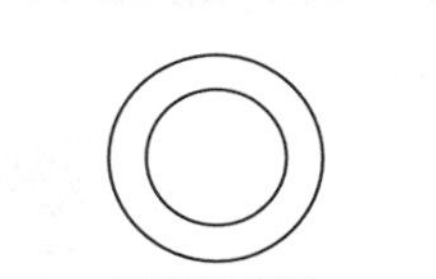 |
| 혈장<br>(응집소) |  | 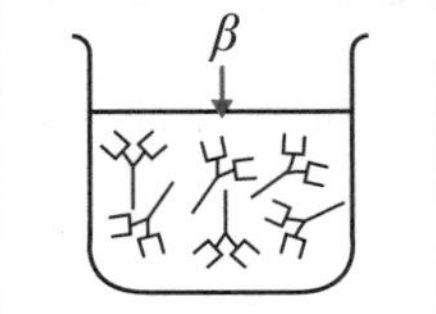 | 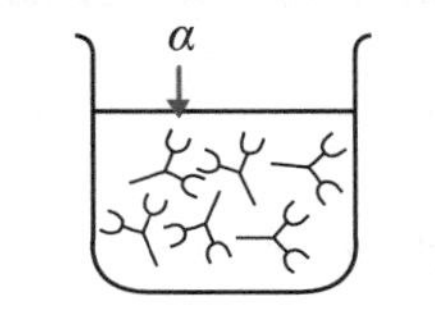 | 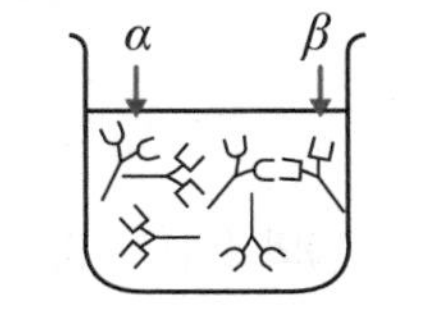 |

① (가)형의 혈액은 항A혈청과 응집 반응이 나타나지 않는다.
② (나)형의 혈액은 항A혈청과 응집 반응이 나타난다.
③ (다)형의 혈액은 항B혈청과 응집 반응이 나타나지 않는다.
④ (라)형의 혈액은 항B혈청과 응집 반응이 나타난다.

**47.** 다음은 사람의 호흡운동의 원리를 알아보기 위한 실험이다. 폐 속에 들어있는 기체의 압력이 증가하고 있을 때의 상태 변화를 바르게 설명한 것은? (단, 그래프는 온도가 일정할 때, 기체의 부피와 압력과의 관계를 나타낸다)

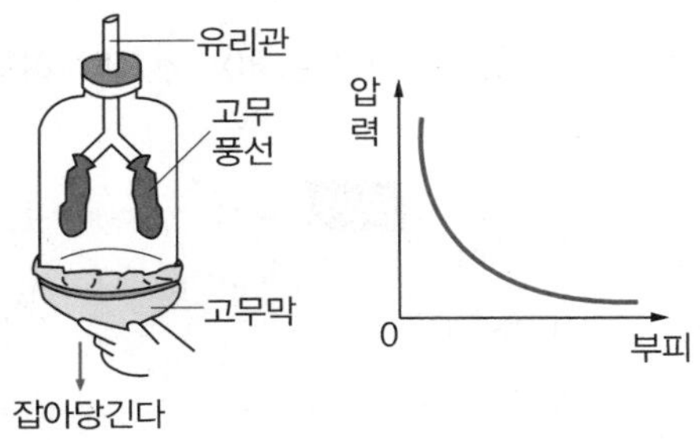


① 횡격막이 올라간다.　　② 늑골이 올라간다.
③ 공기가 폐로 들어온다.　　④ 흉강의 부피가 증가한다.

**48.** (가)는 북한산 봉우리, (나)는 한라산 봉우리이다. 이에 대한 설명으로 옳지 않은 것은?

(가)

(나)

① (가)와 (나)의 암석은 화산암이다.
② (가)의 암석 표면에는 판상 절리가 발달되어 있다.
③ (나)는 용암 분출에 의해 형성된 순상 화산체이다.
④ 암석이 생성된 시기는 (가)가 (나)보다 더 빠르다.

**49.** 다음 그림은 위도가 다른 지방에서 서식하는 여우의 종류를 나타낸 것이다. 〈보기〉 중 이와 관련이 적은 현상들로 짝지어진 것은?

〈북극 여우(한대)〉 〈붉은 여우(온대)〉 〈사막 여우(열대)〉

보기

㉠ 추운 겨울날 창문의 안쪽에 성에가 낀다.
㉡ 벙어리 장갑이 보통 장갑보다 더 따뜻하다.
㉢ 얼음 덩어리를 빨리 녹이려면 잘게 부순다.
㉣ 알코올을 몸에 바르면 시원하다.
㉤ 날씨가 추우면 몸이 움츠러든다.

① ㉠, ㉢ ② ㉠, ㉣ ③ ㉡, ㉤ ④ ㉣, ㉤

**50.** 다음 빈칸 ㉠, ㉡에 들어갈 알맞은 단어끼리 짝지어진 것은?

- 지구에 존재하는 액체 상태의 ( ㉠ )은/는 지구의 표면 온도의 변화를 작게 하여 생명체를 보호한다.
- 대기 중에 공급된 산소가 태양 에너지를 받아 ( ㉡ )으로 변화하며 성층권에 축적된다.

| | ㉠ | ㉡ | | ㉠ | ㉡ |
|---|---|---|---|---|---|
| ① | 오존 | 물 | ② | 오로라 | 자기태풍 |
| ③ | 물 | 오존 | ④ | 산소 | 이산화탄소 |

**51.** 다음은 지구 환경에서 탄소의 순환 과정을 나타낸 그림이다. 〈보기〉 중 이에 대한 설명으로 옳은 것을 모두 고르면?

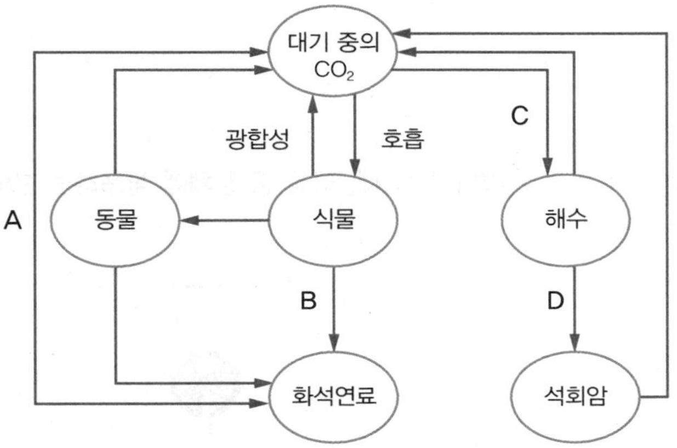


보기

㉠ A에 의해 지구 온난화가 강화된다.
㉡ B는 탄소가 생물권에서 지권으로 이동하는 과정이다.
㉢ C와 D에 의해 원시 대기 중 이산화탄소의 농도가 증가하였다.
㉣ 지구상에 있는 탄소의 대부분은 화석 연료의 형태로 존재한다.

① ㉠, ㉡　　② ㉠, ㉣
③ ㉡, ㉢　　④ ㉢, ㉣

**52.** 다음은 사고가 발생했을 때 운전자를 보호하는 에어백을 나타낸 그림이다. 이와 동일한 원리가 아닌 것은?

① 야구공을 받을 때 손을 뒤로 빼면서 받으면 손이 덜 아프다.
② 권총의 방아쇠를 당기면 몸이 뒤로 밀린다.
③ 계란을 방석 위에 떨어뜨리면 깨지지 않는다.
④ 떨어질 때 무릎을 접어 착지하면 부상을 예방할 수 있다.

**53.** 들어올리는 물체의 무게가 모두 같다고 할 때, 다음 중 물체에 작용하는 힘의 크기가 다른 하나는?

①
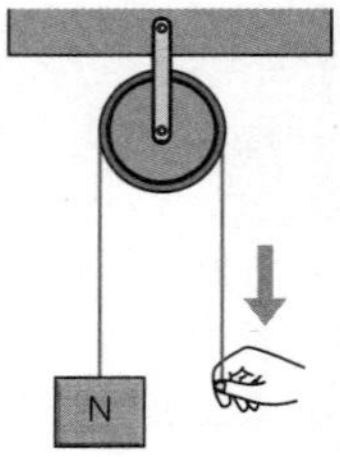


②
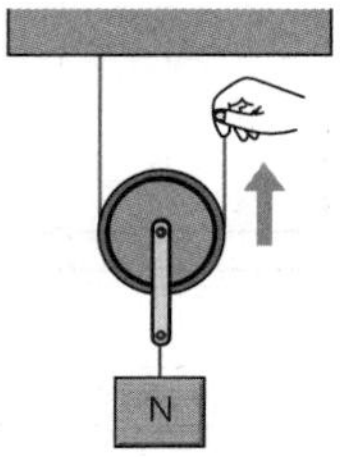


③
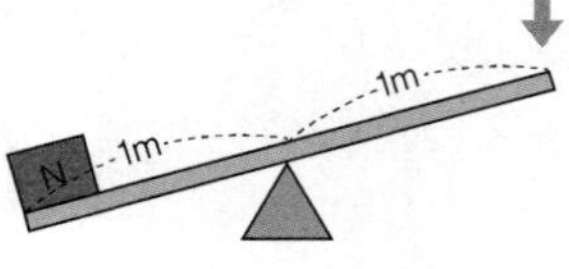


④ 모두 같다.

**54.** 다음은 달의 표면에 남아 있는 우주비행사의 발자국 사진이다. 이 발자국이 사라지지 않고 그대로 있는 이유는?

① 달이 공전하기 때문이다.
② 달이 자전하기 때문이다.
③ 달은 낮과 밤의 기온차가 심하기 때문이다.
④ 달에는 물과 대기가 없기 때문이다.

**55.** 그림과 같이 무게가 각각 5kg, 10kg인 물체 A, B를 옥상 위에서 떨어뜨렸을 때, 먼저 지면에 도착하는 물체는? (단, 공기의 저항은 무시한다)

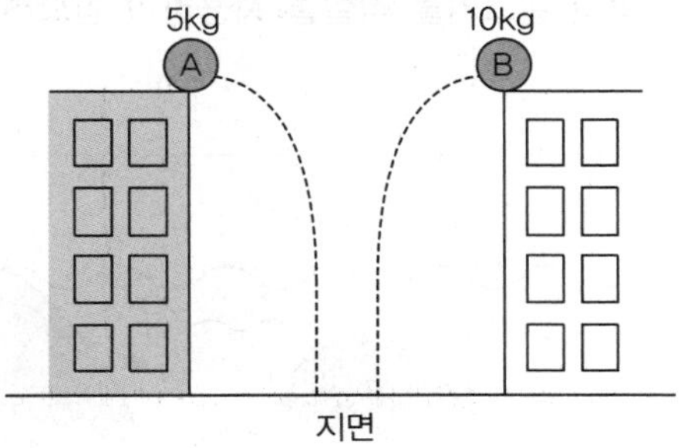


① A
② B
③ 동시에 떨어진다.
④ 주어진 조건만으로는 알 수 없다.

**56.** 다음 중 에너지 전환의 예시로 적절하지 않은 것은?

① 진공청소기는 전기에너지가 운동에너지로 전환된 것이다.
② 형광등은 전기에너지가 빛에너지로 전환된 것이다.
③ 건전지는 전기에너지가 화학에너지로 전환된 것이다.
④ 전기히터는 전기에너지가 열에너지로 전환된 것이다.

**57.** 일정한 속도로 달리는 버스 안에서 공을 떨어뜨릴 경우 공은 어떤 방향으로 떨어지겠는가?

① 뒤쪽으로 떨어진다.
② 앞쪽으로 떨어진다.
③ 수직으로 떨어진다.
④ 뒤쪽으로 포물선을 그리며 떨어진다.

**58.** 다음 그림과 같이 보이는 물속의 물고기를 작살을 사용하여 잡으려고 한다면 어느 쪽을 겨냥해야 하는가?

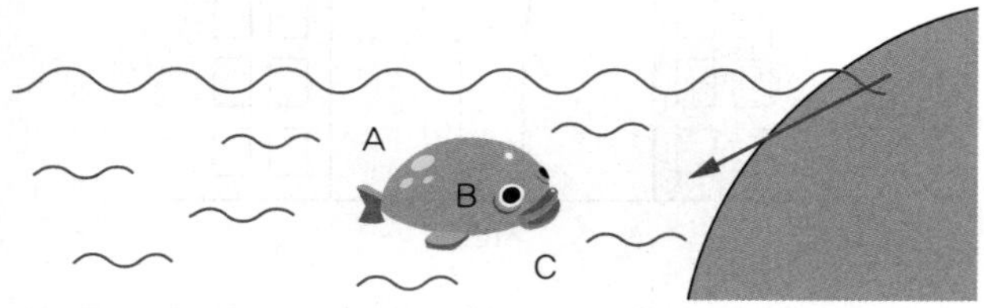


① A ② B ③ C ④ 알 수 없다.

**59.** 다음 그림과 같이 돌을 실로 묶어 놓았을 때 실의 아랫부분을 갑자기 확 잡아당기면 어느 부분이 끊어지겠는가?

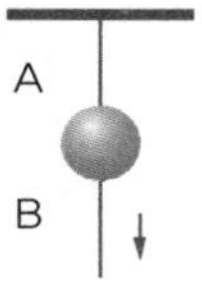


① A
② B
③ 알 수 없다.
④ A, B 둘다 끊어진다.

**60.** 다음 중 압력과 온도에 따른 부피의 변화가 큰 순서대로 나열한 것은?

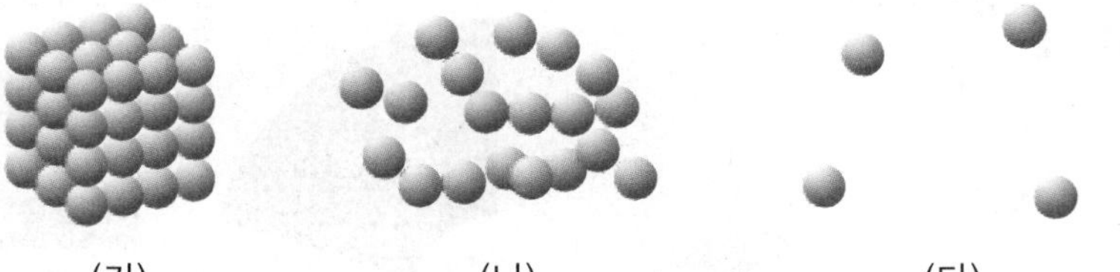


① (가)－(나)－(다)
② (나)－(다)－(가)
③ (다)－(나)－(가)
④ 모두 같다.

**최신 기출 분석**

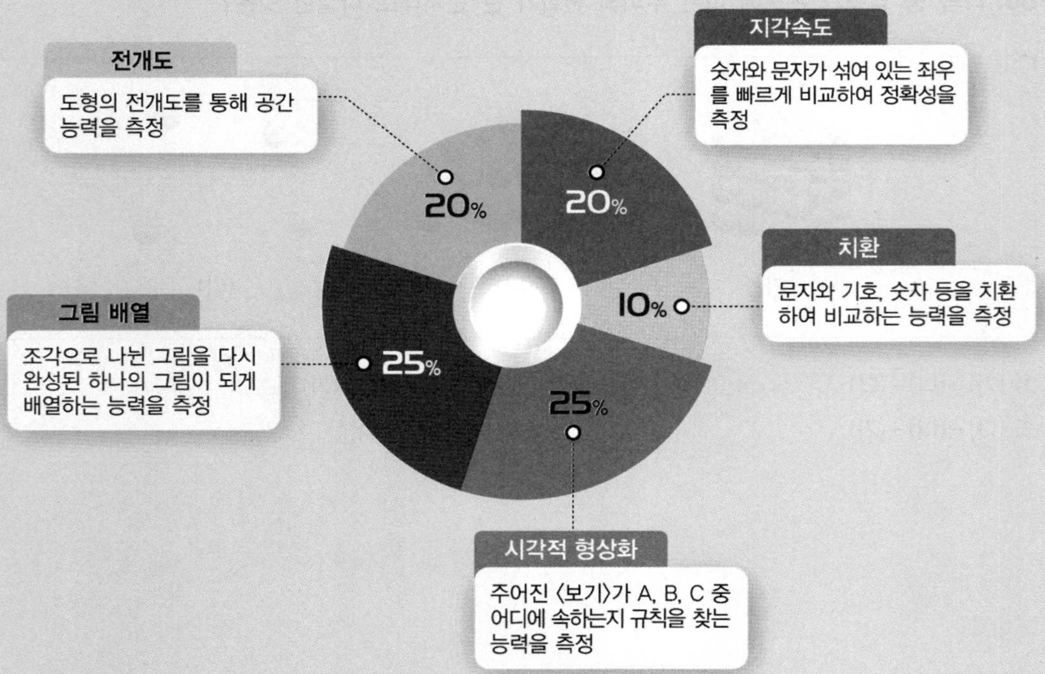
전개도
도형의 전개도를 통해 공간 능력을 측정
20%
지각속도
숫자와 문자가 섞여 있는 좌우를 빠르게 비교하여 정확성을 측정
20%
치환
문자와 기호, 숫자 등을 치환하여 비교하는 능력을 측정
10%
그림 배열
조각으로 나뉜 그림을 다시 완성된 하나의 그림이 되게 배열하는 능력을 측정
25%
시각적 형상화
주어진 〈보기〉가 A, B, C 중 어디에 속하는지 규칙을 찾는 능력을 측정
25%

삼성 GSAT 4급 직무적성검사

# 03 지각능력

# 테마 1 지각정확성

## 지각정확성 출제 비율

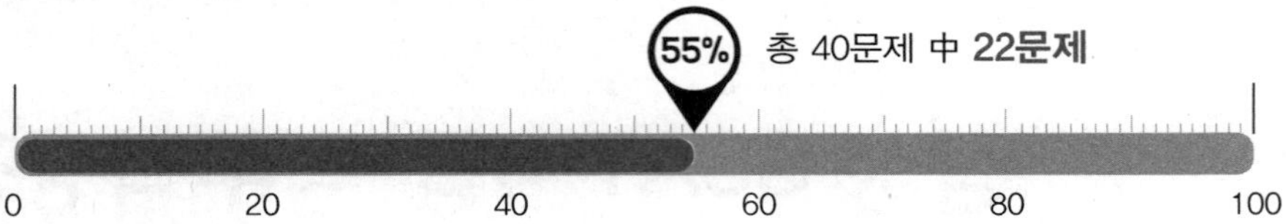


## 유형분석

양쪽으로 나열된 문자 · 숫자 · 기호 등을 보고 서로 같은지 다른지를 빠르게 파악하는 문제가 출제되며, 오름차순 정렬 문제도 꾸준히 출제되고 있다. 한글로 된 단어나 영단어, 그 외 외국어 · 숫자 · 기호 등 다양한 유형으로 출제되는데, 눈에 잘 띄지 않는 미세한 차이를 잡아내야 하기 때문에 실수를 없애야 좋은 점수를 얻을 수 있다. 또한 제시된 그림을 보고 같은 것을 찾는 유형의 문제가 출제된다. 복잡한 그림을 보고 미세한 차이점을 발견하여 답을 찾아야 하기 때문에 집중력이 필요하다.

## 출제키워드

**지각속도**

- 제시된 문자나 기호를 정확하게 비교하여 같음과 다름을 찾는 유형과 순서 없이 나열된 낱말이나 숫자를 오름차순 또는 내림차순으로 정렬하는 유형

**치환**

- 〈보기〉에 주어진 글자, 문자, 숫자, 도형을 일대일 대응으로 치환하는 유형

**같은 그림 찾기**

- 기준이 되는 도형과 같은 도형을 찾는 유형

**시각적 형상화**

- 제시된 그림들의 일정한 규칙을 발견하여 분류하는 유형

## 대표예제 지각속도

**01 ~ 02** 다음에 제시된 좌우의 문자 또는 기호를 비교하여 같으면 ①, 다르면 ②를 선택하시오.

**1.**

| 나쿠시다AKCVO다하 – 나쿠시다AKCVO다하 |
|---|

① 같음.  ② 다름.

| 정답 | ①

| 해설 | 제시된 좌우의 문자가 서로 같다.

**2.**

| ΓΔΘΛΞΠΣΦΨΩ – ΓΔΘΛΞΠΣΦΨΩ |
|---|

① 같음.  ② 다름.

| 정답 | ②

| 해설 | ΓΔΘΛΞΠΣΦΨΩ – ΓΔΘΛΞΠΣΦΨΩ

**03 ~ 04** 제시된 숫자 또는 문자를 오름차순으로 정렬할 때 정렬되는 순서를 고르시오.

**3.**

| 5120 5341 5274 5973 5744 5314 |
|---|

① 5120 – 5274 – 5314 – 5341 – 5744 – 5973
② 5973 – 5744 – 5341 – 5314 – 5274 – 5120
③ 5120 – 5314 – 5744 – 5274 – 5341 – 5973
④ 5973 – 5341 – 5274 – 5744 – 5314 – 5120

| 정답 | ①

| 해설 | 오름차순은 데이터를 작은 것부터 큰 것의 차례로 정렬하는 것을 말한다. 따라서 제시된 숫자를 오름차순으로 정렬하면 ①과 같다.

**4.**

| 에스파냐 | 미얀마 | 캐나다 | 인도네시아 | 페루 | 뉴질랜드 |
|---|---|---|---|---|---|

① 캐나다 – 뉴질랜드 – 미얀마 – 인도네시아 – 에스파냐 – 페루
② 뉴질랜드 – 미얀마 – 인도네시아 – 에스파냐 – 페루 – 캐나다
③ 캐나다 – 뉴질랜드 – 미얀마 – 에스파냐 – 인도네시아 – 페루
④ 뉴질랜드 – 미얀마 – 에스파냐 – 인도네시아 – 캐나다 – 페루

| 정답 | ④

| 해설 | 오름차순(사전 순서)일 때 모음 'ㅔ'는 'ㅣ'보다 앞선다.

## 대표예제 치환

**05 ~ 07** 다음 〈보기〉의 왼쪽과 오른쪽 기호, 문자의 대응을 참고하여 주어진 각 문제의 대응이 같으면 ①, 다르면 ②를 선택하시오.

**보기**

| | | | |
|---|---|---|---|
| ☆ = 뷁 | ● = 혉 | ◇ = 팒 | ■ = 걁 |
| △ = 슶 | ♠ = 퀡 | ♡ = 몺 | ♣ = 닳 |

**5.**

닳 혉 팒 몺 – ♣ ● ◇ ☆

① 같음.  ② 다름.

| 정답 | ②

| 해설 | 닳 혉 팒 몺 – ♣ ● ◇ ♡

6. 슚 몺 혉 퀡 – △ ♡ ◇ ♠

① 같음. ② 다름.

| 정답 | ②

| 해설 | 슚 몺 혉 퀡 – △ ♡ ● ♠



7. 뷁 갺 퀡 슚 팛 – ☆ ■ △ ♠ ◇

① 같음. ② 다름.

| 정답 | ②

| 해설 | 뷁 갺 퀡 슚 팛 – ☆ ■ ♠ △ ◇

## 대표예제 같은 그림 찾기

**08 ~ 09** 다음에 제시된 그림과 같은 것을 고르시오.

**8.**

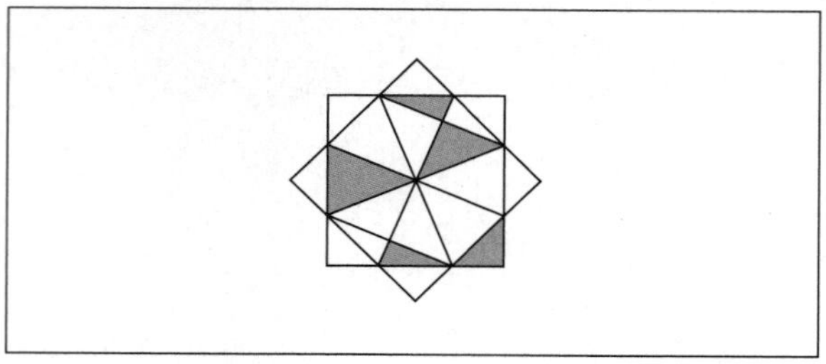

①

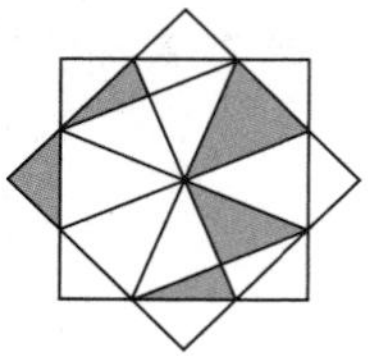

②

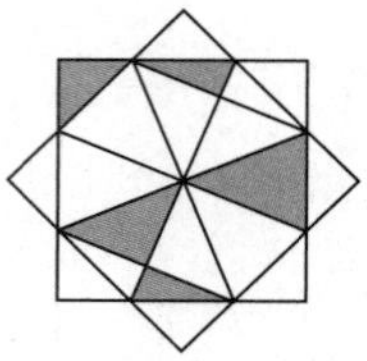

③

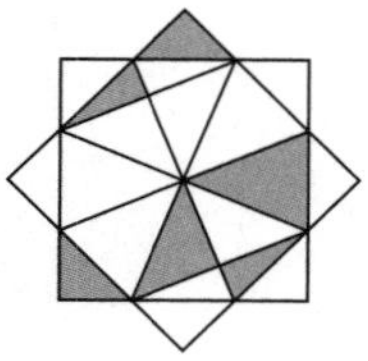

④

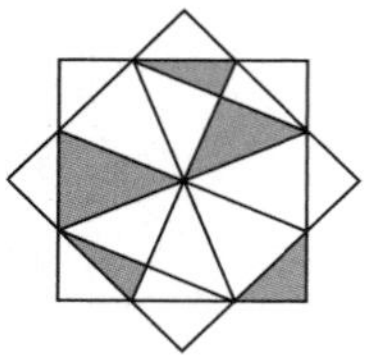

| 정답 | ②

| 해설 | 제시된 그림을 180° 회전한 모양이다.

**9.**

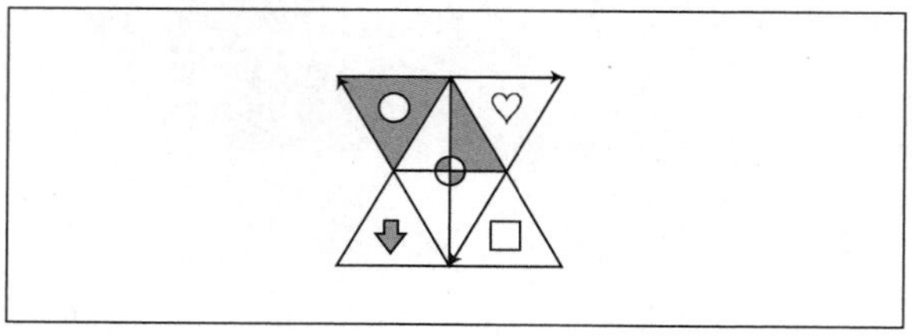

①

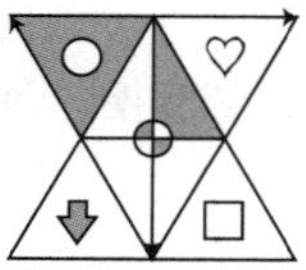

②

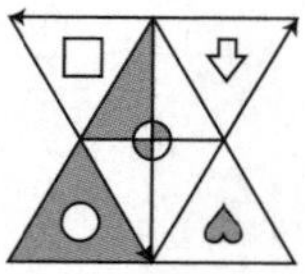

③

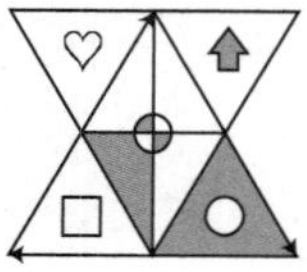

④

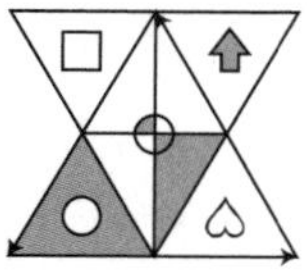

| 정답 | ①

| 해설 | 제시된 그림과 동일한 모양이다.

## 대표예제 시각적 형상화

**10 ~ 12** 그림들이 일정한 규칙에 의해 A, B, C로 분류되어 있다. 분류의 기준을 찾아 〈보기〉가 어디에 속하는지 고르시오.

**10.**

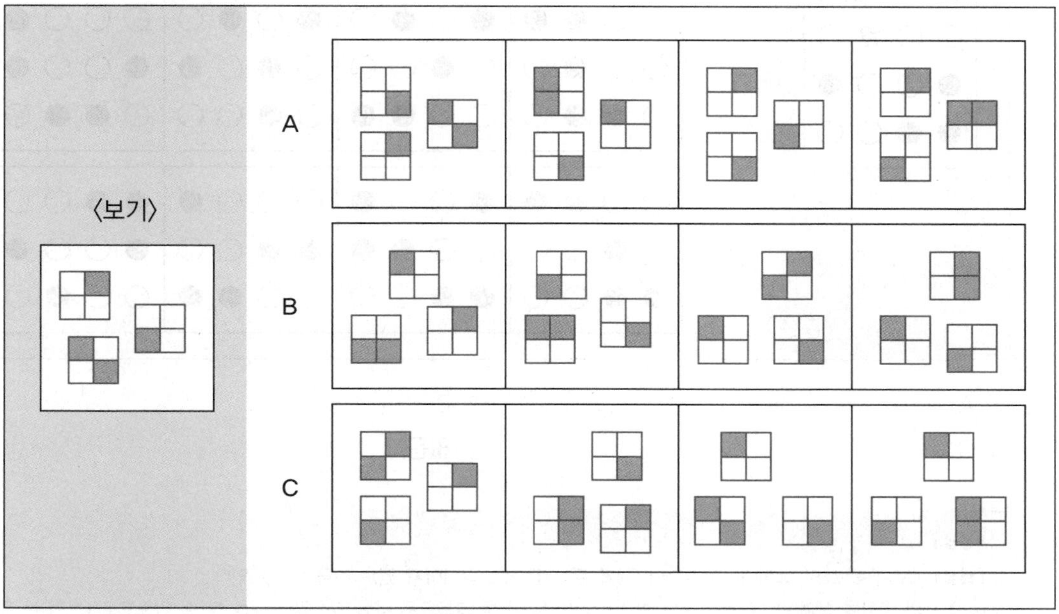


① A　　② B

③ C　　④ 없음.

| 정답 | ②

| 해설 | B는 한 칸이 칠해진 도형 두 개를 합친 후 색을 대비시켜보면 두 칸이 칠해진 도형과 일치함을 알 수 있다. 같은 규칙을 〈보기〉에 적용하면 다음과 같다. 와 를 합치면 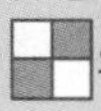와 같은 모양이 되고 이것은 남은 두 칸이 칠해진 도형인 와 대비된다. 따라서 〈보기〉는 B에 속한다.

**11.**

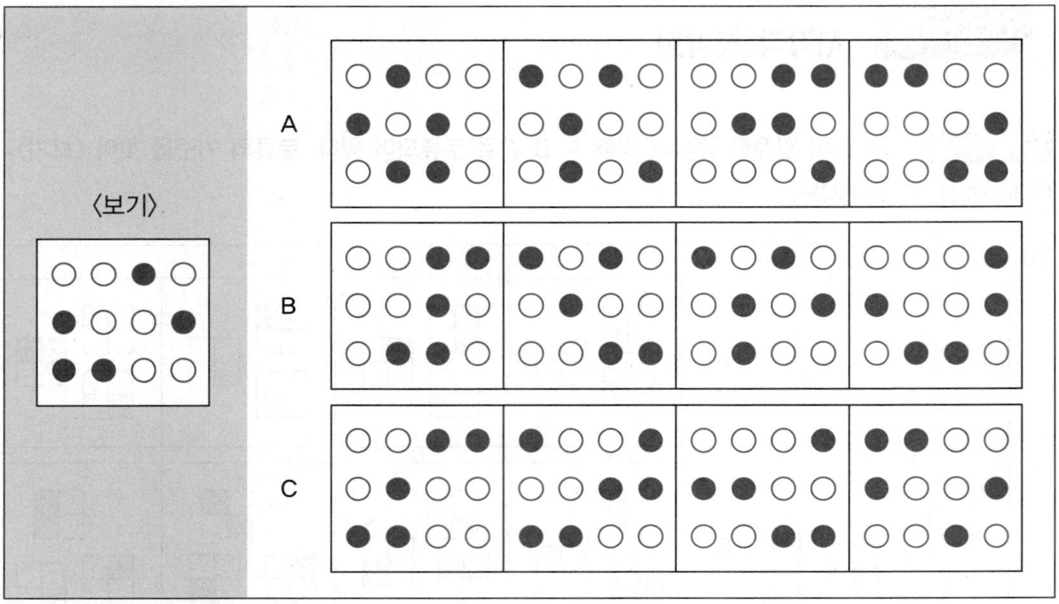


① A　　② B
③ C　　④ 없음.

| 정답 | ③

| 해설 | 〈보기〉를 보면 속이 빈 동그라미(○)가 두 그룹으로 나뉘어져 있는 것을 볼 수 있다.
A, B, C의 구성을 살펴보면 C에서 속이 빈 동그라미(○)가 두 그룹으로 나뉘어져 있는 것을 볼 수 있으므로 〈보기〉는 C에 속한다.

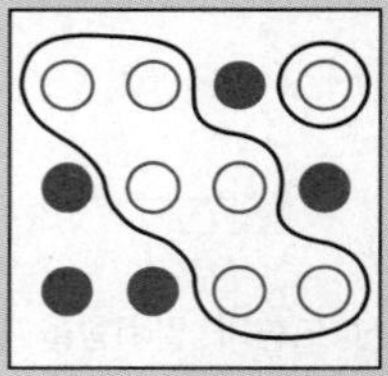

**12.**

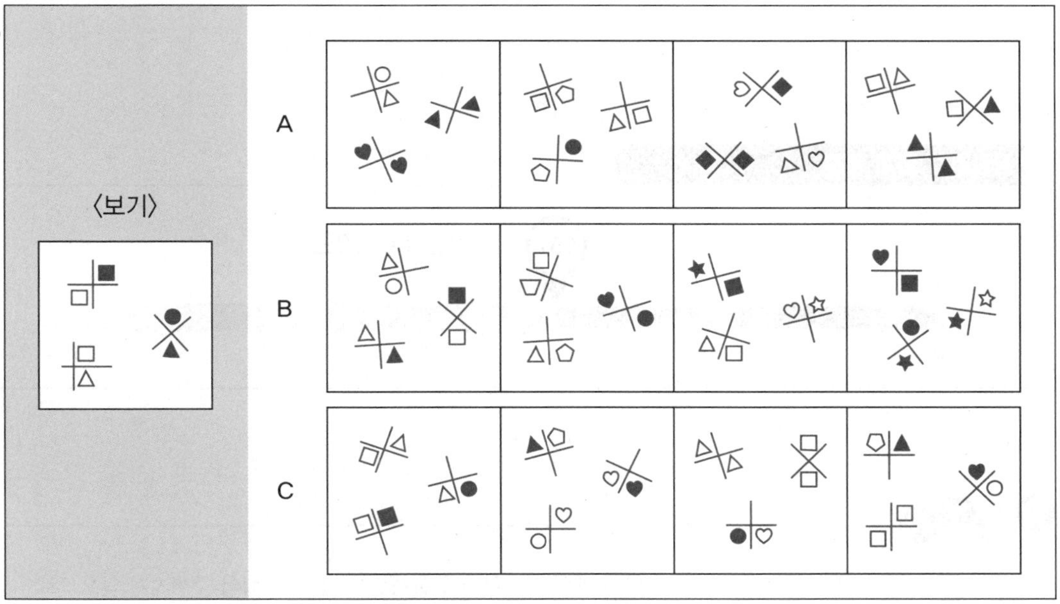


① A
② B
③ C
④ 없음.

| 정답 | ②

| 해설 | 각 십자 형태의 도형 배치는 1) 내부가 빈 두 도형, 2) 내부를 채운 두 도형, 그리고 3) 내부가 빈 도형 하나와 내부를 채운 도형 하나의 세 경우로 나눌 수 있다.

1) 내부가 빈 두 도형
A와 B는 두 도형이 양옆에 이웃하고 있으며, C는 두 도형이 대각선상에 위치한다.

2) 내부를 채운 두 도형
A와 B는 두 도형이 대각선상에 위치하며, C는 해당 도형이 존재하지 않는다. 그리고 A는 두 도형의 모양이 같지만, B는 두 도형의 모양이 다르다.

3) 내부가 빈 도형 하나와 내부를 채운 도형 하나
A와 B는 두 도형이 대각선상에 위치하며, C는 두 도형이 양옆에 이웃하고 있다. 그리고 A는 두 도형의 모양이 다르지만, B는 두 도형의 모양이 같다.

위 규칙에 따르면 〈보기〉는 1) 내부가 빈 두 도형이 양옆에 이웃하고 있고, 2) 내부를 채운 서로 다른 두 도형이 대각선상에 위치하며, 3) 같은 모양의 내부가 빈 도형 하나와 내부를 채운 도형 하나가 대각선상에 위치한다. 따라서 〈보기〉는 B에 속한다.

테마 2

# 공간지각

## 공간지각 출제 비율

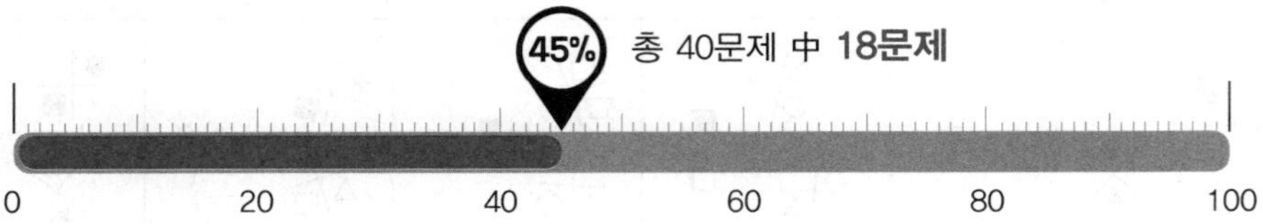


총 40문제 中 **18문제**

## 유형분석

여러 개로 분할된 그림을 순서에 맞게 배열하는 문제가 출제된다. 전체 그림이 주어지지 않으므로 가장 왼쪽이나 가장 오른쪽에 올 조각을 먼저 찾은 뒤 선의 흐름을 파악하고 전체 그림을 연상하여 조각들을 배열하면 된다. 또한 일반적인 대기업 적성검사에서 출제되는 블록세기 유형과 달리, 단순히 쌓여 있는 블록의 개수를 세는 문제뿐만 아니라, 블록을 쌓아 정육면체를 만들려면 몇 개의 블록이 더 필요한지 구하는 문제, 특정 면이 보이는 블록의 개수를 구하는 문제 등 다양한 유형으로 출제된다. 따라서 블록의 개수를 구하는 연습만 해서는 안 되며, 여러 가지 기출 유형을 파악해 두어야 한다.

## 출제키워드

**그림 배열**

- 여러 장으로 나뉜 그림을 순서대로 배열하는 유형

**전개도**

- 정육면체의 전개도를 통해 완성된 정육면체를 유추하는 유형

**같은 도형 찾기**

- 복잡한 도형을 상하좌우 모든 방향에서 관찰하고 같은 도형을 찾는 유형

## 대표예제 그림 배열

**01 ~ 02** 다음 그림을 보고 그림의 조각을 순서대로 바르게 배열한 것을 고르시오.

**1.**

(가) (나) (다) (라)

① (나)－(라)－(다)－(가)
② (다)－(나)－(가)－(라)
③ (나)－(다)－(가)－(라)
④ (가)－(나)－(라)－(다)

| 정답 | ②

| 해설 |

**2.**

(가) (나) (다) (라)

① (나)－(라)－(다)－(가)
② (다)－(나)－(가)－(라)
③ (나)－(다)－(가)－(라)
④ (가)－(라)－(다)－(나)

| 정답 | ④

| 해설 |

## 대표예제 전개도

**3.** 제시된 〈보기〉에서 왼쪽 전개도를 접어 오른쪽 주사위 모형을 만들었을 때, 다음 방향에서 바라본 면의 모습으로 올바른 것은?

보기

①

②
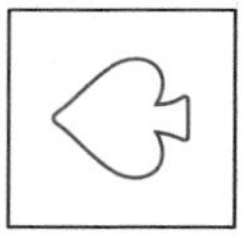

③

④

| 정답 | ②

| 해설 | 전개도를 접었을 때 서로 만나게 되는 모서리를 표시하면 다음과 같다.

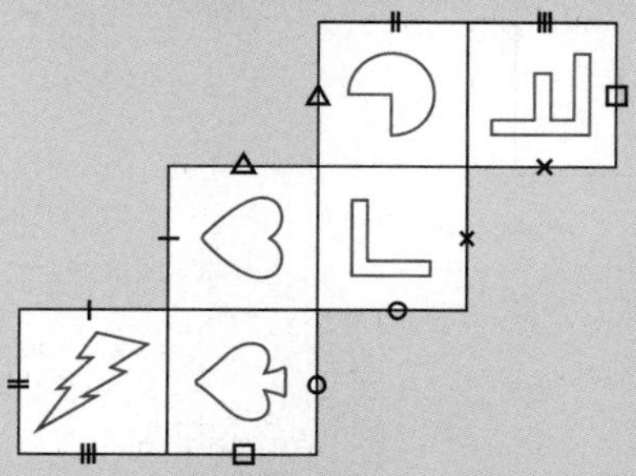

따라서 주사위 윗면의 모습은  이다.

**4.** 〈보기〉에 제시된 전개도를 조립해서 정육면체를 만들었을 경우, 나올 수 없는 것은?

보기

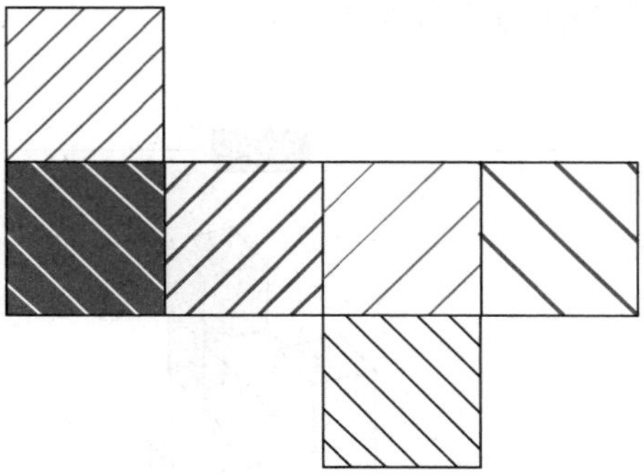

①

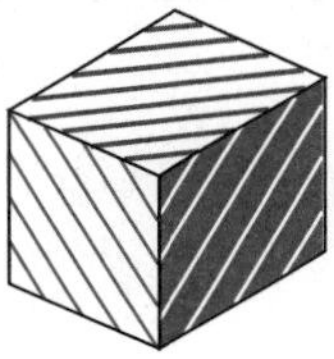

②

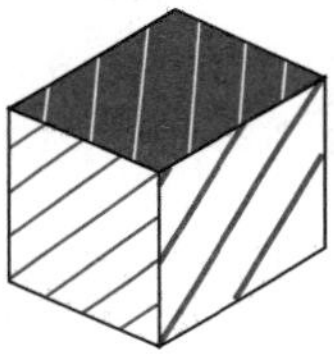

③

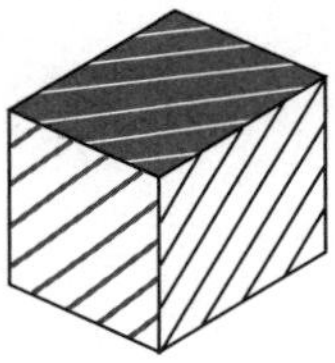

④

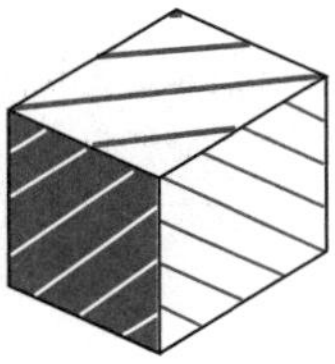

| 정답 | ③

| 해설 | 다음과 같이 바뀌어야 한다.

## 대표예제 같은 도형 찾기

05 ~ 06 제시된 〈보기〉와 동일한 도형을 찾으시오.

**5.**

보기

①

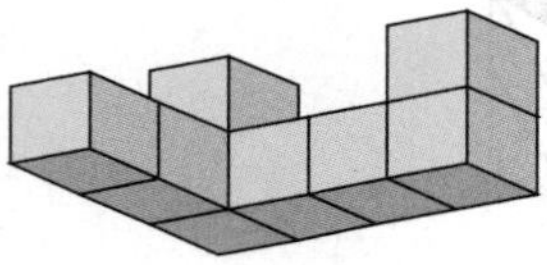

②

③

④

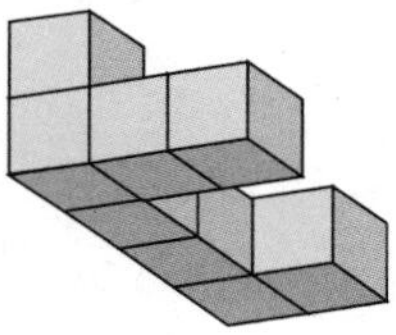

| 정답 | ①

| 해설 | ①은 제시된 입체도형을 오른쪽 아래 방향에서 바라본 모습이다.

**6.**

**보기**

①

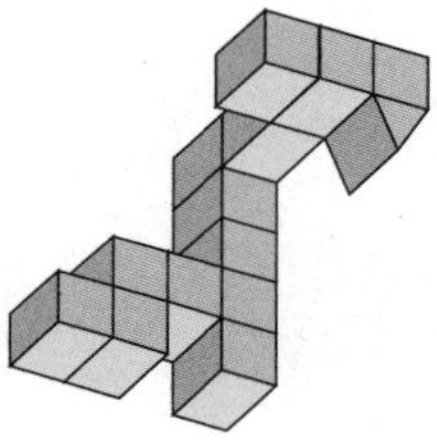

②

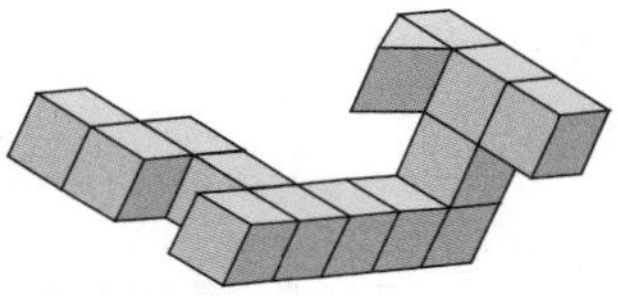

③

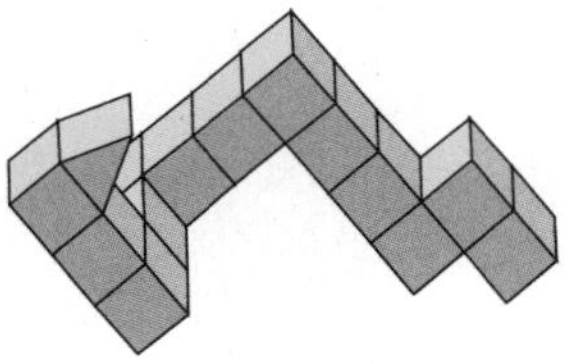

④

| 정답 | ①

| 해설 | 제시된 입체도형을 180° 돌리면 다음과 같은 모습이 된다.

①과 같은 모습의 입체도형임을 알 수 있다.

| 오답풀이 |

② 삼각기둥의 위치를 확인해보면 동일한 도형이 아님을 알 수 있다.

테마 3

# 기출예상문제

정답과 해설 18쪽

**[01 ~ 05]** 다음에 제시된 좌우의 문자 또는 숫자를 비교하여 같으면 ①, 다르면 ②를 선택하시오.

**01.**

110009228883 – 110009228883

① 같음. ② 다름.

**02.**

萬室樂太平鼓舞歌康衢 – 萬室樂太平鼓舞歌康衢

① 같음. ② 다름.

**03.**

1048966301 – 1048966301

① 같음. ② 다름.

**04.**

桃花浪高幾尺許 – 桃死浪高幾尺許

① 같음. ② 다름.

**05.**

(X+Y)+3XY+3X2 − (X+Y)+3XY+3X2

① 같음. ② 다름.

**[06 ~ 07] 제시된 숫자 또는 문자를 오름차순으로 정렬할 때 정렬되는 순서를 고르시오.**

**06.**

6666 7777 1111 0000 8888 5555

① 1111 − 6666 − 5555 − 0000 − 8888 − 7777
② 0000 − 1111 − 5555 − 6666 − 7777 − 8888
③ 8888 − 7777 − 6666 − 5555 − 1111 − 0000
④ 5555 − 6666 − 1111 − 0000 − 8888 − 7777

**07.**

경기도 보름달 널뛰기 한가위 태극기 진돗개

① 한가위 − 태극기 − 진돗개 − 보름달 − 널뛰기 − 경기도
② 한가위 − 보름달 − 널뛰기 − 태극기 − 진돗개 − 경기도
③ 경기도 − 널뛰기 − 보름달 − 진돗개 − 태극기 − 한가위
④ 경기도 − 널뛰기 − 보름달 − 태극기 − 진돗개 − 한가위

**[08 ~ 10] 다음에 제시된 그림과 같은 것을 고르시오.**

## 08.

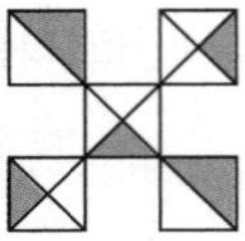

① 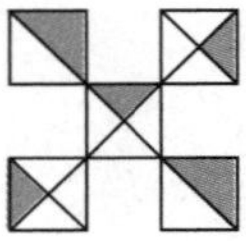 ② 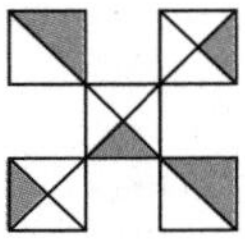 ③ 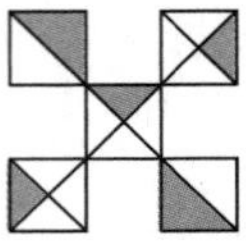 ④ 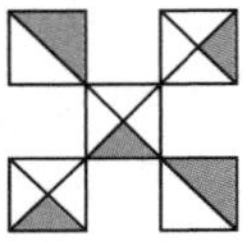

## 09.

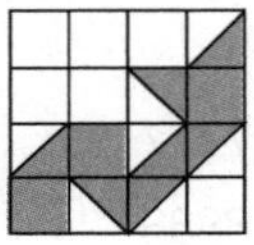

① 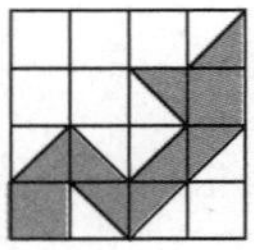 ② 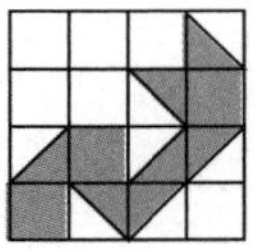 ③ 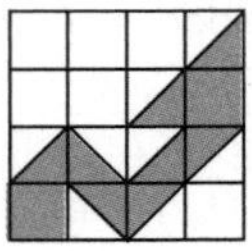 ④ 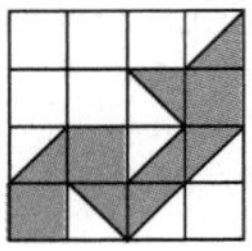

## 10.

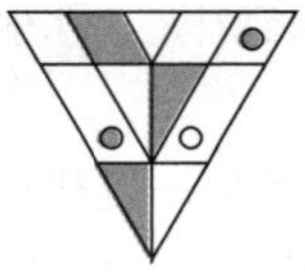

① 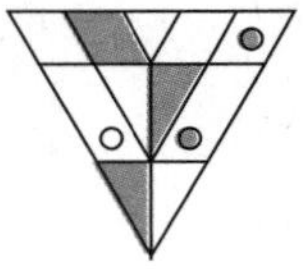 ② 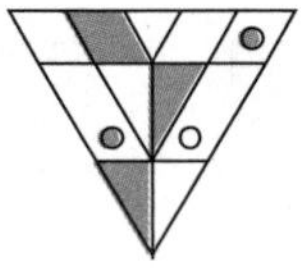 ③ 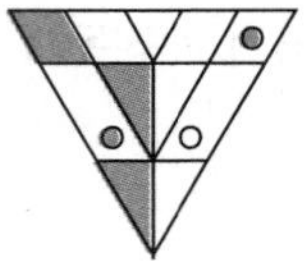 ④ 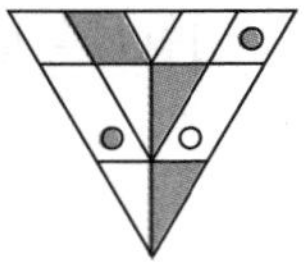

**[11 ~ 15] 다음 도형 중 같은 것을 두 개 고르시오.**

**11.**

①  ②  ③  ④ 

**12.**

① 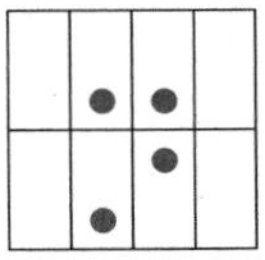 ② 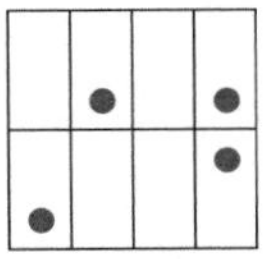 ③ 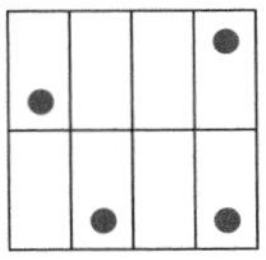 ④ 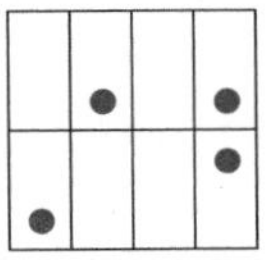

**13.**

① 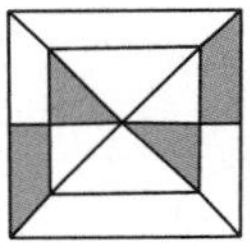 ② 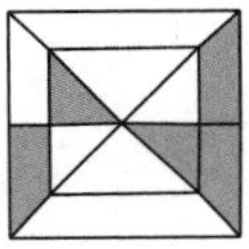 ③ 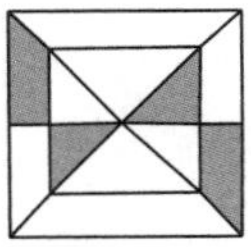 ④ 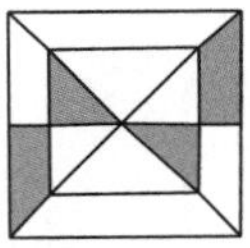

**14.**

① 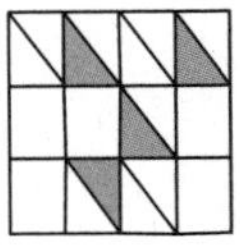 ② 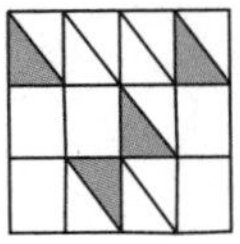 ③ 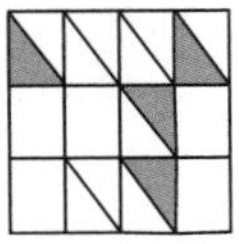 ④ 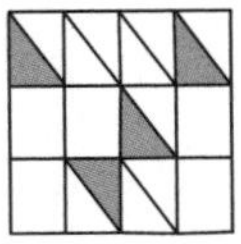

**15.**

①  ②  ③  ④ 

**[16 ~ 20]** 다음 〈보기〉의 왼쪽과 오른쪽 문자, 숫자의 대응을 참고하여 주어진 각 문제의 대응이 같으면 ①, 다르면 ②를 선택하시오.

보기

| | | | |
|---|---|---|---|
| 경기 =7 | 강원 =0 | 충청 =5 | 전라 =2 |
| 경상 =8 | 황해 =3 | 평안 =4 | 함경 =9 |

**16.**

0 5 4 9 – 강원 충청 황해 함경

① 같음. ② 다름.

**17.**

9 8 2 4 – 함경 경기 전라 평안

① 같음. ② 다름.

**18.**

0 4 9 5 3 – 강원 평안 함경 충청 황해

① 같음. ② 다름.

**19.**

2 3 7 8 0 – 전라 황해 경기 경상 강원

① 같음. ② 다름.

**20.**

5 8 2 3 7 9 – 충청 경상 전라 황해 경기 함경

① 같음. ② 다름.

**[21 ~ 25] 다음 〈보기〉의 왼쪽과 오른쪽 기호, 문자의 대응을 참고하여 주어진 각 문제의 대응이 같으면 ①, 다르면 ②를 선택하시오.**

보기

| | | | |
|---|---|---|---|
| ☯ = 한국 | ☭ = 이탈리아 | ☬ = 오스트리아 | ☫ = 이란 |
| ☪ = 알제리 | ☩ = 독일 | ☧ = 미국 | ☠ = 일본 |

**21.**

이탈리아 독일 이란 알제리 – ☩ ☭ ☫ ☪

① 같음. ② 다름.

**22.**

오스트리아 이란 독일 일본 – ☬ ☫ ☩ ☠

① 같음. ② 다름.

**23.**

알제리 한국 이란 미국 일본 – ☪ ☯ ☫ ☧ ☩

① 같음. ② 다름.

**24.**

일본 한국 이란 독일 미국 – ☠ ☯ ☫ ☩ ☧

① 같음. ② 다름.

**25.**

오스트리아 미국 이탈리아 일본 알제리 한국 – ☬ ☧ ☭ ☠ ☫ ☯

① 같음. ② 다름.

**[26 ~ 30] 다음 그림을 보고 그림의 조각을 순서대로 바르게 배열한 것을 고르시오.**

## 26.

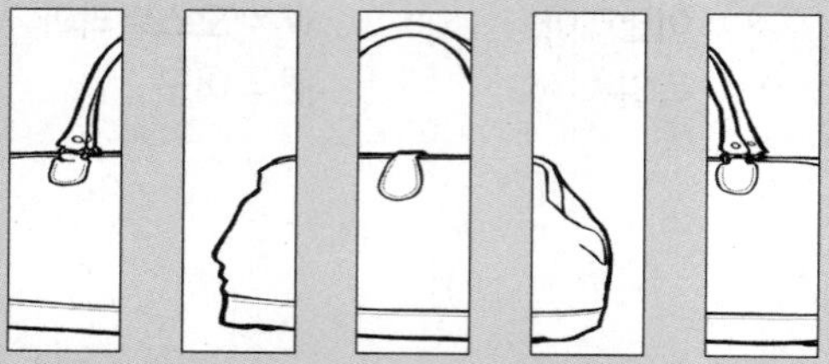

(가) (나) (다) (라) (마)

① (나)－(가)－(다)－(마)－(라)
② (나)－(가)－(라)－(다)－(마)
③ (라)－(가)－(다)－(나)－(마)
④ (라)－(마)－(다)－(나)－(가)

## 27.

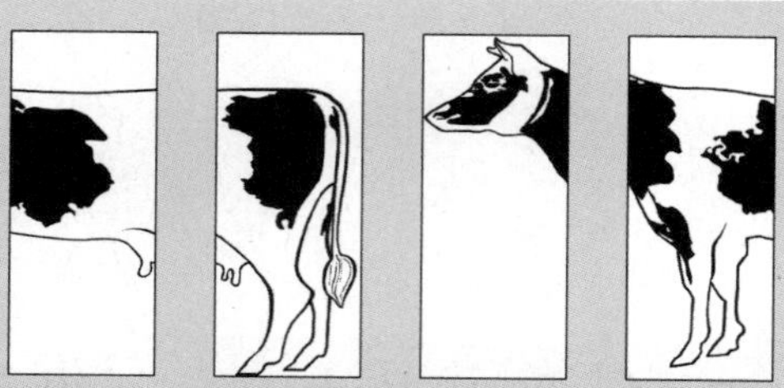

(가) (나) (다) (라)

① (가)－(다)－(라)－(나)
② (가)－(라)－(다)－(나)
③ (다)－(가)－(라)－(나)
④ (다)－(라)－(가)－(나)

## 28.

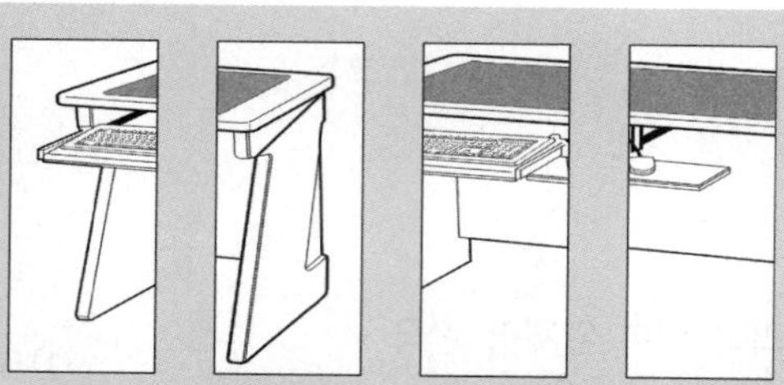

(가) (나) (다) (라)

① (가)－(다)－(라)－(나)
② (가)－(라)－(다)－(나)
③ (다)－(라)－(가)－(나)
④ (다)－(라)－(나)－(가)



**29.**

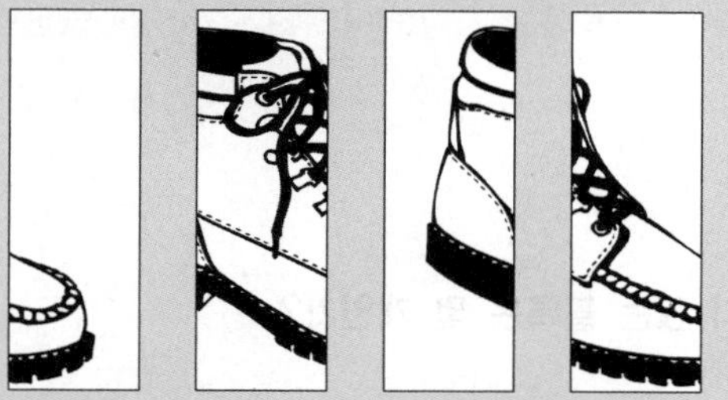

(가) (나) (다) (라)

① (나)－(가)－(다)－(라)
② (다)－(나)－(가)－(라)
③ (다)－(나)－(라)－(가)
④ (다)－(라)－(나)－(가)

**30.**

(가) (나) (다) (라) (마)

① (가)－(다)－(나)－(라)－(마)
② (가)－(다)－(나)－(마)－(라)
③ (라)－(나)－(다)－(마)－(가)
④ (라)－(다)－(나)－(마)－(가)

**[31 ~ 32]** 다음은 같은 크기의 블록을 쌓아올린 그림이다. 이어지는 질문에 답하시오.

**31.** 그림에서 한 면도 보이지 않는 블록은 몇 개인가?

① 3개 ② 4개 ③ 5개 ④ 6개

**32.** 그림에서 블록을 쌓아 정육면체를 만들려면 몇 개의 블록이 더 필요한가?

① 40개 ② 45개 ③ 50개 ④ 55개

**[33 ~ 34] 다음은 같은 크기의 블록을 쌓아올린 그림이다. 이어지는 질문에 답하시오.**

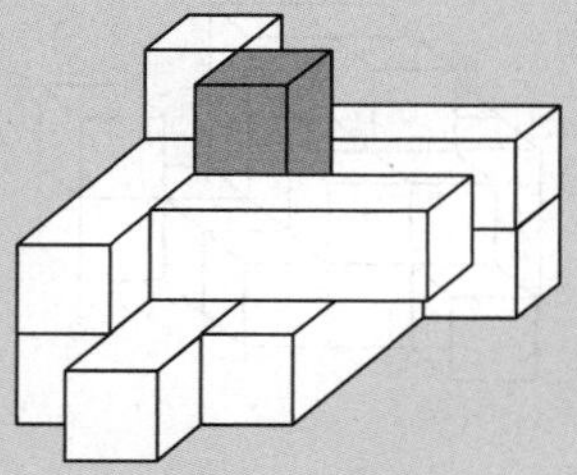

**33. 블록은 모두 몇 개인가?**

① 8개　　② 9개　　③ 10개　　④ 11개

**34. 색칠된 블록에 직접 접촉하고 있는 블록은 모두 몇 개인가?**

① 4개　　② 5개　　③ 6개　　④ 7개

**[35 ~ 37]** 다음은 같은 크기의 블록을 쌓아올린 그림이다. 이어지는 질문에 답하시오.

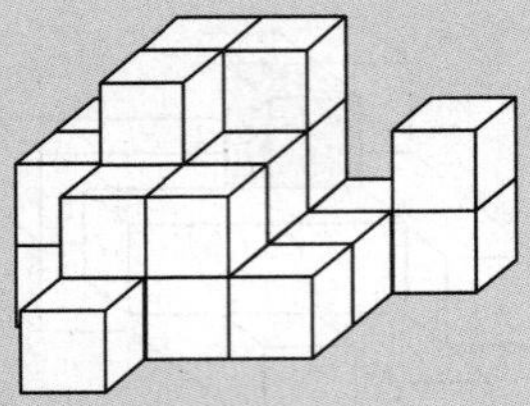

**35.** 그림에서 한 면만 보이는 블록은 모두 몇 개인가?

① 6개 ② 7개 ③ 8개 ④ 9개

**36.** 밑면을 제외하고 어느 면에서도 보이지 않는 블록은 몇 개인가?

① 1개 ② 2개 ③ 3개 ④ 4개

**37.** 그림에서 블록을 쌓아 정육면체를 만들려면 몇 개의 블록이 더 필요한가?

① 70개 ② 80개 ③ 90개 ④ 100개

**[38 ~ 39] 다음은 같은 크기의 블록을 쌓아올린 그림이다. 이어지는 질문에 답하시오.**

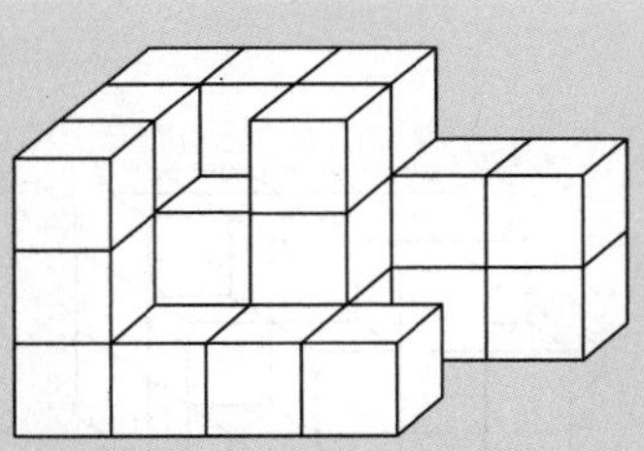

**38.** 블록은 모두 몇 개인가?

① 24개 ② 27개 ③ 30개 ④ 33개

**39.** 그림에서 한 면만 보이는 블록은 모두 몇 개인가?

① 2개 ② 3개 ③ 4개 ④ 5개

**[40 ~ 43] 다음은 같은 크기의 블록을 쌓아올린 그림이다. 블록의 개수를 구하시오.**

**40.**

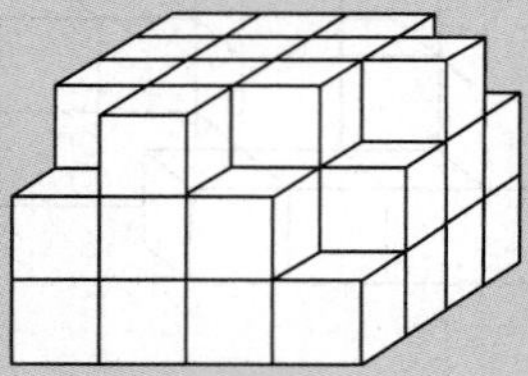

① 38개 ② 42개 ③ 44개 ④ 45개

**41.**

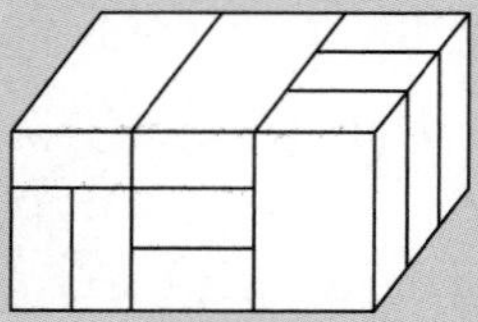

① 7개 ② 9개 ③ 11개 ④ 13개

**42.**

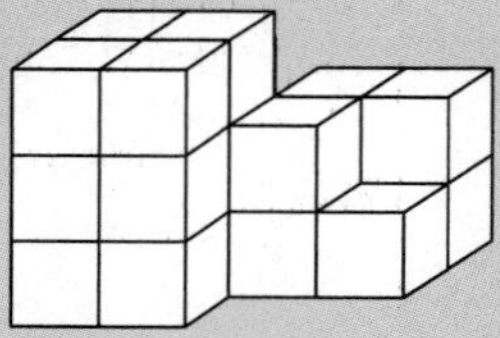

① 15개 ② 17개 ③ 19개 ④ 21개

**43.**

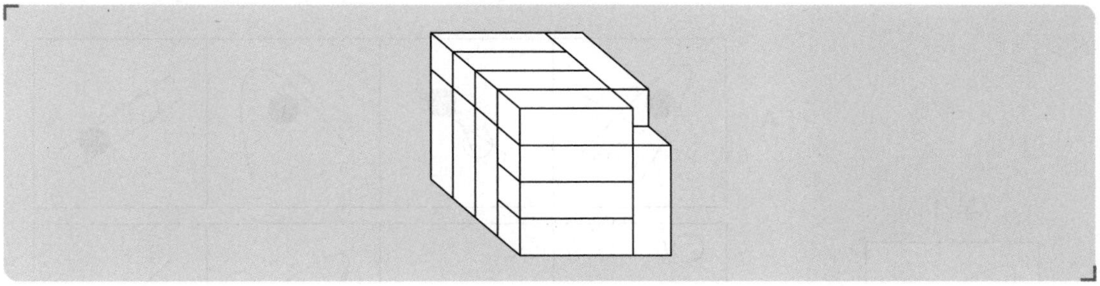

① 15개 ② 17개 ③ 19개 ④ 21개

**[44 ~ 45] 그림들이 일정한 규칙에 의해 A, B, C로 분류되어 있다. 분류의 기준을 찾아 〈보기〉가 어디에 속하는지 고르시오.**

**44.**

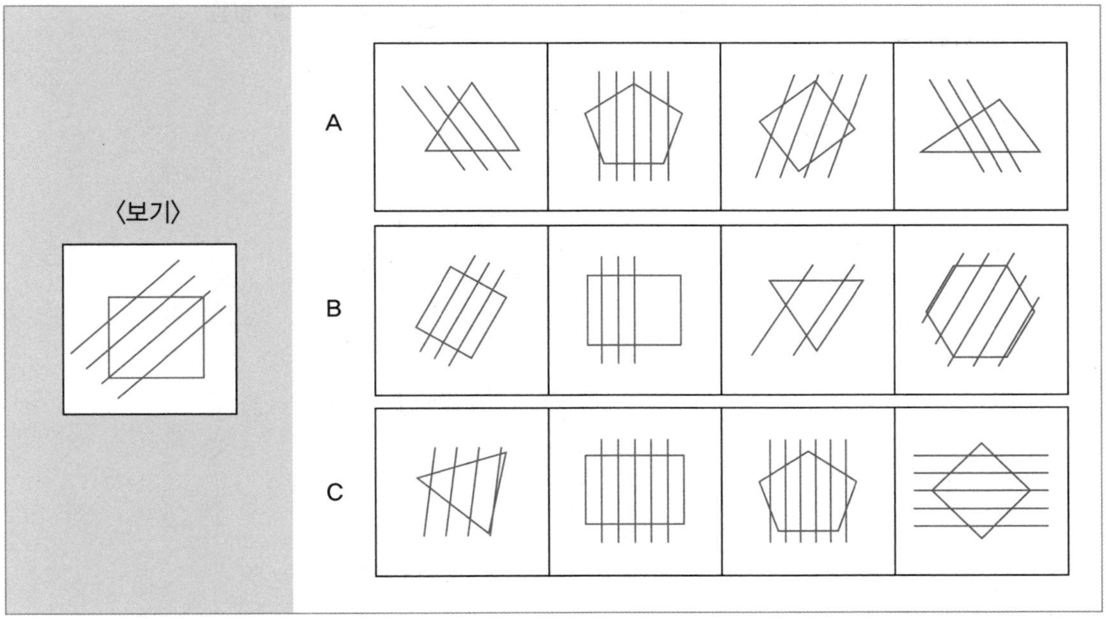


① A ② B ③ C ④ 없음.

**45.**

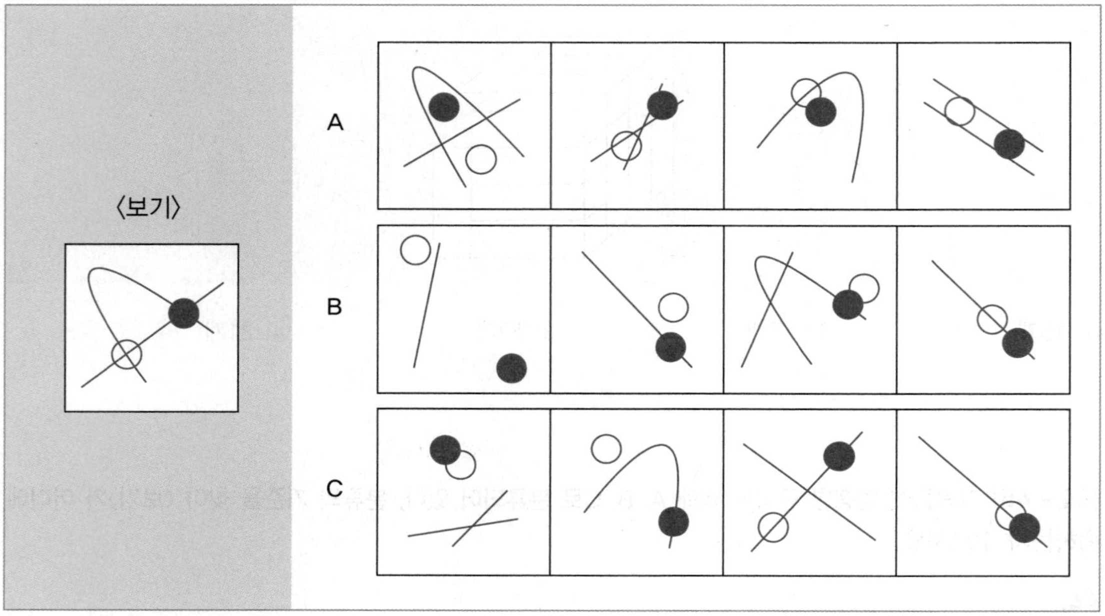


① A ② B ③ C ④ 없음.

**46.** 다음 중 제시된 〈보기〉와 동일한 도형은?

보기

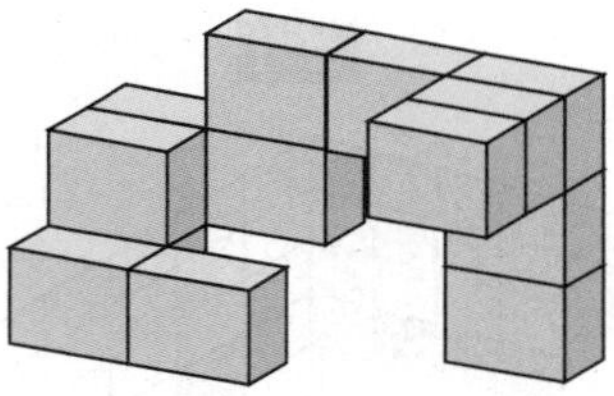

①

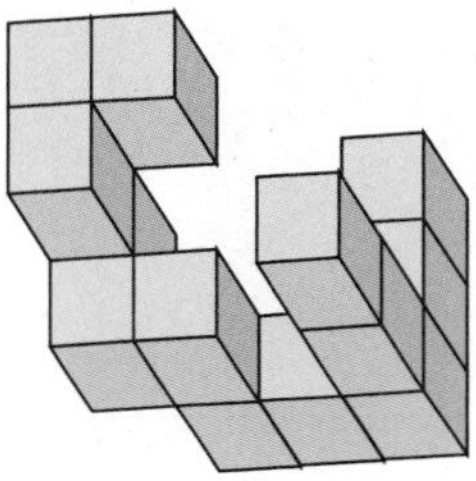

②

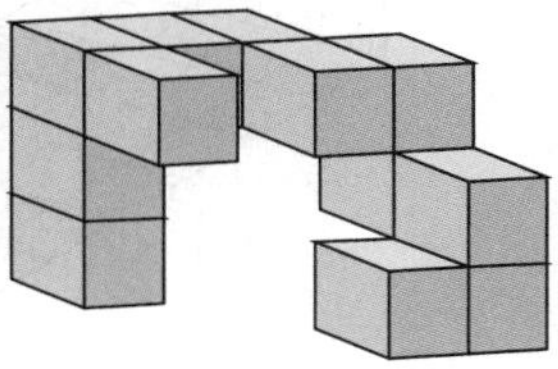

③

④

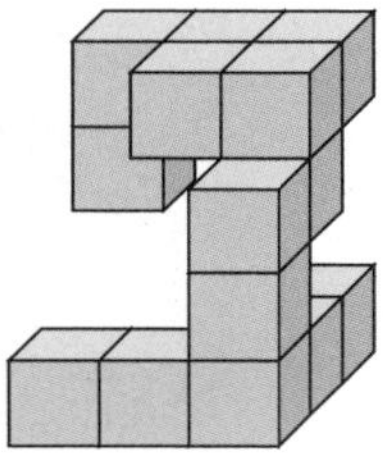

[47 ~ 48] 제시된 〈보기〉의 3차원 공간에서 세 면에 비친 그림자를 보고, 이에 알맞은 도형을 고르시오.

## 47.

보기

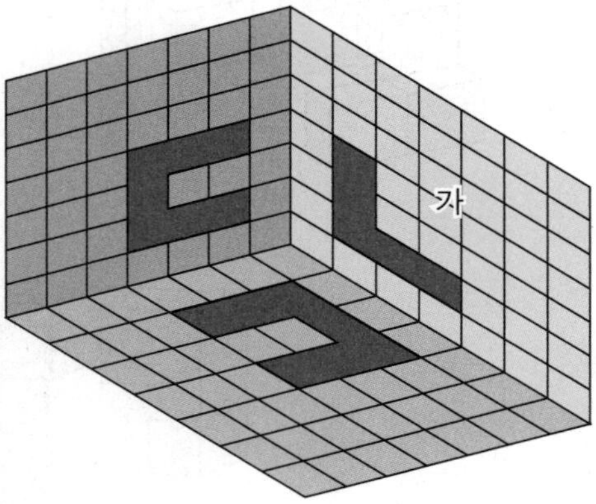


①

②

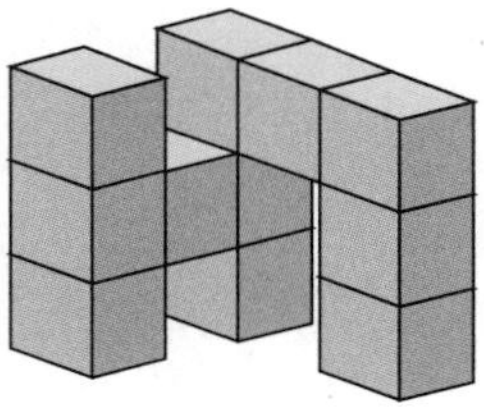

③

④

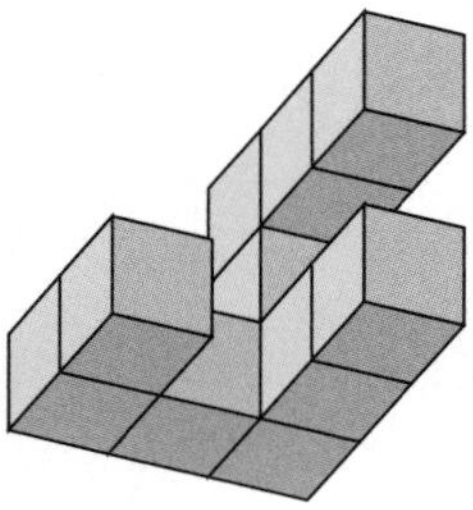

**48.**

보기

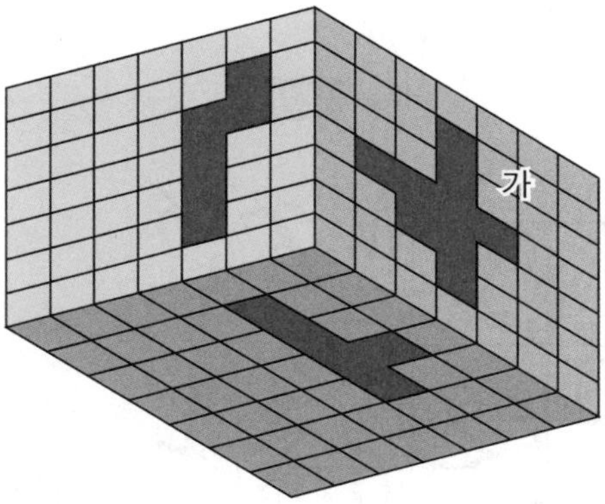


①

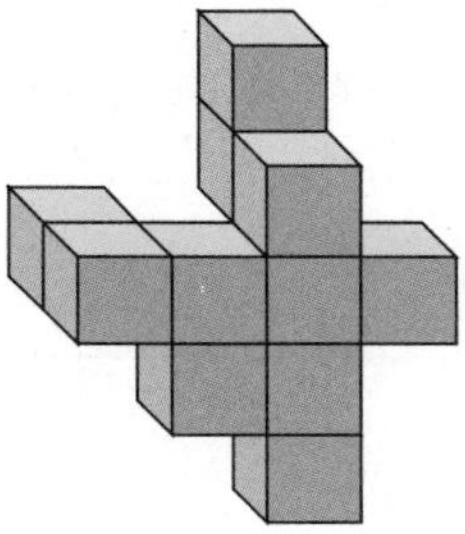

②

③

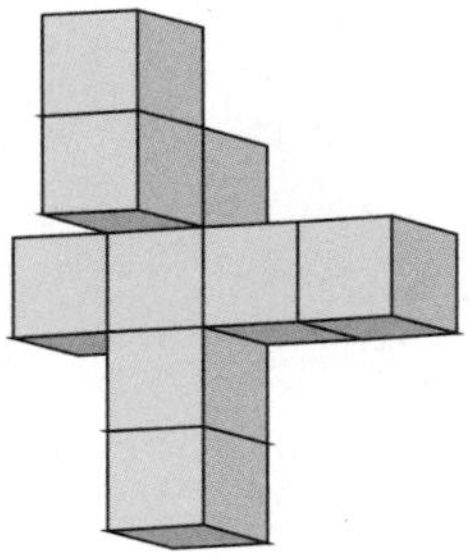

④

**[49 ~ 50]** 제시된 〈보기〉에서 왼쪽 전개도를 접어 오른쪽 주사위 모형을 만들었을 때, 다음 방향에서 바라본 면의 모습으로 올바른 것을 고르시오.

**49.**

보기

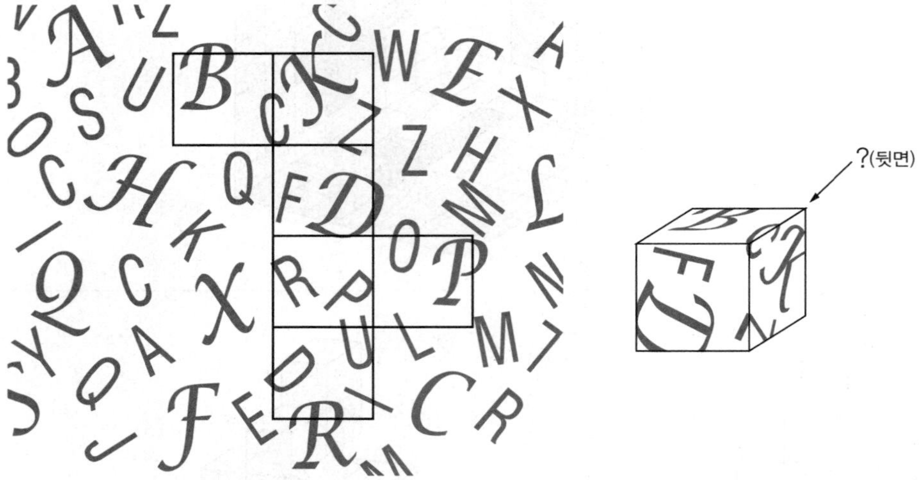


① 

② 

③ 

④ 

**50.**

보기

① 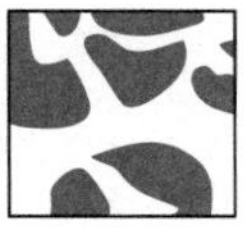

② 

③ 

④ 

[51 ~ 52] 다음은 같은 크기의 블록을 쌓아올린 그림이다. 이어지는 질문에 답하시오.

**51.** 색칠된 블록에 직접 접촉하고 있는 블록은 모두 몇 개인가?

① 3개 ② 4개 ③ 5개 ④ 6개

**52.** 그림에서 두 면만 보이는 블록은 모두 몇 개인가?

① 6개 ② 7개 ③ 8개 ④ 9개

**[53 ~ 54]** 다음은 같은 크기의 블록을 쌓아 올린 그림이다. 색칠된 블록의 면과 직접 접촉하고 있는 블록은 모두 몇 개인지 고르시오.

**53.**

① 3개 ② 4개 ③ 5개 ④ 6개

**54.**

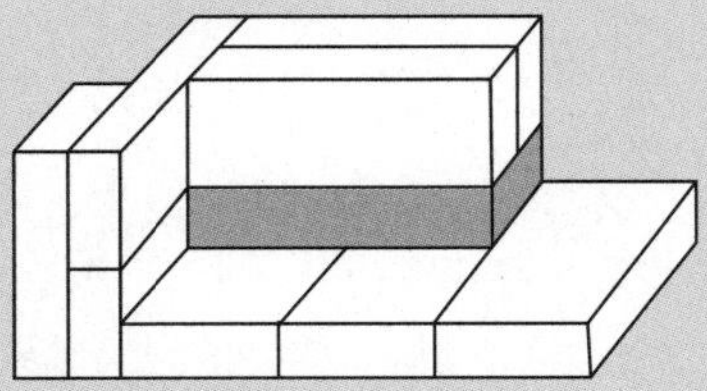

① 3개 ② 5개 ③ 7개 ④ 8개

파트

# 2

## 삼성 GSAT 4급 _ 전문대졸 직무적성검사

# 실전모의고사



*주어진 상황을 유연하게 대처하고 해결할 수 있는 종합적인 능력을 평가하는 GSAT.

Global
Samsung
Aptitude
Test

## 문항 수 · 시험 시간

| | | |
|---|---|---|
| 수리능력 | 40문항 | 15분 |
| 추리능력 | 40문항 | 20분 |
| 지각능력 | 40문항 | 10분 |

# 실전모의고사 1 회

| 문항 수 | 120 문항 |
| --- | --- |
| 시험 시간 | 45 분 |

▶ 정답과 해설 25쪽

## 수리능력 _ 40문항 / 15분

**[01 ~ 05] 다음을 계산하여 알맞은 답을 구하시오.**

**01.**

$$2.84+7.72-6.09=(\quad)$$

① 4.37 ② 4.47 ③ 4.57 ④ 4.67

**02.**

$$\frac{5}{7}\div\frac{7}{12}\times\frac{2}{3}=(\quad)$$

① $\frac{5}{18}$ ② $\frac{7}{18}$ ③ $\frac{25}{49}$ ④ $\frac{40}{49}$

**03.**

$$777-21\times23=(\quad)$$

① 284 ② 294 ③ 304 ④ 314

**04.**

47－18＋54＝(　　)

① 81　　② 83　　③ 85　　④ 87

**05.**

0.7×0.8÷0.4＝(　　)

① 0.4　　② 1.4　　③ 2.4　　④ 3.4

**06.** 248의 6할은?

① 126.6　　② 148.8　　③ 166.6　　④ 188.8

**07.** 1,000의 3할 6푼 5리는?

① 365 ② 36.5 ③ 3.65 ④ 0.365

**08.** 222의 6리는?

① 0.1332 ② 1.332 ③ 13.32 ④ 133.2

**09.** 9kg의 3푼은?

① 0.027kg ② 0.27kg ③ 2.7kg ④ 27kg

**10.** 950의 1할 3리는?

① 77.85 ② 87.85 ③ 97.85 ④ 107.85

**[11 ~ 13] 기호를 다음과 같이 가정하여 주어진 문제를 푸시오.**

A◉B=3A+B
A▼B=2A−B

## 11.

13◉11

① 33 ② 40 ③ 44 ④ 50

## 12.

(7▼7)◉(6▼5)

① 28 ② 35 ③ 42 ④ 49

## 13.

(2◉4)▼3

① 13 ② 15 ③ 17 ④ 19

**[14 ~ 16] 기호를 다음과 같이 가정하여 주어진 문제를 푸시오.**

A▲B=AB−B
A○B=BB−A

**14.**

5○4

① 7 ② 9 ③ 11 ④ 13

**15.**

4▲9○6

① 9 ② 19 ③ 29 ④ 39

**16.**

12○(9▲2)

① 24 ② 36 ③ 244 ④ 366

**[17 ~ 19] 기호를 다음과 같이 가정하여 주어진 문제를 푸시오.**

A▲B=AB+A−B

**17.**

9▲4

① 38 ② 41 ③ 44 ④ 47

**18.**

2▲(−1)

① −1 ② 0 ③ 1 ④ 2

**19.**

7▲11

① 67 ② 69 ③ 71 ④ 73

**20.** 물 500g에 소금을 넣어 농도 20%의 소금물을 만들려고 할 때, 넣어야 하는 소금의 양은?

① 110g ② 115g ③ 120g ④ 125g

**21.** 두 개의 주사위를 동시에 던질 때 나온 눈의 합이 5 또는 8이 되는 경우의 수는 몇 가지인가?

① 8가지 ② 9가지 ③ 10가지 ④ 11가지

**22.** 어떤 업무를 모두 끝마치는 데 혼자 한다면 수영이는 6일, 형식이는 10일이 걸린다. 이 업무를 둘이 함께 진행한다면 며칠 만에 업무가 끝나겠는가?

① 3일 ② 4일 ③ 5일 ④ 6일

**23.** 어떤 수에 4를 더하고 3을 곱한 수가 그 어떤 수에 5를 곱하고 10을 뺀 수와 같다면 어떤 수는 얼마인가?

① 11 ② 13 ③ 15 ④ 17

**24.** 소영이는 개당 가격이 500원인 초콜릿과 1,000원인 빵을 총 100개 구입하고 67,500원을 지불했다. 소영이가 구입한 빵의 개수는?

① 35개 ② 45개 ③ 55개 ④ 65개

**25.** 8% 소금물 250g에 물을 더 넣어 5% 소금물을 만든다고 할 때, 추가해야 하는 물의 양은?

① 100g ② 150g ③ 200g ④ 250g

**26.** 현재 서연이 엄마의 나이는 서연이 나이의 8배이고, 4년 후에는 4배가 된다. 서연이의 현재 나이는?

① 1살 ② 2살 ③ 3살 ④ 4살

**27.** 가로의 길이가 8cm, 높이가 6cm인 직육면체의 부피가 $192cm^3$라고 할 때, 세로의 길이는?

① 4cm ② 8cm ③ 12cm ④ 16cm

**28.** 미영이는 수영이보다 3살 많고 두 사람 나이의 합이 49살이라면, 미영이의 나이는?

① 23살 ② 24살 ③ 25살 ④ 26살

**29.** 원가가 2,000원인 상품에 50%의 이익을 붙여 정가를 매겼는데 잘 팔리지 않아 할인하여 팔았더니 원가의 30% 이익이 남았다. 할인한 금액은?

① 200원 ② 400원 ③ 600원 ④ 800원

**30.** 사탕을 어떤 반 학생들이 2개씩 나누어 먹으면 8개가 남고, 3개씩 나누어 먹으면 15개가 부족할 때, 사탕의 개수는?

① 36개 ② 42개 ③ 48개 ④ 54개

**31.** 사내 봉사 모임에서 임원진을 새로 선출하려고 한다. 다음 정보를 바탕으로 할 때, 올해 임원진은 총 몇 가지 조합으로 구성할 수 있는가?

- 봉사 모임의 회원은 임원진을 포함하여 총 17명이다.
- 임원진은 회장, 부회장, 총무 각 1명으로 구성되어 있으며, 매년 1월 임원진을 새로 선출한다.
- 지난해 임원진은 올해 임원이 될 수 없지만, 그전에 임원을 맡았던 사람은 또 임원이 될 수 있다.

① 5가지　② 384가지
③ 1,360가지　④ 2,184가지

**32.** 다음은 경지규모별 농가 비중 추이에 관한 그래프이다. 이에 대한 설명으로 옳지 않은 것은?

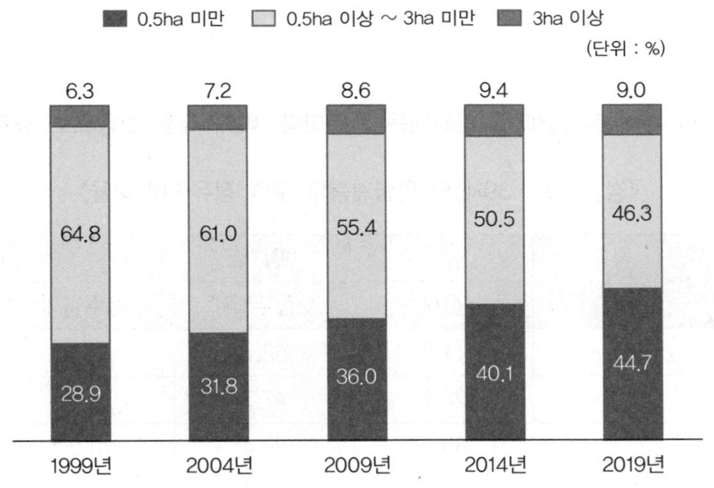


① 3ha 이상 농가 비중은 계속 증가하였다.
② 0.5ha 이상 ~ 3ha 미만 농가 비중이 계속 감소하고 있다.
③ 0.5ha 이상 ~ 3ha 미만 농가의 비중이 항상 가장 크다.
④ 0.5ha 미만 농가의 비중은 꾸준히 증가하였다.

**33.** 다음은 A 기업 직원들의 출신지역을 구분하여 정리한 것이다. A 기업의 전체 직원 수는 750명이고, 서울 / 경기도 지역 출신자 수가 강원도 지역 출신자 수의 3배라면 강원도 출신 직원의 수는?

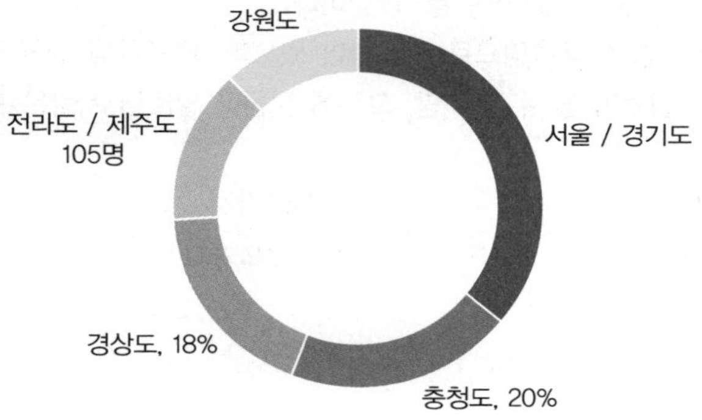


① 80명
② 85명
③ 90명
④ 95명

**34.** 다음은 청년들의 주택 점유형태를 나타내는 자료이다. 이에 대한 설명으로 옳지 않은 것은?

〈청년(20 ~ 39세)의 연령계층별 주택 점유형태 비율〉

(단위 : %)

| 구분 | 자가 | 임차 | | | 무상 |
|---|---|---|---|---|---|
| | | 전세 | 보증부월세 | 순수월세 | |
| 20 ~ 24세 | 5.1 | 11.9 | 62.7 | 15.4 | 4.9 |
| 25 ~ 29세 | 13.6 | 24.7 | 47.7 | 6.5 | 7.5 |
| 30 ~ 34세 | 31.9 | 30.5 | 28.4 | 3.2 | 6.0 |
| 35 ~ 39세 | 45.0 | 24.6 | 22.5 | 2.7 | 5.2 |

① 20 ~ 24세 청년의 약 78.1%가 월세 형태로 거주하고 있으며 자가 비율은 5.1%이다.
② 20 ~ 24세 청년을 제외한 연령계층별 무상 거주 비율은 순수월세 비율보다 항상 높다.
③ 20 ~ 39세 전체 청년의 자가 거주 비중은 약 31.1%이나 이 중 20대 청년의 자가 거주 비중은 약 9.4%로 매우 낮은 수준이다.
④ 연령계층이 높아질수록 자가 비율이 높아지고 월세 비율은 낮아지는 것으로 나타났다.

**35.** 다음은 2019년 공항철도 여객 수송실적을 나타낸 자료이다. 이에 대한 설명으로 옳지 않은 것은?

〈공항철도 월별 여객 수송실적(2019년)〉

(단위 : 천 명)

| 구분 | 승차인원 | 유입인원 | 수송인원 |
|---|---|---|---|
| 1월 | 2,843 | 2,979 | 5,822 |
| 2월 | ( A ) | 2,817 | 5,520 |
| 3월 | 3,029 | 3,302 | 6,331 |
| 4월 | 3,009 | 3,228 | 6,237 |
| 5월 | 3,150 | 3,383 | 6,533 |
| 6월 | 3,102 | 3,259 | 6,361 |
| 7월 | 3,164 | 3,267 | 6,431 |
| 8월 | 3,103 | ( B ) | 6,720 |
| 9월 | 2,853 | 3,480 | 6,333 |
| 10월 | 3,048 | 3,827 | 6,875 |
| 11월 | 2,923 | 3,794 | 6,717 |
| 12월 | 3,010 | 3,900 | ( C ) |

* 유입인원 : 다른 철도를 이용하다가 공항철도로 환승하여 최종 종착지에 내린 승객의 수
* 수송인원=승차인원+유입인원

① 2019년 공항철도의 수송인원은 매 분기 증가하고 있다.

② 2019년 2분기 공항철도 총 유입인원은 1천만 명보다 적다.

③ 9월의 공항철도 유입인원은 8월에 비해 1만 5천 명 이하로 감소했다.

④ 유입인원이 가장 많았던 달과 수송인원이 가장 많았던 달은 일치한다.

**36.** 다음은 2019년 원/달러 환율 추이에 대한 자료이다. 이에 대한 설명으로 옳지 않은 것은? (단, 한국의 입장을 기준으로 판단한다)

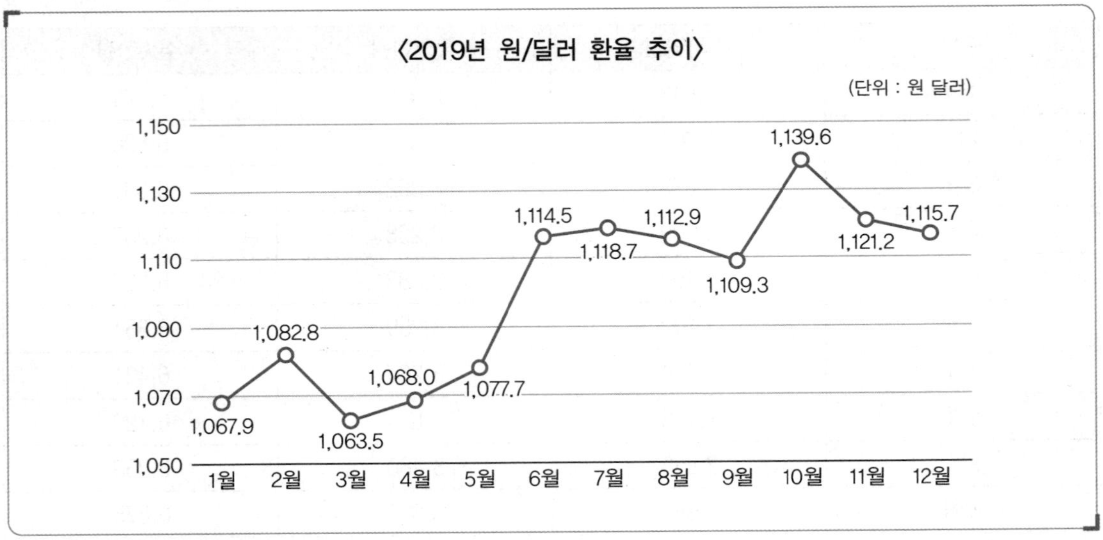


① 물품 수입업자가 동일한 양의 제품을 수입했을 때, 2019년 10월보다 같은 해 3월에 상대적으로 환율에서 이득을 보았을 것이다.

② 김 과장이 2월과 3월에 각 50만 원씩 환전했다면 환율 변동으로 인해 3월에 5달러 이상 더 받았다.

③ 이 부장이 10월에 미국 유학 중인 아들에게 5만 달러를 송금했다면 이는 원화로 5,500만 원보다 적은 금액이다.

④ A 중소기업이 9월에 30억 원짜리 계약을 체결했다면 이는 약 270만 달러에 해당하는 금액이다.

**[37 ~ 38] 다음 자료를 보고 이어지는 질문에 답하시오.**

〈2019년 주택형태별 에너지 소비 현황〉

(단위 : 천 TOE)

| 구분 | 연탄 | 석유 | 도시가스 | 전력 | 열에너지 | 기타 | 합계 |
|---|---|---|---|---|---|---|---|
| 단독주택 | 411.8 | 2,051.8 | 2,662.1 | 2,118.0 | – | 110.3 | 7,354 |
| 아파트 | – | 111.4 | 5,609.3 | 2,551.5 | 1,852.9 | – | 10,125 |
| 연립주택 | 1.4 | 33.0 | 1,024.6 | 371.7 | 4.3 | – | 1,435 |
| 다세대주택 | – | 19.7 | 1,192.6 | 432.6 | – | – | 1,645 |
| 상가주택 | – | 10.2 | 115.8 | 77.6 | 15.0 | 2.4 | 221 |
| 총합 | 413.2 | 2,226.1 | 10,604.4 | 5,551.4 | 1,872.2 | 112.7 | 20,780 |

* 전력 : 전기에너지와 심야전력에너지 포함
* 기타 : 장작 등 임산 연료

**37.** 위의 자료에 대한 해석으로 적절한 것은?

① 단독주택에서 소비한 전력 에너지량은 단독주택 전체 에너지 소비량의 30% 이상을 차지한다.
② 모든 주택형태에서 가장 많이 소비한 에너지 유형은 도시가스 에너지이다.
③ 아파트는 다른 주택형태에 비해 가구당 에너지 소비량이 많다.
④ 모든 주택형태에서 소비되는 에너지 유형은 4가지이다.

**38.** 아파트 전체 에너지 소비량 중 도시가스 에너지 소비량이 차지하는 비율은? (단, 소수점 아래 둘째 자리에서 반올림한다)

① 25.2%　　② 36.2%　　③ 52.4%　　④ 55.4%

**[39 ~ 40]** 다음은 OECD 국가별 고용률 비교 자료이다. 이어지는 질문에 답하시오.

〈국가별 청년 고용률(1995 ~ 2015년)〉

(단위 : %)

| 구분 | 25 ~ 29세 | | | | | 30 ~ 34세 | | | | |
|---|---|---|---|---|---|---|---|---|---|---|
| | 1995년 | 2000년 | 2005년 | 2010년 | 2015년 | 1995년 | 2000년 | 2005년 | 2010년 | 2015년 |
| 한국 | 86.3 | 88.2 | 74.7 | 70.0 | 69.3 | 95.4 | 91.2 | 89.8 | 87.5 | 90.0 |
| 프랑스 | 82.4 | 83.5 | 83.2 | 81.9 | 77.9 | 89.0 | 88.5 | 89.1 | 88.0 | 83.5 |
| 독일 | 79.2 | 81.1 | 74.2 | 78.7 | 80.6 | 88.4 | 89.3 | 84.8 | 87.1 | 88.5 |
| 이탈리아 | 71.1 | 69.4 | 72.7 | 66.8 | 58.6 | 86.5 | 86.3 | 86.6 | 82.6 | 76.3 |
| 일본 | 92.8 | 90.3 | 87.6 | 86.5 | 87.8 | 95.6 | 93.7 | 92.1 | 91.2 | 91.7 |
| 영국 | 83.0 | 87.6 | 86.4 | 83.4 | 84.9 | 86.2 | 89.7 | 89.0 | 86.6 | 89.4 |
| 미국 | 87.1 | 88.9 | 85.8 | 78.0 | 82.0 | 89.2 | 91.5 | 89.0 | 82.1 | 85.9 |
| OECD | 84.4 | 85.2 | 83.1 | 79.5 | 80.5 | 89.3 | 90.4 | 88.9 | 86.0 | 87.0 |

**39.** 25 ~ 29세와 30 ~ 34세에서 1995 ~ 2015년의 고용률 변동 추이가 한국과 같은 나라는 순서대로 어느 나라인가?

① 독일, 일본
② 프랑스, 영국
③ 프랑스, 일본
④ 미국, 이탈리아

**40.** 다음 중 30 ~ 34세의 2010년 대비 2015년 고용률 증가율이 가장 큰 나라는?

① 한국
② 독일
③ 영국
④ 미국

## 추리능력 _ 40문항 / 20분

**[01 ~ 07]** 나열된 숫자 사이에 공통된 규칙을 찾아 ?에 알맞은 답을 찾으시오.

### 01.

6 12 9 18 15 30 ( ? )

① 24 ② 27 ③ 35 ④ 60

### 02.

6 12 7 14 ( ? ) 18 13 26

① 9 ② 10 ③ 11 ④ 12

### 03.

6 18 7 21 10 30 ( ? )

① 19 ② 17 ③ 15 ④ 13

**04.**

( ? )　11　21　32　53　85

① 7　② 8　③ 9　④ 10

**05.**

124　121　112　85　( ? )

① 62　② 41　③ 27　④ 4

**06.**

1　1　2　3　5　8　( ? )　21

① 12　② 13　③ 14　④ 15

**07.**

12　9　13　10　14　11　15　( ? )

① 11　② 12　③ 13　④ 14

**[08 ~ 10]** 다음은 공통된 규칙에 의해 문자가 나열된 것이다. 동일한 규칙이 적용되지 않은 하나를 고르시오.

**08.**

① ㅑㅑㅔㅠ　② DDHY　③ ㄲㄲㄷㅇ　④ ㄴㄴㄹㅍ

**09.**

① URNI　② ㅓㅟㅛㅖ　③ QOLH　④ ㅉㅆㅁㄲ

**10.**

① 버보부브　② 마사자카　③ 2468　④ NOQS

**[11 ~ 16]** 나열된 문자 사이의 공통된 규칙을 찾아 ?에 알맞은 답을 찾으시오.

**11.**

ㄷ　ㄱ　ㅌ　ㅉ　( ? )

① ㅃ　② ㅅ　③ ㅆ　④ ㅇ

**12.**

E　J　I　N　( ? )

① P　② F　③ M　④ N

**13.**

ㅏ ㅑ ㅓ ㅕ ( ? )

① ㅖ ② ㅘ ③ ㅗ ④ ㅛ

**14.**

B C F K ( ? )

① M ② N ③ P ④ R

**15.**

A B E J Q Z ( ? )

① A ② I ③ K ④ L

**16.**

C D F J ( ? )

① K ② L ③ R ④ S

**[17 ~ 18] 다음 지문을 읽고, 지문의 내용에 비추어 각 제시된 명제의 참, 거짓, 알 수 없음을 판단하시오.**

- S 전자의 A팀, B팀, C팀, D팀은 각각 월, 화, 수, 목요일에 메뚜기월드, 블루오션, 바위공원, 문리버로 야유회를 가는데, 야유회 날짜와 장소는 서로 겹치지 않아야 한다.
- 메뚜기월드는 매주 월요일에, 바위공원은 매주 화요일에 휴장한다.
- A팀은 팀원들 일정에 따라 수요일이나 목요일에 문리버로 야유회를 가기로 했다.
- B팀은 물 공포증이 있는 팀원 때문에 블루오션은 가지 않기로 했다.
- C팀과 D팀은 화요일에 중요한 미팅이 있어서 야유회를 갈 수 없다.
- 비가 내리면 블루오션과 문리버는 휴장한다.

**17.**

B팀은 화요일에 메뚜기월드로 야유회를 간다.

① 참 ② 거짓 ③ 알 수 없음.

**18.**

D팀이 목요일에 블루오션에 간다면 C팀은 월요일에 바위공원에 간다.

① 참 ② 거짓 ③ 알 수 없음.

**[19 ~ 21] 다음 지문을 읽고, 지문의 내용에 비추어 각 제시된 명제의 참, 거짓, 알 수 없음을 판단하시오.**

- 아프리카 북부의 지도를 보면 A, B, C 세 나라가 동서 방향으로 나란히 이웃하고 있다.
- 이 세 나라는 기독교, 이슬람교, 그리고 가톨릭교 중에서 하나의 종교를 국교로 정하고 있다.
- B국은 A국의 서쪽에 있다.
- C국은 기독교를 국교로 하고 있다.
- 가톨릭교를 국교로 한 나라는 가장 동쪽에 있다.

**19.**

A국은 B국과 C국 중간에 위치하고 있다.

① 참 ② 거짓 ③ 알 수 없음.

**20.**

C국은 가장 서쪽에 있다.

① 참 ② 거짓 ③ 알 수 없음.

**21.**

A국은 이슬람교가 국교이다.

① 참 ② 거짓 ③ 알 수 없음.

**[22 ~ 24] 다음 지문을 읽고, 지문의 내용에 비추어 각 제시된 명제의 참, 거짓, 알 수 없음을 판단하시오.**

초파리는 물리적 자극에 의해 위로 올라가는 성질이 있다. 그런데 파킨슨씨병에 걸린 초파리는 운동성이 결여되어 물리적 자극을 주어도 위로 올라가지 않는다. 파킨슨씨병과 관련이 있다고 추정되는 유전자 A와 약물 B를 이용하여 실험을 하였다. 먼저 정상 초파리와 유전자 A가 돌연변이된 초파리를 준비하여 각각 약물 B가 들어 있는 배양기와 들어 있지 않은 배양기에 일정 시간 동안 두었다. 이후 물리적 자극을 주어 이들의 운동성을 테스트한 결과, 약물 B가 들어 있는 배양기의 정상 초파리와 약물 B가 들어 있지 않은 배양기의 정상 초파리 모두 위로 올라가는 성질을 보였다. 반면 유전자 A가 돌연변이된 초파리는 약물 B를 넣은 배양기에서 위로 올라가지 못하고, 약물 B를 넣지 않은 배양기에서는 위로 올라가는 것을 관찰할 수 있었다.

**22.**

유전자 A가 돌연변이된 초파리가 약물 B를 섭취하면 파킨슨씨병에 걸린다.

① 참　　② 거짓　　③ 알 수 없음.

**23.**

약물 B를 섭취한 초파리의 유전자 A는 돌연변이가 된다.

① 참　　② 거짓　　③ 알 수 없음.

**24.**

물리적 자극에 대한 운동성이 비정상인 초파리는 약물 B를 섭취하면 파킨슨씨병에 걸린다.

① 참　　② 거짓　　③ 알 수 없음.

**25.** T사는 사내 야구부를 만들어 처음 경기를 가지려 한다. 1 ~ 4번 타자까지는 선수가 결정되었으나 5 ~ 9번 타자까지의 타순은 아직 정해지지 않았다. 다음 중 한 명만 거짓을 말하고 나머지 네 명은 모두 진실을 말한다고 가정할 때, 거짓말을 하고 있는 사람은?

> 진호 : 나는 재호 바로 다음 타순이 되겠군.
> 재호 : 첫 경기엔 내가 5번 타순이군 그래.
> 인태 : 내가 마지막 타순이 되었구나.
> 경민 : 나는 인태와 재원이보다 뒤 타순이야.
> 재원 : 나는 경민이보다 뒤 타순에 배치되겠네.

① 진호　② 인태
③ 재원　④ 경민

**26.** 두 명제 '조직이 안정적이면 중앙집권체제가 효과적이다.'와 '중앙집권체제가 효과적이지 않다면 직원들의 동기는 낮다.'가 모두 참일 때, 다음 중 항상 참인 것을 모두 고르면?

> ㉠ 직원들의 동기가 낮지 않으면 중앙집권체제가 효과적이다.
> ㉡ 직원들의 동기가 낮으면 중앙집권체제가 효과적이지 않다.
> ㉢ 중앙집권체제가 효과적이지 않으면 조직은 안정적이지 않다.
> ㉣ 중앙집권체제가 효과적이면 직원들의 동기는 낮지 않다.

① ㉠, ㉡　② ㉡, ㉢
③ ㉠, ㉢　④ ㉠, ㉡, ㉢

**[27 ~ 32]** 아래 제시된 단어 또는 문장을 일정한 기준에 따라 빈 박스에 분류하시오. (단, 박스에 이미 분류되어 있는 번호는 OMR 응답지에 기본 마킹되어 있습니다)

**27. ~ 29.**

① 대전 ② 전주

③ 안동 ④ 경주 ⑤ 포항

⑥ 인천 ⑦ 목포

⑧ 나주

**27.** ① 대전

**28.** ③ 안동

**29.**

**30. ~ 32.**

① A 자동차에서 출시하는 신차의 연비가 좋다.
② 가격이 3,500만 원으로 경쟁사보다 비싼 편이다.
③ 등급 차량 중 안정성 평가 1위를 기록했다.
④ 차량 실내 인터페이스가 사용자 친화적이다.
⑤ 차량 출시 전부터 사람들의 관심이 매우 많다.
⑥ A/S 보증기간은 3년으로 경쟁사보다 짧은 편이다.
⑦ A 자동차는 꾸준한 사회환원 활동으로 대중들에게 좋은 이미지를 주고 있다.
⑧ A 자동차의 엔진은 고질적인 문제가 있었다.

**30.** ①

**31.** ②

**32.**

**33.** 다음 〈보기〉 중에서 빈칸 ㉠ ~ ㉣에 들어갈 내용으로 옳지 않은 것은?

(가) 단위 부피당 질량을 ( ㉠ )라고 한다.
(나) 어떤 물질의 밀도를 4℃ 물의 밀도로 나눈 값을 ( ㉡ )이라고 한다.
(다) 일정한 모양을 갖지 않고 흘러 다니는 기체와 액체를 ( ㉢ )이라고 한다.
(라) 단위 면적당 작용하는 힘을 ( ㉣ )이라고 한다.

① ㉠-밀도　② ㉡-부력　③ ㉢-유체　④ ㉣-압력

**34.** 다음 속도-시간 그래프를 보고 등속 운동을 할 때 이동한 거리를 구하면?

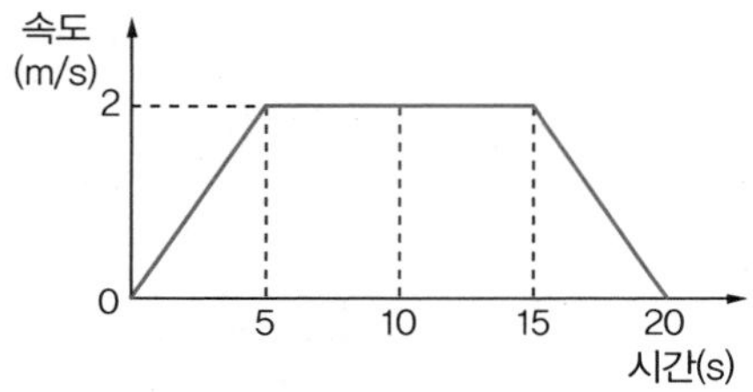


① 15m　② 20m　③ 25m　④ 30m

**35.** 레코드판 표면 위에 잉크를 한 방울 떨어뜨린 뒤 레코드판을 돌리면 잉크는 어느 방향으로 흐르는가?

① 레코드판이 돌아가는 방향　② 레코드판이 돌아가는 반대 방향
③ 레코드판의 바깥쪽 방향　④ 레코드판의 안쪽 방향

**36.** 버스를 타고 가다가 버스가 좌회전하면 몸이 어느 쪽으로 기울어진다고 느끼겠는가?

① 오른쪽　② 왼쪽　③ 앞쪽　④ 뒤쪽

**37.** 식탁 위에 날계란인지 삶은 계란인지 알 수 없는 계란을 올려놓고 돌린 다음 손으로 살짝 멈추게 했다가 손을 뗐더니 다시 돌아갔다. 이 계란은 어떤 계란인가?

① 날계란 ② 삶은 계란 ③ 알 수 없다.

**38.** 활은 물체의 어떤 성질을 이용한 도구인가?

① 관성 ② 탄성 ③ 마찰력 ④ 원심력

**39.** 다음은 이동하는 자동차를 0.5초 간격으로 촬영한 것이다. 차의 운전에 대한 설명으로 옳은 것은?

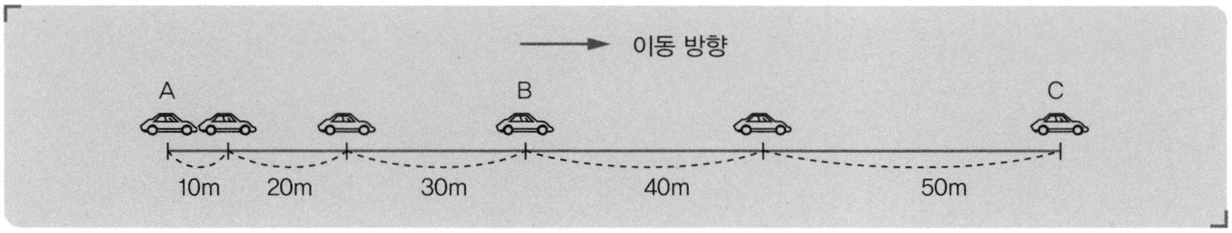


① A에서 C까지의 평균 속력은 50m/s이다.
② 자동차의 속력은 점차 감소하고 있다.
③ 자동차의 속력이 가장 빠른 지점은 B이다.
④ 자동차는 등가속도 운동을 하고 있다.

**40.** 물이 얼면 부피가 커지는 이유는 무엇인가?

① 분자 사이의 인력이 감소하여 분자 간의 거리가 멀어지기 때문이다.
② 분자들의 운동이 활발해져 분자 간의 거리가 멀어지기 때문이다.
③ 물 분자들이 커져서 부피가 증가하기 때문이다.
④ 물 분자들이 만든 구조로 인하여 빈 공간이 생기기 때문이다.

## 지각능력 _ 40문항 / 10분

**01.** 제시된 단어는 컴퓨터 안에 저장되어 있는 파일명들이다. 이를 오름차순으로 바르게 정렬한 것은?

유리병 타자기 고무 수수깡 비빔밥 호루라기

① 고무 – 수수깡 – 유리병 – 비빔밥 – 타자기 – 호루라기
② 고무 – 비빔밥 – 수수깡 – 유리병 – 타자기 – 호루라기
③ 호루라기 – 타자기 – 비빔밥 – 유리병 – 수수깡 – 고무
④ 호루라기 – 타자기 – 유리병 – 수수깡 – 비빔밥 – 고무

**02.** 좌우의 문자를 비교하여 같은 경우 ①, 다른 경우 ②를 고르면?

DFNBEWQJUI – DFNBEWOJUI

① 같음. ② 다름.

**[03 ~ 07]** 다음에 제시된 도형 또는 그림과 같은 것을 고르시오.

**03.**

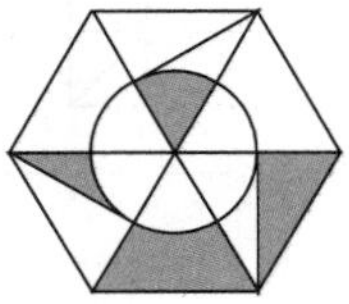

①
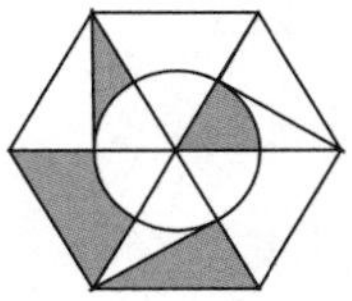

②
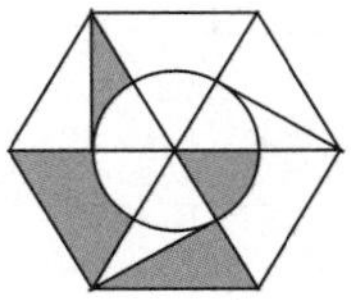

③
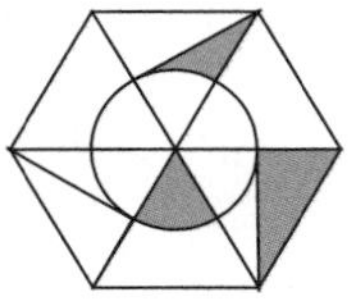

④
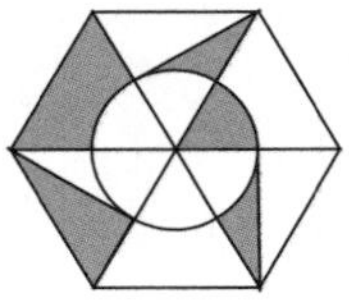

**04.**

①

②
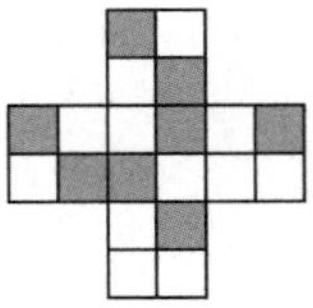

③

④
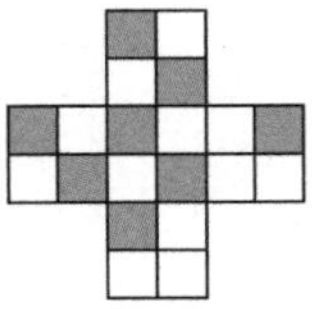

**05.**

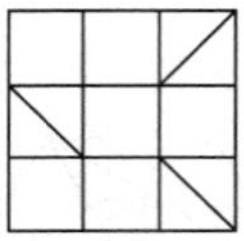

① 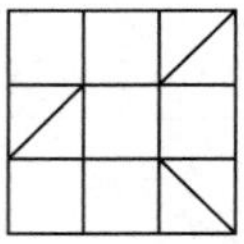 ② 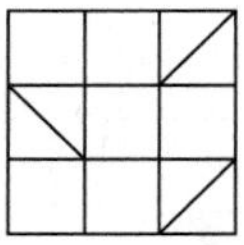 ③ 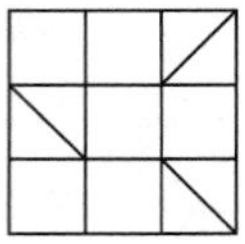 ④ 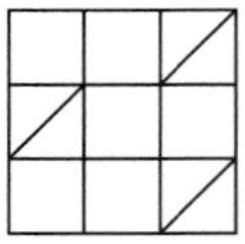

**06.**

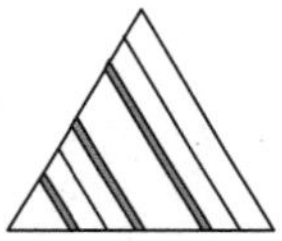

① 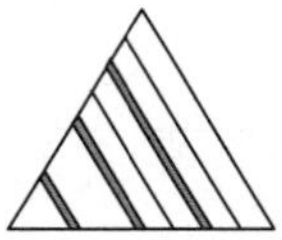 ② 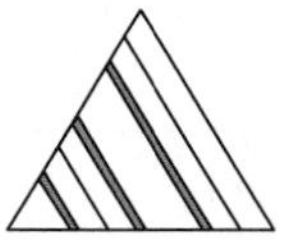 ③ 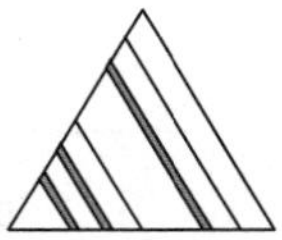 ④ 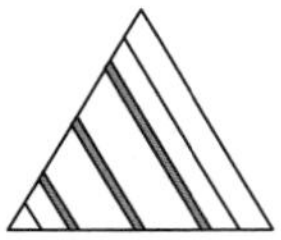

**07.**

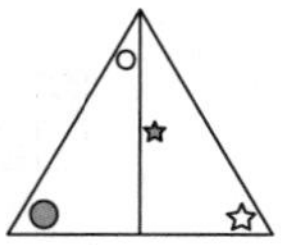

① 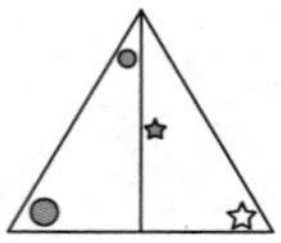 ② 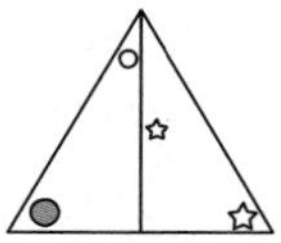 ③ 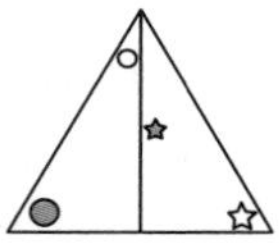 ④ 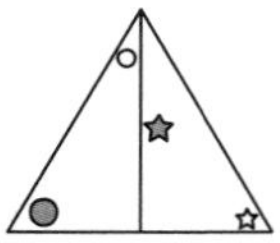

**[08 ~ 10] 다음 그림의 조각을 순서대로 바르게 배열한 것을 고르시오.**

## 08.

(가) (나) (다) (라)

① (가)－(나)－(라)－(다)
② (가)－(라)－(다)－(나)
③ (라)－(가)－(나)－(다)
④ (라)－(나)－(다)－(가)

## 09.

(가) (나) (다) (라)

① (나)－(가)－(다)－(라)
② (나)－(다)－(가)－(라)
③ (다)－(가)－(라)－(나)
④ (다)－(나)－(라)－(가)

**10.**

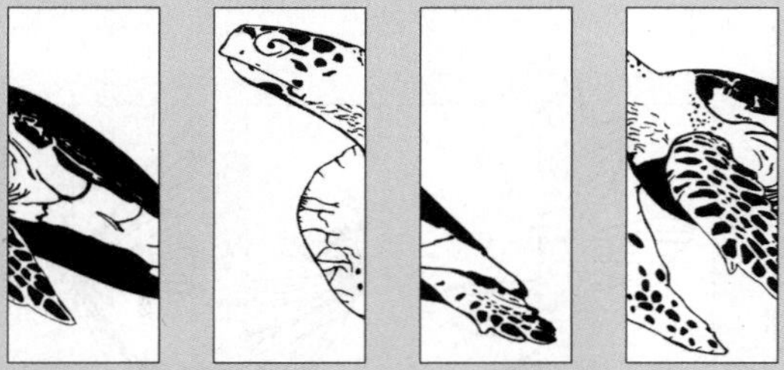

(가) (나) (다) (라)

① (가)−(나)−(다)−(라)
② (가)−(나)−(라)−(다)
③ (나)−(가)−(라)−(다)
④ (나)−(라)−(가)−(다)

**11.** 그림들이 일정한 규칙에 의해 A, B, C로 분류되어 있을 때 〈보기〉의 그림이 속하는 곳은?

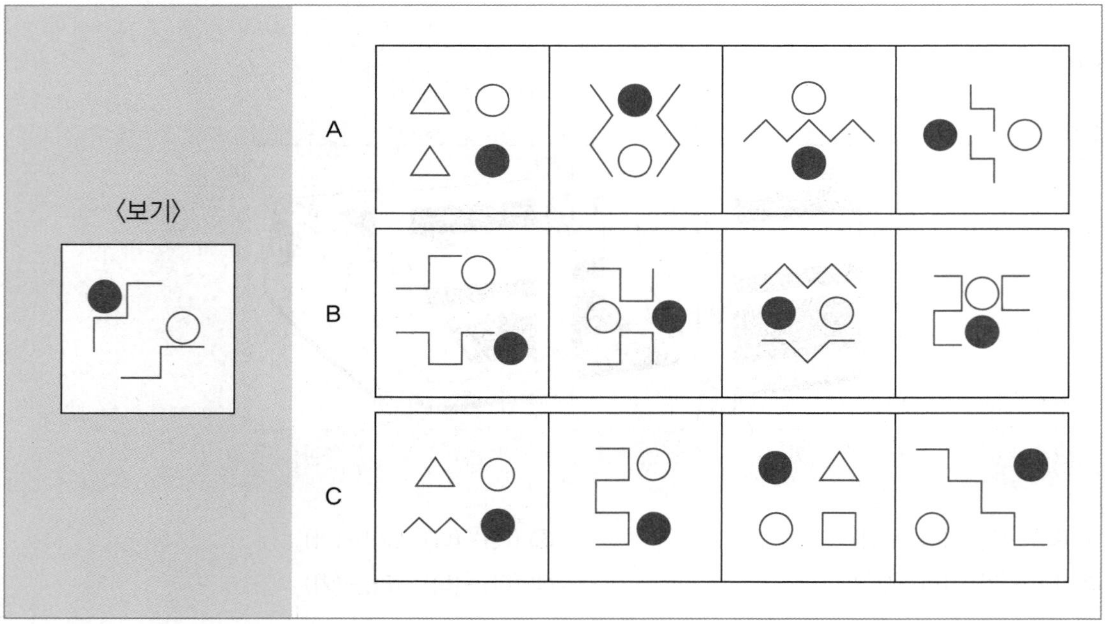


① A　② B　③ C　④ 없음.

**[12 ~ 16]** 다음 〈보기〉의 기호와 문자의 대응을 참고하여 각 문제의 대응이 같으면 ①을, 다르면 ②를 고르시오.

보기

| | | | |
|---|---|---|---|
| 追 = 도 | 加 = 가 | 挑 = 모 | 發 = 활 |
| 强 = 력 | 力 = 검 | 膺 = 매 | 徽 = 화 |

**12.**

모 도 활 화 력 – 挑 追 發 徽 强

① 같음. ② 다름.

**13.**

검 활 력 가 모 – 力 徽 强 加 挑

① 같음. ② 다름.

**14.**

가 검 매 화 활 – 加 力 追 徽 發

① 같음. ② 다름.

**15.**

도 매 력 화 모 가 – 追 膺 强 徽 挑 加

① 같음. ② 다름.

**16.**

력 매 활 가 도 검 – 强 膺 發 加 追 力

① 같음. ② 다름.

**[17 ~ 21]** 다음 〈보기〉의 문자와 숫자의 대응을 참고하여 각 문제의 대응이 같으면 ①을, 다르면 ②를 고르시오.

보기

| | | | |
|---|---|---|---|
| g=12 | h=4 | i=7 | j=6 |
| k=3 | l=15 | m=18 | n=29 |

**17.**

7 18 12 15 3 − i n q l k

① 같음. ② 다름.

**18.**

3 7 4 3 29 − k i h k n

① 같음. ② 다름.

**19.**

29 7 18 12 6 − m i n g j

① 같음. ② 다름.

**20.**

15 6 3 4 18 − i j k h m

① 같음. ② 다름.

**21.**

4 29 12 15 7 − h n g l i

① 같음. ② 다름.

**[22 ~ 24]** 다음은 같은 크기의 블록을 쌓아올린 그림이다. 이어지는 질문에 답하시오.

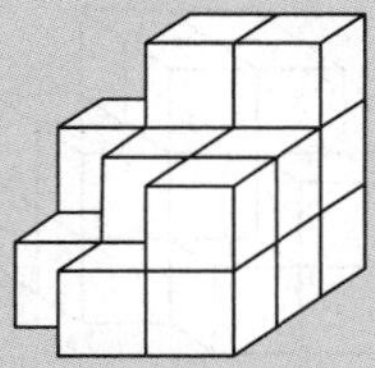

**22.** 그림상에서 한 면만 보이는 블록은 모두 몇 개인가?

① 6개　② 5개　③ 4개　④ 3개

**23.** 그림의 상태에서 블록을 쌓아 정육면체를 만들려면 최소 몇 개의 블록이 더 필요한가?

① 11개　② 9개　③ 7개　④ 5개

**24.** 블록의 개수는 몇 개인가?

① 14개　② 16개　③ 18개　④ 20개

[25 ~ 27] 다음은 같은 크기의 블록을 쌓아올린 그림이다. 이어지는 질문에 답하시오.

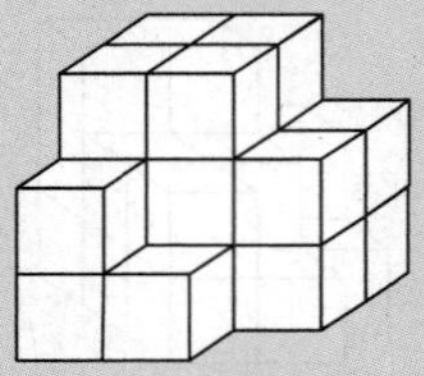

**25.** 그림상에서 두 개의 면만 보이는 블록은 모두 몇 개인가?

① 1개　　② 2개　　③ 3개　　④ 4개

**26.** 그림의 상태에서 블록을 쌓아 정육면체를 만들려면 최소 몇 개의 블록이 더 필요한가?

① 4개　　② 8개　　③ 12개　　④ 16개

**27.** 블록의 개수는 모두 몇 개인가?

① 15개　　② 17개　　③ 19개　　④ 16개

**[28 ~ 30] 다음은 같은 크기의 블록을 쌓아올린 그림이다. 블록을 더 쌓아 정육면체를 만들려면 최소 몇 개의 블록이 추가로 필요한지 고르시오.**

**28.**

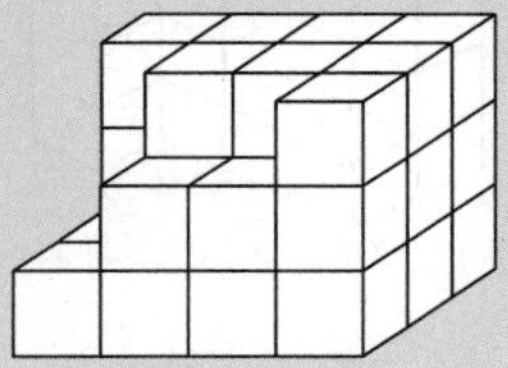

① 6개 ② 14개 ③ 26개 ④ 34개

**29.**

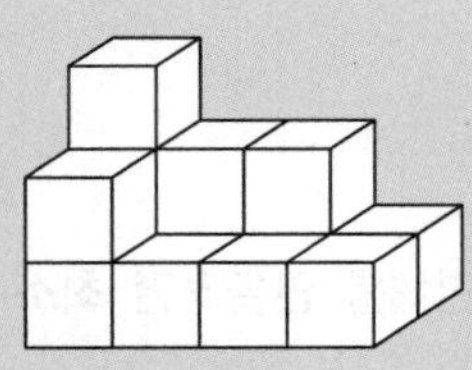

① 11개 ② 23개 ③ 43개 ④ 51개

**30.**

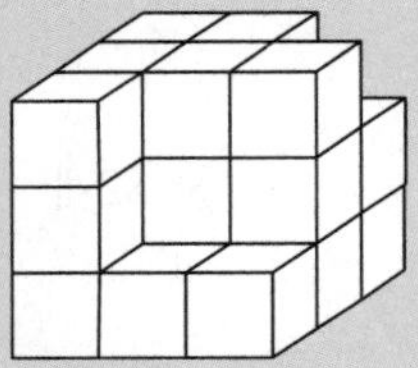

① 2개 ② 3개 ③ 4개 ④ 5개

[31 ~ 33] 다음은 같은 크기의 블록을 쌓아올린 그림이다. 이어지는 질문에 답하시오.

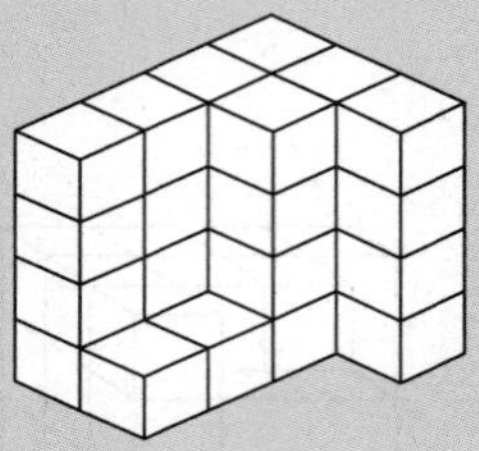

**31.** 그림상에서 한 면만 보이는 블록은 모두 몇 개인가?

① 7개 ② 9개 ③ 11개 ④ 13개

**32.** 그림의 상태에서 블록을 쌓아 정육면체를 만들려면 최소 몇 개의 블록이 더 필요한가?

① 18개 ② 28개 ③ 34개 ④ 44개

**33.** 블록의 개수는 모두 몇 개인가?

① 28개 ② 30개 ③ 32개 ④ 34개

**[34 ~ 35] 다음 <보기>와 동일한 도형을 찾으시오.**

**34.**

보기

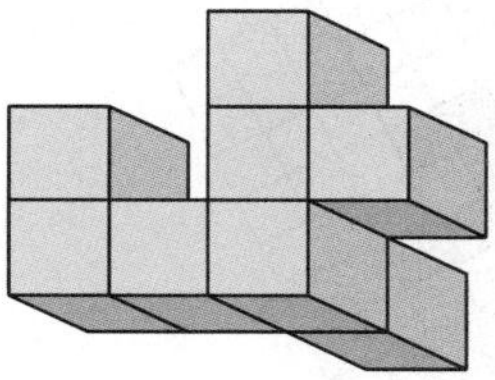

①

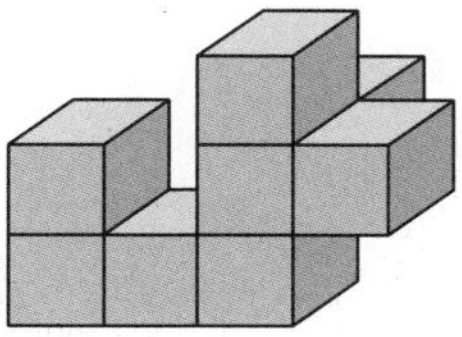

②

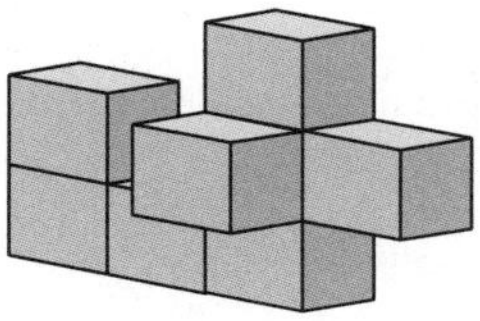

③

④

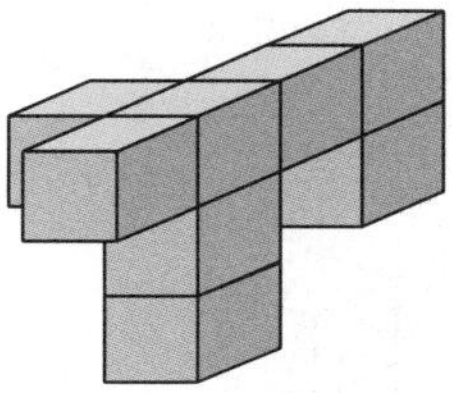

**35.**

보기

①

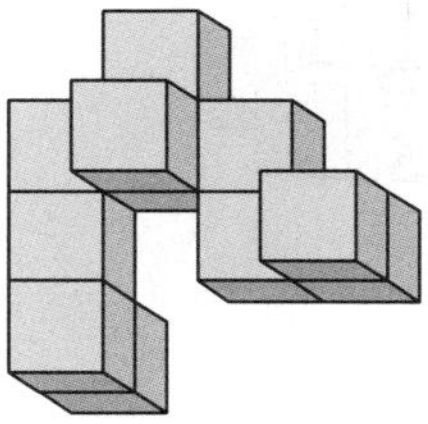

②

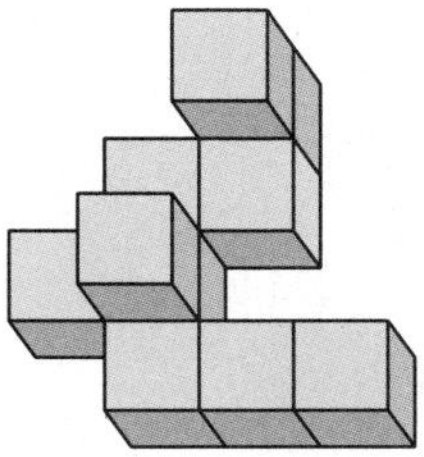

③

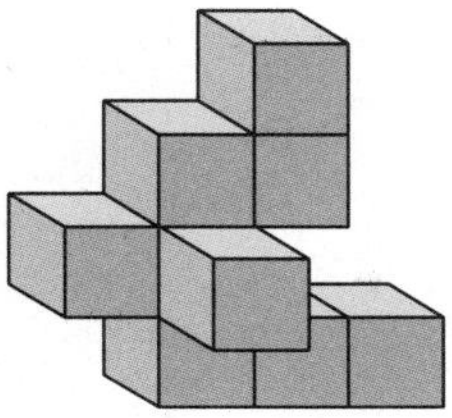

④

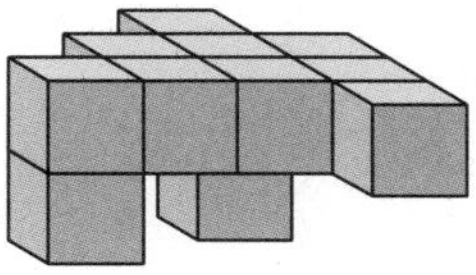

**36.** 제시된 〈보기〉의 3차원 공간에서 세 면에 비친 그림자를 보고, 이에 알맞은 도형을 고르면?

보기

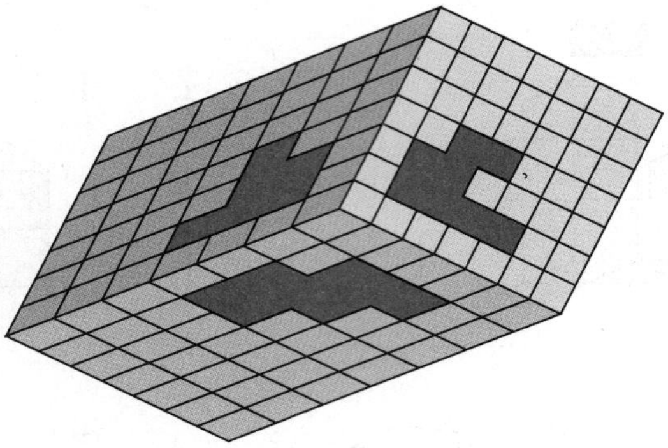

①

②

③

④

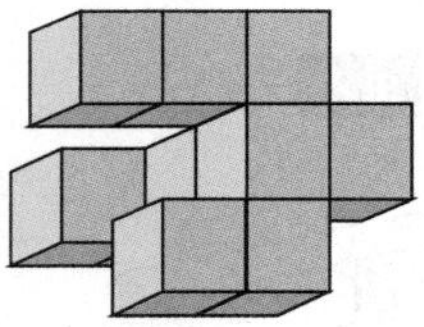

**37.** 다음 〈보기〉의 왼쪽 전개도를 접어 오른쪽 주사위를 만들었을 때, 다음 방향에서 바라본 면의 모습으로 올바른 것은?

**보기**

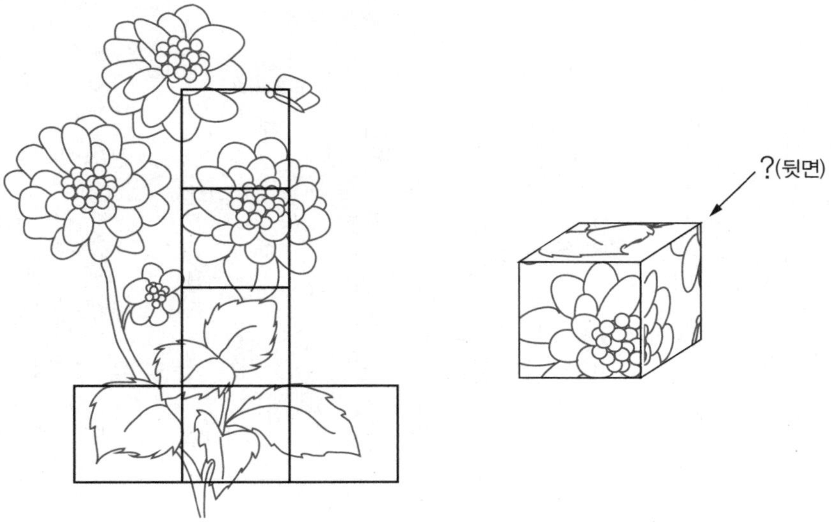


① 

② 

③ 

④ 

**[38 ~ 40] 다음 지도를 보고 이어지는 질문에 답하시오.**

**38.** 당신이 ㉠ 지점에 서 있다고 할 때, 위 지도의 ㉮, ㉯, ㉰, ㉱ 중 당신의 위치는?

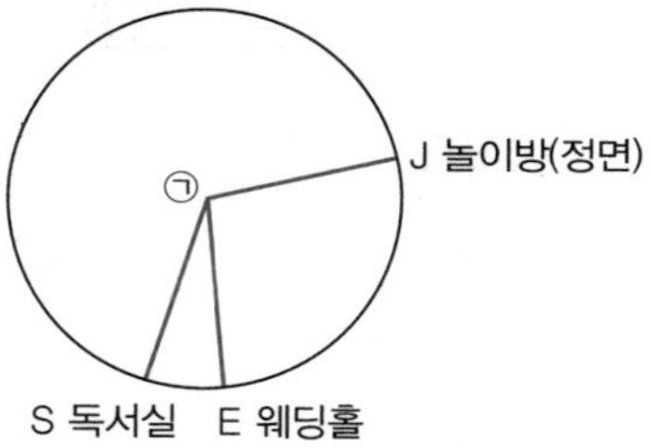


① ㉮ ② ㉯ ③ ㉰ ④ ㉱

**39.** 당신이 R 유치원에서 M 영화관을 정면으로 바라본다고 할 때, O동물병원의 위치는?

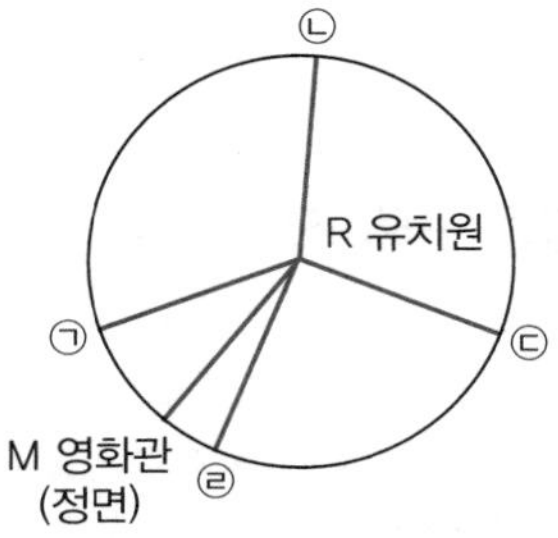


① ㉠　　② ㉡　　③ ㉢　　④ ㉣

**40.** 다음은 위 지도의 일부분이다. 위 지도와 다른 것은?

①

②

③

④

# 실전모의고사 2회

| 문항 수 | 120 문항 |
| --- | --- |
| 시험 시간 | 45 분 |

▶ 정답과 해설 39쪽

## 수리능력 _ 40문항 / 15분

**[01 ~ 10] 다음을 계산하여 알맞은 답을 구하시오.**

**01.**

$$234+7\times895=(\quad)$$

① 6,115 ② 6,499 ③ 7,216 ④ 7,568

**02.**

$$4\sqrt{2}+3\sqrt{3}\times2\sqrt{6}=(\quad)$$

① $18\sqrt{6}$ ② $22\sqrt{5}$ ③ $18\sqrt{3}$ ④ $22\sqrt{2}$

**03.**

$$42\times38-59=(\quad)$$

① 15 ② 153 ③ 1,537 ④ 1,375

## 04.

$$\frac{32}{9}\times\frac{7}{4}+\frac{1}{2}\times\frac{44}{9}=(\quad)$$

① $\frac{26}{3}$　② $\frac{31}{3}$　③ $\frac{26}{9}$　④ $\frac{37}{3}$

## 05.

$$2.34+8.9-8.572=(\quad)$$

① 0.2668　② 2.668　③ 26.68　④ 266.8

## 06.

$$(3\sqrt{5}+5)(\sqrt{5}-1)=(\quad)$$

① $10\sqrt{4}$　② $10+\sqrt{5}$　③ $10+2\sqrt{5}$　④ $10-2\sqrt{5}$

## 07.

$$2.5-0.2\times0.6=(\quad)$$

① 2.38　② 2.4　③ 2.42　④ 2.44

**08.**

$$0.07 \times 0.035 = (\quad)$$

① 0.00124 ② 0.00221 ③ 0.00232 ④ 0.00245

**09.**

$$\frac{9}{10} + \frac{4}{15} = (\quad)$$

① $\frac{1}{6}$ ② $1\frac{1}{6}$ ③ $\frac{2}{3}$ ④ $1\frac{2}{3}$

**10.**

$$4\frac{6}{11} \times \frac{11}{15} = (\quad)$$

① $\frac{5}{3}$ ② $\frac{8}{3}$ ③ $\frac{10}{3}$ ④ $\frac{13}{3}$

**[11 ~ 13] 기호를 다음과 같이 가정하여 주어진 문제를 푸시오.**

A☆B=AA−B
A■B=A+B

## 11.

4☆7

① 3 ② 6 ③ 9 ④ 12

## 12.

(9■2)☆12

① 99 ② 109 ③ 119 ④ 129

## 13.

5☆(2■9■8)

① 6 ② 12 ③ 18 ④ 24

**[14 ~ 16] 기호를 다음과 같이 가정하여 주어진 문제를 푸시오.**

A◈B=(A+B)−(A−B)

**14.**

21◈3

① 4 ② 5 ③ 6 ④ 7

**15.**

38◈15

① 10 ② 13 ③ 53 ④ 30

**16.**

17◈(−3)

① 4 ② −4 ③ 6 ④ −6

**17.** 390의 2푼 4리는?

① 0.936 ② 9.36 ③ 93.6 ④ 936

**18.** 611의 1할 4푼은?

① 0.08554 ② 0.8554 ③ 8.554 ④ 85.54

**19.** 321의 3푼 3리는?

① 1.0593 ② 10.593 ③ 105.93 ④ 1,059.3

**20.** 1,512의 5할 3푼은?

① 8.0136 ② 80.136 ③ 801.36 ④ 8,013.6

**21.** 진우는 8세, 진우의 형 형진이는 13세, 어머니는 48세이다. 어머니의 나이가 진우와 형진이의 나이를 합한 것의 두 배가 되는 것은 몇 년 후인가?

① 6년 후 ② 3년 후 ③ 2년 후 ④ 1년 후

**22.** 명수는 시속 4.5km, 준희는 시속 3km로 동시에 같은 지점에서 같은 방향을 향해 걷기 시작했다. 5시간 후 두 사람 사이의 간격은 몇 km인가?

① 4km ② 4.5km ③ 6km ④ 7.5km

**23.** 은혜는 매분 60m, 승호는 매분 90m의 속력으로 4.5km 떨어진 지점으로부터 동시에 서로를 향해 걸어가기 시작했다. 두 사람은 몇 분 후에 만나게 되겠는가?

① 10분 ② 20분 ③ 30분 ④ 40분

**24.** 24%의 소금물 200g에 물을 넣어 16%의 소금물을 만들려고 한다. 물은 몇 g 넣어야 하는가?

① 50g ② 100g ③ 150g ④ 200g

**25.** 물통에 물을 가득 채우려고 하는데 A 수도꼭지를 사용하면 4분, B 수도꼭지를 사용하면 6분이 걸린다. 처음에는 A 수도꼭지만 사용하다 A 수도꼭지를 잠근 후 B 수도꼭지를 사용하여 물통에 물을 채우는 데 걸린 시간이 총 5분이라면 B 수도꼭지만 사용한 시간은?

① 1분 ② 2분 ③ 3분 ④ 4분

**26.** 20명이 다니는 A 회사의 올해 사원들의 평균 나이는 42세이다. 연말에는 이 중 56세 직원 1명이 퇴임하고 26세의 직원 1명이 새로 들어올 예정이다. 내년 사원들의 평균 나이는?

① 41세 ② 39.5세 ③ 40.5세 ④ 41.5세

**27.** 원가가 100,000원인 물건에 30%의 이익을 붙여 판매하다가 15%를 할인하였다. 할인된 판매가는?

① 115,000원 ② 119,500원 ③ 110,500원 ④ 120,000원

**28.** 어떤 프로젝트를 수행하는 데 A가 혼자 하면 10일, B가 혼자 하면 15일이 걸린다. A, B가 함께 프로젝트를 수행한다면 며칠만에 완료할 수 있는가?

① 3일 ② 4일 ③ 5일 ④ 6일

**[29 ~ 30]** 다음은 S 기업 영어 시험 득점의 도수분포도이다. 이어지는 질문에 답하시오.

| 득점(점) | 0 | 1 | 2 | 3 | 4 | 5 | 6 | 7 | 8 | 9 | 10 | 계 |
|---|---|---|---|---|---|---|---|---|---|---|---|---|
| 도수 | 0 | 0 | 0 | 2 | 1 | 4 | 8 | 11 | 9 | 3 | 2 | 40 |

**29.** 득점이 6점인 계급의 상대도수는?

① 0.05　　② 0.08　　③ 0.1　　④ 0.2

**30.** 득점의 평균은? (단, 소수점 아래 둘째 자리에서 반올림한다)

① 6.1점　　② 6.3점　　③ 6.6점　　④ 6.9점

**31.** 다음 자료에 대한 설명으로 옳지 않은 것은?

〈입양아동 수〉

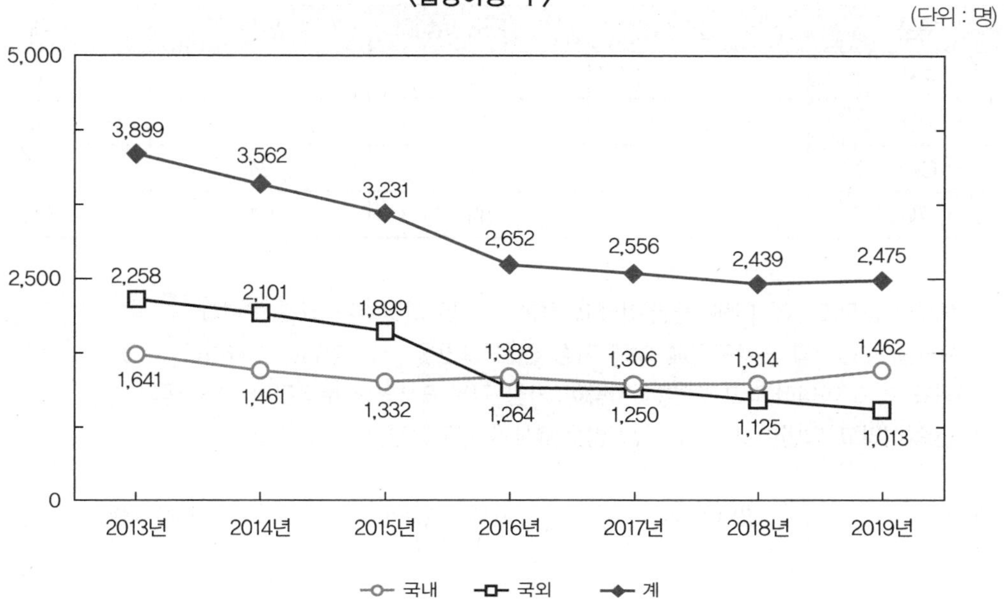


〈입양아동 비율〉

(단위 : %)

| 구분 | 2013년 | 2014년 | 2015년 | 2016년 | 2017년 | 2018년 | 2019년 |
|---|---|---|---|---|---|---|---|
| 국내 | 42.1 | 41.0 | 41.2 | 52.3 | 51.1 | 53.9 | (A) |
| 국외 | 57.9 | 59.0 | 58.8 | 47.7 | 48.9 | 46.1 | (B) |
| 합계 | 100.0 | 100.0 | 100.0 | 100.0 | 100.0 | 100.0 | 100.0 |

① 국외 입양아동의 수는 전반적으로 감소하는 추세이다.

② 2019년 전체 입양아동 대비 국내 입양아동의 수는 약 59.1%에 해당한다.

③ 2013년 대비 2019년 전체 입양아동의 수는 1,424명 감소하였다.

④ 2015년 대비 2016년 전체 입양아동의 수는 약 25% 감소하였다.

**32.** 다음 표는 A, B, C 세 기업의 사원 390명의 현재 근무조건 만족도에 관한 설문조사 결과이다. ㉠ ~ ㉣ 중에서 옳은 것을 모두 고르면?

(단위 : 명)

| 구분 | 불만 | 어느 쪽도 아니다 | 만족 | 계 |
|---|---|---|---|---|
| A사 | 29 | 36 | 47 | 112 |
| B사 | 73 | 11 | 58 | 142 |
| C사 | 71 | 41 | 24 | 136 |
| 계 | 173 | 88 | 129 | 390 |

㉠ 현재의 근무조건에 대해 '불만'이라고 답한 사원은 과반수가 되지 못한다.
㉡ 사원들이 현재의 근무조건에 대해 가장 많은 불만을 가진 기업은 C사이다.
㉢ '어느 쪽도 아니다'라고 답변한 사람이 가장 적은 B사의 근무조건이 가장 좋다.
㉣ '만족'이라고 답변한 사람이 가장 많은 B사의 근무조건이 가장 좋다.

① ㉠, ㉡　② ㉠, ㉢　③ ㉡, ㉣　④ ㉢, ㉣

**33.** 다음 자료에 대한 설명으로 옳은 것을 〈보기〉에서 모두 고르면?

〈경영형태 및 성별에 따른 워라밸 점수의 평균〉

(단위 : 점)

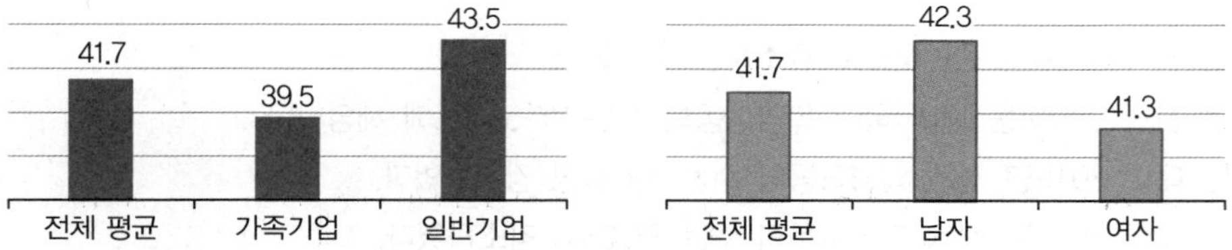


* 경영형태는 가족기업과 일반기업으로 구분한다.
* 해당 자료는 소상공인 700명을 대상으로 조사한 결과이다.

보기

㉠ 조사대상 중 남자는 420명이다.
㉡ 조사대상 중 여자는 60%를 차지한다.
㉢ 조사대상 중 일반기업을 경영하는 사람은 455명이다.
㉣ 조사대상 중 가족기업을 경영하는 사람은 315명이다.

① ㉠, ㉢ ② ㉠, ㉣ ③ ㉡, ㉢ ④ ㉡, ㉣

**34.** P는 교육에 필요한 다과를 준비하려고 한다. 사과맛 쿠키 20봉지, 막대 과자 30봉지, 이온 음료 15병, 비타민 음료 15병, 샌드위치 40개를 구매하고자 할 때, 가장 저렴한 마트와 구입 비용이 바르게 짝지어진 것은? (단, 반드시 하나의 마트에서 모든 물건을 구매하고 세트 상품은 낱개로 구매할 수 없다)

| 구분 | | A 마트 가격(원) | B 마트 가격(원) |
|---|---|---|---|
| 과자 | 사과맛 쿠키 10봉지 | 13,000 | 12,000 |
| | 막대 과자 20봉지 | 14,000 | 15,000 |
| | 초콜릿 쿠키 10봉지 | 12,000 | 11,000 |
| 음료 | 이온 음료 15병 | 14,000 | 22,000 |
| | 비타민 음료 15병 | 21,000 | 23,000 |
| 샌드위치 20개 | | 42,000 | 46,000 |
| 비고 | | 10만 원 이상 구매 시 5% 할인 | 12만 원 이상 구매 시 8% 할인 |

① A 마트 – 161,500원
② A 마트 – 164,350원
③ B 마트 – 161,000원
④ B 마트 – 165,720원

**35.** 다음은 우리나라 에너지부문의 온실가스 배출량에 관한 자료이다. 이를 통해서 알 수 있는 사실로 적절한 것을 〈보기〉에서 모두 고르면?

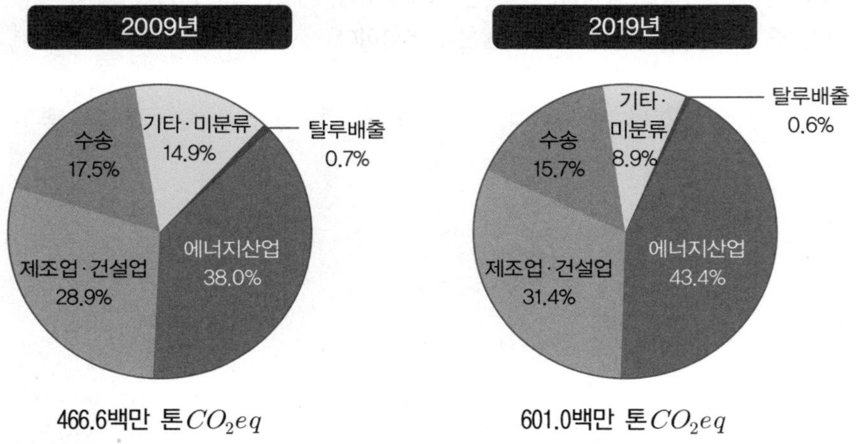


* 간접배출량(전력, 열) 제외

**보기**

㉠ 우리나라 온실가스 전체 배출량은 2009년과 2019년이 같다.

㉡ 에너지부문의 온실가스는 에너지를 많이 사용하는 에너지산업, 제조업 · 건설업, 수송 분야에서 주로 배출된다.

㉢ 2009년에 비해 2019년의 에너지산업부문 배출비중은 5.4%p, 제조업 · 건설업부문의 배출비중은 2.5%p 늘어났다.

㉣ 2009년에 비해 2019년의 수송부문의 배출비중은 1.8%p, 기타부문(미분류 포함)의 배출비중은 6.0%p 감소했다.

① ㉠, ㉢　　② ㉡, ㉣

③ ㉠, ㉡, ㉢　　④ ㉡, ㉢, ㉣

**[36 ~ 38] 다음 표를 보고 이어지는 질문에 답하시오.**

〈2019년 상반기 A 편의점 라면 판매량〉

(단위 : 개)

| 구분 | 1월 | 2월 | 3월 | 4월 | 5월 | 6월 | 계 |
|---|---|---|---|---|---|---|---|
| N사 S 라면 | 1,935 | 1,235 | 993 | 1,853 | 1,108 | 1,056 | 8,180 |
| N사 J 라면 | 1,052 | 891 | 1,021 | 1,219 | 993 | 920 | 6,096 |
| S사 S 라면 | 1,210 | 1,134 | 1,035 | 1,212 | 1,013 | 978 | 6,582 |
| O사 P 라면 | 897 | 768 | 546 | (가) | 789 | 922 | 4,896 |
| O사 J 라면 | 345 | 471 | 890 | 789 | 346 | 278 | 3,119 |
| 기타 | 568 | 567 | 614 | 578 | 945 | 761 | 4,033 |
| 계 | 6,007 | 5,066 | 5,099 | 6,625 | 5,194 | 4,915 | 32,906 |

**36.** (가)에 들어갈 숫자로 알맞은 것은?

① 974 ② 924 ③ 874 ④ 824

**37.** A 편의점의 2월 라면 판매량 중 S사 S 라면이 차지하는 비율은? (단, 소수점 아래 둘째 자리에서 반올림한다)

① 17.3% ② 22.4% ③ 27.3% ④ 32.4%

**38.** 표에 대한 설명으로 옳은 것은?

① N사 S 라면의 판매량이 가장 많은 달은 4월이다.
② S사 S 라면은 N사 J 라면보다 상반기 내내 판매량이 많았다.
③ 6월 판매량이 세 번째로 많은 라면은 O사 P 라면이다.
④ 각 라면의 6월 판매량은 모두 전월에 비해 감소했다.

**[39 ~ 40]** ○○공사에서 근무하는 K 대리는 5개 도시의 차종별 이용차량과 주행거리 자료를 분석하고 있다. 이어지는 질문에 답하시오.

〈20◇7년 주요도시 차종별 현황〉

| 구분 | 차종 | 이용차량(대/일) | 주행거리(km/대) |
|---|---|---|---|
| 서울 | 소형차 | 16,375,553 | 64 |
| | 버스 | 1,061,017 | 112 |
| | 화물차 | 2,300,198 | 94 |
| 대전 | 소형차 | 3,391,249 | 93 |
| | 버스 | 346,493 | 108 |
| | 화물차 | 655,534 | 114 |
| 대구 | 소형차 | 4,041,913 | 78 |
| | 버스 | 153,433 | 154 |
| | 화물차 | 1,513,428 | 116 |
| 부산 | 소형차 | 5,188,979 | 80 |
| | 버스 | 458,734 | 101 |
| | 화물차 | 1,386,633 | 158 |
| 광주 | 소형차 | 2,866,200 | 143 |
| | 버스 | 376,828 | 183 |
| | 화물차 | 749,808 | 185 |

※ 20◇8년 서울, 대전, 대구, 부산, 광주의 일일 이용차량 대수 합은 전년 대비 20% 증가한 49,039,200대이다.

※ 20◇8년 도시별 이용차량 대수 전년 대비 증가율은 각각 서울 20%, 대전 10%, 대구 30%, 부산 15%, 광주 25%이다.

**39.** K 대리가 작성한 보고서 내용 중 올바른 것은?

〈5개 도시 차종별 이용차량 대수와 주행거리 보고서〉

① 20◇7년 조사 대상의 일일 이용차량 대수 총합은 41,866,000대이다. ② 도시별로 이용차량이 많은 차종일수록 주행거리는 짧으며, ③ 각 도시에서 차종별로 이용차량 수에 따른 순위를 부여했을 때 순위는 소형차－화물차－버스로 모든 도시에서 동일하다. ④ 20◇7년 소형차 이용차량 대수는 서울특별시가 대전광역시보다 5배 이상 많은 것으로 보인다.

**40.** K 대리는 도로의 수요를 알기 위해 20◇8년 도시별 이용차량 대수를 계산하였다. 20◇8년 버스 대수가 두 번째로 많은 도시와 세 번째로 많은 도시는 어디인가? (단, 도시별 이용차량 대수 증가율과 버스 대수 증가율은 같다고 가정한다)

① 광주, 부산
② 부산, 대전
③ 광주, 대구
④ 부산, 광주

## 추리능력 _ 40문항 / 20분

**[01 ~ 10] 나열된 숫자 사이의 공통된 규칙을 찾아 ?에 들어갈 수를 고르시오.**

**01.**

4 6 10 18 34 ( ? )

① 46 ② 56 ③ 66 ④ 76

**02.**

48 47 44 39 32 ( ? ) 12

① 22 ② 23 ③ 24 ④ 25

**03.**

7 9 10 12 13 15 ( ? )

① 15 ② 16 ③ 17 ④ 18

**04.**

6　55　92　117　130　( ? )　120

① 131　② 133　③ 135　④ 137

**05.**

92　46　48　24　26　13　( ? )

① 12　② 13　③ 14　④ 15

**06.**

1　12　31　124　531　1,246　( ? )

① 1,248　② 2,468　③ 7,531　④ 9,731

**07.**

3　( ? )　10　17　27　44　71

① 5　② 7　③ 9　④ 11

**08.**

5 8 7 13 11 20 ( ? )

① 16 ② 17 ③ 18 ④ 19

**09.**

6 12 13 10 20 ( ? ) 18 36

① 12 ② 15 ③ 18 ④ 21

**10.**

1 9 25 49 81 ( ? )

① 96 ② 101 ③ 116 ④ 121

**[11 ~ 15] 다음의 각 선택지들은 공통된 규칙에 의해 문자가 나열된 것이다. 동일한 규칙이 적용되지 않은 하나를 고르시오.**

**11.**

① 뚜뚜루무 ② ZZAB ③ MMOP ④ 요요우워

**12.**

① 디디미디 ② 오오우오 ③ GGIG ④ 야야어야

**13.**

① ACDD ② ㄴㄹㅁㅁ ③ ㅇㅈㅊㅊ ④ FHII

**14.**

① 둥뚱룽붕 ② KLMQ ③ DEFJ ④ 아애야여

**15.**

① EGIK ② MOQS ③ HJLM ④ BDFH

**[16 ~ 18] 다음 지문을 읽고, 지문의 내용에 비추어 각 제시된 명제의 참, 거짓, 알 수 없음을 판단하시오.**

- A ~ F는 현재 운동장, 집, 도서관 중 한 곳에 있다.
- A는 운동장에 있고, B는 집에 있다.
- C는 D와 함께 있다.
- 집에 있는 사람은 2명이다.
- 도서관에 있는 사람은 1명뿐이다.

**16.**

D는 도서관에 있다.

① 참　② 거짓　③ 알 수 없음.

**17.**

E가 도서관에 있다면 F는 집에 있다.

① 참　② 거짓　③ 알 수 없음.

**18.**

운동장에 있는 사람은 A, C, D이다.

① 참　② 거짓　③ 알 수 없음.

**[19 ~ 21] 다음 지문을 읽고, 지문의 내용에 비추어 각 제시된 명제의 참, 거짓, 알 수 없음을 판단하시오.**

- A, B, C, D, E가 긴 의자에 일렬로 앉아 있다.
- A는 정중앙에 앉아 있다.
- B와 E는 서로 붙어 앉아 있다.
- E는 A를 기준으로 오른편에 앉아 있다.
- C는 한쪽 끝에 앉아 있다.

**19.**

D는 A 옆에 앉아 있다.

① 참 ② 거짓 ③ 알 수 없음.

**20.**

B는 C와 서로 붙어 앉아 있다.

① 참 ② 거짓 ③ 알 수 없음.

**21.**

E는 C를 기준으로 왼편에 앉아 있다.

① 참 ② 거짓 ③ 알 수 없음.

**22.** 다음 명제가 모두 참일 때 반드시 참이라고 할 수 없는 것은?

- 발표는 회의에 참석하여야 할 수 있다.
- A가 회의에 참석하면 B와 C가 회의에 참석한다.
- A가 발표를 하지 않으면 D가 발표를 한다.
- C가 발표를 하면 D가 발표를 하지 않는다.

① A가 발표를 하지 않으면 C가 발표를 하지 않는다.
② A가 회의에 참석한다면 D는 발표를 하지 않는다.
③ B가 회의에 불참하면 A는 발표를 하지 않는다.
④ D가 발표를 하지 않으면 A가 발표를 한다.

**23.** 업무지원팀 팀원 A ~ F 6명의 협업 실적은 모두 다르다. 이번 달 협업 실적 순위에 따라 1위부터 5위까지 성과급을 주기로 하였는데 아직 누가 성과급을 받을 것인지는 확정발표가 나지 않았다. 다음 사내 소문들이 모두 참이라고 할 때 성과급을 받지 못할 팀원은?

- A는 B보다 협업 실적 순위가 낮다.
- E의 협업 실적 순위는 C보다 낮고 F보다 높다.
- F의 바로 앞 순위에는 B가 있다.
- D와 F의 협업 실적 순위를 합한 값은 9 미만이다.

① A　② C　③ D　④ F

**24.** 다음은 올해 도로공사작업에 입찰한 시공업체 A ~ D에 관한 명제이다. 제시된 명제가 모두 참일 때, 항상 참이 아닌 것은?

- 지난해에 마감기한을 지키지 못한 업체는 이번 입찰에 참가할 수 없다.
- A 업체가 참가하면 B 업체는 반드시 참가한다.
- A 업체가 참가하지 않으면 C 업체가 참가한다.
- B 업체가 참가하지 않는 경우에만 D 업체가 참가한다.
- C 업체와 D 업체는 지난해 같은 마감기한을 받아 공사를 시작한 후 두 업체가 같은 날 공사를 완료하였다.

① B 업체가 참가하지 않으면 C 업체가 참가한다.

② 입찰에 참여하는 업체는 항상 3개이다.

③ D 업체가 지난해 마감기한을 초과해 공사를 완료하였다면, A 업체가 참가한다.

④ C 업체가 지난해 마감기한을 초과해 공사를 완료하였다면, B 업체가 참가한다.

**[25 ~ 30]** 아래 제시된 단어 또는 문장을 일정한 기준에 따라 빈 박스에 분류하시오. (단, 박스에 이미 분류되어 있는 번호는 OMR 응답지에 기본 마킹되어 있습니다)

**25. ~ 27.**

① 개발 ② 운동 ③ 마케팅
④ 등록 ⑤ 추천 ⑥ 연애
⑦ 결혼 ⑧ 투표
⑨ 출산 ⑩ 영업
⑪ 당선 ⑫ 생산 ⑬ 양육

**25.** ① 개발

**26.** ④ 등록

**27.**

**28. ~ 30.**

① 내가 탕에 들어오니 엄청나게 많은 물이 넘쳤어.
② 목욕하기 전이랑 몸무게 차이가 있어?
③ 내 차 트렁크에는 캐리어가 두 개밖에 안 들어가.
④ 로운이는 소영이보다 다리가 길다.
⑤ 여기서는 속초보다 대전이 더 멀어.
⑥ 내가 힘이 더 세니 더 무거운 짐을 들게.
⑦ 내가 엘리베이터에 탔더니 정원 초과 벨이 울렸어.
⑧ 튜브의 바람을 다 빼서 가방에 넣으렴.

| 28. | 29. | 30. |
|---|---|---|
| ④ | ② | |

**31.** 고체 상태의 양초가 녹아서 액체 상태가 될 때 부피가 더 커지는 이유는?

① 분자의 개수가 많아져서
② 분자의 크기가 커져서
③ 분자 사이의 거리가 넓어져서
④ 분자의 성질이 달라져서

**32.** 지구와 달리 달의 표면에 운석 구덩이가 많은 이유는?

① 중력이 크기 때문에
② 낮과 밤의 온도 차가 크기 때문에
③ 표면이 현무암으로 되어 있기 때문에
④ 대기가 없기 때문에

**33.** 버스가 일정한 속력으로 달리고 있을 때 버스 안에 매달려 있던 손잡이가 바닥으로 떨어졌다. 다음 그림의 A ~ C 중 손잡이가 떨어진 방향은?

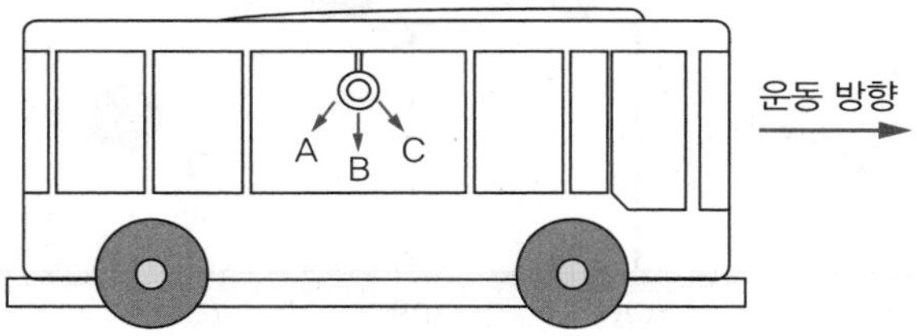


① A　　② B　　③ C　　④ 알 수 없다.

**34.** 물을 담은 수레가 마찰 없는 평면 위에서 움직일 때, 수면의 모양이 다음 그림과 같이 되는 경우는?

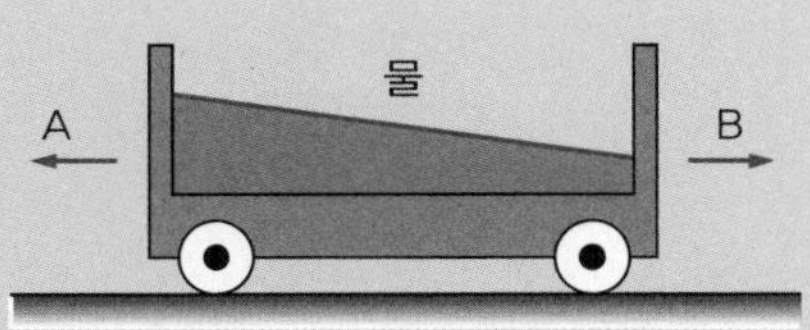


① 수레가 일정한 속력으로 B 방향으로 움직일 때
② B 방향으로 움직이던 수레가 갑자기 정지할 때
③ 정지한 수레가 B 방향으로 갑자기 움직일 때
④ 정지한 수레가 A 방향으로 갑자기 움직일 때

**35.** 다음 중 위치에너지가 가장 큰 것을 고르면?

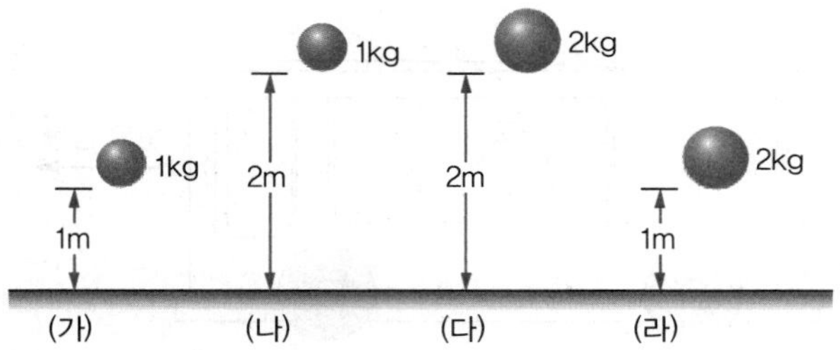


① (가)　　② (나)　　③ (다)　　④ (라)

**36.** 체중이 500N인 사람이 승강기 안에 있는 저울 위에 서 있다. 운동 중인 승강기 내 저울의 눈금이 450N을 가리킨다면 승강기는 어떤 운동을 하고 있는가?

① 등속도로 아래 방향을 향해 내려가고 있다.
② 등속도로 위 방향을 향해 올라가고 있다.
③ 아래 방향으로 가속되고 있다.
④ 위 방향으로 가속되고 있다.

**37.** 다음 중 운동에너지를 이용하는 것을 모두 고르면?

(가) 물레방아　　(나) 풍차
(다) 파도타기　　(라) 수력 발전

① (가)　　② (나)　　③ (나), (다)　　④ (다), (라)

**38.** 자동차의 브레이크를 밟은 순간부터 정지할 때까지 이동한 거리를 제동거리라고 한다. 자동차의 속력이 2배로 늘어나면 제동거리는 몇 배가 되는가?

① 1배　　② 2배　　③ 4배　　④ 8배

**39.** 볼트 1개와 너트 1개로 화합물 모형을 만들 때 이 모형으로 설명할 수 있는 것은?

① 이산화탄소　　② 물　　③ 암모니아　　④ 염화수소

**40.** 저녁노을이 나타난 다음 날의 날씨를 예상한다면?

① 맑음　　② 흐림　　③ 비　　④ 눈

# 지각능력 _ 40문항 / 10분

**[01 ~ 05] 다음에 제시된 도형 또는 그림과 같은 것을 찾으시오.**

**01.**

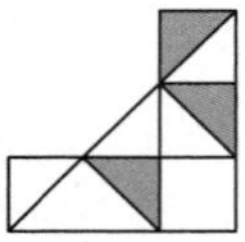

① 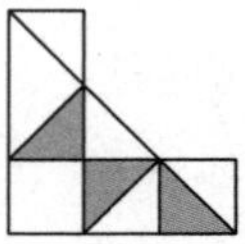
② 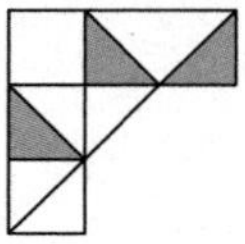
③ 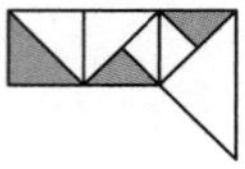
④ 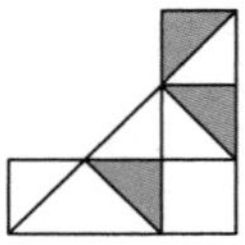

**02.**

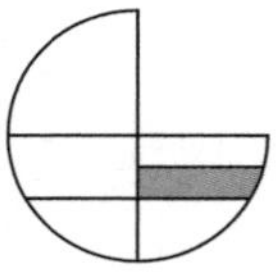

① 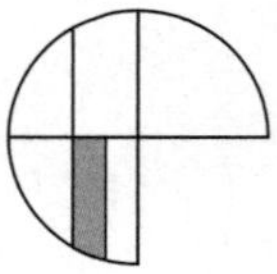
② 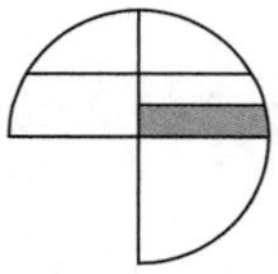
③ 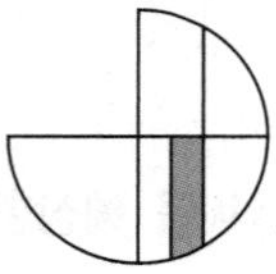
④ 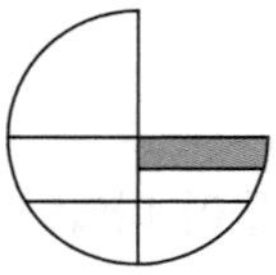

**03.**

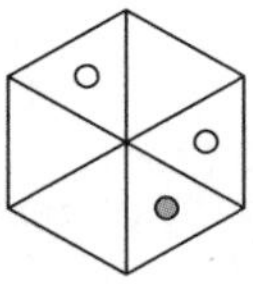

① 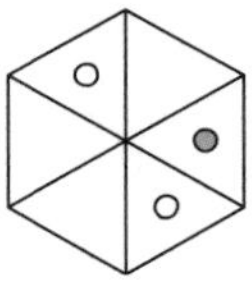
② 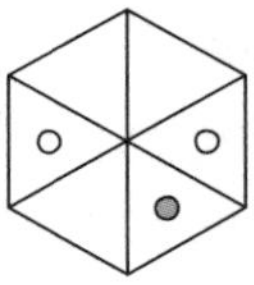
③ 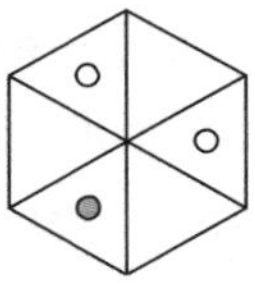
④ 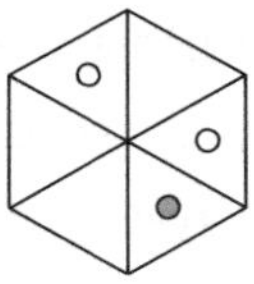

**04.**

① 
② 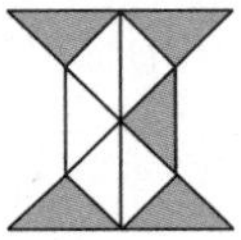
③ 
④ 

**05.**

① 
② 
③ 
④ 

**[06 ~ 08] 제시된 문자는 어떤 컴퓨터 안에 저장되어 있는 파일명들이다. 이를 오름차순으로 정렬한 것을 고르시오.**

## 06.

apple banana mango orange strawberry coconut

① strawberry – mango – banana – orange – apple – coconut
② apple – coconut – orange – strawberry – mango – banana
③ strawberry – orange – mango – coconut – banana – apple
④ apple – banana – coconut – mango – orange – strawberry

## 07.

dress music cake dance party champagne

① cake – champagne – dress – dance – party – music
② cake – champagne – dance – dress – music – party
③ champagne – cake – dress – dance – party – music
④ champagne – cake – dance – dress – music – party

## 08.

냄비 도마 프라이팬 국자 수도꼭지 행주

① 국자 – 냄비 – 도마 – 수도꼭지 – 프라이팬 – 행주
② 국자 – 냄비 – 수도꼭지 – 도마 – 행주 – 프라이팬
③ 냄비 – 국자 – 도마 – 프라이팬 – 수도꼭지 – 행주
④ 냄비 – 국자 – 도마 – 수도꼭지 – 행주 – 프라이팬

**[09 ~ 14] 다음에 제시된 좌우의 문자 또는 기호를 비교하여 같으면 ①, 다르면 ②를 고르시오.**

**09.**

☆○◎◇▽▼△ – ☆○◎◇△▼▽

① 같음. ② 다름.

**10.**

世界文化遺産 – 世界文化流産

① 같음. ② 다름.

**11.**

InterContinental – InterContienetal

① 같음. ② 다름.

**12.**

룩셈부르크도미니크공화국 – 룩셈부르크도미니트공화국

① 같음. ② 다름.

**13.**

삼성그룹직무적성검사 – 삼성그룹직무적성검사

① 같음. ② 다름.

**14.**

Merrychristmas – Merrychristmas

① 같음. ② 다름.

**[15 ~ 19]** 다음 〈보기〉의 기호와 문자의 대응을 참고하여 각 문제의 대응이 같으면 ①을, 다르면 ②를 고르시오.

**보기**

▤ = 마　▥ = 나　▨ = 조　▧ = 창

▦ = 솔　▩ = 제　■ = 형　▣ = 표

**15.**

나 형 창 솔 표 – ▥ ■ ▧ ▦ ▣

① 같음. ② 다름.

**16.**

제 표 조 마 창 – ▩ ▣ ▧ ▤ ▨

① 같음. ② 다름.

**17.**

솔 제 나 형 마 – ■ ▩ ▥ ▧ ▤

① 같음. ② 다름.

**18.**

표 창 조 제 형 – ▣ ▧ ▨ ▩ ■

① 같음. ② 다름.

**19.**

조 솔 마 창 나 – ▨ ▦ ▤ ▧ ▥

① 같음. ② 다름.

**[20 ~ 24]** 다음 〈보기〉의 기호와 문자의 대응을 참고하여 각 문제의 대응이 같으면 ①을, 다르면 ②를 고르시오.

보기

| | | | |
|---|---|---|---|
| A = & | B = % | E = @ | F = $ |
| H = ☆ | K = ◉ | O = ◈ | X = ▩ |

**20.**

$ ◈ % ◉ & − F O B K A

① 같음. ② 다름.

**21.**

▩ @ ☆ $ ◉ − X E H F O

① 같음. ② 다름.

**22.**

◈ & % ▩ @ − O A B X E

① 같음. ② 다름.

**23.**

@ ☆ ▩ ◉ $ − E H X K F

① 같음. ② 다름.

**24.**

% ◈ $ ☆ @ − B O E H F

① 같음. ② 다름.

**[25 ~ 29] 다음 〈보기〉의 기호와 문자의 대응을 참고하여 각 문제의 대응이 같으면 ①을, 다르면 ②를 고르시오.**

보기

| | | | |
|---|---|---|---|
| O =관 | R =인 | Q =참 | P =대 |
| T =사 | U =재 | W =모 | S =학 |

**25.**

사 학 참 재 인 관 – T S Q U R O

① 같음. ② 다름.

**26.**

모 관 인 사 참 – W O P T Q

① 같음. ② 다름.

**27.**

인 학 참 사 재 – R S Q T U

① 같음. ② 다름.

**28.**

학 대 인 모 관 – S R P W O

① 같음. ② 다름.

**29.**

관 모 대 참 사 – O U P Q T

① 같음. ② 다름.

**30.** 그림들이 일정한 규칙에 의해 다음과 같이 A, B, C로 분류되어 있을 때 〈보기〉가 속하는 곳은?

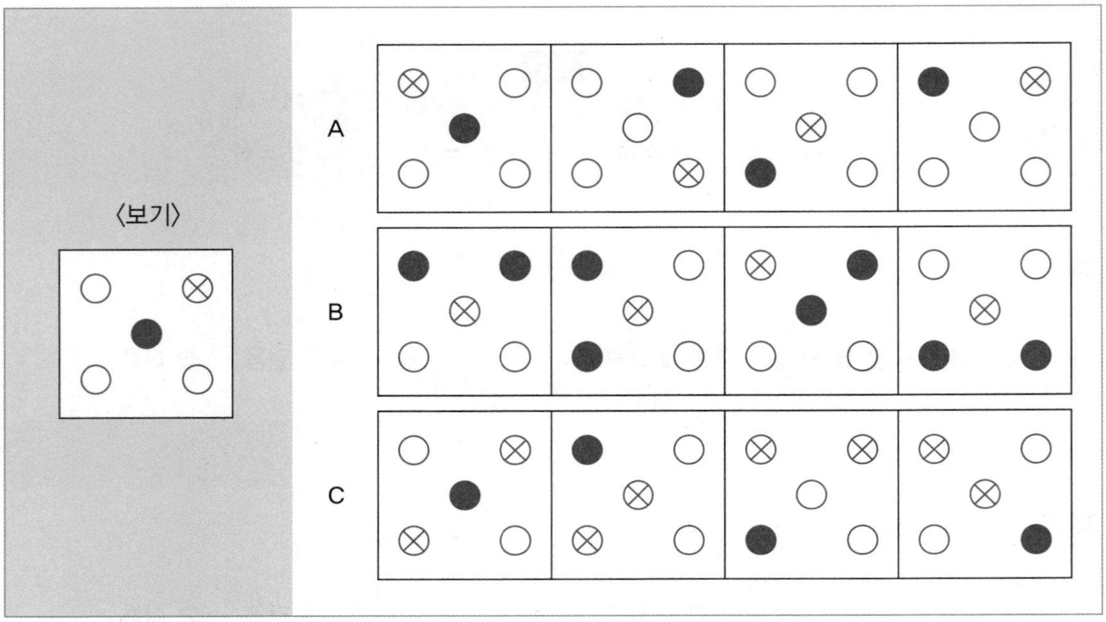


① A ② B ③ C ④ 없음.

**31.** 다음은 같은 크기의 블록을 쌓아놓은 것이다. 밑에서 볼 때 보이는 블록의 개수는?

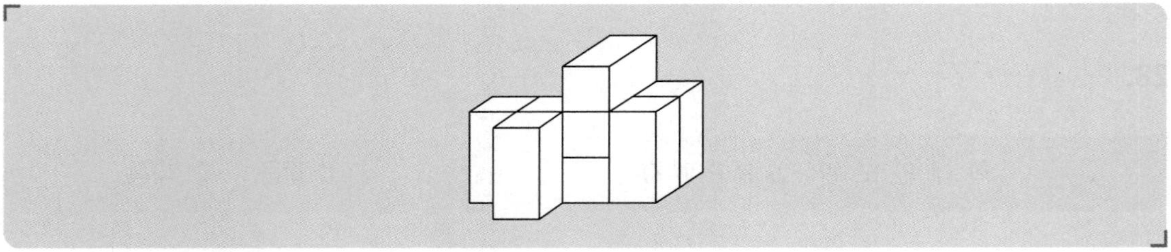

① 5개 ② 6개 ③ 7개 ④ 8개

**32.** 다음은 같은 크기의 블록을 겹쳐 쌓은 그림이다. 그림상에서 한 면도 보이지 않는 블록의 개수는?

① 2개
② 3개
③ 4개
④ 5개

**33.** 다음 블록에서 밑면을 제외하고 페인트를 칠할 때 칠할 수 있는 블록면의 개수는? (단, 일부분만 칠할 수 있는 블록면은 제외한다)

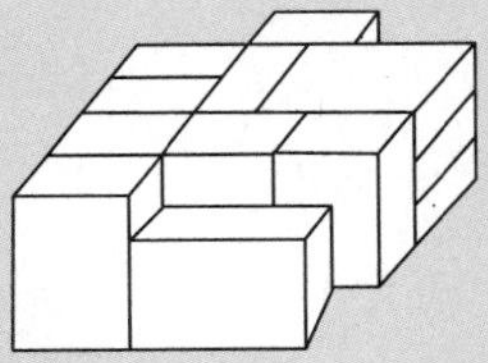

① 15개
② 20개
③ 25개
④ 30개

**34.** 다음 블록에서 밑면을 제외하고 페인트를 칠할 때 3개의 면이 칠해지는 블록의 개수는? (단, 일부분만 칠할 수 있는 블록면은 제외한다)

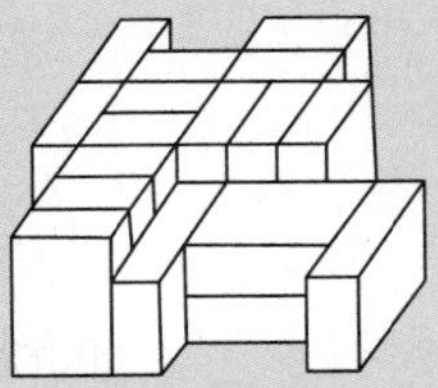

① 3개
② 4개
③ 5개
④ 6개

[35 ~ 37] 다음은 같은 크기의 블록을 쌓아올린 그림이다. 이어지는 질문에 답하시오.

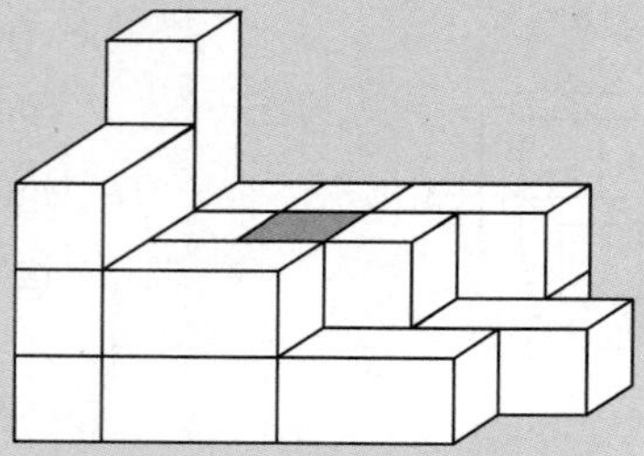

**35.** 블록의 개수는 모두 몇 개인가?

① 16개 ② 17개 ③ 18개 ④ 19개

**36.** 색칠된 블록에 직접 접촉하고 있는 블록의 개수는 모두 몇 개인가?

① 4개 ② 5개 ③ 6개 ④ 7개

**37.** 밑에서 볼 때 보이는 블록의 개수는 모두 몇 개인가?

① 9개 ② 10개 ③ 11개 ④ 12개

**[38 ~ 40]** 제시된 〈보기〉의 3차원 공간에서 세 면에 비친 그림자를 보고, 이에 알맞은 도형을 고르시오.

## 38.

보기

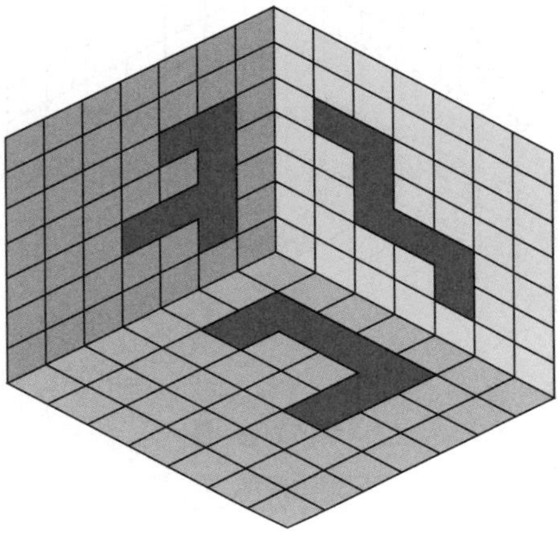

①

②

③

④

**39.**

보기

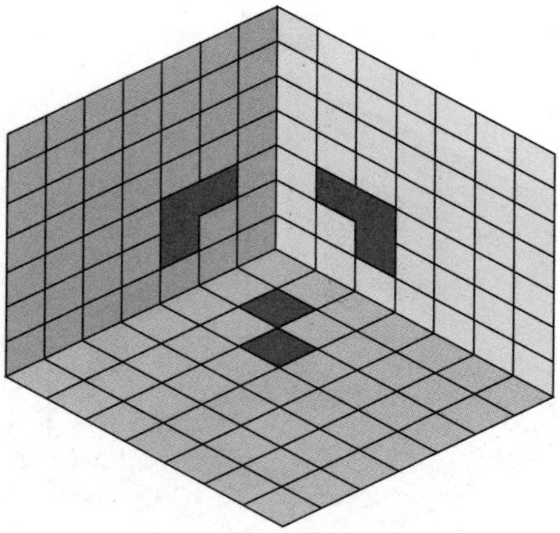

①

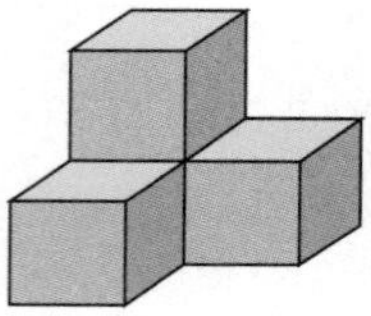

②

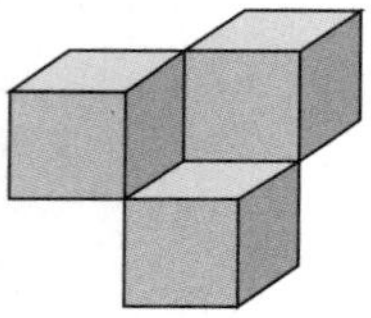

③

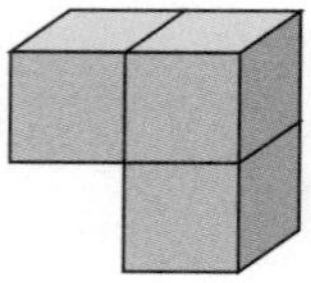

④

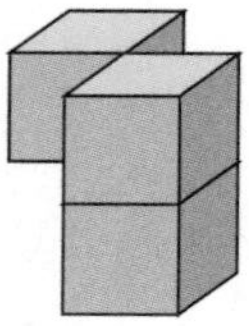

**40.**

**보기**

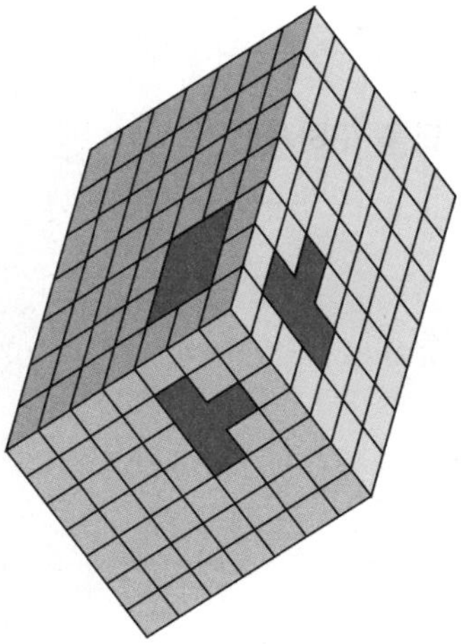

①

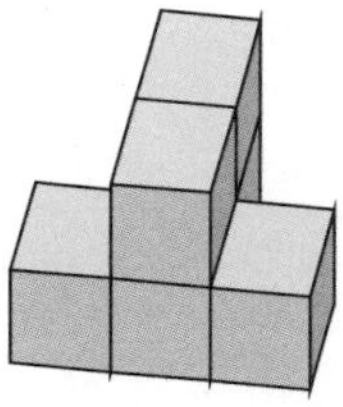

②

③

④

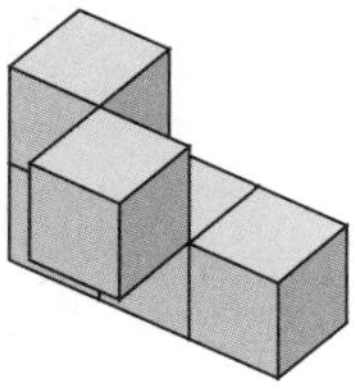

# 실전모의고사 3회

문항 수 120 문항
시험 시간 45 분

▶ 정답과 해설 52쪽

## 수리능력 _ 40문항 / 15분

**[01 ~ 10]** 다음을 계산하여 알맞은 답을 구하시오.

**01.**

$7.8+2.5\div0.5\times4.9=(\quad)$

① 30.35 ② 32.3 ③ 34.67 ④ 36.9

**02.**

$96-80+34\times28-90=(\quad)$

① 878 ② 960 ③ 1,178 ④ 1,260

**03.**

$7.3+3.7+2.4=(\quad)$

① 13.4 ② 10.4 ③ 11.4 ④ 12.4

**04.**

347−589+642=(　　)

① 400　　② 412　　③ −420　　④ −435

**05.**

$2(3\sqrt{6}\times2\sqrt{2})-9\sqrt{3}=(\quad)$

① $15\sqrt{2}$　　② $15\sqrt{3}$　　③ $15\sqrt{5}$　　④ $15\sqrt{6}$

**06.**

25.08+28.28+432.57=(　　)

① 476.03　　② 94.85　　③ 596.617　　④ 485.93

**07.**

615−14+9.2=(　　)

① 601.02　　② 91.8　　③ 610.2　　④ 1,603.18

**08.**

$$\left(-\frac{2}{3}\right)+\left(-\frac{1}{4}\right)+\frac{1}{2}=(\quad)$$

① $\frac{5}{12}$　② $\frac{7}{12}$　③ $-\frac{5}{12}$　④ $-\frac{7}{12}$

**09.**

$$1{,}250\times10^{-2}=(\quad)$$

① 0.125　② 1.250　③ 12.50　④ 1,250

**10.**

$$21\times12-73=(\quad)$$

① 177　② 178　③ 179　④ 180

**[11 ~ 13] 기호를 다음과 같이 가정하여 주어진 문제를 푸시오.**

A◎B=A+B

A◆B=A×B

**11.**

25◎18

① 34 ② 37 ③ 40 ④ 43

**12.**

10◎(12◆5)

① 60 ② 65 ③ 70 ④ 75

**13.**

(9◎2)◆(7◎5)

① 132 ② 133 ③ 134 ④ 135

**14.** 2,345의 3푼 9리는?

① 23.958 ② 53.585 ③ 78.055 ④ 91.455

**15.** 68의 1할 2푼은?

① 2.4 ② 8.16 ③ 12.24 ④ 18.56

**16.** 720의 3할은?

① 186 ② 216 ③ 246 ④ 276

**17.** 3,690의 7푼 2리는?

① 2.6568 ② 26.568 ③ 265.68 ④ 2,656.8

**18.** 30의 2할 5푼은?

① 6.5 ② 7 ③ 7.5 ④ 8

**19.** 삼성이는 야구 시합에서 첫날 4타수 3안타를 쳤고, 둘째 날 4타수 2안타를 쳤다. 두 시합에서 삼성이의 타율은?

① 7할 5푼 ② 5할 ③ 6할 2푼 5리 ④ 7할 5푼 5리

**20.** 영수는 복권 25개를 구입하여 8개가 당첨되었다. 영수의 당첨률은?

① 8할 ② 3할 2푼 ③ 8푼 ④ 3푼 2리

**21.** 과녁 맞히기 게임에서 지성이는 25번을 던져 13번을 성공시켰다. 지성이의 성공률은?

① 5할 2푼 ② 5푼 2리 ③ 5할 2리 ④ 5할 2푼 5리

**22.** 야구선수 S의 성적은 200타수 170안타이다. S의 타율은?

① 8할 5푼 ② 8푼 5리 ③ 8할 5리 ④ 8할 5푼 5리

**23.** 농구선수 A는 자유투를 25번 던져 12번 성공했다. A의 자유투 성공률은?

① 4할 8푼 ② 4푼 8리 ③ 4할 8리 ④ 4할 8푼 8리

**24.** A 농장에서는 오리와 소를 총 200마리 키운다. 오리와 소의 다리 수가 총 620개라고 할 때, 오리와 소는 각각 몇 마리인가?

① 오리 60마리, 소 140마리 ② 오리 90마리, 소 110마리
③ 오리 100마리, 소 100마리 ④ 오리 120마리, 소 80마리

**25.** 도진이와 지선이가 주사위 던지기 놀이를 하고 있다. 주사위 1개를 던졌을 때 나온 눈의 수가 먼저 던진 사람보다 같거나 적으면 지고, 많으면 이긴다. 도진이가 먼저 주사위를 던지고 지선이가 그 다음에 던진다고 할 때, 지선이가 이길 확률은?

① $\frac{1}{2}$ ② $\frac{2}{3}$ ③ $\frac{4}{9}$ ④ $\frac{5}{12}$

**26.** 어떤 일을 끝마치는 데 형 혼자서는 4시간 걸리고, 동생 혼자서는 8시간이 걸린다. 형 혼자서 2시간 동안 일한 후, 동생이 돕기 시작하여 전체 일의 75%를 끝냈다. 형제가 함께 일한 시간은?

① 25분 ② 30분 ③ 35분 ④ 40분

**27.** 민지는 초콜릿 10개를 가지고 있고 엄마가 하루에 1개씩 초콜릿을 준다. 민지가 하루에 초콜릿을 2개씩 먹는다면 초콜릿을 다 먹는 것은 며칠 뒤인가? (단, 1일 뒤부터 엄마에게 초콜릿을 받으며 그때부터 초콜릿을 먹기 시작한다)

① 4일 ② 6일 ③ 8일 ④ 10일

**28.** 오리와 염소 수의 합은 40마리이고 다리 수의 총합은 100개일 때, 오리는 몇 마리인가?

① 10마리 ② 15마리 ③ 20마리 ④ 30마리

**29.** 미영이는 수영이보다 4살 많고 윤아는 수영이보다 1살 적다. 세 사람 나이의 평균이 21살일 때, 미영이는 몇 살인가?

① 20살 ② 21살 ③ 23살 ④ 24살

**30.** 직사각형 세로의 길이가 가로의 길이보다 8cm 길고 둘레가 100cm일 때, 세로의 길이는?

① 21cm ② 25cm ③ 29cm ④ 33cm

**31.** 다음은 2016 ~ 2019년의 SNS 게시물 수 및 조회 수 현황 자료이다. 이에 대한 설명으로 옳은 것은?

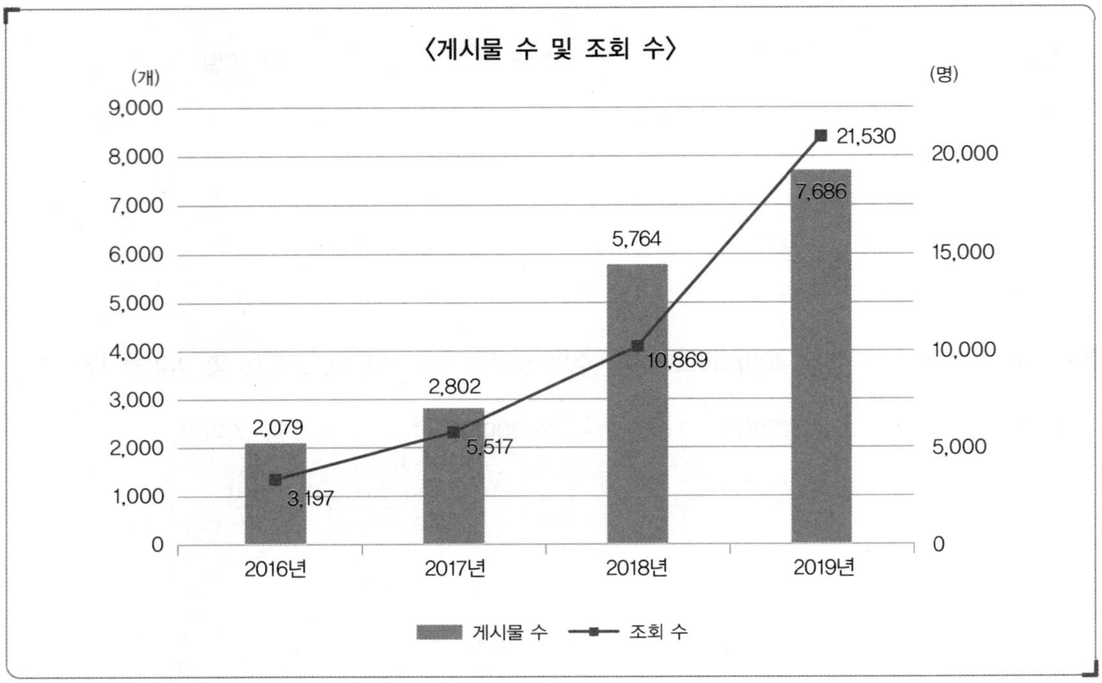


① 2017년 이후 전년보다 조회 수가 가장 많이 증가한 해와 게시물 수가 가장 많이 증가한 해는 동일하다.

② 2019년 조회 수는 2016년 조회 수의 7배 이상이다.

③ 게시물당 조회 수가 가장 많은 해는 2019년이다.

④ 2017년 대비 2019년 게시물 수의 증가율은 조회 수의 증가율보다 높다.

**[32 ~ 33] 다음 자료를 보고 이어지는 질문에 답하시오.**

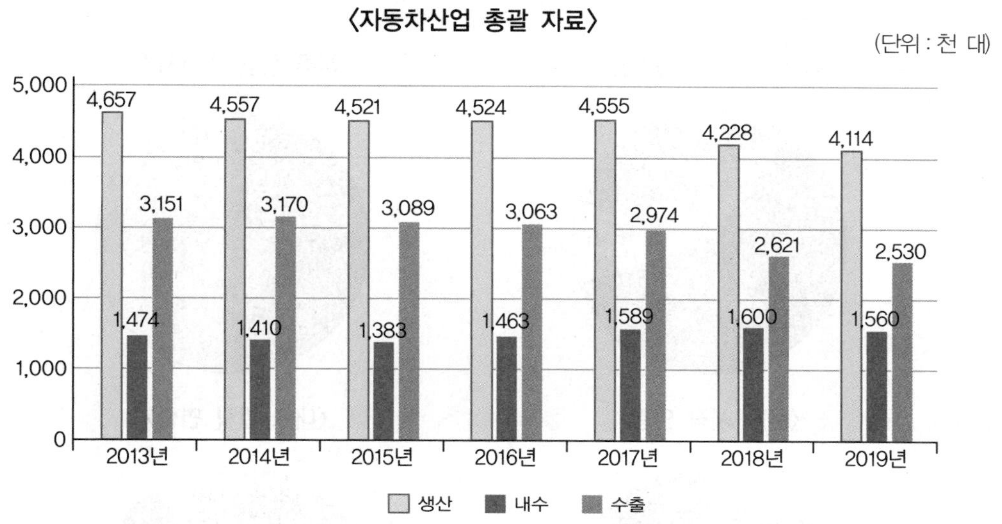


**32.** 위의 자료에 대한 설명으로 옳지 않은 것은?

① 매년 내수 수출량이 더 많다.

② 매년 자동차 생산량은 400만 대를 상회한다.

③ 2019년 자동차 생산량은 수출량의 1.7배 이상이다.

④ 자동차의 수출량은 2014년부터 지속적으로 감소하고 있다.

**33.** 2014 ~ 2019년 중 전년 대비 생산, 내수, 수출의 증감 추세가 같은 해는 몇 개 인가?

① 2개 ② 3개 ③ 4개 ④ 5개

**[34 ~ 35]** 다음은 국가대표 선수 10명을 대상으로 설문조사한 결과를 나타낸 그래프이다. 이어지는 질문에 답하시오.

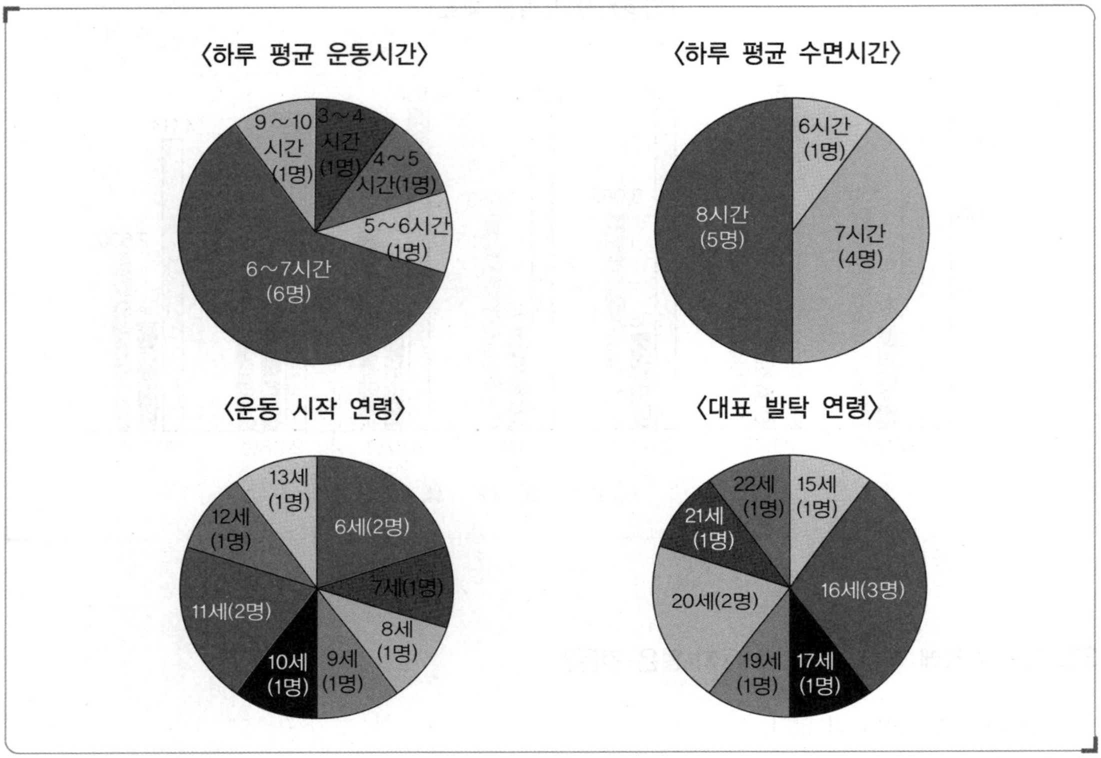


**34.** 10명 선수들의 하루 평균 수면시간은?

① 6.4시간 ② 6.9시간 ③ 7.4시간 ④ 7.9시간

**35.** 위 그래프에 대한 설명으로 옳지 않은 것은?

① 하루 평균 운동시간은 6 ~ 7시간이라는 응답이 가장 많다.
② 운동 시작 연령은 11세라는 응답이 가장 많다.
③ 대표팀 발탁 최연소 연령은 15세이다.
④ 10명 선수들의 하루 평균 수면시간은 하루 평균 운동시간보다 길다.

**36.** 다음 표에 대한 설명으로 옳지 않은 것은?

〈연도별 4개 질환 만성질환자 수〉

(단위 : 천 명)

| 구분 | 2016년 | 2017년 | 2018년 | 2019년 |
|---|---|---|---|---|
| 고혈압 | 3,199 | 3,563 | 3,867 | 4,252 |
| 당뇨병 | 1,344 | 1,485 | 1,572 | 1,749 |
| 심장질환 | 488 | 530 | 554 | 606 |
| 뇌혈관질환 | 357 | 396 | 432 | 466 |

① 4개 질환의 만성질환자 수는 매년 늘어나고 있다.
② 당뇨병 만성질환자 수가 전년도에 비해 가장 많이 증가한 해는 2019년이다.
③ 4년 동안의 심장질환 만성질환자 수는 총 2,178,000명이다.
④ 2017년도 4개 질환 만성질환자 중 고혈압 환자가 차지하는 비율은 약 62.46%이다.

**[37 ~ 38] 다음 그래프를 보고 이어지는 질문에 답하시오.**

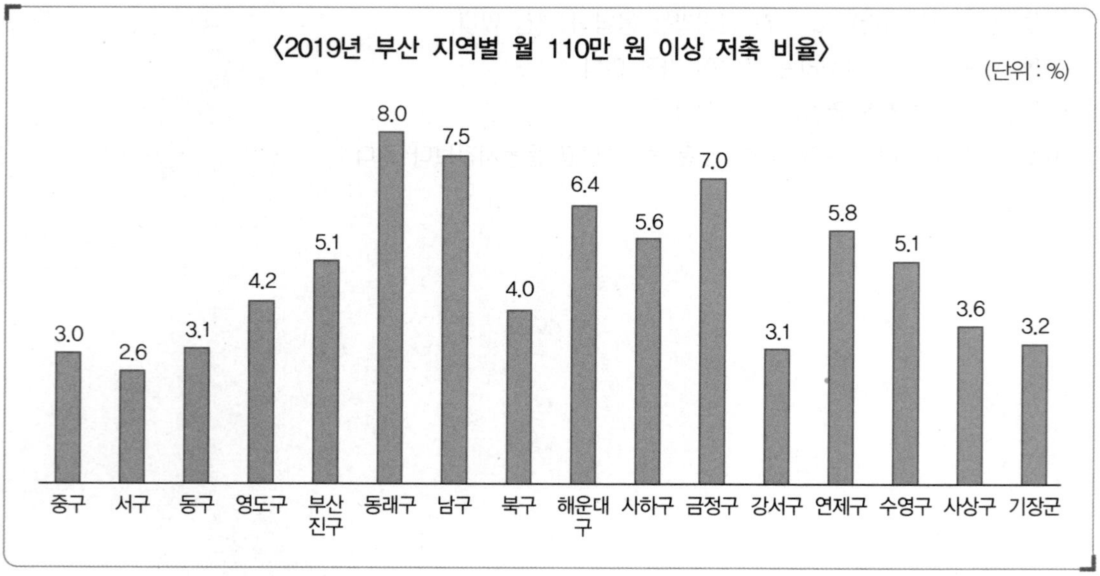


**37.** 비율이 두 번째로 높은 지역과 가장 낮은 지역의 비율을 합한 값은?

① 8.1%p ② 9.6%p ③ 10.1%p ④ 11.6%p

**38.** 연제구의 총인구수가 20만 명일 때, 월 110만 원 이상 저축하는 인구수는?

① 8,600명 ② 9,600명 ③ 10,600명 ④ 11,600명

**[39 ~ 40]** 다음 표를 보고 이어지는 질문에 답하시오.

〈2019년 서울특별시 및 광역시 유기동물보호소 유기동물 현황〉

(단위 : 마리)

| 구분 | 개 | 고양이 | 기타 | 계 |
|---|---|---|---|---|
| 서울 | 8,513 | 10,798 | 440 | 19,751 |
| 부산 | 3,011 | 2,249 | 37 | 5,297 |
| 대구 | A | 2,641 | 64 | 4,850 |
| 인천 | 3,500 | 1,753 | 61 | 5,314 |
| 광주 | 1,287 | 655 | 0 | 1,942 |
| 대전 | 2,215 | 1,408 | 39 | 3,662 |
| 울산 | 1,741 | 1,591 | 86 | 3,418 |
| 계 | 22,412 | 21,095 | B | 44,234 |

〈2019년 서울특별시 유기동물보호소 고양이 처리 통계〉

(단위 : %)

| 반환 | 입양 | 자연사 | 안락사 | 방사 | 보호 중 |
|---|---|---|---|---|---|
| 7.8 | 11.8 | 9.3 | 20.8 | 12.4 | 37.9 |

**39.** A, B에 들어갈 숫자를 순서대로 나열한 것은?

① 2,145, 727　② 1,145, 727　③ 2,145, 272　④ 1,145, 272

**40.** 위 자료에 대한 설명으로 옳은 것은?

① 유기된 고양이가 유기된 개보다 많은 지역은 서울특별시뿐이다.

② 유기동물의 수가 두 번째로 적은 지역은 대전광역시이다.

③ 인천광역시 유기동물의 수는 광주광역시와 울산광역시 유기동물의 수를 합한 것보다 많다.

④ 서울특별시에서 안락사되는 고양이 수는 반환되는 고양이 수의 2배가 넘는다.

# 추리능력 _ 40문항 / 20분

**[01 ~ 10] 다음 숫자들의 배열 규칙을 찾아 "?"에 들어갈 알맞은 숫자를 고르시오.**

**01.**

58 54 46 34 18 ( ? ) −26

① 0 ② −2 ③ −4 ④ −8

**02.**

3 9 5 8 7 ( ? ) 9 6 11 5

① 6 ② 7 ③ 8 ④ 9

**03.**

3 6 9 5 10 13 9 ( ? )

① 18 ② 22 ③ 23 ④ 25

**04.**

24　72　( ? )　36　6　18

① 10　② 12　③ 14　④ 15

**05.**

153　149　141　129　113　93　( ? )

① 63　② 65　③ 67　④ 69

**06.**

88　54　34　20　14　( ? )

① 6　② 8　③ 10　④ 12

**07.**

7　14　9　( ? )　13　26　21

① 15　② 16　③ 17　④ 18

**08.**

2 9 7 14 12 19 ( ? )

① 15 ② 16 ③ 17 ④ 18

**09.**

7 8 10 ( ? ) 25 42

① 12 ② 15 ③ 18 ④ 21

**10.**

2 12 4 24 ( ? ) 48 16

① 4 ② 8 ③ 12 ④ 16

**[11 ~ 14] 다음의 선택지들은 공통된 규칙에 의해 문자가 나열된 것이다. 다음 중 동일한 규칙이 적용되지 않은 하나를 고르시오.**



**11.**

① 뽀오쏘쪼 ② 노로또모 ③ KNMO ④ 요웨워위

**12.**

① ㅑㅕㅓㅗ ② ㅂㅌㅋㅌ ③ IRQR ④ CFEF

**13.**

① 으이웨유 ② 타하짜카 ③ 머뻐더러 ④ prnp

**14.**

① FFAF ② ssns ③ 요요야요 ④ 앙앙당앙

**[15 ~ 17] 다음 지문의 내용에 비추어 제시된 명제의 참, 거짓, 알 수 없음을 판단하시오.**

관심을 가진 사물에 테두리를 씌워 다른 사람에게 보여 주고자 하는 것은 그 사물에서 어떤 의미를 발견했다는 뜻이다. 아무런 의미가 없는 것 같아 보여도 그것이 프레임에 둘러싸여 나타났다면, 그것은 적어도 작가가 어떤 의미를 제시하고자 했다는 뜻이 된다. 아무런 의미 없이 굳이 테두리를 씌워 보여 줄 까닭이 없다. 물론 헛짚을 수는 있다. 어떤 의미가 있다고 생각해서 테두리를 씌워 놓았지만 아무 뜻도 찾을 수 없는 때가 이런 경우인데, 그 역시도 의미화를 위한 작업이었다는 점만은 인정할 수 있을 것이다.

**15.**

의미 없는 사물이라도 프레임을 씌우면 의미가 생성된다.

① 참 ② 거짓 ③ 알 수 없음.

**16.**

프레임은 단순한 물리적 틀에 해당한다.

① 참 ② 거짓 ③ 알 수 없음.

**17.**

프레임 속에서 아무런 의미를 찾을 수 없다면 그것은 잘못된 의미화 작업에 해당한다.

① 참 ② 거짓 ③ 알 수 없음.

**[18 ~ 20] 다음 지문의 내용에 비추어 제시된 명제의 참, 거짓, 알 수 없음을 판단하시오.**

- 선희는 S 기업의 사원이다.
- 선희는 A 프로젝트에 참여하고 있다.
- A 프로젝트에 참여 중인 인원의 대부분은 2년차 사원이다.

**18.**

선희는 S 기업의 2년차 사원이다.

① 참 ② 거짓 ③ 알 수 없음.

**19.**

선희는 S 기업에서 1개 이상의 프로젝트에 참여하고 있다.

① 참 ② 거짓 ③ 알 수 없음.

**20.**

모든 2년차 사원들은 A 프로젝트에 참여하고 있다.

① 참 ② 거짓 ③ 알 수 없음.

**[21 ~ 23]** 다음 지문의 내용에 비추어 제시된 명제의 참, 거짓, 알 수 없음을 판단하시오.

- S 기업 본사 10층에는 총무부, 영업부, 국내사업부 세 개의 부서가 있다.
- 국내사업부를 제외한 타 부서에는 25세 이하의 사원이 없다.
- 영업부는 남자사원으로만 구성되어 있다.
- 총무부는 3년차 이상의 사원으로만 구성되어 있다.
- 영업부를 제외한 각 부서 사무실에는 복사기가 한 대씩 있다.
- 10층에서 근무하는 사원인 민영이는 올해 24살이다.

**21.**

민영이는 여자이다.

① 참　② 거짓　③ 알 수 없음.

**22.**

민영이는 3년차 이상 사원이다.

① 참　② 거짓　③ 알 수 없음.

**23.**

민영이가 속한 부서의 사무실에는 복사기가 있다.

① 참　② 거짓　③ 알 수 없음.

**[24 ~ 28]** 다음 제시된 단어 또는 문장을 일정한 기준에 따라 빈 박스에 분류하시오. (단, 박스에 이미 분류되어 있는 번호는 OMR 응답지에 기본 마킹되어 있습니다)

**24. ~ 26.**

① 공연하게 사람을 모욕함으로써 성립하는 범죄
② 사람을 기만하여 재산의 교부를 받거나 재산상의 이익을 취득함으로써 성립하는 범죄
③ 결혼을 가장하고 상대방을 기만하여 결혼과 패물 비용 등의 명목으로 금품을 사취하는 경우
④ 나쁜 놈, 개자식 등 사람의 인격을 멸시하는 가치판단을 묘사하는 것
⑤ 타인의 재물을 보관하는 자가 그 재물을 횡령하거나 반환을 거부하는 범죄
⑥ 금전처럼 다른 물건과 쉽게 바꿀 수 있는 것을 보관하다가 소비한 경우에 이 죄가 성립하는가에 관하여는 의견이 갈라져 있다.
⑦ 경의의 표시를 해야 할 의무가 있는 자가 고의로 공공연한 장소에서 경의를 표시하지 아니하는 경우

| 24. | 25. | 26. |
|---|---|---|
| ① | ② | |

**27. ~ 28.**

① 외모가 사람의 첫인상을 판단하게 하는 큰 요소로 작용하고 있다.
② 성형수술을 통해 취업과 같은 사회적 성공에 도움을 받는 경우가 있다.
③ 성형수술은 외모지상주의를 부추긴다.
④ 성형은 미용의 한 부분일 뿐이다.
⑤ 건강상 문제가 없는 신체에 인위적인 변화를 주는 것은 옳지 못하다.
⑥ 성형에 대한 성취감이 반복적인 성형을 하게 만들어 성형중독이 될 수 있다.
⑦ 성형을 통해 신체적 콤플렉스를 극복할 수 있다.
⑧ 성형수술 부작용에 대한 많은 사례들이 있다.
⑨ 성형을 통해 자신감을 얻을 수 있다.

| 27. | 28. |
|---|---|
| ⑨ | |

**29.** 물속 깊이 잠수해서 숨을 내뿜었을 때 나온 공기 방울이 수면으로 올라갈수록 점점 커지는 이유는?

① 물속에 녹아 있던 다른 공기를 흡수하기 때문이다.
② 수면으로 올라갈수록 공기의 온도가 높아지기 때문이다.
③ 물살의 흐름으로 공기가 분산되기 때문이다.
④ 수면으로 올라갈수록 공기 방울 외부의 압력이 낮아지기 때문이다.

**30.** 두 사람이 서로 물풍선을 던지고 받으려고 한다. 물풍선을 받는 사람이 팔을 뻗은 채로 물풍선을 받을 때와 팔을 굽힌 채로 받을 때 중 어느 쪽이 더 터뜨리지 않고 잘 받을 수 있겠는가?

① 팔을 뻗은 채로 받을 때이다.
② 팔을 굽히면서 받을 때이다.
③ 팔과 관계없다.
④ 알 수 없다.

**31.** 한쪽 눈을 가리고 10cm 떨어진 거리에서 A 그림을 본 뒤, 눈동자를 움직이지 않고 서서히 거리를 벌리면 B 그림이 사라지는 것을 느낄 수 있다. 그 이유는?

① 시세포가 A 그림에 집중되기 때문이다.
② B 그림의 상이 망막의 앞에 맺히게 되기 때문이다.
③ B 그림의 상이 맹점에 맺히게 되기 때문이다.
④ A 그림의 상이 황반에 맺히게 되기 때문이다.

**32.** 일반적으로 온도가 높아지면 화학 반응의 속도가 빨라지는 이유는?

① 입자들의 개수가 늘어나기 때문이다.
② 입자들의 운동이 빨라지기 때문이다.
③ 입자들의 질량이 커지기 때문이다.
④ 입자들의 부피가 커지기 때문이다.

**33.** 자동차 타이어에 요철이 존재하는 이유는?

① 핸들에 대한 반응 속도를 높이기 위함이다.
② 도로와의 마찰을 줄여 속력을 높이기 위함이다.
③ 마찰력을 높여 미끄러짐을 방지하기 위함이다.
④ 도로 위의 이물질 등으로부터 타이어를 보호하기 위함이다.

**34.** 가정용 배선은 어떤 방식으로 연결되어야 하는가?

① 직렬회로
② 병렬회로
③ 미분회로
③ 관계없음.

**35.** 다음과 같이 경사진 지붕 위에서 공을 굴렸을 때, 공은 ⓐ～ⓒ 중 어느 방향으로 떨어지겠는가? (단, 기류는 아래에서 위로 이동한다)

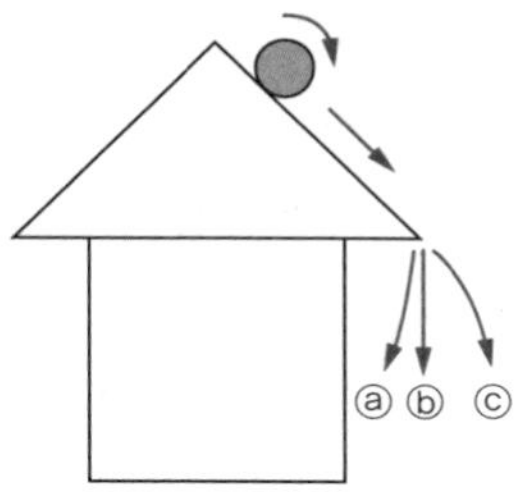


① ⓐ
② ⓑ
③ ⓒ
④ 알 수 없음.

**36.** 다음 그림은 무거운 물체를 실로 묶어 천장에 매단 것을 나타낸다. 실의 아래쪽을 급히 당기면 (b) 부분이 끊어지고, 서서히 당기면 (a) 부분이 끊어진다. 급히 당길 때 (b) 부분이 끊어지는 이유는?

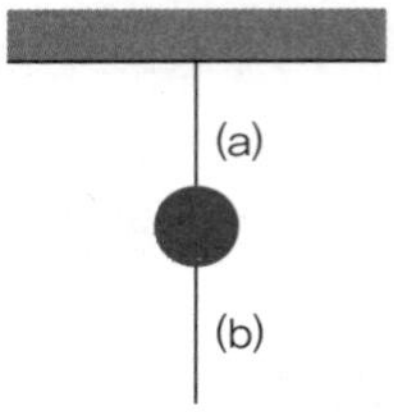


① 물체가 매우 큰 에너지를 갖고 있기 때문이다.
② 급히 당길 때에는 물체에 큰 관성력이 생기기 때문이다.
③ 급히 당길 때에는 물체의 무게가 커지기 때문이다.
④ 잡아당기는 힘이 물체에 작용하면 반드시 반작용이 나타나기 때문이다.

**37.** 다음과 같이 기어가 서로 맞물려 회전하고 있을 때 회전 방향이 다른 하나는?

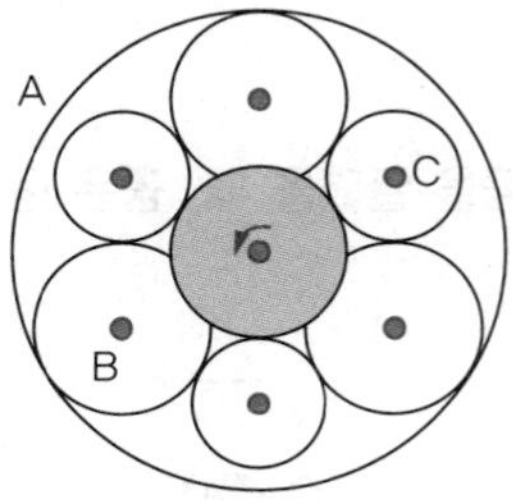


① A ② B ③ C ④ 모두 같다.

**38.** 다음은 A, O, B 사이를 왕복 운동하는 진자의 위치를 일정한 시간 간격으로 나타낸 것이다. 위치에너지가 최대인 곳과 운동에너지가 최대인 곳을 순서대로 바르게 나열한 것은?

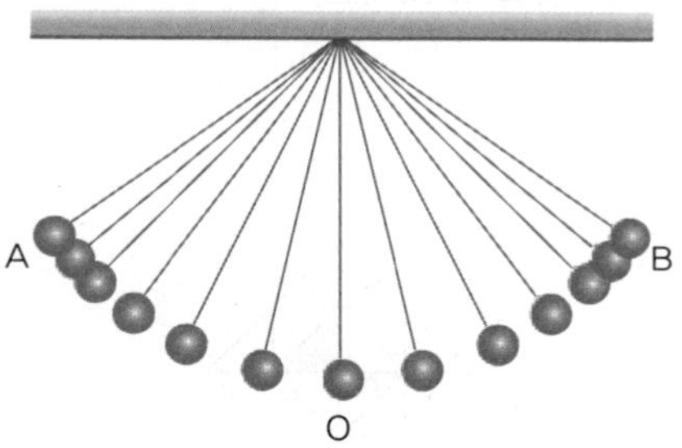


① O, A ② A, O ③ A, B ④ O, B

**39.** 야구공과 농구공을 똑같은 힘으로 던졌을 때 날아가는 속도를 측정하는 실험을 통해 알 수 있는 것은?

① 힘의 크기에 따른 공의 운동 속도의 변화
② 분자의 모양에 따른 분자 운동 속도의 변화
③ 분자의 질량에 따른 분자 운동 속도의 변화
④ 공의 질량에 따라 힘이 드는 정도의 차이

**40.** 체내의 효소에 대한 설명으로 옳은 것은?

① 반응에 관여하며 재사용되지 않는다.
② 촉매 반응을 하면서 자신도 변한다.
③ 정상 체온 범위 내에서 반응이 활발하게 일어난다.
④ 반응에 의해 완전히 소모된다.

# 지각능력 _ 40문항 / 10분

**[01 ~ 04] 다음 제시된 도형과 같은 것을 고르시오.**

**01.**

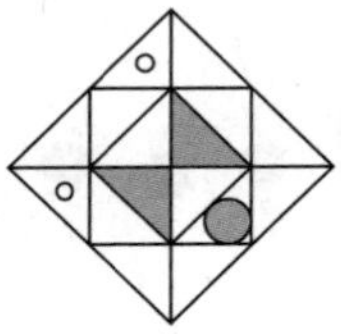

① ② ③ ④

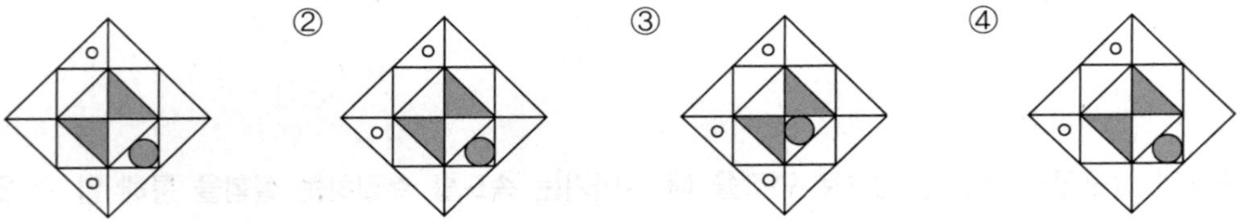

**02.**

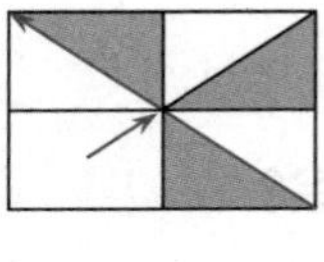

① ② ③ ④

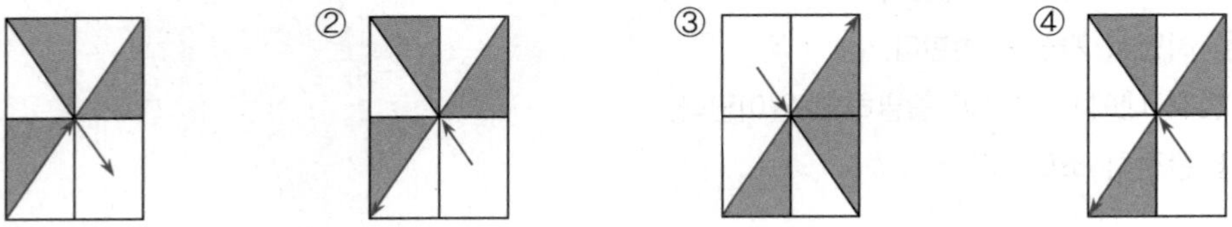

**03.**

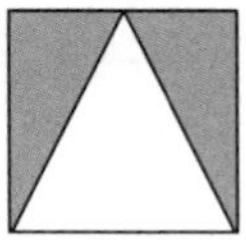

① 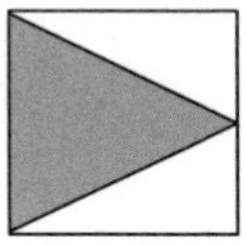

② 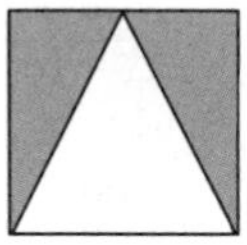

③ 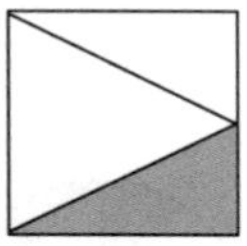

④ 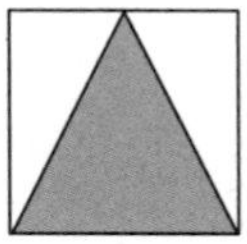

**04.**

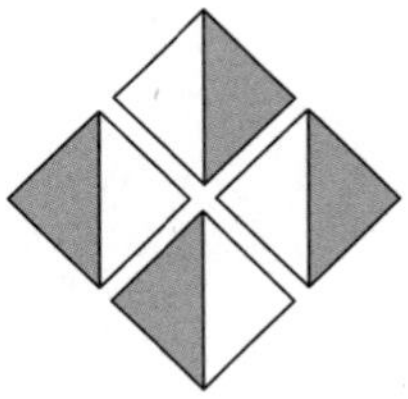

① 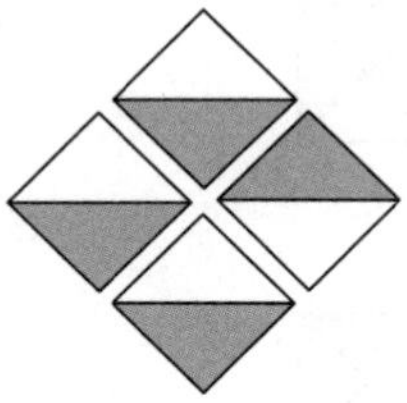

② 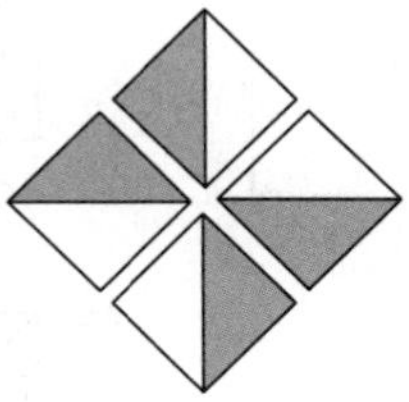

③ 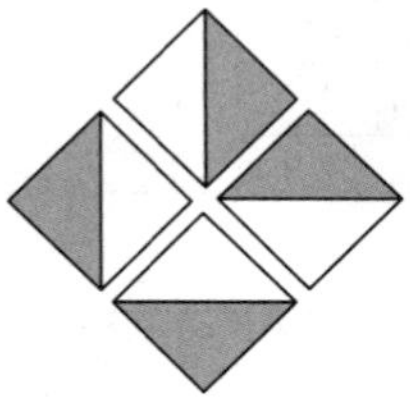

④ 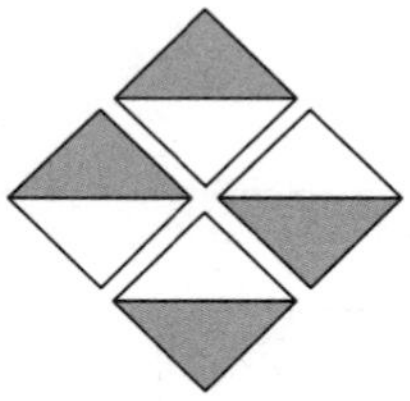

**05.** 다음 도형들 중 나머지와 모양이 다른 하나는?

① 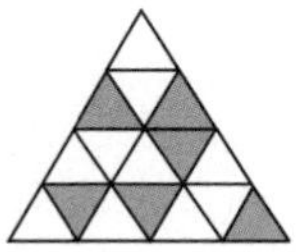

② 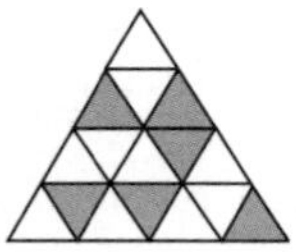

③ 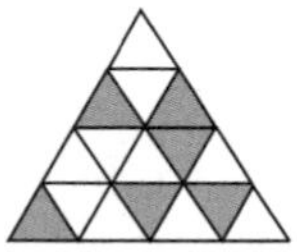

④ 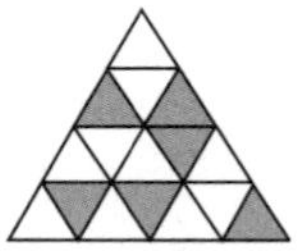

**[06 ~ 14] 다음 제시된 도형과 같은 것을 고르시오.**

## 06.

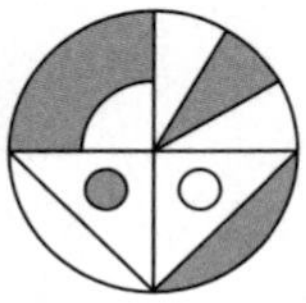

①

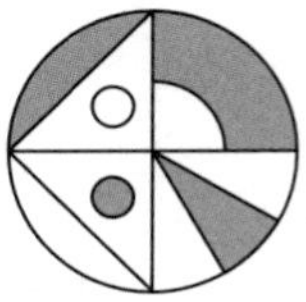

②

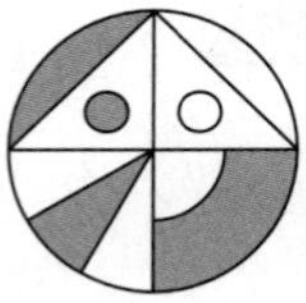

③

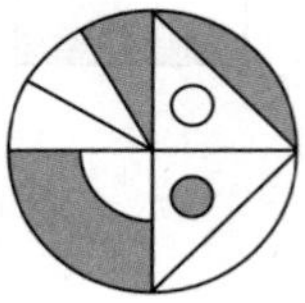

④

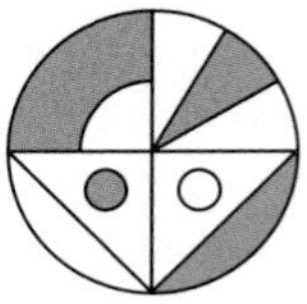

## 07.

①

②

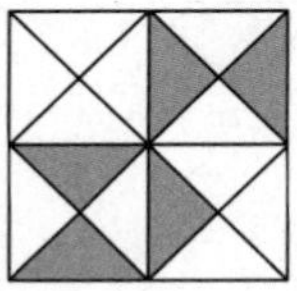

③

④

**08.**

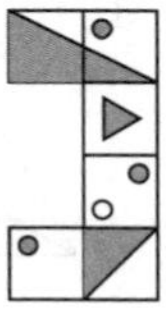

①

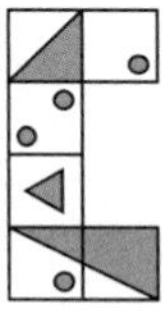

②

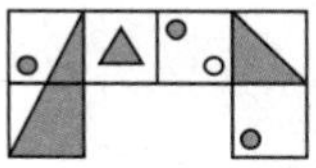

③

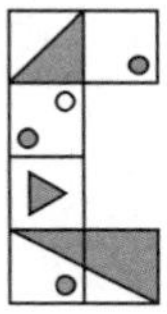

④

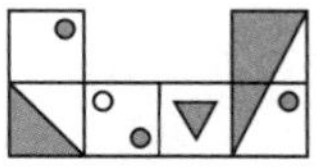

**09.**

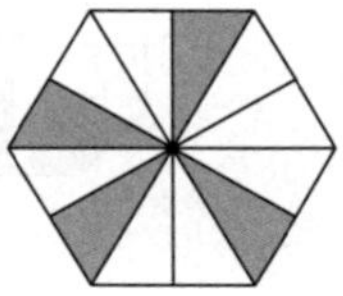

①

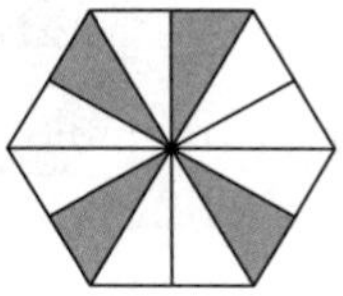

②

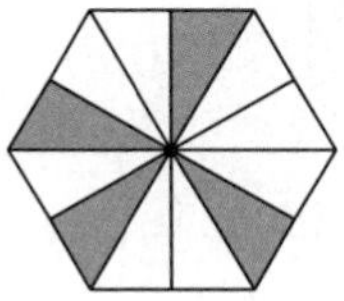

③

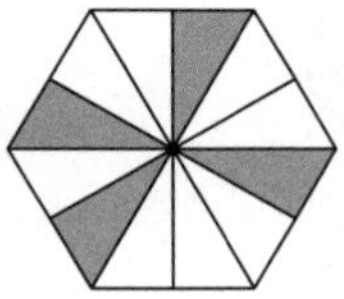

④

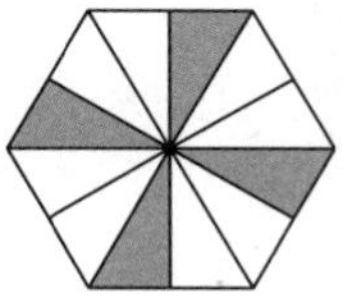

**10.**

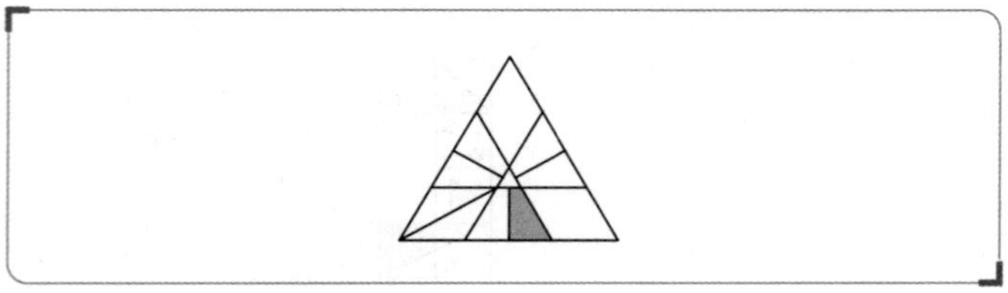

①

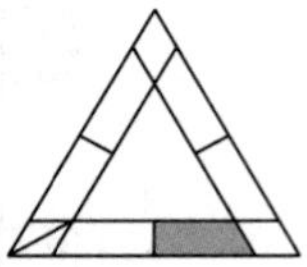

②

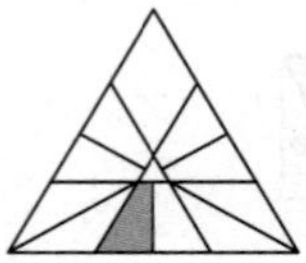

③

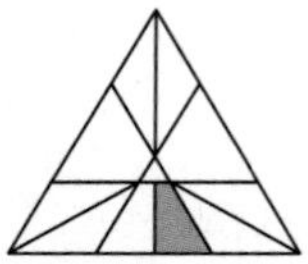

④

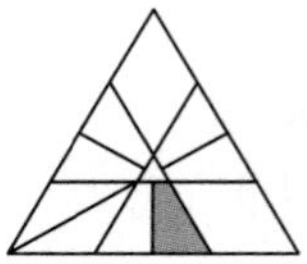

**11.**

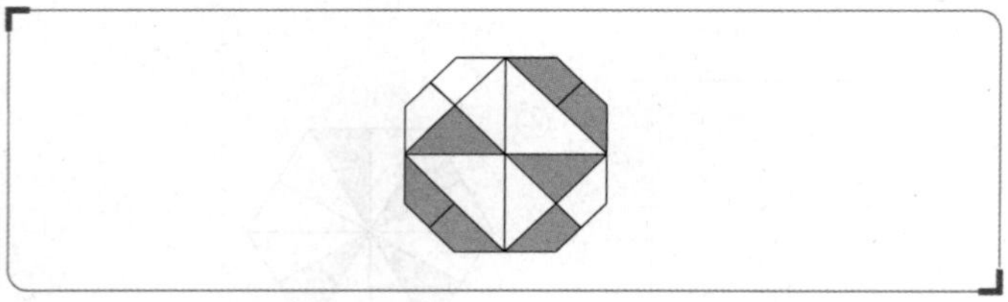

①

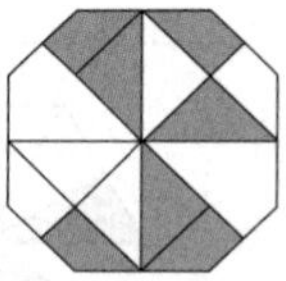

②

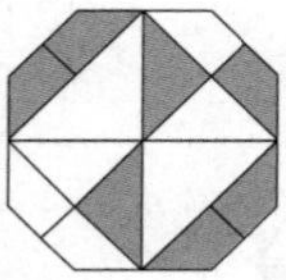

③

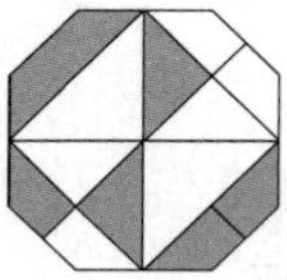

④

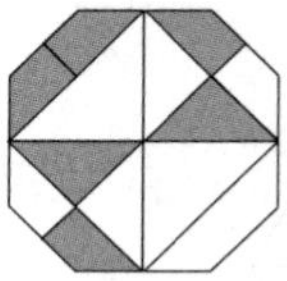

**12.**

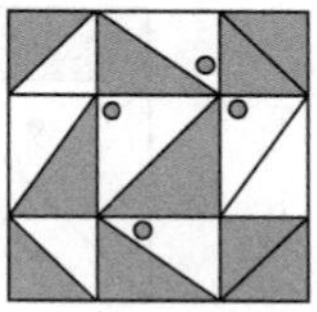

① 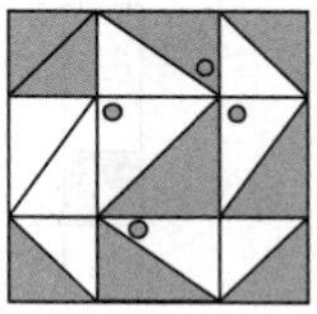

② 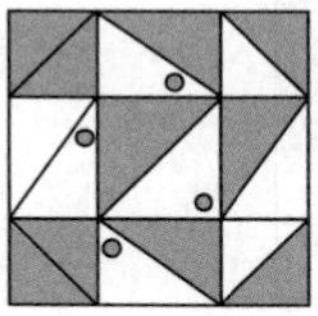

③ 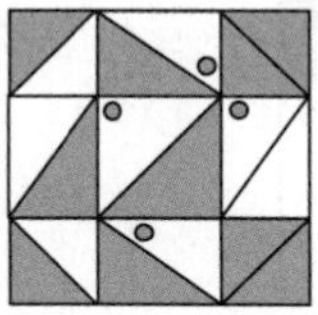

④ 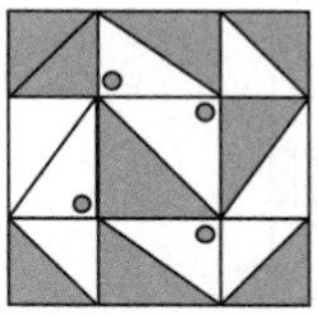

**13.**

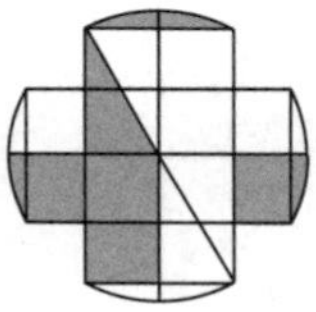

① 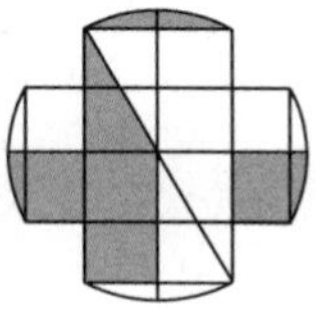

② 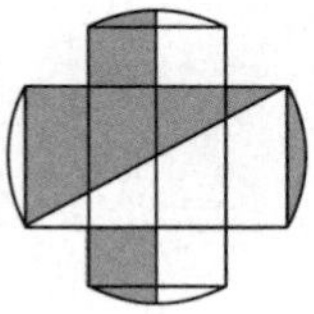

③ 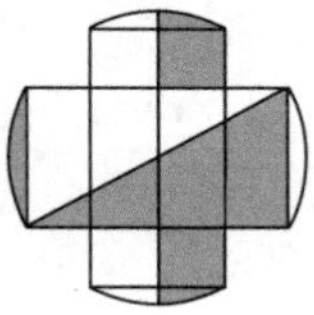

④ 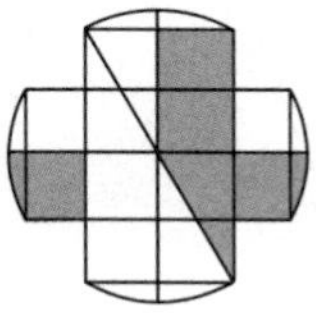

**14.**

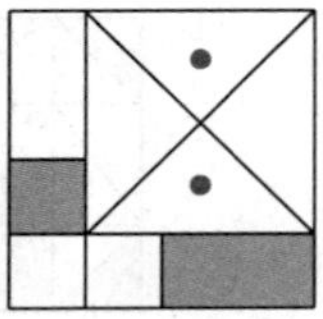

①

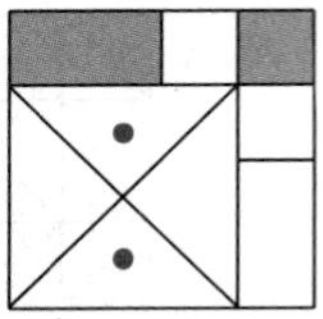

②

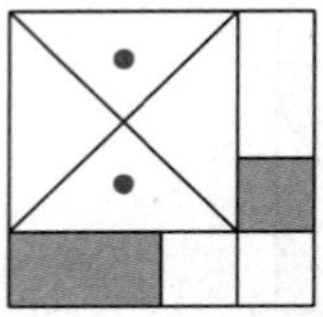

③

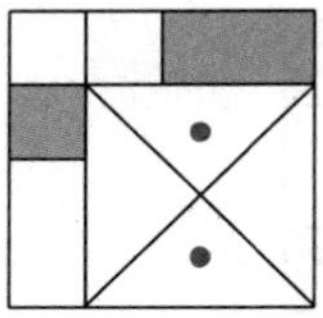

④

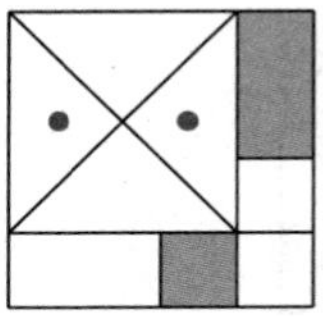

**[15 ~ 19] 다음 그림의 조각을 순서대로 바르게 배열한 것을 고르시오.**

**15.**

(가) (나) (다) (라)

① (나)－(가)－(다)－(라)　② (나)－(다)－(가)－(라)

③ (나)－(다)－(라)－(가)　④ (나)－(라)－(다)－(가)

**16.**

(가) (나) (다) (라)

① (가)－(나)－(다)－(라)　② (가)－(나)－(라)－(다)

③ (가)－(라)－(나)－(다)　④ (가)－(라)－(다)－(나)

**17.**

(가) (나) (다) (라)

① (가)－(나)－(다)－(라)　② (가)－(다)－(나)－(라)

③ (라)－(나)－(다)－(가)　④ (라)－(다)－(나)－(가)

**18.**

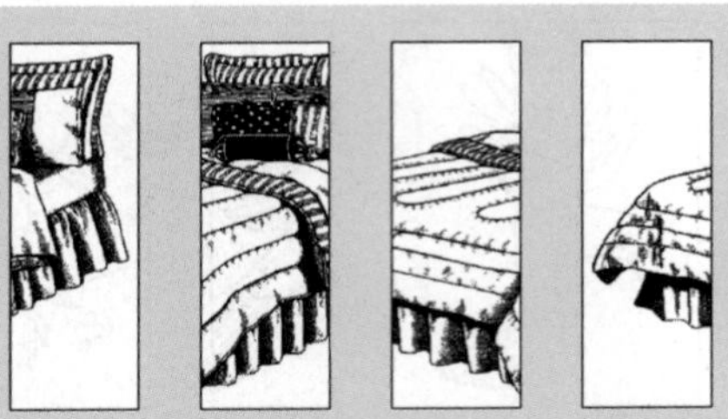

(가) (나) (다) (라)

① (가)-(다)-(라)-(나)
② (다)-(라)-(가)-(나)
③ (라)-(나)-(다)-(가)
④ (라)-(다)-(나)-(가)

**19.**

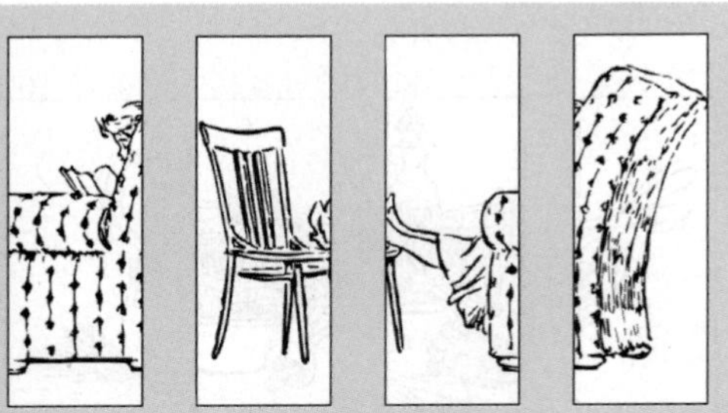

(가) (나) (다) (라)

① (나)-(라)-(가)-(다)
② (나)-(가)-(다)-(라)
③ (나)-(다)-(가)-(라)
④ (나)-(다)-(라)-(가)

**[20 ~ 24]** 다음 〈보기〉의 기호, 문자의 대응을 참고하여 각 문제의 대응이 같으면 ①을, 다르면 ②를 고르시오.

보기

**20.**

사회 가정 영어 문학 – 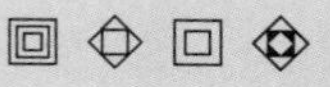

① 같음. ② 다름.

**21.**

도덕 물리 체육 수학 – 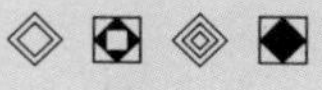

① 같음. ② 다름.

**22.**

문학 도덕 사회 수학 가정 – 

① 같음. ② 다름.

**23.**

영어 문학 물리 체육 사회 – 

① 같음. ② 다름.

**24.**

체육 도덕 가정 수학 영어 물리 – 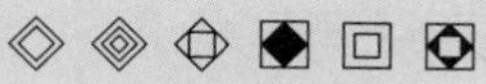

① 같음. ② 다름.

[25 ~ 29] 다음 〈보기〉의 기호, 문자의 대응을 참고하여 각 문제의 대응이 같으면 ①을, 다르면 ②를 고르시오.

보기

| | | | |
|---|---|---|---|
| 사과 = ₦ | 오렌지 = $ | 키위 = € | 귤 = ₤ |
| 딸기 = ₭ | 바나나 = ₣ | 포도 = ₮ | 배 = ¥ |

25.

€ ¥ ₦ ₭ – 키위 귤 사과 딸기

① 같음. ② 다름.

26.

₮ $ ₤ ₣ – 포도 오렌지 귤 바나나

① 같음. ② 다름.

27.

₣ € ¥ $ ₤ – 바나나 키위 배 오렌지 귤

① 같음. ② 다름.

28.

₮ ¥ € ₦ ₭ – 포도 배 키위 딸기 사과

① 같음. ② 다름.

29.

$ ₦ K ₣ ₮ ₤ – 오렌지 사과 딸기 바나나 포도 귤

① 같음. ② 다름.

**30.** 그림들이 일정한 규칙에 의하여 A, B, C로 분류되어 있다. 다음 중 〈보기〉가 속하는 곳은?

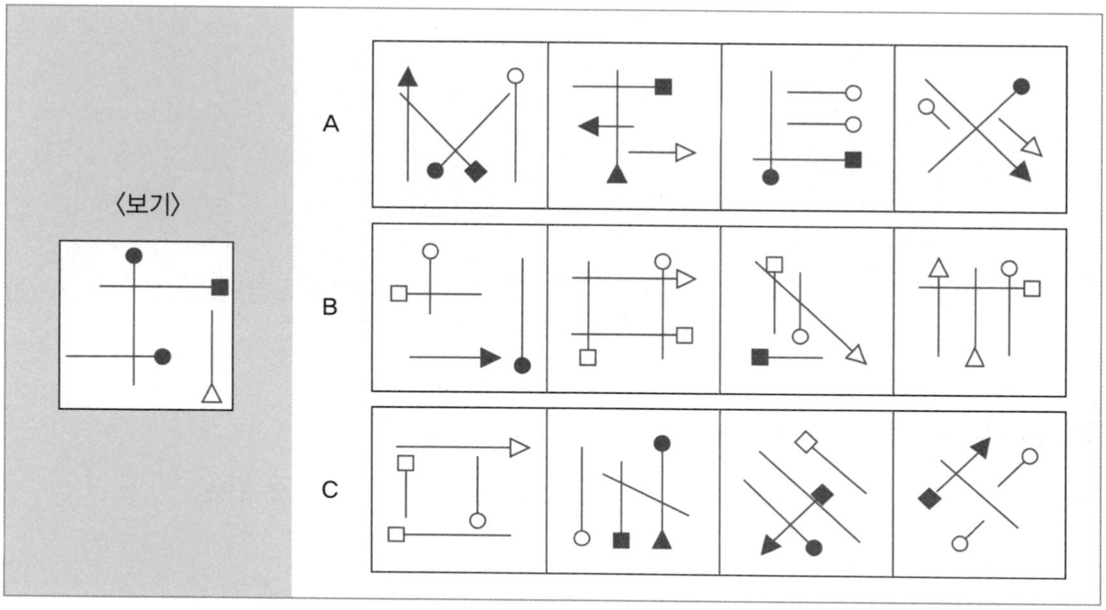


① A　　② B　　③ C　　④ 없음.

[31 ~ 33] 다음은 같은 크기의 블록을 쌓아 올린 그림이다. 이어지는 질문에 답하시오.

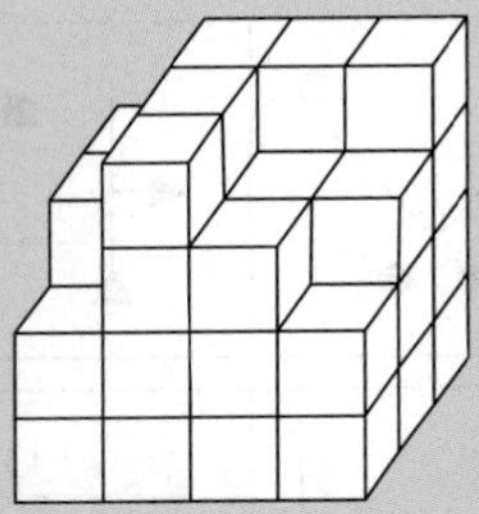

**31.** 블록의 개수는 모두 몇 개인가?

① 38개 ② 39개 ③ 40개 ④ 41개

**32.** 위 그림을 정육면체로 만들려면 최소 몇 개의 블록이 더 필요한가?

① 9개 ② 25개 ③ 30개 ④ 32개

**33.** 위 그림에서 세 면이 보이는 블록은 모두 몇 개인가?

① 3개 ② 4개 ③ 5개 ④ 6개

**[34 ~ 36] 다음은 같은 크기의 블록을 쌓아 올린 그림이다. 이어지는 질문에 답하시오.**

**34.** 블록의 개수는 모두 몇 개인가?

① 36개 ② 27개 ③ 18개 ④ 16개

**35.** 위 그림을 정육면체로 만들려면 최소 몇 개의 블록이 더 필요한가?

① 3개 ② 6개 ③ 9개 ④ 11개

**36.** 위 그림에서 표시된 블록에 직접 접촉하고 있는 블록의 수는 모두 몇 개인가?

① 2개 ② 3개 ③ 4개 ④ 5개

[37 ~ 38] 다음은 같은 크기의 블록을 쌓아올린 그림이다. 이어지는 질문에 답하시오.

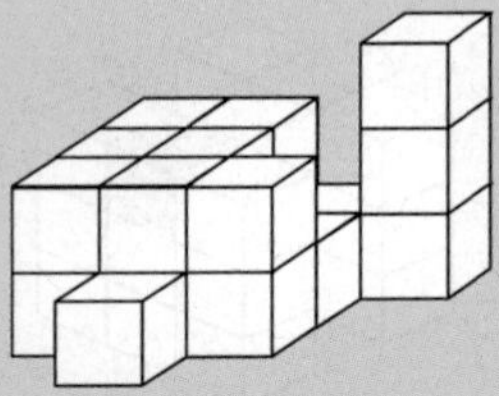

**37.** 블록을 쌓아 정육면체를 만들려면 최소 몇 개의 블록이 추가로 더 필요한가?

① 6개 ② 7개 ③ 43개 ④ 44개

**38.** 그림상에서 한 면도 보이지 않는 블록은 모두 몇 개인가?

① 3개 ② 4개 ③ 5개 ④ 6개

**[39 ~ 40]** 다음은 같은 크기의 블록을 쌓아올린 그림이다. 이어지는 질문에 답하시오.

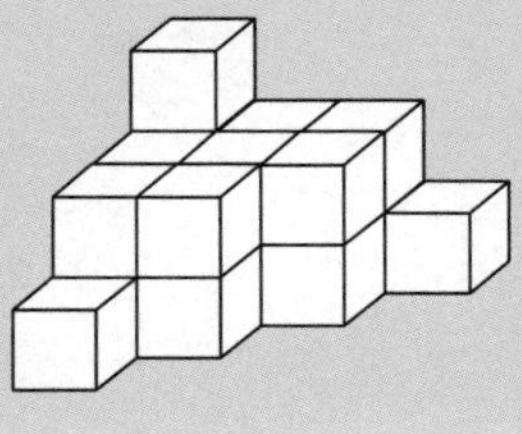

**39.** 블록을 쌓아 정육면체를 만들려면 최소 몇 개의 블록이 추가로 더 필요한가?

① 8개　　② 20개　　③ 32개　　④ 45개

**40.** 그림상에서 한 면만 보이는 블록은 모두 몇 개인가?

① 3개　　② 4개　　③ 5개　　④ 6개

파트

3

## 삼성 GSAT 4급 _ 전문대졸 직무적성검사

# 인성검사

**인성검사란?** 개개인이 가지고 있는 사고와 태도 및 행동 특성을 정형화된 검사를 통해 측정하여 해당 직무에 적합한 인재인지를 파악하는 검사를 말한다.

Global
Samsung
Aptitude
Test

01 인성검사의 이해

02 인성검사 연습

03 인성검사의 유형연습

04 U-K 검사(작업검사)

# 01 인성검사의 이해

## 1 인성검사, 왜 필요한가?

채용기업은 지원자가 '직무적합성'을 지닌 사람인지를 인성검사와 NCS기반 필기시험을 통해 판단한다. 인성검사에서 말하는 인성(人性)이란 그 사람의 성품, 즉 각 개인이 가지는 사고와 태도 및 행동 특성을 의미한다. 인성은 사람의 생김새처럼 사람마다 다르기 때문에 몇 가지 유형으로 분류하고 이에 맞추어 판단한다는 것 자체가 억지스럽고 어불성설일지 모른다. 그럼에도 불구하고 기업들의 입장에서는 입사를 희망하는 사람이 어떤 성품을 가졌는지 정보가 필요하다. 그래야 해당 기업의 인재상에 적합하고 담당할 업무에 적격한 인재를 채용할 수 있기 때문이다.

지원자의 성격이 외향적인지 아니면 내향적인지, 어떤 직무와 어울리는지, 조직에서 다른 사람과 원만하게 생활할 수 있는지, 업무 수행 중 문제가 생겼을 때 어떻게 대처하고 해결할 수 있는지에 대한 전반적인 개성은 자기소개서를 통해서나 면접을 통해서도 어느 정도 파악할 수 있다. 그러나 이것들만으로 인성을 충분히 파악할 수 없기 때문에 객관화되고 정형화된 인성검사로 지원자의 성격을 판단하고 있다.

채용기업은 필기시험을 높은 점수로 통과한 지원자라 하더라도 해당 기업과 거리가 있는 성품을 가졌다면 탈락시키게 된다. 일반적으로 필기시험 통과자 중 인성검사로 탈락하는 비율이 10% 내외가 된다고 알려져 있다. 물론 인성검사를 탈락하였다 하더라도 특별히 인성에 문제가 있는 사람이 아니라면 절망할 필요는 없다. 자신을 되돌아보고 다음 기회를 대비하면 되기 때문이다. 탈락한 기업이 원하는 인재상이 아니었다면 맞는 기업을 찾으면 되고, 경쟁자가 많았기 때문이라면 자신을 다듬어 경쟁력을 높이면 될 것이다.

## 2 인성검사의 특징

우리나라 대다수의 채용기업은 인재개발 및 인적자원을 연구하는 한국행동과학연구소(KIRBS), 에스에이치알(SHR), 한국사회적성개발원(KSAD), 한국인재개발진흥원(KPDI) 등 전문기관에 인성검사를 의뢰하고 있다.

이 기관들의 인성검사 개발 목적은 비슷하지만 기관마다 검사 유형이나 평가 척도는 약간의 차이가 있다. 또 지원하는 기업이 어느 기관에서 개발한 검사지로 인성검사를 시행하는지는 사전에 알 수 없다. 그렇지만 공통으로 적용하는 척도와 기준에 따라 구성된 여러 형태의 인성검사지로 사전 테스트를 해 보고 자신의 인성이 어떻게 평가되는가를 미리 알아보는 것은 가능하다.

인성검사는 필기시험 당일 직무능력평가와 함께 실시하는 경우와 직무능력평가 합격자에 한하여 면접과 함께 실시하는 경우가 있다. 인성검사의 문항은 100문항 내외에서부터 최대 500문항까지 다양하다. 인성검사에 주어지는 시간은 문항 수에 비례하여 30 ~ 100분 정도가 된다.

문항 자체는 단순한 질문으로 어려울 것은 없지만 제시된 상황에서 본인의 행동을 정하는 것이 쉽지만은 않다. 문항 수가 많을 경우 이에 비례하여 시간도 길게 주어지지만 단순하고 유사하며 반복되는 질문에 방심하여 집중하지 못하고 실수하는 경우가 있으므로 컨디션 관리와 집중력 유지에 노력하여야 한다. 특히 같거나 유사한 물음에 다른 답을 하는 경우가 가장 위험하다.

# 3 인성검사 척도 및 구성

## ❶ 미네소타 다면적 인성검사(MMPI)

MMPI(Minnesota Multiphasic Personality Inventory)는 1943년 미국 미네소타 대학교수인 해서웨이와 매킨리가 개발한 대표적인 자기 보고형 성향 검사로서 오늘날 가장 대표적으로 사용되는 객관적 심리검사 중 하나이다. MMPI는 약 550여 개의 문항으로 구성되며 각 문항을 읽고 '예(YES)' 또는 '아니오(NO)'로 대답하게 되어 있다.

MMPI는 4개의 타당도 척도와 10개의 임상척도로 구분된다. 500개가 넘는 문항들 중 중복되는 문항들이 포함되어 있는데 내용이 똑같은 문항도 10문항 이상 포함되어 있다. 이 반복 문항들은 응시자가 얼마나 일관성 있게 검사에 임했는지를 판단하는 지표로 사용된다.

| 구분 | 척도명 | 약자 | 주요 내용 |
|---|---|---|---|
| 타당도 척도<br>(바른 태도로 임했는지, 신뢰할 수 있는 결론인지 등을 판단) | 무응답 척도<br>(Can not say) | ? | 응답하지 않은 문항과 복수로 답한 문항들의 총합으로 빠진 문항을 최소한으로 줄이는 것이 중요하다. |
| | 허구 척도<br>(Lie) | L | 자신을 좋은 사람으로 보이게 하려고 고의적으로 정직하지 못한 답을 판단하는 척도이다. 허구 척도가 높으면 장점까지 인정받지 못하는 결과가 발생한다. |
| | 신뢰 척도<br>(Frequency) | F | 검사 문항에 빗나간 답을 한 경향을 평가하는 척도로 정상적인 집단의 10% 이하의 응답을 기준으로 일반적인 경향과 다른 정도를 측정한다. |
| | 교정 척도<br>(Defensiveness) | K | 정신적 장애가 있음에도 다른 척도에서 정상적인 면을 보이는 사람을 구별하는 척도로 허구 척도보다 높은 고차원으로 거짓 응답을 하는 경향이 나타난다. |
| 임상척도<br>(정상적 행동과 그렇지 않은 행동의 종류를 구분하는 척도로, 척도마다 다른 기준으로 점수가 매겨짐) | 건강염려증<br>(Hypochondriasis) | Hs | 신체에 대한 지나친 집착이나 신경질적 혹은 병적 불안을 측정하는 척도로 이러한 건강염려증이 타인에게 어떤 영향을 미치는지도 측정한다. |
| | 우울증<br>(Depression) | D | 슬픔·비관 정도를 측정하는 척도로 타인과의 관계 또는 본인 상태에 대한 주관적 감정을 나타낸다. |
| | 히스테리<br>(Hysteria) | Hy | 갈등을 부정하는 정도를 측정하는 척도로 신체 증상을 호소하는 경우와 적대감을 부인하며 우회적인 방식으로 드러내는 경우 등이 있다. |
| | 반사회성<br>(Psychopathic Deviate) | Pd | 가정 및 사회에 대한 불신과 불만을 측정하는 척도로 비도덕적 혹은 반사회적 성향 등을 판단한다. |
| | 남성-여성특성<br>(Masculinity-Feminity) | Mf | 남녀가 보이는 흥미와 취향, 적극성과 수동성 등을 측정하는 척도로 성에 따른 유연한 사고와 융통성 등을 평가한다. |

| | | | |
|---|---|---|---|
| | 편집증<br>(Paranoia) | Pa | 과대 망상, 피해 망상, 의심 등 편집증에 대한 정도를 측정하는 척도로 열등감, 비사교적 행동, 타인에 대한 불만과 같은 내용을 질문한다. |
| | 강박증<br>(Psychasthenia) | Pt | 과대 근심, 강박관념, 죄책감, 공포, 불안감, 정리정돈 등을 측정하는 척도로 만성 불안 등을 나타낸다. |
| | 정신분열증<br>(Schizophrenia) | Sc | 정신적 혼란을 측정하는 척도로 자폐적 성향이나 타인과의 감정 교류, 충동 억제불능, 성적 관심, 사회적 고립 등을 평가한다. |
| | 경조증<br>(Hypomania) | Ma | 정신적 에너지를 측정하는 척도로 생각의 다양성 및 과장성, 행동의 불안정성, 흥분성 등을 나타낸다. |
| | 사회적 내향성<br>(Social introversion) | Si | 대인관계 기피, 사회적 접촉 회피, 비사회성 등의 요인을 측정하는 척도로 외향성 및 내향성을 구분한다. |

## ❷ 캘리포니아 성격검사(CPI)

CPI(California Psychological Inventory)는 캘리포니아 대학의 연구팀이 개발한 성격검사로 MMPI와 함께 세계에서 가장 널리 사용되고 있는 인성검사 툴이다. CPI는 다양한 인성 요인을 통해 지원자가 답변한 응답 왜곡 가능성, 조직 역량 등을 측정한다. MMPI가 주로 정서적 측면을 진단하는 특징을 보인다면, CPI는 정상적인 사람의 심리적 특성을 주로 진단한다.

CPI는 약 480개 문항으로 구성되어 있으며 다음과 같은 18개의 척도로 구분된다.

| 구분 | 척도명 | 주요 내용 |
|---|---|---|
| 제1군 척도<br>(대인관계 적절성 측정) | 지배성(Do) | 리더십, 통솔력, 대인관계에서의 주도권을 측정한다. |
| | 지위능력성(Cs) | 내부에 잠재되어 있는 내적 포부, 자기 확신 등을 측정한다. |
| | 사교성(Sy) | 참여 기질이 활달한 사람과 그렇지 않은 사람을 구분한다. |
| | 사회적 자발성(Sp) | 사회 안에서의 안정감, 자발성, 사교성 등을 측정한다. |
| | 자기 수용성(Sa) | 개인적 가치관, 자기 확신, 자기 수용력 등을 측정한다. |
| | 행복감(Wb) | 생활의 만족감, 행복감을 측정하며 긍정적인 사람으로 보이고자 거짓 응답하는 사람을 구분하는 용도로도 사용된다. |
| 제2군 척도<br>(성격과 사회화, 책임감 측정) | 책임감(Re) | 법과 질서에 대한 양심, 책임감, 신뢰성 등을 측정한다. |
| | 사회성(So) | 가치 내면화 정도, 사회 이탈 행동 가능성 등을 측정한다. |
| | 자기 통제성(Sc) | 자기조절, 자기통제의 적절성, 충동 억제력 등을 측정한다. |
| | 관용성(To) | 사회적 신념, 편견과 고정관념 등에 대한 태도를 측정한다. |
| | 호감성(Gi) | 타인이 자신을 어떻게 보는지에 대한 민감도를 측정하며, 좋은 사람으로 보이고자 거짓 응답하는 사람을 구분한다. |
| | 임의성(Cm) | 사회에 보수적 태도를 보이고 생각 없이 적당히 응답한 사람을 판단하는 척도로 사용된다. |

| | | |
|---|---|---|
| 제3군 척도<br>(인지적, 학업적 특성 측정) | 순응적 성취(Ac) | 성취동기, 내면의 인식, 조직 내 성취 욕구 등을 측정한다. |
| | 독립적 성취(Ai) | 독립적 사고, 창의성, 자기실현을 위한 능력 등을 측정한다. |
| | 지적 효율성(Le) | 지적 능률, 지능과 연관이 있는 성격 특성 등을 측정한다. |
| 제4군 척도<br>(제1~3군과 무관한 척도의 혼합) | 심리적 예민성(Py) | 타인의 감정 및 경험에 대해 공감하는 정도를 측정한다. |
| | 융통성(Fx) | 개인적 사고와 사회적 행동에 대한 유연성을 측정한다. |
| | 여향성(Fe) | 남녀 비교에 따른 흥미의 남향성 및 여향성을 측정한다. |



## ❸ SHL 직업성격검사(OPQ)

OPQ(Occupational Personality Questionnaire)는 세계적으로 많은 외국 기업에서 널리 사용하는 CEB사의 SHL 직무능력검사에 포함된 직업성격검사이다. 4개의 질문이 한 세트로 되어 있고 총 68세트 정도 출제되고 있다. 4개의 질문 안에서 '자기에게 가장 잘 맞는 것'과 '자기에게 가장 맞지 않는 것'을 1개씩 골라 '예', '아니오'로 체크하는 방식이다. 단순하게 모든 척도가 높다고 좋은 것은 아니며, 척도가 낮은 편이 좋은 경우도 있다.

기업에 따라 척도의 평가 기준은 다르다. 희망하는 기업의 특성을 연구하고, 채용 기준을 예측하는 것이 중요하다.

| 척도 | 내용 | 질문 예 |
|---|---|---|
| 설득력 | 사람을 설득하는 것을 좋아하는 경향 | – 새로운 것을 사람에게 권하는 것을 잘한다.<br>– 교섭하는 것에 걱정이 없다.<br>– 기획하고 판매하는 것에 자신이 있다. |
| 지도력 | 사람을 지도하는 것을 좋아하는 경향 | – 사람을 다루는 것을 잘한다.<br>– 팀을 아우르는 것을 잘한다.<br>– 사람에게 지시하는 것을 잘한다. |
| 독자성 | 다른 사람의 영향을 받지 않고, 스스로 생각해서 행동하는 것을 좋아하는 경향 | – 모든 것을 자신의 생각대로 하는 편이다.<br>– 주변의 평가는 신경 쓰지 않는다.<br>– 유혹에 강한 편이다. |
| 외향성 | 외향적이고 사교적인 경향 | – 다른 사람의 주목을 끄는 것을 좋아한다.<br>– 사람들이 모인 곳에서 중심이 되는 편이다.<br>– 담소를 나눌 때 주변을 즐겁게 해 준다. |
| 우호성 | 친구가 많고, 대세의 사람이 되는 것을 좋아하는 경향 | – 친구와 함께 있는 것을 좋아한다.<br>– 무엇이라도 얘기할 수 있는 친구가 많다.<br>– 친구와 함께 무언가를 하는 것이 많다. |
| 사회성 | 세상 물정에 밝고 사람 앞에서도 낯을 가리지 않는 성격 | – 자신감이 있고 유쾌하게 발표할 수 있다.<br>– 공적인 곳에서 인사하는 것을 잘한다.<br>– 사람들 앞에서 발표하는 것이 어렵지 않다. |

| | | |
|---|---|---|
| 겸손성 | 사람에 대해서 겸손하게 행동하고 누구라도 똑같이 사귀는 경향 | – 자신의 성과를 그다지 내세우지 않는다.<br>– 절제를 잘하는 편이다.<br>– 사회적인 지위에 무관심하다. |
| 협의성 | 사람들에게 의견을 물으면서 일을 진행하는 경향 | – 사람들의 의견을 구하며 일하는 편이다.<br>– 타인의 의견을 묻고 일을 진행시킨다.<br>– 친구와 상담해서 계획을 세운다. |
| 돌봄 | 측은해 하는 마음이 있고, 사람을 돌봐 주는 것을 좋아하는 경향 | – 개인적인 상담에 친절하게 답해 준다.<br>– 다른 사람의 상담을 진행하는 경우가 많다.<br>– 후배의 어려움을 돌보는 것을 좋아한다. |
| 구체적인 사물에 대한 관심 | 물건을 고치거나 만드는 것을 좋아하는 경향 | – 고장 난 물건을 수리하는 것이 재미있다.<br>– 상태가 안 좋은 기계도 잘 사용한다.<br>– 말하기보다는 행동하기를 좋아한다. |
| 데이터에 대한 관심 | 데이터를 정리해서 생각하는 것을 좋아하는 경향 | – 통계 등의 데이터를 분석하는 것을 좋아한다.<br>– 표를 만들거나 정리하는 것을 좋아한다.<br>– 숫자를 다루는 것을 좋아한다. |
| 미적가치에 대한 관심 | 미적인 것이나 예술적인 것을 좋아하는 경향 | – 디자인에 관심이 있다.<br>– 미술이나 음악을 좋아한다.<br>– 미적인 감각에 자신이 있다. |
| 인간에 대한 관심 | 사람의 행동에 동기나 배경을 분석하는 것을 좋아하는 경향 | – 다른 사람을 분석하는 편이다.<br>– 타인의 행동을 보면 동기를 알 수 있다.<br>– 다른 사람의 행동을 잘 관찰한다. |
| 정통성 | 이미 있는 가치관을 소중히 여기고, 익숙한 방법으로 사물을 대하는 것을 좋아하는 경향 | – 실적이 보장되는 확실한 방법을 취한다.<br>– 낡은 가치관을 존중하는 편이다.<br>– 보수적인 편이다. |
| 변화 지향 | 변화를 추구하고, 변화를 받아들이는 것을 좋아하는 경향 | – 새로운 것을 하는 것을 좋아한다.<br>– 해외여행을 좋아한다.<br>– 경험이 없더라도 시도해 보는 것을 좋아한다. |
| 개념성 | 지식에 대한 욕구가 있고, 논리적으로 생각하는 것을 좋아하는 경향 | – 개념적인 사고가 가능하다.<br>– 분석적인 사고를 좋아한다.<br>– 순서를 만들고 단계에 따라 생각한다. |
| 창조성 | 새로운 분야에 대한 공부를 하는 것을 좋아하는 경향 | – 새로운 것을 추구한다.<br>– 독창성이 있다.<br>– 신선한 아이디어를 낸다. |
| 계획성 | 앞을 생각해서 사물을 예상하고, 계획적으로 실행하는 것을 좋아하는 경향 | – 과거를 돌이켜보며 계획을 세운다.<br>– 앞날을 예상하며 행동한다.<br>– 실수를 돌아보며 대책을 강구하는 편이다. |

| | | |
|---|---|---|
| 치밀함 | 정확한 순서를 세워 진행하는 것을 좋아하는 경향 | – 사소한 실수는 거의 하지 않는다.<br>– 정확하게 요구되는 것을 좋아한다.<br>– 사소한 것에도 주의하는 편이다. |
| 꼼꼼함 | 어떤 일이든 마지막까지 꼼꼼하게 마무리 짓는 경향 | – 맡은 일을 마지막까지 해결한다.<br>– 마감 시한은 반드시 지킨다.<br>– 시작한 일은 중간에 그만두지 않는다. |
| 여유 | 평소에 릴랙스하고, 스트레스에 잘 대처하는 경향 | – 감정의 회복이 빠르다.<br>– 분별없이 함부로 행동하지 않는다.<br>– 스트레스에 잘 대처한다. |
| 근심 · 걱정 | 어떤 일이 잘 진행되지 않으면 불안을 느끼고, 중요한 일을 앞두면 긴장하는 경향 | – 예정대로 잘되지 않으면 근심 · 걱정이 많다.<br>– 신경 쓰이는 일이 있으면 불안하다.<br>– 중요한 만남 전에는 기분이 편하지 않다. |
| 호방함 | 사람들이 자신을 어떻게 생각하는지를 신경 쓰지 않는 경향 | – 사람들이 자신을 어떻게 생각하는지 그다지 신경 쓰지 않는다.<br>– 상처받아도 동요하지 않고 아무렇지 않은 태도를 취한다.<br>– 사람들의 비판에 크게 영향받지 않는다. |
| 억제력 | 감정을 표현하지 않는 경향 | – 쉽게 감정적으로 되지 않는다.<br>– 분노를 억누른다.<br>– 격분하지 않는다. |
| 낙관적 | 사물을 낙관적으로 보는 경향 | – 낙관적으로 생각하고 일을 진행시킨다.<br>– 문제가 일어나도 낙관적으로 생각한다. |
| 비판적 | 비판적으로 사물을 생각하고, 이론 · 문장 등의 오류에 신경 쓰는 경향 | – 이론의 모순을 찾아낸다.<br>– 계획이 갖춰지지 않은 것이 신경 쓰인다.<br>– 누구도 신경 쓰지 않는 오류를 찾아낸다. |
| 행동력 | 운동을 좋아하고, 민첩하게 행동하는 경향 | – 동작이 날렵하다.<br>– 여가를 활동적으로 보낸다.<br>– 몸을 움직이는 것을 좋아한다. |
| 경쟁성 | 지는 것을 싫어하는 경향 | – 승부를 겨루게 되면 지는 것을 싫어한다.<br>– 상대를 이기는 것을 좋아한다.<br>– 싸워 보지 않고 포기하는 것을 싫어한다. |
| 출세 지향 | 출세하는 것을 중요하게 생각하고, 야심적인 목표를 향해 노력하는 경향 | – 출세 지향적인 성격이다.<br>– 곤란한 목표도 달성할 수 있다.<br>– 실력으로 평가받는 사회가 좋다. |
| 결단력 | 빠르게 판단하는 경향 | – 답을 빠르게 찾아낸다.<br>– 문제에 대한 빠른 상황 파악이 가능하다.<br>– 위험을 감수하고도 결단을 내리는 편이다. |

## 4 인성검사 합격 전략

### ❶ 포장하지 않은 솔직한 답변

"다른 사람을 험담한 적이 한 번도 없다.", "물건을 훔치고 싶다고 생각해 본 적이 없다."

이 질문에 당신은 '그렇다', '아니다' 중 무엇을 선택할 것인가? 채용기업이 인성검사를 실시하는 가장 큰 이유는 '이 사람이 어떤 성향을 가진 사람인가'를 효율적으로 파악하기 위해서이다.

인성검사는 도덕적 가치가 빼어나게 높은 사람을 판별하려는 것도 아니고, 성인군자를 가려내기 위함도 아니다. 인간의 보편적 성향과 상식적 사고를 고려할 때, 도덕적 질문에 지나치게 겸손한 답변을 체크하면 오히려 솔직하지 못한 것으로 간주되거나 인성을 제대로 판단하지 못해 무효 처리가 되기도 한다. 자신의 성격을 포장하여 작위적인 답변을 하지 않도록 솔직하게 임하는 것이 예기치 않은 결과를 피하는 첫 번째 전략이 된다.

### ❷ 필터링 함정을 피하고 일관성 유지

앞서 강조한 솔직함은 일관성과 연결된다. 인성검사를 구성하는 많은 척도는 여러 형태의 문장 속에 동일한 요소를 적용해 반복되기도 한다. 예컨대 '나는 매우 활동적인 사람이다'와 '나는 운동을 매우 좋아한다'라는 질문에 '그렇다'고 체크한 사람이 '휴일에는 집에서 조용히 쉬며 독서하는 것이 좋다'에도 '그렇다'고 체크한다면 일관성이 없다고 평가될 수 있다.

그러나 일관성 있는 답변에만 매달리면 '이 사람이 같은 답변만 체크하기 위해 이 부분만 신경 썼구나'하는 필터링 함정에 빠질 수도 있다. 비슷하게 보이는 문장이 무조건 같은 내용이라고 판단하여 똑같이 답하는 것도 주의해야 한다. 일관성보다 중요한 것은 솔직함이다. 솔직함이 전제되지 않은 일관성은 허위 척도 필터링에서 드러나게 되어 있다. 유사한 질문의 응답이 터무니없이 다르거나 양극단에 치우치지 않는 정도라면 약간의 차이는 크게 문제되지 않는다. 중요한 것은 솔직함과 일관성이 하나의 연장선에 있다는 점을 명심하자.

### ❸ 지원한 직무와 연관성을 고려

다양한 분야의 많은 계열사와 큰 조직을 통솔하는 대기업은 여러 사람이 조직적으로 움직이는 만큼 각 직무에 걸맞은 능력을 갖춘 인재가 필요하다. 그래서 기업은 매년 신규채용으로 입사한 신입사원들의 젊은 패기와 참신한 능력을 성장 동력으로 활용한다.

기업은 사교성 있고 활달한 사람만을 원하지 않는다. 해당 직군과 직무에 따라 필요로 하는 사원의 능력과 개성이 다르기 때문에, 지원자가 희망하는 계열사나 부서의 직무가 무엇인지 제대로 파악하여 자신의 성향과 맞는지에 대한 고민은 반드시 필요하다. 같은 질문이라도 기업이 원하는 인재상이나 부서의 직무에 따라 판단 척도가 달라질 수 있다.

### ❹ 평상심 유지와 컨디션 관리

역시 솔직함과 연결된 내용이다. 한 질문에 오래 고민하고 신경 쓰면 불필요한 생각이 개입될 소지가 크다. 이는 직관을 떠나 이성적 판단에 따라 포장할 위험이 높아진다는 뜻이기도 하다. 긴 시간 생각하지 말고 자신의 평상시 생각과 감정대로 답하는 것이 중요하며, 가능한 건너뛰지 말고 모든 질문에 답하도록 한다. 300 ~ 400개 정도 문항을 출제하는 기업이 많기 때문에, 끝까지 집중하여 임하는 것이 중요하다.

특히 적성검사와 같은 날 실시하는 경우, 적성검사를 마친 후 연이어 보기 때문에 신체적 · 정신적으로 피로한 상태에서 자세가 흐트러질 수도 있다. 따라서 컨디션을 유지하면서 문항당 7 ~ 10초 이상 쓰지 않도록 하고, 문항 수가 많을 때는 답안지에 바로 바로 표기하자.

# 02 인성검사 연습



## 1 인성검사 출제유형

인성검사는 기업이 추구하는 '따뜻한, 신뢰받는, 창조적인, 협력하는'이라는 내부 기준에 따라 적합한 인재를 찾기 위해 가치관과 태도를 측정하는 것이다. 응시자 개인의 사고와 태도 · 행동 특성 및 유사 질문의 반복을 통해 거짓말 척도 등으로 기업의 인재상에 적합한지를 판단하므로 특별하게 정해진 답은 없다.

다음에 제시할 인성검사는 삼성그룹 인성검사 출제 유형을 연습하기 위한 것으로 실제 문항 수나 제한시간과는 차이가 있을 수 있다. 하지만 출제 유형을 미리 알면 대비하기가 쉬워지므로 다양한 질문의 인성검사 유형을 파악하는 것이 좋다. 인성검사는 지원자 개인의 사고와 가치관 등을 판단하기 위한 것이므로 다양한 질문들로 구성되기 때문이다.

## 2 문항 군 개별 항목 체크

❶ 100개 내외의 문항 군으로 구성된 검사지에 자신에게 해당되는 '① 매우 그렇다 ② 그렇다 ③ 그런 편이다 ④ 그렇지 않은 편이다 ⑤ 그렇지 않다 ⑥ 전혀 그렇지 않다'에 표시한다.

❷ 문항 수가 많으면 일관된 답변이 어려울 수도 있으므로 최대한 꾸밈없이 자신의 가치관과 신념을 바탕으로 솔직하게 답하도록 노력한다.

### 인성검사 Tip

1. 직관적으로 솔직하게 답한다.
2. 모든 문제를 신중하게 풀도록 한다.
3. 비교적 일관성을 유지할 수 있도록 한다.
4. 평소의 경험과 선호도를 자연스럽게 답한다.
5. 각 문항에 너무 골똘히 생각하거나 고민하지 않는다.
6. 지원한 분야와 나의 성격의 연관성을 미리 생각하고 분석해 본다.

## 3 모의 연습

| 01~100 | 모든 문항에는 옳고 그른 답이 없습니다. 다음 문항을 잘 읽고 ① ~ ⑥ 중 본인에게 해당되는 부분에 표시해 주십시오.

| 번호 | 문항 | 매우 그렇다 | 그렇다 | 그런 편이다 | 그렇지 않은 편이다 | 그렇지 않다 | 전혀 그렇지 않다 |
|---|---|---|---|---|---|---|---|
| 1 | 내가 한 행동이 가져올 결과를 잘 알고 있다. | ① | ② | ③ | ④ | ⑤ | ⑥ |
| 2 | 다른 사람의 주장이나 의견이 어떤 맥락을 가지고 있는지 생각해본다. | ① | ② | ③ | ④ | ⑤ | ⑥ |
| 3 | 나는 어려운 문제를 보면 반드시 그것을 해결해야 직성이 풀린다. | ① | ② | ③ | ④ | ⑤ | ⑥ |
| 4 | 시험시간이 끝나면 곧바로 정답을 확인해보는 편이다. | ① | ② | ③ | ④ | ⑤ | ⑥ |
| 5 | 물건을 구매할 때 가격 정보부터 찾는 편이다. | ① | ② | ③ | ④ | ⑤ | ⑥ |
| 6 | 항상 일을 할 때 개선점을 찾으려고 한다. | ① | ② | ③ | ④ | ⑤ | ⑥ |
| 7 | 사적인 스트레스로 일을 망치는 일은 없다. | ① | ② | ③ | ④ | ⑤ | ⑥ |
| 8 | 일이 어떻게 진행되고 있는지 지속적으로 점검한다. | ① | ② | ③ | ④ | ⑤ | ⑥ |
| 9 | 궁극적으로 내가 달성하고자 하는 것을 자주 생각한다. | ① | ② | ③ | ④ | ⑤ | ⑥ |
| 10 | 막상 시험기간이 되면 계획대로 되지 않는다. | ① | ② | ③ | ④ | ⑤ | ⑥ |
| 11 | 다른 사람에게 궁금한 것이 있어도 참는 편이다. | ① | ② | ③ | ④ | ⑤ | ⑥ |
| 12 | 요리하는 TV프로그램을 즐겨 시청한다. | ① | ② | ③ | ④ | ⑤ | ⑥ |
| 13 | 후회를 해 본 적이 없다. | ① | ② | ③ | ④ | ⑤ | ⑥ |
| 14 | 스스로 계획한 일은 하나도 빠짐없이 실행한다. | ① | ② | ③ | ④ | ⑤ | ⑥ |
| 15 | 낮보다 어두운 밤에 집중력이 좋다. | ① | ② | ③ | ④ | ⑤ | ⑥ |
| 16 | 인내심을 가지고 일을 한다. | ① | ② | ③ | ④ | ⑤ | ⑥ |
| 17 | 많은 생각을 필요로 하는 일에 더 적극적이다. | ① | ② | ③ | ④ | ⑤ | ⑥ |
| 18 | 미래는 불확실하기 때문에 결과를 예측하는 것은 무의미하다. | ① | ② | ③ | ④ | ⑤ | ⑥ |
| 19 | 매일 긍정적인 감정만 느낀다. | ① | ② | ③ | ④ | ⑤ | ⑥ |
| 20 | 쉬는 날 가급적 집 밖으로 나가지 않는다. | ① | ② | ③ | ④ | ⑤ | ⑥ |
| 21 | 나는 약속 시간을 잘 지킨다. | ① | ② | ③ | ④ | ⑤ | ⑥ |
| 22 | 영화보다는 연극을 선호한다. | ① | ② | ③ | ④ | ⑤ | ⑥ |

| | | | | | | | |
|---|---|---|---|---|---|---|---|
| 23 | 아무리 계획을 잘 세워도 결국 일정에 쫓기게 된다. | ① | ② | ③ | ④ | ⑤ | ⑥ |
| 24 | 생소한 문제를 접하면 해결해보고 싶다는 생각보다 귀찮다는 생각이 먼저 든다. | ① | ② | ③ | ④ | ⑤ | ⑥ |
| 25 | 내가 한 일의 결과물을 구체적으로 상상해본다. | ① | ② | ③ | ④ | ⑤ | ⑥ |
| 26 | 새로운 것을 남들보다 빨리 받아들이는 편이다. | ① | ② | ③ | ④ | ⑤ | ⑥ |
| 27 | 나는 친구들의 생일선물을 잘 챙겨준다. | ① | ② | ③ | ④ | ⑤ | ⑥ |
| 28 | 나를 알고 있는 모든 사람은 나에게 칭찬을 한다. | ① | ② | ③ | ④ | ⑤ | ⑥ |
| 29 | 일을 할 때 필요한 나의 능력에 대해 정확하게 알고 있다. | ① | ② | ③ | ④ | ⑤ | ⑥ |
| 30 | 나는 질문을 많이 하는 편이다. | ① | ② | ③ | ④ | ⑤ | ⑥ |
| 31 | 가급적 여러 가지 대안을 고민하는 것이 좋다. | ① | ② | ③ | ④ | ⑤ | ⑥ |
| 32 | 만일 일을 선택할 수 있다면 어려운 것보다 쉬운 것을 선택할 것이다. | ① | ② | ③ | ④ | ⑤ | ⑥ |
| 33 | 나는 즉흥적으로 일을 한다. | ① | ② | ③ | ④ | ⑤ | ⑥ |
| 34 | 배가 고픈 것을 잘 참지 못한다. | ① | ② | ③ | ④ | ⑤ | ⑥ |
| 35 | 단순한 일보다는 생각을 많이 해야 하는 일을 선호한다. | ① | ② | ③ | ④ | ⑤ | ⑥ |
| 36 | 갑작스럽게 힘든 일을 겪어도 스스로를 통제할 수 있다. | ① | ② | ③ | ④ | ⑤ | ⑥ |
| 37 | 가능성이 낮다 하더라도 내가 믿는 것이 있으면 그것을 실현시키기 위해 노력할 것이다. | ① | ② | ③ | ④ | ⑤ | ⑥ |
| 38 | 내가 잘하는 일과 못하는 일을 정확하게 알고 있다. | ① | ② | ③ | ④ | ⑤ | ⑥ |
| 39 | 어떤 목표를 세울 것인가 보다 왜 그런 목표를 세웠는지가 더 중요하다. | ① | ② | ③ | ④ | ⑤ | ⑥ |
| 40 | 나는 성인이 된 이후로 하루도 빠짐없이 똑같은 시간에 일어났다. | ① | ② | ③ | ④ | ⑤ | ⑥ |
| 41 | 다른 사람들보다 새로운 것을 빠르게 습득하는 편이다. | ① | ② | ③ | ④ | ⑤ | ⑥ |
| 42 | 나는 모르는 것이 있으면 수단과 방법을 가리지 않고 알아낸다. | ① | ② | ③ | ④ | ⑤ | ⑥ |
| 43 | 내 삶을 향상시키기 위한 방법을 찾는다. | ① | ② | ③ | ④ | ⑤ | ⑥ |
| 44 | 내 의견이 옳다는 생각이 들면 다른 사람과 잘 타협하지 못한다. | ① | ② | ③ | ④ | ⑤ | ⑥ |
| 45 | 나는 집요한 사람이다. | ① | ② | ③ | ④ | ⑤ | ⑥ |
| 46 | 가까운 사람과 사소한 일로 다투었을 때 먼저 화해를 청하는 편이다. | ① | ② | ③ | ④ | ⑤ | ⑥ |
| 47 | 무엇인가를 반드시 성취해야 하는 것은 아니다. | ① | ② | ③ | ④ | ⑤ | ⑥ |
| 48 | 일을 통해서 나의 지식과 기술을 후대에 기여하고 싶다. | ① | ② | ③ | ④ | ⑤ | ⑥ |

| | | | | | | | |
|---|---|---|---|---|---|---|---|
| 49 | 내 의견을 이해하지 못하는 사람은 상대하지 않는다. | ① | ② | ③ | ④ | ⑤ | ⑥ |
| 50 | 사회에서 인정받을 수 있는 사람이 되고 싶다. | ① | ② | ③ | ④ | ⑤ | ⑥ |
| 51 | 착한 사람은 항상 손해를 보게 되어 있다. | ① | ② | ③ | ④ | ⑤ | ⑥ |
| 52 | 내가 잘한 일은 남들이 꼭 알아줬으면 한다. | ① | ② | ③ | ④ | ⑤ | ⑥ |
| 53 | 상황이 변해도 유연하게 대처한다. | ① | ② | ③ | ④ | ⑤ | ⑥ |
| 54 | 나와 다른 의견도 끝까지 듣는다. | ① | ② | ③ | ④ | ⑤ | ⑥ |
| 55 | 상황에 따라서는 거짓말도 필요하다. | ① | ② | ③ | ④ | ⑤ | ⑥ |
| 56 | 평범한 사람이라고 생각한다. | ① | ② | ③ | ④ | ⑤ | ⑥ |
| 57 | 남들이 실패한 일도 나는 해낼 수 있다. | ① | ② | ③ | ④ | ⑤ | ⑥ |
| 58 | 남들보다 특별히 더 우월하다고 생각하지 않는다. | ① | ② | ③ | ④ | ⑤ | ⑥ |
| 59 | 시비가 붙더라도 침착하게 대응한다. | ① | ② | ③ | ④ | ⑤ | ⑥ |
| 60 | 화가 날수록 상대방에게 침착해지는 편이다. | ① | ② | ③ | ④ | ⑤ | ⑥ |
| 61 | 세상은 착한 사람들에게 불리하다. | ① | ② | ③ | ④ | ⑤ | ⑥ |
| 62 | 여러 사람과 이야기하는 것이 즐겁다. | ① | ② | ③ | ④ | ⑤ | ⑥ |
| 63 | 다른 사람의 감정을 내 것처럼 느낀다. | ① | ② | ③ | ④ | ⑤ | ⑥ |
| 64 | 내게 모욕을 준 사람들을 절대 잊지 않는다. | ① | ② | ③ | ④ | ⑤ | ⑥ |
| 65 | 우리가 사는 세상은 살만한 곳이라고 생각한다. | ① | ② | ③ | ④ | ⑤ | ⑥ |
| 66 | 속이 거북할 정도로 많이 먹을 때가 있다. | ① | ② | ③ | ④ | ⑤ | ⑥ |
| 67 | 마음속에 있는 것을 솔직하게 털어놓는 편이다. | ① | ② | ③ | ④ | ⑤ | ⑥ |
| 68 | 일은 내 삶의 중심에 있다. | ① | ② | ③ | ④ | ⑤ | ⑥ |
| 69 | 내가 열심히 노력한다고 해서 나의 주변 환경에 어떤 바람직한 변화가 일어나는 것은 아니다. | ① | ② | ③ | ④ | ⑤ | ⑥ |
| 70 | 웬만한 일을 겪어도 마음의 평정을 유지하는 편이다. | ① | ② | ③ | ④ | ⑤ | ⑥ |
| 71 | 사람들 앞에 서면 실수를 할까 걱정된다. | ① | ② | ③ | ④ | ⑤ | ⑥ |
| 72 | 점이나 사주를 믿는 편이다. | ① | ② | ③ | ④ | ⑤ | ⑥ |
| 73 | 화가 나면 언성이 높아진다. | ① | ② | ③ | ④ | ⑤ | ⑥ |
| 74 | 차근차근 하나씩 일을 마무리한다. | ① | ② | ③ | ④ | ⑤ | ⑥ |
| 75 | 어려운 목표라도 어떻게 해서든 실현 가능한 해결책을 만든다. | ① | ② | ③ | ④ | ⑤ | ⑥ |
| 76 | 진행하던 일을 홧김에 그만둔 적이 있다. | ① | ② | ③ | ④ | ⑤ | ⑥ |
| 77 | 사람을 차별하지 않는다. | ① | ② | ③ | ④ | ⑤ | ⑥ |
| 78 | 창이 있는 레스토랑에 가면 창가에 자리를 잡는다. | ① | ② | ③ | ④ | ⑤ | ⑥ |
| 79 | 다양한 분야에 관심이 있다. | ① | ② | ③ | ④ | ⑤ | ⑥ |

| | | | | | | | |
|---|---|---|---|---|---|---|---|
| 80 | 무단횡단을 한 번도 해본 적이 없다. | ① | ② | ③ | ④ | ⑤ | ⑥ |
| 81 | 내 주위에서는 즐거운 일들이 자주 일어난다. | ① | ② | ③ | ④ | ⑤ | ⑥ |
| 82 | 다른 사람의 행동을 내가 통제하고 싶다. | ① | ② | ③ | ④ | ⑤ | ⑥ |
| 83 | 내 친구들은 은근히 뒤에서 나를 비웃는다. | ① | ② | ③ | ④ | ⑤ | ⑥ |
| 84 | 아이디어를 적극적으로 제시한다. | ① | ② | ③ | ④ | ⑤ | ⑥ |
| 85 | 규칙을 어기는 것도 필요할 때가 있다. | ① | ② | ③ | ④ | ⑤ | ⑥ |
| 86 | 친구를 쉽게 사귄다. | ① | ② | ③ | ④ | ⑤ | ⑥ |
| 87 | 내 분야에서 1등이 되어야 한다. | ① | ② | ③ | ④ | ⑤ | ⑥ |
| 88 | 스트레스가 쌓이면 몸도 함께 아프다. | ① | ② | ③ | ④ | ⑤ | ⑥ |
| 89 | 목표를 달성하기 위해서는 때로 편법이 필요할 때도 있다. | ① | ② | ③ | ④ | ⑤ | ⑥ |
| 90 | 나는 보통사람들보다 더 존경받을 만하다고 생각한다. | ① | ② | ③ | ④ | ⑤ | ⑥ |
| 91 | 내 주위에는 나보다 잘난 사람들만 있는 것 같다. | ① | ② | ③ | ④ | ⑤ | ⑥ |
| 92 | 나는 따뜻하고 부드러운 마음을 가지고 있다. | ① | ② | ③ | ④ | ⑤ | ⑥ |
| 93 | 어떤 일에 실패했어도 반드시 다시 도전한다. | ① | ② | ③ | ④ | ⑤ | ⑥ |
| 94 | 회의에 적극 참여한다. | ① | ② | ③ | ④ | ⑤ | ⑥ |
| 95 | 나는 적응력이 뛰어나다. | ① | ② | ③ | ④ | ⑤ | ⑥ |
| 96 | 서두르지 않고 순서대로 일을 마무리한다. | ① | ② | ③ | ④ | ⑤ | ⑥ |
| 97 | 나는 실수에 대해 변명한 적이 없다. | ① | ② | ③ | ④ | ⑤ | ⑥ |
| 98 | 나는 맡은 일은 책임지고 끝낸다. | ① | ② | ③ | ④ | ⑤ | ⑥ |
| 99 | 나는 눈치가 빠르다. | ① | ② | ③ | ④ | ⑤ | ⑥ |
| 100 | 나는 본 검사에 성실하게 응답하였다. | ① | ② | ③ | ④ | ⑤ | ⑥ |

# 03 인성검사의 유형연습

※ 이는 삼성그룹 인성검사 유형을 보여드리기 위한 것으로, 실제 문항 수 · 제한시간과는 차이가 있습니다.

※ 이 유형은 지원자 개인의 사고와 태도 · 행동 특성 및 유사 질문의 반복을 통한 거짓말 척도 등으로 인재상과의 적합성을 판단합니다. 따라서 특별하게 정해진 답은 없으며, 솔직하게 답하도록 합니다.

| 01~65 | 다음 각 문제를 읽고 당신의 성향을 기준으로 판단할 때 ① 전혀 그렇지 않다, ② 그렇지 않다, ③ 보통이다, ④ 매우 그렇다 중 어디에 해당되는지를 선택하여 기입하시오.

| | | | | | |
|---|---|---|---|---|---|
| 01 | 나는 꽃가루 알레르기가 있다. | ① | ② | ③ | ④ |
| 02 | 나는 언제나 활력이 넘친다. | ① | ② | ③ | ④ |
| 03 | 나는 몸이 자주 나른하다. | ① | ② | ③ | ④ |
| 04 | 나는 미국의 애플사가 삼성의 특허를 침해했다고 생각한다. | ① | ② | ③ | ④ |
| 05 | 나는 앞으로 아이폰을 사용하지 않을 것이다. | ① | ② | ③ | ④ |
| 06 | 나는 어떤 일을 거창하게 생각하는 편이다. | ① | ② | ③ | ④ |
| 07 | 나는 혼자 살고 싶다고 생각할 때가 많다. | ① | ② | ③ | ④ |
| 08 | 기업은 사회공헌에 힘써야 한다. | ① | ② | ③ | ④ |
| 09 | 나는 남을 미워하거나 원망해본 적이 없다. | ① | ② | ③ | ④ |
| 10 | 나는 사람을 의심해본 적이 없다. | ① | ② | ③ | ④ |
| 11 | 삼성은 투명한 기업이다. | ① | ② | ③ | ④ |
| 12 | 나는 조직적으로 행동하는 것을 좋아한다. | ① | ② | ③ | ④ |

| | | | | | |
|---|---|---|---|---|---|
| 13 | 나는 논리가 뛰어나다는 말을 듣는 편이다. | ① | ② | ③ | ④ |
| 14 | 나는 변덕이 심하다는 말을 듣는 편이다. | ① | ② | ③ | ④ |
| 15 | 나는 거짓말을 해본 적이 거의 없다. | ① | ② | ③ | ④ |
| 16 | 나는 욕을 퍼붓고 싶을 때가 자주 있다. | ① | ② | ③ | ④ |
| 17 | 나는 사소한 일에도 화를 내거나 흥분하는 경향이 있다. | ① | ② | ③ | ④ |
| 18 | 나는 다른 사람들보다 고집이 센 편이다. | ① | ② | ③ | ④ |
| 19 | 나는 도둑질을 해본 적이 있다. | ① | ② | ③ | ④ |
| 20 | 나는 주변에서 일어나는 일들에 민감한 편이다. | ① | ② | ③ | ④ |
| 21 | 나는 가끔 끔찍한 일을 저지르고 싶다. | ① | ② | ③ | ④ |
| 22 | 나는 내 주장을 펴지 않으면 손해를 본다고 생각한다. | ① | ② | ③ | ④ |
| 23 | 나는 모르는 사람에게도 자신 있게 내 의견을 발표할 수 있다. | ① | ② | ③ | ④ |
| 24 | 나는 남이 하는 말에 내 생각이나 결심을 바꾸는 일이 잦다. | ① | ② | ③ | ④ |
| 25 | 나는 내 일을 별로 남과 상의하지 않는다. | ① | ② | ③ | ④ |
| 26 | 나는 임기응변으로 대응하는 것을 잘한다. | ① | ② | ③ | ④ |
| 27 | 나는 삼성 스마트폰이 가장 좋다고 생각한다. | ① | ② | ③ | ④ |
| 28 | 나는 어떤 일에 대한 대가를 바라지 않는다. | ① | ② | ③ | ④ |
| 29 | 나는 항상 새로운 일에 대한 호기심을 갖고 있다. | ① | ② | ③ | ④ |

| | | | | | |
|---|---|---|---|---|---|
| 30 | 나는 어려운 일이 있어도 나 혼자 고민하고 결정한다. | ① | ② | ③ | ④ |
| 31 | 나는 어떤 일이 생각대로 되지 않았을 때에도 긍정적으로 생각한다. | ① | ② | ③ | ④ |
| 32 | 나는 언제나 일처리를 꼼꼼하게 한다. | ① | ② | ③ | ④ |
| 33 | 나는 항상 자기계발을 위해 노력한다. | ① | ② | ③ | ④ |
| 34 | 나는 융통성이 있는 편이다. | ① | ② | ③ | ④ |
| 35 | 기업은 사회적 책임을 다해야 한다. | ① | ② | ③ | ④ |
| 36 | 나는 높은 목표를 설정하여 수행하는 것이 좋다. | ① | ② | ③ | ④ |
| 37 | 나는 다른 사람을 설득하는 데 자신이 있다. | ① | ② | ③ | ④ |
| 38 | 나는 주변 사람들에게 독특한 사람으로 통한다. | ① | ② | ③ | ④ |
| 39 | 나는 사람들의 부탁을 잘 거절하지 못한다. | ① | ② | ③ | ④ |
| 40 | 나는 비판적인 상황에서도 감정을 잘 조절한다. | ① | ② | ③ | ④ |
| 41 | 나는 약속은 반드시 지킨다. | ① | ② | ③ | ④ |
| 42 | 나는 나의 판단에 확신이 있다. | ① | ② | ③ | ④ |
| 43 | 나는 매뉴얼에 따라 착실하게 일을 한다. | ① | ② | ③ | ④ |
| 44 | 나는 전통에 얽매일 필요는 없다고 생각한다. | ① | ② | ③ | ④ |
| 45 | 우리 가정은 화목하지 않다. | ① | ② | ③ | ④ |
| 46 | 나는 누구와도 금방 친해질 수 있다. | ① | ② | ③ | ④ |
| 47 | 나는 행동하기 전에 다시 한 번 생각하는 일이 많다. | ① | ② | ③ | ④ |
| 48 | 나는 거짓말을 자주 한다. | ① | ② | ③ | ④ |

| | | | | | |
|---|---|---|---|---|---|
| 49 | 나는 배려심이 많다고 생각한다. | ① | ② | ③ | ④ |
| 50 | 나는 타인의 감정에 민감하다. | ① | ② | ③ | ④ |
| 51 | 나는 내향적이며 조용한 편이다. | ① | ② | ③ | ④ |
| 52 | 나는 방식을 바꿔보는 것을 좋아한다. | ① | ② | ③ | ④ |
| 53 | 나는 가끔 끔찍한 일을 저지르고 싶다. | ① | ② | ③ | ④ |
| 54 | 나는 규칙을 어겨서까지 남을 도울 필요는 없다고 생각한다. | ① | ② | ③ | ④ |
| 55 | 나는 변화무쌍한 것에 매력을 느끼는 편이다. | ① | ② | ③ | ④ |
| 56 | 나는 이성적이며 냉철한 편이다. | ① | ② | ③ | ④ |
| 57 | 비리를 발견하면 회사를 위해 신고해야 한다. | ① | ② | ③ | ④ |
| 58 | 나는 독창적인 방식을 생각하는 편이다. | ① | ② | ③ | ④ |
| 59 | 나는 친절하다는 말을 듣는 편이다. | ① | ② | ③ | ④ |
| 60 | 나는 처음 만나는 사람과 대화하기 위해서는 용기가 필요한 편이다. | ① | ② | ③ | ④ |
| 61 | 나는 자원봉사 활동을 자주 해왔다. | ① | ② | ③ | ④ |
| 62 | 나는 한번도 거짓말을 한 적이 없다. | ① | ② | ③ | ④ |
| 63 | 나는 가족이 원망스러울 때가 있다. | ① | ② | ③ | ④ |
| 64 | 나는 상대를 포용하는 능력이 뛰어나다. | ① | ② | ③ | ④ |
| 65 | 때때로 홀로 여행을 떠나고 싶다. | ① | ② | ③ | ④ |

# 04 U-K 검사(작업검사)

## 1 작업검사

일정한 조건 아래 단순한 작업을 시키고 나서 그 작업량의 유형으로 인격을 파악하려는 것으로서 이는 실시가 간단하고 집단실시가 가능하며, 비언어적 과제를 사용하여 언어이해력을 필요로 하지 않는다는 장점이 있으나, 성격 전반에 대한 정보를 파악하는 데는 어려움이 있다. 작업검사에 의한 성격검사는 일정한 조건 아래 단순한 작업을 지시대로 하게 하여 그 결과를 분석함으로써 성격의 특성을 진단한다. 검사목적이 어디 있는지 수험자가 알아차리지 못하게 하기 때문에 심리학 분야에서는 위장검사라고도 한다.

U-K 검사는 작업검사의 대표적인 검사방법으로 원명은 우찌다-크레페린 정신작업검사이다. 크레페린 검사는 1902년 독일의 정신의학자 E.kraepelin이 제안하여 Specht, Grat 등에 의하여 연구되었으며 그 결과를 일본의 우찌다가 정상인에게 실험함으로써 인간의 정신적 특징을 규명하는 데 활용하였다.

## 2 U-K 검사

검사형식은 무작위로 선정한 한 자리 숫자를 옆으로 길게 늘어놓고 앞의 수와 바로 다음 수를 더하여 그 더한 수의 일의 자리 숫자를 지정된 곳에 기입해 나가는 것이다. 한 행에 배정된 시간은 1분이고, '시작'하는 신호와 동시에 첫 행의 왼쪽부터 차례로 더해 오른쪽으로 답을 써 나간다. '다음 줄'이란 신호가 있으면 첫 행을 모두 계산하지 못했더라도 그대로 두고 둘째 행을 시작한다. 중간에 휴식시간이 있고, 신호에 따라 작업을 다시 시작한 후 '끝'하는 신호가 있을 때까지 앞과 같이 검사를 시행하면 된다. 여러 가지 유형이 있으나 일반적으로 연습 2분, 전반 본검사 15분, 휴식 5분, 후반 본검사 15분의 형태로 실시된다.

검사가 끝나면 각 행의 계산이 끊긴 곳의 숫자를 연결하여 작업곡선을 만들어 정형화된 표준곡선과 수험자의 곡선을 비교하여 성격을 판정한다. 작업곡선은 일반적으로 다음과 같이 나타난다.

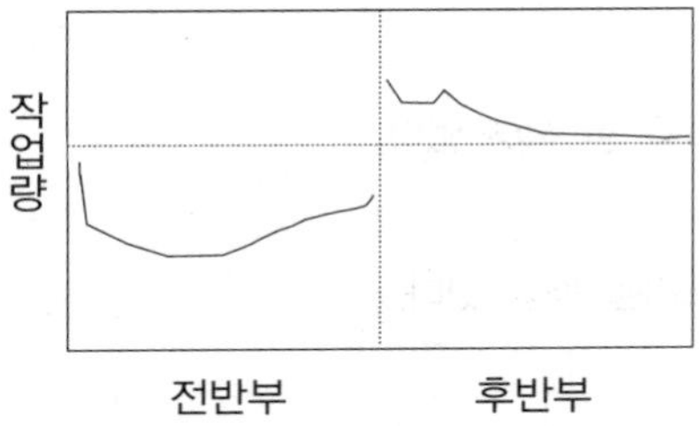

첫째, 전반부 · 후반부 모두 최초 1분간의 작업량이 가장 많다(초두효과).

둘째, 전반부에서는 2분 이후 작업이 저하해가고 7 ~ 10분째 또다시 작업이 상승한다.

셋째, 후반부는 전반부보다 작업량은 많고(휴식효과), 후반부 곡선은 2분째 이후 하강하며, 4 ~ 5분째에서 일시적으로 상승, 그 후에는 최후까지 하강해간다.

이에 대해 이상경향곡선은 다음과 같은 특징에 의해 나타난다.

첫째, 초두노력의 결여

둘째, 휴식효과의 결여

셋째, 작업량의 격렬한 동요

넷째, 작업량이 적고 급격한 하강의 외길을 헤맨다(긴장의 결여).

이러한 판정 외에도 계산착오의 수량을 따져 오류가 많을 경우에는 인격 이상 등으로 판정되기도 한다.

【U-K 검사의 예】

```
3   9   4   8   6   1   6   7   5   3   8   2   9   1   7  [8]  4   5   2
  2   3   2   4   7   7   3   2   8   1   0   1   0   8   5
4   7   1   3   5   6   8   2   9   2   6   4   8  [5]  4   3   1   9   4
  1   8   4   8   1   4   0   1   1   8   0   2   3
9   5   8   1   6   3   6   9   4   3   7   9   8   1  [6]  8   7   5   2
  4   3   9   7   9   9   5   3   7   0   6   7   9   7
8   2   4   7   3   9   1   8  [6]  4   2   7   5   4   9   3   6   8   5
  0   6   1   0   2   0   9   4
1   7   2   9   4   5   8   5   3   7   4   6  [2]  9   5   7   2   1   4
  8   9   1   3   9   3   3   8   0   1   0   8
```

**계산법**

```
  3       9       4       8       6
      2       3       2       4
3+9=1②  9+4=1③  4+8=1②  8+6=1④
```

## 3 모의 U-K 검사

### ❶ 검사 1

〈전반부〉

| | | | | | | | | | | | | | | | | | | | | | | |
|---|---|---|---|---|---|---|---|---|---|---|---|---|---|---|---|---|---|---|---|---|---|---|
| 7 | 4 | 9 | 5 | 6 | 2 | 8 | 1 | 5 | 9 | 3 | 6 | 4 | 7 | 9 | 3 | 8 | 5 | 2 | 7 | 1 | 6 | 8 |
| 3 | 8 | 1 | 9 | 4 | 7 | 5 | 3 | 6 | 8 | 2 | 7 | 5 | 1 | 8 | 2 | 4 | 9 | 6 | 5 | 7 | 3 | 4 |
| 2 | 9 | 5 | 6 | 3 | 1 | 7 | 8 | 4 | 3 | 1 | 5 | 3 | 6 | 4 | 7 | 5 | 6 | 2 | 8 | 4 | 7 | 9 |
| 4 | 6 | 2 | 9 | 7 | 5 | 8 | 3 | 1 | 4 | 2 | 6 | 1 | 9 | 5 | 3 | 8 | 7 | 3 | 4 | 6 | 9 | 5 |
| 9 | 3 | 5 | 8 | 2 | 4 | 6 | 1 | 5 | 2 | 7 | 8 | 5 | 4 | 1 | 9 | 6 | 4 | 7 | 5 | 2 | 7 | 3 |
| 5 | 7 | 3 | 4 | 8 | 3 | 1 | 9 | 4 | 7 | 5 | 3 | 6 | 8 | 2 | 7 | 5 | 1 | 8 | 2 | 4 | 9 | 6 |
| 1 | 7 | 8 | 4 | 3 | 1 | 5 | 3 | 6 | 4 | 7 | 5 | 6 | 2 | 8 | 4 | 7 | 9 | 2 | 5 | 6 | 3 | 1 |
| 8 | 3 | 1 | 4 | 2 | 6 | 1 | 9 | 5 | 3 | 8 | 7 | 3 | 4 | 6 | 9 | 5 | 4 | 6 | 2 | 9 | 7 | 5 |
| 6 | 5 | 7 | 8 | 3 | 8 | 2 | 4 | 6 | 1 | 5 | 2 | 7 | 8 | 5 | 4 | 1 | 9 | 6 | 4 | 7 | 5 | 2 |
| 9 | 3 | 6 | 4 | 7 | 9 | 3 | 8 | 5 | 2 | 7 | 1 | 6 | 8 | 7 | 4 | 9 | 5 | 6 | 2 | 8 | 1 | 5 |
| 5 | 3 | 6 | 7 | 3 | 4 | 6 | 9 | 5 | 4 | 6 | 2 | 9 | 7 | 5 | 8 | 3 | 1 | 4 | 2 | 6 | 5 | 3 |
| 4 | 2 | 6 | 1 | 9 | 5 | 3 | 8 | 7 | 3 | 4 | 6 | 9 | 5 | 4 | 6 | 2 | 9 | 7 | 5 | 6 | 2 | 8 |
| 6 | 1 | 9 | 4 | 7 | 4 | 6 | 1 | 5 | 2 | 7 | 8 | 5 | 3 | 8 | 7 | 3 | 4 | 6 | 9 | 5 | 4 | 6 |
| 2 | 7 | 5 | 1 | 8 | 4 | 2 | 9 | 6 | 5 | 7 | 3 | 4 | 5 | 8 | 2 | 4 | 6 | 1 | 5 | 2 | 7 | 8 |
| 1 | 5 | 9 | 3 | 8 | 3 | 4 | 7 | 5 | 3 | 6 | 8 | 2 | 7 | 5 | 1 | 8 | 2 | 4 | 9 | 6 | 4 | 3 |

〈후반부〉

| | | | | | | | | | | | | | | | | | | | | | | |
|---|---|---|---|---|---|---|---|---|---|---|---|---|---|---|---|---|---|---|---|---|---|---|
| 4 | 8 | 3 | 9 | 4 | 1 | 5 | 7 | 8 | 3 | 9 | 4 | 2 | 6 | 7 | 5 | 1 | 4 | 8 | 6 | 2 | 7 | 9 |
| 9 | 5 | 4 | 6 | 2 | 1 | 7 | 9 | 6 | 4 | 3 | 8 | 5 | 4 | 6 | 9 | 7 | 5 | 2 | 4 | 8 | 3 | 1 |
| 2 | 3 | 9 | 5 | 3 | 8 | 5 | 2 | 7 | 1 | 6 | 8 | 7 | 4 | 9 | 5 | 6 | 2 | 8 | 1 | 5 | 7 | 3 |
| 6 | 9 | 4 | 2 | 8 | 1 | 5 | 7 | 2 | 8 | 6 | 3 | 5 | 7 | 4 | 9 | 1 | 3 | 8 | 4 | 3 | 7 | 5 |
| 5 | 8 | 1 | 2 | 6 | 5 | 9 | 4 | 7 | 8 | 6 | 1 | 7 | 2 | 5 | 8 | 3 | 9 | 7 | 4 | 6 | 3 | 9 |
| 8 | 7 | 2 | 5 | 1 | 6 | 4 | 2 | 8 | 5 | 4 | 3 | 7 | 5 | 6 | 9 | 2 | 4 | 8 | 1 | 5 | 7 | 2 |
| 7 | 3 | 4 | 6 | 9 | 5 | 4 | 6 | 2 | 9 | 7 | 5 | 8 | 3 | 1 | 4 | 2 | 6 | 5 | 3 | 9 | 6 | 4 |
| 4 | 1 | 9 | 7 | 5 | 3 | 8 | 2 | 7 | 6 | 4 | 1 | 5 | 9 | 6 | 2 | 8 | 7 | 3 | 4 | 8 | 5 | 1 |
| 5 | 7 | 2 | 6 | 8 | 1 | 9 | 6 | 4 | 7 | 2 | 9 | 6 | 5 | 1 | 3 | 8 | 2 | 3 | 6 | 9 | 7 | 4 |
| 3 | 4 | 6 | 9 | 2 | 4 | 8 | 1 | 5 | 7 | 2 | 8 | 6 | 3 | 5 | 7 | 4 | 3 | 8 | 1 | 5 | 2 | 7 |
| 1 | 6 | 4 | 2 | 8 | 3 | 7 | 4 | 6 | 3 | 9 | 5 | 4 | 6 | 2 | 9 | 6 | 5 | 7 | 3 | 4 | 9 | 5 |
| 9 | 6 | 4 | 7 | 5 | 4 | 6 | 4 | 5 | 9 | 6 | 7 | 9 | 1 | 4 | 6 | 9 | 1 | 8 | 6 | 2 | 7 | 3 |
| 5 | 1 | 8 | 2 | 6 | 5 | 9 | 4 | 7 | 8 | 6 | 1 | 7 | 2 | 5 | 8 | 3 | 9 | 7 | 4 | 6 | 3 | 9 |
| 2 | 5 | 7 | 4 | 6 | 9 | 1 | 4 | 5 | 8 | 7 | 2 | 5 | 9 | 1 | 4 | 6 | 4 | 8 | 7 | 5 | 6 | 3 |
| 6 | 9 | 4 | 2 | 8 | 1 | 5 | 7 | 2 | 8 | 6 | 3 | 5 | 7 | 4 | 9 | 1 | 3 | 4 | 8 | 7 | 1 | 9 |

## ❷ 검사 2

〈전반부〉

| | | | | | | | | | | | | | | | | | | | | | | |
|---|---|---|---|---|---|---|---|---|---|---|---|---|---|---|---|---|---|---|---|---|---|---|
| 2 | 5 | 8 | 3 | 9 | 7 | 4 | 6 | 3 | 9 | 7 | 1 | 6 | 8 | 7 | 4 | 9 | 5 | 6 | 2 | 8 | 1 | 5 |
| 3 | 9 | 7 | 4 | 6 | 3 | 9 | 8 | 5 | 2 | 7 | 5 | 1 | 8 | 2 | 6 | 5 | 9 | 4 | 7 | 8 | 6 | 1 |
| 5 | 8 | 3 | 1 | 4 | 2 | 6 | 5 | 3 | 7 | 9 | 2 | 6 | 4 | 5 | 9 | 6 | 4 | 3 | 7 | 6 | 3 | 5 |
| 3 | 7 | 6 | 3 | 5 | 4 | 9 | 6 | 1 | 8 | 9 | 2 | 1 | 5 | 4 | 6 | 3 | 2 | 7 | 5 | 1 | 8 | 6 |
| 4 | 9 | 3 | 6 | 5 | 8 | 4 | 1 | 5 | 7 | 3 | 8 | 2 | 4 | 9 | 1 | 6 | 3 | 5 | 1 | 8 | 7 | 2 |
| 2 | 4 | 9 | 8 | 4 | 1 | 5 | 7 | 9 | 1 | 4 | 6 | 7 | 2 | 8 | 4 | 5 | 2 | 7 | 6 | 3 | 1 | 6 |
| 7 | 9 | 2 | 5 | 7 | 4 | 2 | 1 | 9 | 7 | 3 | 6 | 9 | 1 | 7 | 2 | 6 | 4 | 5 | 8 | 1 | 7 | 3 |
| 1 | 5 | 7 | 2 | 5 | 8 | 9 | 3 | 6 | 4 | 7 | 9 | 3 | 1 | 6 | 8 | 7 | 4 | 9 | 5 | 6 | 2 | 8 |
| 8 | 5 | 6 | 3 | 9 | 4 | 2 | 4 | 9 | 1 | 6 | 7 | 6 | 3 | 7 | 9 | 1 | 2 | 4 | 7 | 5 | 6 | 4 |
| 6 | 2 | 9 | 7 | 4 | 1 | 5 | 8 | 7 | 4 | 9 | 1 | 3 | 6 | 5 | 7 | 8 | 3 | 9 | 2 | 4 | 1 | 6 |
| 1 | 5 | 6 | 9 | 2 | 7 | 4 | 6 | 7 | 9 | 1 | 4 | 6 | 9 | 1 | 8 | 5 | 4 | 1 | 9 | 6 | 4 | 7 |
| 9 | 7 | 6 | 8 | 7 | 2 | 8 | 5 | 1 | 8 | 2 | 4 | 9 | 4 | 7 | 3 | 9 | 8 | 6 | 2 | 1 | 5 | 4 |
| 8 | 6 | 1 | 7 | 2 | 5 | 8 | 3 | 9 | 7 | 4 | 6 | 3 | 9 | 5 | 1 | 8 | 2 | 6 | 5 | 9 | 4 | 7 |
| 2 | 9 | 7 | 4 | 8 | 2 | 6 | 5 | 7 | 4 | 8 | 5 | 1 | 7 | 6 | 9 | 3 | 7 | 4 | 8 | 5 | 1 | 6 |
| 3 | 8 | 1 | 6 | 7 | 4 | 9 | 3 | 2 | 8 | 5 | 1 | 4 | 7 | 3 | 6 | 4 | 7 | 9 | 3 | 8 | 5 | 2 |

〈후반부〉

| | | | | | | | | | | | | | | | | | | | | | | |
|---|---|---|---|---|---|---|---|---|---|---|---|---|---|---|---|---|---|---|---|---|---|---|
| 7 | 6 | 7 | 1 | 9 | 4 | 2 | 8 | 3 | 7 | 5 | 1 | 4 | 8 | 5 | 2 | 7 | 9 | 2 | 6 | 4 | 3 | 9 |
| 4 | 9 | 1 | 8 | 6 | 3 | 5 | 7 | 9 | 2 | 4 | 8 | 2 | 6 | 4 | 9 | 3 | 8 | 7 | 5 | 1 | 6 | 2 |
| 6 | 4 | 5 | 9 | 6 | 4 | 3 | 7 | 8 | 3 | 5 | 8 | 7 | 2 | 5 | 1 | 6 | 4 | 7 | 4 | 9 | 1 | 6 |
| 8 | 7 | 2 | 5 | 1 | 6 | 4 | 2 | 8 | 3 | 8 | 7 | 5 | 6 | 2 | 5 | 7 | 4 | 6 | 9 | 1 | 4 | 5 |
| 5 | 1 | 3 | 4 | 8 | 7 | 1 | 3 | 6 | 5 | 9 | 2 | 9 | 7 | 4 | 8 | 2 | 6 | 5 | 7 | 4 | 6 | 3 |
| 3 | 4 | 6 | 9 | 4 | 2 | 8 | 1 | 5 | 7 | 2 | 8 | 6 | 3 | 5 | 7 | 4 | 3 | 8 | 3 | 9 | 5 | 1 |
| 8 | 3 | 4 | 6 | 9 | 7 | 1 | 2 | 6 | 4 | 5 | 9 | 1 | 3 | 8 | 4 | 2 | 5 | 7 | 9 | 6 | 4 | 5 |
| 9 | 4 | 7 | 5 | 3 | 6 | 8 | 2 | 7 | 5 | 1 | 8 | 2 | 4 | 9 | 6 | 5 | 7 | 3 | 4 | 8 | 3 | 1 |
| 4 | 2 | 6 | 5 | 3 | 9 | 6 | 4 | 1 | 3 | 8 | 5 | 7 | 9 | 2 | 6 | 4 | 5 | 9 | 6 | 4 | 3 | 7 |
| 1 | 4 | 6 | 7 | 2 | 8 | 3 | 5 | 7 | 9 | 1 | 4 | 1 | 5 | 8 | 4 | 3 | 7 | 8 | 2 | 6 | 9 | 5 |
| 4 | 3 | 1 | 9 | 4 | 7 | 5 | 3 | 6 | 8 | 2 | 7 | 5 | 1 | 8 | 2 | 4 | 9 | 6 | 9 | 1 | 7 | 8 |
| 7 | 6 | 9 | 5 | 4 | 6 | 4 | 5 | 7 | 4 | 6 | 9 | 3 | 7 | 2 | 6 | 8 | 1 | 9 | 6 | 4 | 1 | 9 |
| 5 | 1 | 8 | 3 | 4 | 7 | 5 | 3 | 6 | 8 | 2 | 7 | 5 | 1 | 8 | 4 | 2 | 9 | 6 | 4 | 3 | 7 | 2 |
| 2 | 7 | 1 | 6 | 8 | 7 | 4 | 9 | 5 | 6 | 2 | 8 | 1 | 5 | 9 | 3 | 6 | 4 | 7 | 9 | 3 | 8 | 5 |
| 6 | 4 | 9 | 2 | 7 | 4 | 8 | 5 | 3 | 7 | 1 | 9 | 2 | 6 | 8 | 3 | 7 | 5 | 1 | 9 | 2 | 6 | 4 |

## ❸ 검사 3

〈전반부〉

| | | | | | | | | | | | | | | | | | | | | | | |
|---|---|---|---|---|---|---|---|---|---|---|---|---|---|---|---|---|---|---|---|---|---|---|
| 8 | 4 | 1 | 3 | 2 | 1 | 5 | 7 | 5 | 4 | 5 | 6 | 8 | 6 | 5 | 2 | 8 | 5 | 6 | 2 | 8 | 4 | 3 |
| 6 | 7 | 4 | 1 | 9 | 7 | 2 | 4 | 7 | 3 | 4 | 1 | 2 | 8 | 6 | 7 | 1 | 9 | 3 | 4 | 2 | 4 | 8 |
| 2 | 3 | 4 | 7 | 8 | 4 | 6 | 4 | 2 | 1 | 8 | 9 | 4 | 2 | 3 | 7 | 8 | 4 | 2 | 3 | 7 | 4 | 5 |
| 6 | 4 | 7 | 1 | 9 | 3 | 4 | 2 | 5 | 7 | 3 | 6 | 8 | 4 | 9 | 4 | 2 | 1 | 6 | 3 | 4 | 5 | 8 |
| 7 | 6 | 4 | 2 | 1 | 3 | 9 | 5 | 7 | 5 | 7 | 5 | 3 | 6 | 8 | 1 | 2 | 3 | 6 | 4 | 2 | 7 | 5 |
| 3 | 4 | 7 | 5 | 6 | 9 | 4 | 2 | 3 | 6 | 9 | 4 | 2 | 5 | 3 | 1 | 8 | 8 | 5 | 7 | 6 | 3 | 4 |
| 7 | 4 | 2 | 4 | 6 | 2 | 1 | 8 | 6 | 3 | 4 | 8 | 4 | 2 | 7 | 8 | 9 | 3 | 6 | 7 | 5 | 1 | 3 |
| 2 | 3 | 4 | 8 | 7 | 3 | 9 | 9 | 6 | 3 | 2 | 7 | 4 | 5 | 7 | 5 | 7 | 2 | 6 | 3 | 4 | 2 | 5 |
| 8 | 7 | 4 | 2 | 3 | 9 | 6 | 5 | 7 | 5 | 6 | 2 | 1 | 7 | 6 | 9 | 8 | 6 | 3 | 2 | 5 | 8 | 4 |
| 2 | 4 | 3 | 6 | 5 | 2 | 7 | 8 | 9 | 6 | 5 | 1 | 4 | 5 | 3 | 6 | 5 | 2 | 4 | 8 | 5 | 1 | 6 |
| 9 | 6 | 3 | 2 | 5 | 4 | 7 | 8 | 5 | 6 | 2 | 1 | 5 | 3 | 5 | 8 | 6 | 3 | 2 | 4 | 7 | 8 | 1 |
| 1 | 2 | 3 | 6 | 5 | 7 | 4 | 9 | 6 | 5 | 2 | 3 | 6 | 4 | 5 | 2 | 1 | 8 | 4 | 7 | 5 | 6 | 3 |
| 5 | 2 | 4 | 8 | 7 | 5 | 6 | 3 | 2 | 1 | 5 | 3 | 6 | 5 | 2 | 1 | 4 | 8 | 7 | 5 | 3 | 2 | 5 |
| 6 | 3 | 2 | 5 | 7 | 8 | 5 | 6 | 5 | 2 | 1 | 4 | 5 | 8 | 7 | 4 | 6 | 3 | 2 | 5 | 2 | 1 | 4 |
| 4 | 8 | 5 | 6 | 3 | 2 | 5 | 1 | 6 | 3 | 2 | 5 | 9 | 5 | 7 | 5 | 2 | 1 | 4 | 5 | 6 | 5 | 5 |

〈후반부〉

| | | | | | | | | | | | | | | | | | | | | | | |
|---|---|---|---|---|---|---|---|---|---|---|---|---|---|---|---|---|---|---|---|---|---|---|
| 3 | 2 | 1 | 4 | 5 | 2 | 1 | 6 | 5 | 2 | 9 | 6 | 3 | 2 | 1 | 5 | 4 | 1 | 2 | 5 | 7 | 8 | 4 |
| 6 | 9 | 6 | 5 | 2 | 3 | 2 | 1 | 8 | 6 | 5 | 2 | 3 | 9 | 5 | 3 | 2 | 1 | 5 | 4 | 7 | 8 | 5 |
| 9 | 6 | 3 | 2 | 4 | 5 | 1 | 2 | 5 | 7 | 5 | 6 | 5 | 2 | 3 | 6 | 2 | 1 | 4 | 5 | 8 | 4 | 3 |
| 1 | 2 | 3 | 6 | 2 | 9 | 6 | 7 | 8 | 5 | 4 | 1 | 5 | 6 | 9 | 5 | 3 | 5 | 9 | 6 | 5 | 3 | 1 |
| 9 | 5 | 6 | 3 | 2 | 8 | 8 | 4 | 5 | 6 | 3 | 2 | 1 | 5 | 4 | 6 | 3 | 5 | 2 | 6 | 8 | 5 | 4 |
| 4 | 6 | 3 | 2 | 5 | 7 | 9 | 6 | 5 | 6 | 3 | 2 | 4 | 8 | 7 | 5 | 4 | 6 | 2 | 1 | 5 | 4 | 8 |
| 8 | 5 | 6 | 3 | 6 | 3 | 2 | 4 | 6 | 9 | 7 | 4 | 5 | 2 | 4 | 4 | 8 | 6 | 3 | 2 | 5 | 8 | 4 |
| 7 | 5 | 4 | 1 | 3 | 6 | 6 | 9 | 6 | 3 | 1 | 2 | 3 | 6 | 5 | 2 | 9 | 5 | 4 | 6 | 3 | 2 | 1 |
| 5 | 3 | 2 | 1 | 6 | 5 | 4 | 2 | 8 | 4 | 6 | 9 | 7 | 5 | 4 | 2 | 6 | 3 | 2 | 6 | 5 | 4 | 8 |
| 2 | 3 | 6 | 5 | 4 | 8 | 9 | 6 | 5 | 4 | 7 | 8 | 5 | 1 | 3 | 6 | 5 | 6 | 3 | 2 | 1 | 5 | 4 |
| 4 | 5 | 2 | 3 | 6 | 5 | 8 | 9 | 6 | 5 | 4 | 2 | 1 | 2 | 8 | 4 | 7 | 5 | 6 | 5 | 2 | 6 | 4 |
| 8 | 5 | 6 | 5 | 2 | 1 | 4 | 5 | 6 | 2 | 3 | 2 | 9 | 6 | 3 | 2 | 7 | 5 | 4 | 6 | 5 | 2 | 1 |
| 3 | 2 | 6 | 5 | 4 | 1 | 6 | 8 | 9 | 6 | 3 | 2 | 5 | 4 | 8 | 3 | 6 | 5 | 2 | 1 | 8 | 5 | 1 |
| 7 | 5 | 6 | 3 | 2 | 5 | 4 | 8 | 7 | 5 | 4 | 6 | 9 | 5 | 6 | 2 | 1 | 8 | 7 | 4 | 5 | 9 | 5 |
| 5 | 7 | 8 | 9 | 6 | 5 | 6 | 3 | 8 | 4 | 5 | 2 | 6 | 1 | 5 | 7 | 8 | 5 | 4 | 6 | 8 | 6 | 7 |

파트

4

# 삼성 GSAT 4급 _ 전문대졸 직무적성검사

# 면접가이드

**면접이란?** 지원자가 보유한 직무 관련 능력 및 직무적합도와 더불어 인품, 언행 등을 직접 만나 평가하는 것을 말한다.

Global
Samsung
Aptitude
Test

# 01 면접의 이해

※ 능력중심 채용에서는 타당도가 높은 구조화 면접을 적용한다.

## 1 면접이란?

일을 하는 데 필요한 능력(직무역량, 직무지식, 인재상 등)을 지원자가 보유하고 있는지를 다양한 면접기법을 활용하여 확인하는 절차이다. 자신의 환경, 성취, 관심사, 경험 등에 대해 이야기하여 본인이 적합하다는 것을 보여 줄 기회를 제공하고, 면접관은 평가에 필요한 정보를 수집하고 평가하는 것이다.

- 지원자의 태도, 적성, 능력에 대한 정보를 심층적으로 파악하기 위한 선발 방법
- 선발의 최종 의사결정에 주로 사용되는 선발 방법
- 전 세계적으로 선발에서 가장 많이 사용되는 핵심적이고 중요한 방법

## 2 면접의 특징

서류전형이나 직무적성검사에서 드러나지 않는 것들을 볼 수 있는 기회를 제공한다.

- 직무수행과 관련된 다양한 지원자 행동에 대한 관찰이 가능하다.
- 면접관이 알고자 하는 정보를 심층적으로 파악할 수 있다.
- 서류상의 미비한 사항과 의심스러운 부분을 확인할 수 있다.
- 커뮤니케이션, 대인관계행동 등 행동 · 언어적 정보도 얻을 수 있다.

## 3 면접의 평가요소

### ❶ 인재적합도

해당 기관이나 기업별 인재상에 대한 인성 평가

### ❷ 조직적합도

조직에 대한 이해와 관련 상황에 대한 평가

### ❸ 직무적합도

직무에 대한 지식과 기술, 태도에 대한 평가

## 4 면접의 유형

**구조화된 정도에 따른 분류**

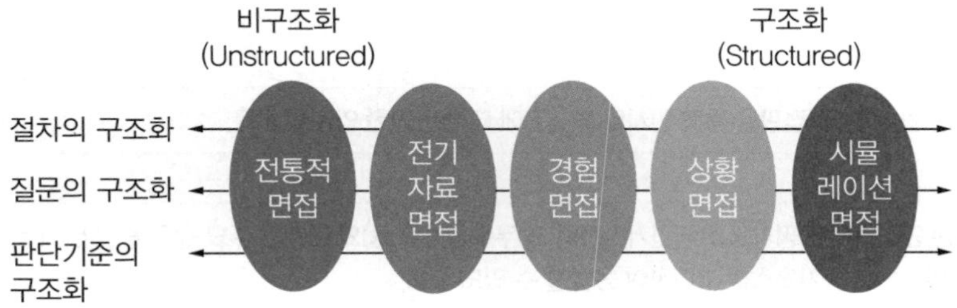


### ❶ 구조화 면접(Structured Interview)

사전에 계획을 세워 질문의 내용과 방법, 지원자의 답변 유형에 따른 추가 질문과 그에 대한 평가역량이 정해져 있는 면접 방식(표준화 면접)

- 표준화된 질문이나 평가요소가 면접 전 확정되며, 지원자는 편성된 조나 면접관에 영향을 받지 않고 동일한 질문과 시간을 부여받을 수 있음.
- 조직 또는 직무별로 주요하게 도출된 역량을 기반으로 평가요소가 구성되어, 조직 또는 직무에서 필요한 역량을 가진 지원자를 선발할 수 있음.
- 표준화된 형식을 사용하는 특성 때문에 비구조화 면접에 비해 신뢰성과 타당성, 객관성이 높음.

### ❷ 비구조화 면접(Unstructured Interview)

면접 계획을 세울 때 면접 목적만 명시하고 내용이나 방법은 면접관에게 전적으로 일임하는 방식(비표준화 면접)

- 표준화된 질문이나 평가요소 없이 면접이 진행되며, 편성된 조나 면접관에 따라 지원자에게 주어지는 질문이나 시간이 다름.
- 면접관의 주관적인 판단에 따라 평가가 이루어져 평가 오류가 빈번히 일어남.
- 상황 대처나 언변이 뛰어난 지원자에게 유리한 면접이 될 수 있음.

# 02 구조화 면접 기법

※ 능력중심 채용에서는 타당도가 높은 구조화 면접을 적용한다.

## 1 경험면접(Behavioral Event Interview)

### 면접 프로세스

안내 — 지원자는 입실 후, 면접관을 통해 인사말과 면접에 대한 간단한 안내를 받음.

질문 — 지원자는 면접관에게 평가요소(직업기초능력, 직무수행능력 등)와 관련된 주요 질문을 받게 되며, 질문에서 의도하는 평가요소를 고려하여 응답할 수 있도록 함.

세부질문
- 지원자가 응답한 내용을 토대로 해당 평가기준들을 충족시키는지 파악하기 위한 세부질문이 이루어짐.
- 구체적인 행동·생각 등에 대해 응답할수록 높은 점수를 얻을 수 있음.

- 방식
  해당 역량의 발휘가 요구되는 일반적인 상황을 제시하고, 그러한 상황에서 어떻게 행동했었는지(과거경험)를 이야기하도록 함.
- 판단기준
  해당 역량의 수준, 경험자체의 구체성, 진실성 등
- 특징
  추상적인 생각이나 의견 제시가 아닌 과거 경험 및 행동 중심의 질의가 이루어지므로 지원자는 사전에 본인의 과거 경험 및 사례를 정리하여 면접에 대비할 수 있음.
- 예시

| 지원분야 | | 지원자 | | 면접관 | (인) |
|---|---|---|---|---|---|
| 경영자원관리<br>조직이 보유한 인적자원을 효율적으로 활용하여, 조직 내 유·무형 자산 및 재무자원을 효율적으로 관리한다. | | | | | |
| 주질문 | | | | | |
| A. 어떤 과제를 처리할 때 기존에 팀이 사용했던 방식의 문제점을 찾아내 이를 보완하여 과제를 더욱 효율적으로 처리했던 경험에 대해 이야기해 주시기 바랍니다. | | | | | |
| 세부질문 | | | | | |
| [상황 및 과제] 사례와 관련해 당시 상황에 대해 이야기해 주시기 바랍니다.<br>[역할] 당시 지원자께서 맡았던 역할은 무엇이었습니까?<br>[행동] 사례와 관련해 구성원들의 설득을 이끌어 내기 위해 어떤 노력을 하였습니까?<br>[결과] 결과는 어땠습니까? | | | | | |

| 기대행동 | 평점 |
|---|---|
| 업무진행에 있어 한정된 자원을 효율적으로 활용한다. | ① - ② - ③ - ④ - ⑤ |
| 구성원들의 능력과 성향을 파악해 효율적으로 업무를 배분한다. | ① - ② - ③ - ④ - ⑤ |
| 효과적 인적/물적 자원관리를 통해 맡은 일을 무리 없이 잘 마무리한다. | ① - ② - ③ - ④ - ⑤ |

척도해설

| 1 : 행동증거가 거의 드러나지 않음 | 2 : 행동증거가 미약하게 드러남 | 3 : 행동증거가 어느 정도 드러남 | 4 : 행동증거가 명확하게 드러남 | 5 : 뛰어난 수준의 행동증거가 드러남 |
|---|---|---|---|---|
| 관찰기록 : | | | | |
| 총평 : | | | | |

※ 실제 적용되는 평가지는 기업/기관마다 다름.

## 2 상황면접(Situational Interview)

**면접 프로세스**

**안내** → 지원자는 입실 후, 면접관을 통해 인사말과 면접에 대한 간단한 안내를 받음.

**질문** →
- 지원자는 상황질문지를 검토하거나 면접관을 통해 상황 및 질문을 제공받음.
- 면접관의 질문이나 질문지의 의도를 파악하여 응답할 수 있도록 함.

**세부질문** →
- 지원자가 응답한 내용을 토대로 해당 평가기준들을 충족시키는지 파악하기 위한 세부질문이 이루어짐.
- 구체적인 행동·생각 등에 대해 응답할수록 높은 점수를 얻을 수 있음.

- 방식
  직무 수행 시 접할 수 있는 상황들을 제시하고, 그러한 상황에서 어떻게 행동할 것인지(행동의도)를 이야기하도록 함.
- 판단기준
  해당 상황에 맞는 해당 역량의 구체적 행동지표
- 특징
  지원자의 가치관, 태도, 사고방식 등의 요소를 평가하는 데 용이함.

• 예시

| 지원분야 | | 지원자 | | 면접관 | (인) |
|---|---|---|---|---|---|

**유관부서협업**
타 부서의 업무협조요청 등에 적극적으로 협력하고 갈등 상황이 발생하지 않도록 이해관계를 조율하며 관련 부서의 협업을 효과적으로 이끌어 낸다.

**주질문**

당신은 생산관리팀의 팀원으로, 2개월 뒤에 제품 A를 출시하기 위해 생산팀의 생산 계획을 수립한 상황입니다.
그러나 원가가 곧 실적으로 이어지는 구매팀에서는 최대한 원가를 줄여 전반적 단가를 낮추려고 원가절감을 위한 제안을 하였으나, 연구개발팀에서는 구매팀이 제안한 방식으로 제품을 생산할 경우 대부분이 구매팀의 실적으로 산정될 것이므로 제대로 확인도 해보지 않은 채 적합하지 않은 방식이라고 판단하고 있습니다. 당신은 어떻게 하겠습니까?

**세부질문**

[상황 및 과제] 이 상황의 핵심적인 이슈는 무엇이라고 생각합니까?
[역할] 당신의 역할을 더 잘 수행하기 위해서는 어떤 점을 고려해야 하겠습니까? 왜 그렇게 생각합니까?
[행동] 당면한 과제를 해결하기 위해서 구체적으로 어떤 조치를 취하겠습니까? 그 이유는 무엇입니까?
[결과] 그 결과는 어떻게 될 것이라고 생각합니까? 그 이유는 무엇입니까?

척도해설

| 1 : 행동증거가 거의 드러나지 않음 | 2 : 행동증거가 미약하게 드러남 | 3 : 행동증거가 어느 정도 드러남 | 4 : 행동증거가 명확하게 드러남 | 5 : 뛰어난 수준의 행동증거가 드러남 |
|---|---|---|---|---|
| 관찰기록 :<br><br>총평 : | | | | |

※ 실제 적용되는 평가지는 기업/기관마다 다름.

## 3 발표면접(Presentation)

### 면접 프로세스

**안내**
- 입실 후 지원자는 면접관으로부터 인사말과 발표면접에 대해 간략히 안내받음.
- 면접 전 지원자는 과제 검토 및 발표 준비시간을 가짐.

**발표**
- 지원자들이 과제 주제와 관련하여 정해진 시간 동안 발표를 실시함.
- 면접관은 발표내용 중 평가요소와 관련해 나타난 가점 및 감점요소들을 평가하게 됨.

**질문응답**
- 발표 종료 후 면접관은 정해진 시간 동안 지원자의 발표내용과 관련해 구체적인 내용을 확인하기 위한 질문을 함.
- 지원자는 면접관의 질문의도를 정확히 파악하여 적절히 응답할 수 있도록 함.
- 응답 시 명확하고 자신있게 전달할 수 있도록 함.

- 방식
  지원자가 특정 주제와 관련된 자료(신문기사, 그래프 등)를 검토하고, 그에 대한 자신의 생각을 면접관 앞에서 발표하며, 추가 질의응답이 이루어짐.
- 판단기준
  지원자의 사고력, 논리력, 문제해결능력 등
- 특징
  과제를 부여한 후, 지원자들이 과제를 수행하는 과정과 결과를 관찰 · 평가함. 과제수행의 결과뿐 아니라 과제수행 과정에서의 행동을 모두 평가함.

## 4 토론면접(Group Discussion)

**면접 프로세스**

| | |
|---|---|
| 안내 | •입실 후, 지원자들은 면접관으로부터 토론 면접의 전반적인 과정에 대해 안내받음.<br>•지원자는 정해진 자리에 착석함. |
| 토론 | •지원자들이 과제 주제와 관련하여 정해진 시간 동안 토론을 실시함(시간은 기관별 상이).<br>•지원자들은 면접 전 과제 검토 및 토론 준비시간을 가짐.<br>•토론이 진행되는 동안, 지원자들은 다른 토론자들의 발언을 경청하여 적절히 본인의 의사를 전달할 수 있도록 함. 더불어 적극적인 태도로 토론면접에 임하는 것도 중요함. |
| 마무리<br>(5분 이내) | •면접 종료 전, 지원자들은 토론을 통해 도출한 결론에 대해 첨언하고 적절히 마무리 지음.<br>•본인의 의견을 전달하는 것과 동시에 다른 토론자를 배려하는 모습도 중요함. |

- 방식
  상호갈등적 요소를 가진 과제 또는 공통의 과제를 해결하는 내용의 토론 과제(신문기사, 그래프 등)를 제시하고, 그 과정에서의 개인 간의 상호작용 행동을 관찰함.
- 판단기준
  팀워크, 갈등 조정, 의사소통능력 등
- 특징
  면접에서 최종안을 도출하는 것도 중요하나 주장의 옳고 그름이 아닌 결론을 도출하는 과정과 말하는 자세 등도 중요함.

## 5 역할연기면접(Role Play Interview)

- 방식
  기업 내 발생 가능한 상황에서 부딪히게 되는 문제와 역할을 가상적으로 설정하여 특정 역할을 맡은 사람과 상호작용하고 문제를 해결해 나가도록 함.
- 판단기준
  대처능력, 대인관계능력, 의사소통능력 등
- 특징
  실제 상황과 유사한 가상 상황에서 지원자의 성격이나 대처 행동 등을 관찰할 수 있음.

## 6 집단면접(Group Activity)

- 방식
  지원자들이 팀(집단)으로 협력하여 정해진 시간 안에 활동 또는 게임을 하며 면접관들은 지원자들의 행동을 관찰함.
- 판단기준
  대인관계능력, 팀워크, 창의성 등
- 특징
  기존 면접보다 오랜 시간 관찰을 하여 지원자들의 평소 습관이나 행동들을 관찰하려는 데 목적이 있음.

# 면접 최신 기출 주제



## 삼성 GSAT 4급 면접 질문

| |
|---|
| 본인이 입사를 하려는 것은 삼성전자에 자신을 파는 것과 다름없다. 본인을 세일즈하여 나를 설득해보아라. |
| 나이가 굉장히 들어 보인다. 어떻게 생각하나? |
| 진상고객들이나 아줌마들과 마찰이 잦은데 본인이 잘 케어 할 수 있겠나? 내가 봤을 땐 어려울 것 같은데 어떻게 하겠는가? |
| 가족 소개를 해보시오. |
| 고등학교 때 성적이 어땠는가? |
| 고집이 있는 편인 것 같은데 어떤 편인가? |
| 최근 친구와 의견 충돌이 있던 적은 언제인가? (그리고 어떻게 해결했는가?) |
| 본인에게 5억이 생긴다면 어떻게 쓸 것인가? |
| 왜 그렇게 사용할 것인가? (위의 질문과 연결) |
| 다른 기업에서 인턴활동을 했는데 그 곳에서 계속 일할 생각은 없었나? |
| 친구들은 본인을 어떤 사람이라고 평가하는가? |
| 왜 그렇게 평가한다고 생각하나? (위의 질문과 연결) |
| 주량은 어떻게 되나, 일주일에 모임을 얼마나 갖는 편인가? (위의 질문과 연관) |
| 면접 전에 약간의 시간동안 면접 진행자들한테 입사 후 맡게 될 직무에 대해 설명을 들었을 텐데, 그 직무 외 다른 직무도 맡을 생각이 있나? |
| 회사의 제품에 대해 아는 것이 있나? |
| 가장 힘들었던 경험과 그것을 어떻게 극복했나? |
| 회사에 지원한 이유가 무엇인가? |
| 친구 생활은 원만한가? |
| 뉴스를 자주 본다고 하였는데 최근 가장 인상 깊었던 뉴스가 무엇인가? |
| 해외 봉사활동은 어디를 다녀왔으며 얼마동안 다녀왔는가? (유경험자의 질문) |
| 고등학교가 기타로 분류 되어 있는데 왜 그런가? |
| 존경하는 인물에 관해 아는 대로 설명해보시오. |
| 취미가 많은데 이것들을 얼마동안 해봤는가, 이 중에 제일 잘하는 것이 무엇인가? |
| 독서가 취미라고 하는데 최근에 읽었던 책 중에 기억에 남는 것을 이야기해보시오. |
| 전기 시운전 파트에 들어오고 싶어 하는데 만약 이곳에 들어가지 못하고 다른 곳에 발령이 나면 어떻게 할 것인가? |

| |
|---|
| 기업이 사회에 취해야 할 자세나 태도를 설명하시오. |
| 현장 실습하면서 만져본 장비 중에 가장 기억에 남는 것은 무엇이며 그것의 작동원리는 무엇인가? |
| 선박의 속도 단위는 무엇인가? |
| 내가 인생에서 저지른 실수 중에 남들에게 어쩔 수 없이 밝히고 그 후에 바뀌게 된 것이 있는가? 있다면 그것에 대해 이야기해 보시오. |
| 제일 높이 올라가 본 산은 어디인가? |
| 본인의 장점이 무엇이라 생각하는가? |
| 살면서 가장 힘들었던 순간은? 어떻게 극복 하였는가? |
| 3년 혹은 1년 선배가 있는데 나보다 일을 못한다. 어떻게 하겠는가? |
| 수상경력에 ○○ 기술부문상이 있는데 어떤 대회였는가? |
| ○○대회 준비를 하면서 리더를 맡았는가? |
| 일주일짜리 프로젝트인데, 월요일 아침 일찍부터 퇴근 없이 일요일 저녁 늦게까지 끝내야 한다면 어떻게 할 것인가? |
| ○○○공정교육수료 경험이 있는데 기간이 어느 정도 되는가? |
| 어떤 공정에 대해 배웠나? |
| 지원한 환경안전 쪽보다 유틸리티 설비엔지니어가 더 어울릴 것 같은데 그쪽에 배치된다면? |
| 한 달 전부터 친구들과 주말에 1박2일 여행이 잡혀있는데, 금요일 퇴근 직전 급한 일이 생겨 미팅이 생겼다. 어떻게 하겠는가? |
| 술을 못한다고 했는데 회식자리에서 어떻게 술을 거절하겠는가? |
| 플레밍의 왼손법칙이 무엇인가? |
| 키르히호프법칙은 무엇인가? |
| RLC 회로는 무엇인가? |
| 다이오드, 파워서플라이가 무엇인가? |
| 아날로그와 디지털이 무엇인가 아는대로 설명해 보시오. |

# 삼성 GSAT 4급

| 감독관 확인란 | |
|---|---|

## 실전모의고사 1회

### 성명표기란

| ㄱ | ㅏ | ㄱ | ㄱ | ㅏ | ㄱ | ㄱ | ㅏ | ㄱ | ㄱ | ㅏ | ㄱ |
|---|---|---|---|---|---|---|---|---|---|---|---|
| ㄴ | ㅑ | ㄴ | ㄴ | ㅑ | ㄴ | ㄴ | ㅑ | ㄴ | ㄴ | ㅑ | ㄴ |
| ㄷ | ㅓ | ㄷ | ㄷ | ㅓ | ㄷ | ㄷ | ㅓ | ㄷ | ㄷ | ㅓ | ㄷ |
| ㄹ | ㅕ | ㄹ | ㄹ | ㅕ | ㄹ | ㄹ | ㅕ | ㄹ | ㄹ | ㅕ | ㄹ |
| ㅁ | ㅗ | ㅁ | ㅁ | ㅗ | ㅁ | ㅁ | ㅗ | ㅁ | ㅁ | ㅗ | ㅁ |
| ㅂ | ㅛ | ㅂ | ㅂ | ㅛ | ㅂ | ㅂ | ㅛ | ㅂ | ㅂ | ㅛ | ㅂ |
| ㅅ | ㅜ | ㅅ | ㅅ | ㅜ | ㅅ | ㅅ | ㅜ | ㅅ | ㅅ | ㅜ | ㅅ |
| ㅇ | ㅠ | ㅇ | ㅇ | ㅠ | ㅇ | ㅇ | ㅠ | ㅇ | ㅇ | ㅠ | ㅇ |
| ㅈ | ㅡ | ㅈ | ㅈ | ㅡ | ㅈ | ㅈ | ㅡ | ㅈ | ㅈ | ㅡ | ㅈ |
| ㅊ | ㅣ | ㅊ | ㅊ | ㅣ | ㅊ | ㅊ | ㅣ | ㅊ | ㅊ | ㅣ | ㅊ |
| ㅋ | ㅐ | ㅋ | ㅋ | ㅐ | ㅋ | ㅋ | ㅐ | ㅋ | ㅋ | ㅐ | ㅋ |
| ㅌ | ㅒ | ㅌ | ㅌ | ㅒ | ㅌ | ㅌ | ㅒ | ㅌ | ㅌ | ㅒ | ㅌ |
| ㅍ | ㅔ | ㅍ | ㅍ | ㅔ | ㅍ | ㅍ | ㅔ | ㅍ | ㅍ | ㅔ | ㅍ |
| ㅎ | ㅖ | ㅎ | ㅎ | ㅖ | ㅎ | ㅎ | ㅖ | ㅎ | ㅎ | ㅖ | ㅎ |
| | ㅘ | | ㄲ | ㅘ | ㄲ | ㄲ | ㅘ | ㄲ | ㄲ | ㅘ | ㄲ |
| | ㅙ | | ㄸ | ㅙ | ㄸ | ㄸ | ㅙ | ㄸ | ㄸ | ㅙ | ㄸ |
| | ㅚ | | ㅃ | ㅚ | ㅃ | ㅃ | ㅚ | ㅃ | ㅃ | ㅚ | ㅃ |
| | ㅝ | | ㅆ | ㅝ | ㅆ | ㅆ | ㅝ | ㅆ | ㅆ | ㅝ | ㅆ |
| | ㅞ | | ㅉ | ㅞ | ㅉ | ㅉ | ㅞ | ㅉ | ㅉ | ㅞ | ㅉ |
| | ㅟ | | | ㅟ | ㄺ | | ㅟ | ㄺ | | ㅟ | ㄺ |
| | ㅢ | | | ㅢ | ㄻ | | ㅢ | ㄻ | | ㅢ | ㄻ |

### 수험번호

| | | | | | |
|---|---|---|---|---|---|
| 0 | 0 | 0 | 0 | 0 | 0 |
| 1 | 1 | 1 | 1 | 1 | 1 |
| 2 | 2 | 2 | 2 | 2 | 2 |
| 3 | 3 | 3 | 3 | 3 | 3 |
| 4 | 4 | 4 | 4 | 4 | 4 |
| 5 | 5 | 5 | 5 | 5 | 5 |
| 6 | 6 | 6 | 6 | 6 | 6 |
| 7 | 7 | 7 | 7 | 7 | 7 |
| 8 | 8 | 8 | 8 | 8 | 8 |
| 9 | 9 | 9 | 9 | 9 | 9 |

### (주민등록 앞자리 생년제외) 월일

| | | | |
|---|---|---|---|
| 0 | 0 | 0 | 0 |
| 1 | 1 | 1 | 1 |
| 2 | 2 | 2 | 2 |
| 3 | 3 | 3 | 3 |
| 4 | 4 | 4 | 4 |
| 5 | 5 | 5 | 5 |
| 6 | 6 | 6 | 6 |
| 7 | 7 | 7 | 7 |
| 8 | 8 | 8 | 8 |
| 9 | 9 | 9 | 9 |

### 수험생 유의사항

※ 답안은 반드시 컴퓨터용 사인펜으로 보기와 같이 바르게 표기해야 합니다.
〈보기〉 ① ② ③ ❹ ⑤

※ 성명표기란 위 칸에는 성명을 한글로 쓰고 아래 칸에는 성명을 정확하게 표기하십시오. (맨 왼쪽 칸부터 성과 이름은 붙여 씁니다)

※ 수험번호/월일 위 칸에는 아라비아 숫자로 쓰고 아래 칸에는 숫자와 일치하게 표기하십시오.

※ 월일은 반드시 본인 주민등록번호의 생년을 제외한 월 두 자리, 일 두 자리를 표기하십시오.
〈예〉 1994년 1월 12일 → 0112

※ 검사문항 : 1~120

| 문번 | 답란 | 문번 | 답란 | 문번 | 답란 | 문번 | 답란 |
|---|---|---|---|---|---|---|---|
| 수리능력 | | 수리능력 | | 추리능력 | | 추리능력 | |
| 1 | ① ② ③ ④ | 21 | ① ② ③ ④ | 1 | ① ② ③ ④ | 21 | ① ② ③ |
| 2 | ① ② ③ ④ | 22 | ① ② ③ ④ | 2 | ① ② ③ ④ | 22 | ① ② ③ |
| 3 | ① ② ③ ④ | 23 | ① ② ③ ④ | 3 | ① ② ③ ④ | 23 | ① ② ③ |
| 4 | ① ② ③ ④ | 24 | ① ② ③ ④ | 4 | ① ② ③ ④ | 24 | ① ② ③ |
| 5 | ① ② ③ ④ | 25 | ① ② ③ ④ | 5 | ① ② ③ ④ | 25 | ① ② ③ |
| 6 | ① ② ③ ④ | 26 | ① ② ③ ④ | 6 | ① ② ③ ④ | 26 | ① ② ③ |
| 7 | ① ② ③ ④ | 27 | ① ② ③ ④ | 7 | ① ② ③ ④ | 27 | ① ② ③ |
| 8 | ① ② ③ ④ | 28 | ① ② ③ ④ | 8 | ① ② ③ ④ | 28 | ① ② ③ |
| 9 | ① ② ③ ④ | 29 | ① ② ③ ④ | 9 | ① ② ③ ④ | 29 | ① ② ③ |
| 10 | ① ② ③ ④ | 30 | ① ② ③ ④ | 10 | ① ② ③ ④ | 30 | ① ② ③ |
| 11 | ① ② ③ ④ | 31 | ① ② ③ ④ | 11 | ① ② ③ ④ | 31 | ① ② ③ ④ |
| 12 | ① ② ③ ④ | 32 | ① ② ③ ④ | 12 | ① ② ③ ④ | 32 | ① ② ③ ④ |
| 13 | ① ② ③ ④ | 33 | ① ② ③ ④ | 13 | ① ② ③ ④ | 33 | ① ② ③ ④ |
| 14 | ① ② ③ ④ | 34 | ① ② ③ ④ | 14 | ① ② ③ ④ | 34 | ① ② ③ ④ |
| 15 | ① ② ③ ④ | 35 | ① ② ③ ④ | 15 | ① ② ③ ④ | 35 | ① ② ③ ④ |
| 16 | ① ② ③ ④ | 36 | ① ② ③ ④ | 16 | ① ② ③ ④ | 36 | ① ② ③ |
| 17 | ① ② ③ ④ | 37 | ① ② ③ ④ | 17 | ① ② ③ ④ | 37 | ① ② ③ |
| 18 | ① ② ③ ④ | 38 | ① ② ③ ④ | 18 | ① ② ③ ④ | 38 | ① ② ③ ④ |
| 19 | ① ② ③ ④ | 39 | ① ② ③ ④ | 19 | ① ② ③ ④ | 39 | ① ② ③ ④ |
| 20 | ① ② ③ ④ | 40 | ① ② ③ ④ | 20 | ① ② ③ ④ | 40 | ① ② ③ ④ |

잘라서 활용하세요.

| | 문번 | 답란 | | | | | 문번 | 답란 | | | |
|---|---|---|---|---|---|---|---|---|---|---|---|
| 지각능력 | 1 | ① | ② | | | 지각능력 | 21 | ① | ② | ③ | ④ |
| | 2 | ① | ② | | | | 22 | ① | ② | ③ | ④ |
| | 3 | ① | ② | | | | 23 | ① | ② | ③ | ④ |
| | 4 | ① | ② | | | | 24 | ① | ② | ③ | ④ |
| | 5 | ① | ② | | | | 25 | ① | ② | ③ | ④ |
| | 6 | ① | ② | ③ | ④ | | 26 | ① | ② | ③ | ④ |
| | 7 | ① | ② | ③ | ④ | | 27 | ① | ② | ③ | ④ |
| | 8 | ① | ② | | | | 28 | ① | ② | ③ | ④ |
| | 9 | ① | ② | | | | 29 | ① | ② | ③ | ④ |
| | 10 | ① | ② | | | | 30 | ① | ② | ③ | ④ |
| | 11 | ① | ② | ③ | ④ | | 31 | ① | ② | ③ | ④ |
| | 12 | ① | ② | ③ | ④ | | 32 | ① | ② | ③ | ④ |
| | 13 | ① | ② | ③ | ④ | | 33 | ① | ② | ③ | ④ |
| | 14 | ① | ② | ③ | ④ | | 34 | ① | ② | ③ | ④ |
| | 15 | ① | ② | ③ | ④ | | 35 | ① | ② | ③ | ④ |
| | 16 | ① | ② | ③ | ④ | | 36 | ① | ② | ③ | ④ |
| | 17 | ① | ② | ③ | ④ | | 37 | ① | ② | ③ | ④ |
| | 18 | ① | ② | ③ | ④ | | 38 | ① | ② | ③ | ④ |
| | 19 | ① | ② | ③ | ④ | | 39 | ① | ② | ③ | ④ |
| | 20 | ① | ② | ③ | ④ | | 40 | ① | ② | ③ | ④ |

# 삼성 GSAT 4급

| 감독관 확인란 | |
|---|---|

## 실전모의고사 2회

### 성명표기란

ㄱ ㄴ ㄷ ㄹ ㅁ ㅂ ㅅ ㅇ ㅈ ㅊ ㅋ ㅌ ㅍ ㅎ ㄲ ㄸ ㅃ ㅆ ㅉ

ㅏ ㅑ ㅓ ㅕ ㅗ ㅛ ㅜ ㅠ ㅡ ㅣ ㅐ ㅒ ㅔ ㅖ ㅘ ㅙ ㅚ ㅝ ㅞ ㅟ ㅢ

ㄱ ㄴ ㄷ ㄹ ㅁ ㅂ ㅅ ㅇ ㅈ ㅊ ㅋ ㅌ ㅍ ㅎ ㄲ ㄸ ㅃ ㅆ ㅉ ㄺ ㄻ

### 수험번호

⓪ ① ② ③ ④ ⑤ ⑥ ⑦ ⑧ ⑨

### (주민등록 앞자리 생년제외) 월일

⓪ ① ② ③ ④ ⑤ ⑥ ⑦ ⑧ ⑨

### 수험생 유의사항

※ 답안은 반드시 컴퓨터용 사인펜으로 보기와 같이 바르게 표기해야 합니다.
〈보기〉 ① ② ③ ❹ ⑤

※ 성명표기란 위 칸에는 성명을 한글로 쓰고 아래 칸에는 성명을 정확하게 표기하십시오. (맨 왼쪽 칸부터 성과 이름은 붙여 씁니다)

※ 수험번호/월일 위 칸에는 아라비아 숫자로 쓰고 아래 칸에는 숫자와 일치하게 표기하십시오.

※ 월일은 반드시 본인 주민등록번호의 생년을 제외한 월 두 자리, 일 두 자리를 표기하십시오.
〈예〉 1994년 1월 12일 → 0112

※ 검사문항 : 1～120

| | 문번 | 답란 | | 문번 | 답란 | | 문번 | 답란 | | 문번 | 답란 |
|---|---|---|---|---|---|---|---|---|---|---|---|
| 수리능력 | 1 | ① ② ③ ④ | 수리능력 | 21 | ① ② ③ ④ | 추리능력 | 1 | ① ② ③ ④ | 추리능력 | 21 | ① ② ③ ④ |
| | 2 | ① ② ③ ④ | | 22 | ① ② ③ ④ | | 2 | ① ② ③ ④ | | 22 | ① ② ③ |
| | 3 | ① ② ③ ④ | | 23 | ① ② ③ ④ | | 3 | ① ② ③ ④ | | 23 | ① ② ③ |
| | 4 | ① ② ③ ④ | | 24 | ① ② ③ ④ | | 4 | ① ② ③ ④ | | 24 | ① ② ③ |
| | 5 | ① ② ③ ④ | | 25 | ① ② ③ ④ | | 5 | ① ② ③ ④ | | 25 | ① ② ③ |
| | 6 | ① ② ③ ④ | | 26 | ① ② ③ ④ | | 6 | ① ② ③ ④ | | 26 | ① ② ③ |
| | 7 | ① ② ③ ④ | | 27 | ① ② ③ ④ | | 7 | ① ② ③ ④ | | 27 | ① ② ③ |
| | 8 | ① ② ③ ④ | | 28 | ① ② ③ ④ | | 8 | ① ② ③ ④ | | 28 | ① ② ③ |
| | 9 | ① ② ③ ④ | | 29 | ① ② ③ ④ | | 9 | ① ② ③ ④ | | 29 | ① ② ③ |
| | 10 | ① ② ③ ④ | | 30 | ① ② ③ ④ | | 10 | ① ② ③ ④ | | 30 | ① ② ③ |
| | 11 | ① ② ③ ④ | | 31 | ① ② ③ ④ | | 11 | ① ② ③ ④ | | 31 | ① ② ③ ④ |
| | 12 | ① ② ③ ④ | | 32 | ① ② ③ ④ | | 12 | ① ② ③ ④ | | 32 | ① ② ③ ④ |
| | 13 | ① ② ③ ④ | | 33 | ① ② ③ ④ | | 13 | ① ② ③ ④ | | 33 | ① ② ③ ④ |
| | 14 | ① ② ③ ④ | | 34 | ① ② ③ ④ | | 14 | ① ② ③ ④ | | 34 | ① ② ③ ④ |
| | 15 | ① ② ③ ④ | | 35 | ① ② ③ ④ | | 15 | ① ② ③ ④ | | 35 | ① ② ③ ④ |
| | 16 | ① ② ③ ④ | | 36 | ① ② ③ ④ | | 16 | ① ② ③ ④ | | 36 | ① ② ③ ④ |
| | 17 | ① ② ③ ④ | | 37 | ① ② ③ ④ | | 17 | ① ② ③ ④ | | 37 | ① ② ③ ④ |
| | 18 | ① ② ③ ④ | | 38 | ① ② ③ ④ | | 18 | ① ② ③ ④ | | 38 | ① ② ③ ④ |
| | 19 | ① ② ③ ④ | | 39 | ① ② ③ ④ | | 19 | ① ② ③ ④ | | 39 | ① ② ③ ④ |
| | 20 | ① ② ③ ④ | | 40 | ① ② ③ ④ | | 20 | ① ② ③ ④ | | 40 | ① ② ③ ④ |

| 문번 | | 답란 | 문번 | | 답란 |
|---|---|---|---|---|---|
| 지각능력 | 1 | ① ② | 지각능력 | 21 | ① ② ③ ④ |
| | 2 | ① ② | | 22 | ① ② ③ ④ |
| | 3 | ① ② ③ ④ | | 23 | ① ② ③ ④ |
| | 4 | ① ② | | 24 | ① ② ③ ④ |
| | 5 | ① ② | | 25 | ① ② ③ ④ |
| | 6 | ① ② ③ ④ | | 26 | ① ② ③ ④ |
| | 7 | ① ② ③ ④ | | 27 | ① ② ③ ④ |
| | 8 | ① ② ③ ④ | | 28 | ① ② ③ ④ |
| | 9 | ① ② ③ ④ | | 29 | ① ② ③ ④ |
| | 10 | ① ② ③ ④ | | 30 | ① ② ③ ④ |
| | 11 | ① ② ③ ④ | | 31 | ① ② ③ ④ |
| | 12 | ① ② ③ ④ | | 32 | ① ② ③ ④ |
| | 13 | ① ② ③ ④ | | 33 | ① ② ③ ④ |
| | 14 | ① ② ③ ④ | | 34 | ① ② ③ ④ |
| | 15 | ① ② ③ ④ | | 35 | ① ② ③ ④ |
| | 16 | ① ② ③ ④ | | 36 | ① ② ③ ④ |
| | 17 | ① ② ③ ④ | | 37 | ① ② ③ ④ |
| | 18 | ① ② ③ ④ | | 38 | ① ② ③ ④ |
| | 19 | ① ② ③ ④ | | 39 | ① ② ③ ④ |
| | 20 | ① ② ③ ④ | | 40 | ① ② ③ ④ |

# 삼성 GSAT 4급

| 감독관 확인란 | |
|---|---|

## 실전모의고사 3회

**성명표기란**

**수험번호**

**(주민등록 앞자리 생년제외) 월일**

### 수험생 유의사항

※ 답안은 반드시 컴퓨터용 사인펜으로 보기와 같이 바르게 표기해야 합니다.
〈보기〉 ① ② ③ ❹ ⑤

※ 성명표기란 위 칸에는 성명을 한글로 쓰고 아래 칸에는 성명을 정확하게 표기하십시오. (맨 왼쪽 칸부터 성과 이름은 붙여 씁니다)

※ 수험번호/월일 위 칸에는 아라비아 숫자로 쓰고 아래 칸에는 숫자와 일치하게 표기하십시오.

※ 월일은 반드시 본인 주민등록번호의 생년을 제외한 월 두 자리, 일 두 자리를 표기하십시오.
〈예〉 1994년 1월 12일 → 0112

※ 검사문항 : 1～120

| | 문번 | 답란 | | 문번 | 답란 | | 문번 | 답란 | | 문번 | 답란 |
|---|---|---|---|---|---|---|---|---|---|---|---|
| 수리능력 | 1 | ① ② ③ ④ | 수리능력 | 21 | ① ② ③ ④ | 추리능력 | 1 | ① ② ③ ④ | 추리능력 | 21 | ① ② ③ |
| | 2 | ① ② ③ ④ | | 22 | ① ② ③ ④ | | 2 | ① ② ③ ④ | | 22 | ① ② ③ |
| | 3 | ① ② ③ ④ | | 23 | ① ② ③ ④ | | 3 | ① ② ③ ④ | | 23 | ① ② ③ |
| | 4 | ① ② ③ ④ | | 24 | ① ② ③ ④ | | 4 | ① ② ③ ④ | | 24 | ① ② ③ |
| | 5 | ① ② ③ ④ | | 25 | ① ② ③ ④ | | 5 | ① ② ③ ④ | | 25 | ① ② ③ |
| | 6 | ① ② ③ ④ | | 26 | ① ② ③ ④ | | 6 | ① ② ③ ④ | | 26 | ① ② ③ |
| | 7 | ① ② ③ ④ | | 27 | ① ② ③ ④ | | 7 | ① ② ③ ④ | | 27 | ① ② ③ |
| | 8 | ① ② ③ ④ | | 28 | ① ② ③ ④ | | 8 | ① ② ③ ④ | | 28 | ① ② ③ |
| | 9 | ① ② ③ ④ | | 29 | ① ② ③ ④ | | 9 | ① ② ③ ④ | | 29 | ① ② ③ |
| | 10 | ① ② ③ ④ | | 30 | ① ② ③ ④ | | 10 | ① ② ③ ④ | | 30 | ① ② ③ |
| | 11 | ① ② ③ ④ | | 31 | ① ② ③ ④ | | 11 | ① ② ③ ④ | | 31 | ① ② ③ |
| | 12 | ① ② ③ ④ | | 32 | ① ② ③ ④ | | 12 | ① ② ③ ④ | | 32 | ① ② ③ ④ |
| | 13 | ① ② ③ ④ | | 33 | ① ② ③ ④ | | 13 | ① ② ③ ④ | | 33 | ① ② ③ ④ |
| | 14 | ① ② ③ ④ | | 34 | ① ② ③ ④ | | 14 | ① ② ③ ④ | | 34 | ① ② ③ ④ |
| | 15 | ① ② ③ ④ | | 35 | ① ② ③ ④ | | 15 | ① ② ③ ④ | | 35 | ① ② ③ ④ |
| | 16 | ① ② ③ ④ | | 36 | ① ② ③ ④ | | 16 | ① ② ③ ④ | | 36 | ① ② ③ ④ |
| | 17 | ① ② ③ ④ | | 37 | ① ② ③ ④ | | 17 | ① ② ③ ④ | | 37 | ① ② ③ ④ |
| | 18 | ① ② ③ ④ | | 38 | ① ② ③ ④ | | 18 | ① ② ③ ④ | | 38 | ① ② ③ ④ |
| | 19 | ① ② ③ ④ | | 39 | ① ② ③ ④ | | 19 | ① ② ③ ④ | | 39 | ① ② ③ ④ |
| | 20 | ① ② ③ ④ | | 40 | ① ② ③ ④ | | 20 | ① ② ③ ④ | | 40 | ① ② ③ ④ |

잘라서 활용하세요.

| 문번 | | 답란 | | | | 문번 | | 답란 | | | |
|---|---|---|---|---|---|---|---|---|---|---|---|
| 지각능력 | 1 | ① | ② | ③ | ④ | 지각능력 | 21 | ① | ② | ③ | ④ |
| | 2 | ① | ② | | | | 22 | ① | ② | ③ | ④ |
| | 3 | ① | ② | | | | 23 | ① | ② | ③ | ④ |
| | 4 | ① | ② | | | | 24 | ① | ② | ③ | ④ |
| | 5 | ① | ② | | | | 25 | ① | ② | ③ | ④ |
| | 6 | ① | ② | ③ | ④ | | 26 | ① | ② | ③ | ④ |
| | 7 | ① | ② | ③ | ④ | | 27 | ① | ② | ③ | ④ |
| | 8 | ① | ② | ③ | ④ | | 28 | ① | ② | ③ | ④ |
| | 9 | ① | ② | ③ | ④ | | 29 | ① | ② | ③ | ④ |
| | 10 | ① | ② | ③ | ④ | | 30 | ① | ② | ③ | ④ |
| | 11 | ① | ② | ③ | ④ | | 31 | ① | ② | ③ | ④ |
| | 12 | ① | ② | ③ | ④ | | 32 | ① | ② | ③ | ④ |
| | 13 | ① | ② | ③ | ④ | | 33 | ① | ② | ③ | ④ |
| | 14 | ① | ② | ③ | ④ | | 34 | ① | ② | ③ | ④ |
| | 15 | ① | ② | ③ | ④ | | 35 | ① | ② | ③ | ④ |
| | 16 | ① | ② | ③ | ④ | | 36 | ① | ② | ③ | ④ |
| | 17 | ① | ② | ③ | ④ | | 37 | ① | ② | ③ | ④ |
| | 18 | ① | ② | ③ | ④ | | 38 | ① | ② | ③ | ④ |
| | 19 | ① | ② | ③ | ④ | | 39 | ① | ② | ③ | ④ |
| | 20 | ① | ② | ③ | ④ | | 40 | ① | ② | ③ | ④ |

## 삼성 GSAT 4급

감독관 확인란

## 실전모의고사_연습용

### 성명표기란

| | | | | | | | | | | | |
|---|---|---|---|---|---|---|---|---|---|---|---|
| ㄱㄴㄷㄹㅁㅂㅅㅇㅈㅊㅋㅌㅍㅎ | ㅏㅑㅓㅕㅗㅛㅜㅠㅡㅣㅐㅒㅔㅖㅘㅙㅚㅝㅞㅟㅢ | ㄱㄴㄷㄹㅁㅂㅅㅇㅈㅊㅋㅌㅍㅎ | ㄱㄴㄷㄹㅁㅂㅅㅇㅈㅊㅋㅌㅍㅎㄲㄸㅃㅆㅉ | ㅏㅑㅓㅕㅗㅛㅜㅠㅡㅣㅐㅒㅔㅖㅘㅙㅚㅝㅞㅟㅢ | ㄱㄴㄷㄹㅁㅂㅅㅇㅈㅊㅋㅌㅍㅎㄲㄸㅃㅆㅉㄺㄻ | ㄱㄴㄷㄹㅁㅂㅅㅇㅈㅊㅋㅌㅍㅎㄲㄸㅃㅆㅉ | ㅏㅑㅓㅕㅗㅛㅜㅠㅡㅣㅐㅒㅔㅖㅘㅙㅚㅝㅞㅟㅢ | ㄱㄴㄷㄹㅁㅂㅅㅇㅈㅊㅋㅌㅍㅎㄲㄸㅃㅆㅉㄺㄻ | ㄱㄴㄷㄹㅁㅂㅅㅇㅈㅊㅋㅌㅍㅎㄲㄸㅃㅆㅉ | ㅏㅑㅓㅕㅗㅛㅜㅠㅡㅣㅐㅒㅔㅖㅘㅙㅚㅝㅞㅟㅢ | ㄱㄴㄷㄹㅁㅂㅅㅇㅈㅊㅋㅌㅍㅎㄲㄸㅃㅆㅉㄺㄻ |

### 수험번호

| | | | | | |
|---|---|---|---|---|---|
| ⓪①②③④⑤⑥⑦⑧⑨ | ⓪①②③④⑤⑥⑦⑧⑨ | ⓪①②③④⑤⑥⑦⑧⑨ | ⓪①②③④⑤⑥⑦⑧⑨ | ⓪①②③④⑤⑥⑦⑧⑨ | ⓪①②③④⑤⑥⑦⑧⑨ |

### (주민등록 앞자리 생년제외) 월일

| | | | |
|---|---|---|---|
| ⓪①②③④⑤⑥⑦⑧⑨ | ⓪①②③④⑤⑥⑦⑧⑨ | ⓪①②③④⑤⑥⑦⑧⑨ | ⓪①②③④⑤⑥⑦⑧⑨ |

### 수험생 유의사항

※ 답안은 반드시 컴퓨터용 사인펜으로 보기와 같이 바르게 표기해야 합니다.
〈보기〉 ① ② ③ ❹ ⑤

※ 성명표기란 위 칸에는 성명을 한글로 쓰고 아래 칸에는 성명을 정확하게 표기하십시오. (맨 왼쪽 칸부터 성과 이름은 붙여 씁니다)

※ 수험번호/월일 위 칸에는 아라비아 숫자로 쓰고 아래 칸에는 숫자와 일치하게 표기하십시오.

※ 월일은 반드시 본인 주민등록번호의 생년을 제외한 월 두 자리, 일 두 자리를 표기하십시오.
〈예〉 1994년 1월 12일 → 0112

※ 검사문항 : 1~120

| 영역 | 문번 | 답란 | 영역 | 문번 | 답란 | 영역 | 문번 | 답란 | 영역 | 문번 | 답란 |
|---|---|---|---|---|---|---|---|---|---|---|---|
| 수리능력 | 1 | ① ② ③ ④ | 수리능력 | 21 | ① ② ③ ④ | 추리능력 | 1 | ① ② ③ ④ | 추리능력 | 21 | ① ② ③ ④ |
| | 2 | ① ② ③ ④ | | 22 | ① ② ③ ④ | | 2 | ① ② ③ ④ | | 22 | ① ② ③ |
| | 3 | ① ② ③ ④ | | 23 | ① ② ③ ④ | | 3 | ① ② ③ ④ | | 23 | ① ② ③ |
| | 4 | ① ② ③ ④ | | 24 | ① ② ③ ④ | | 4 | ① ② ③ ④ | | 24 | ① ② ③ |
| | 5 | ① ② ③ ④ | | 25 | ① ② ③ ④ | | 5 | ① ② ③ ④ | | 25 | ① ② ③ |
| | 6 | ① ② ③ ④ | | 26 | ① ② ③ ④ | | 6 | ① ② ③ ④ | | 26 | ① ② ③ |
| | 7 | ① ② ③ ④ | | 27 | ① ② ③ ④ | | 7 | ① ② ③ ④ | | 27 | ① ② ③ |
| | 8 | ① ② ③ ④ | | 28 | ① ② ③ ④ | | 8 | ① ② ③ ④ | | 28 | ① ② ③ |
| | 9 | ① ② ③ ④ | | 29 | ① ② ③ ④ | | 9 | ① ② ③ ④ | | 29 | ① ② ③ |
| | 10 | ① ② ③ ④ | | 30 | ① ② ③ ④ | | 10 | ① ② ③ ④ | | 30 | ① ② ③ |
| | 11 | ① ② ③ ④ | | 31 | ① ② ③ ④ | | 11 | ① ② ③ ④ | | 31 | ① ② ③ ④ |
| | 12 | ① ② ③ ④ | | 32 | ① ② ③ ④ | | 12 | ① ② ③ ④ | | 32 | ① ② ③ ④ |
| | 13 | ① ② ③ ④ | | 33 | ① ② ③ ④ | | 13 | ① ② ③ ④ | | 33 | ① ② ③ ④ |
| | 14 | ① ② ③ ④ | | 34 | ① ② ③ ④ | | 14 | ① ② ③ ④ | | 34 | ① ② ③ ④ |
| | 15 | ① ② ③ ④ | | 35 | ① ② ③ ④ | | 15 | ① ② ③ ④ | | 35 | ① ② ③ ④ |
| | 16 | ① ② ③ ④ | | 36 | ① ② ③ ④ | | 16 | ① ② ③ ④ | | 36 | ① ② ③ ④ |
| | 17 | ① ② ③ ④ | | 37 | ① ② ③ ④ | | 17 | ① ② ③ ④ | | 37 | ① ② ③ ④ |
| | 18 | ① ② ③ ④ | | 38 | ① ② ③ ④ | | 18 | ① ② ③ ④ | | 38 | ① ② ③ ④ |
| | 19 | ① ② ③ ④ | | 39 | ① ② ③ ④ | | 19 | ① ② ③ ④ | | 39 | ① ② ③ ④ |
| | 20 | ① ② ③ ④ | | 40 | ① ② ③ ④ | | 20 | ① ② ③ ④ | | 40 | ① ② ③ ④ |

| 문번 | | 답란 | | | | 문번 | | 답란 | | | |
|---|---|---|---|---|---|---|---|---|---|---|---|
| 지각능력 | 1 | ① | ② | | | 지각능력 | 21 | ① | ② | ③ | ④ |
| | 2 | ① | ② | | | | 22 | ① | ② | ③ | ④ |
| | 3 | ① | ② | ③ | ④ | | 23 | ① | ② | ③ | ④ |
| | 4 | ① | ② | | | | 24 | ① | ② | ③ | ④ |
| | 5 | ① | ② | | | | 25 | ① | ② | ③ | ④ |
| | 6 | ① | ② | ③ | ④ | | 26 | ① | ② | ③ | ④ |
| | 7 | ① | ② | ③ | ④ | | 27 | ① | ② | ③ | ④ |
| | 8 | ① | ② | ③ | ④ | | 28 | ① | ② | ③ | ④ |
| | 9 | ① | ② | ③ | ④ | | 29 | ① | ② | ③ | ④ |
| | 10 | ① | ② | ③ | ④ | | 30 | ① | ② | ③ | ④ |
| | 11 | ① | ② | ③ | ④ | | 31 | ① | ② | ③ | ④ |
| | 12 | ① | ② | ③ | ④ | | 32 | ① | ② | ③ | ④ |
| | 13 | ① | ② | ③ | ④ | | 33 | ① | ② | ③ | ④ |
| | 14 | ① | ② | ③ | ④ | | 34 | ① | ② | ③ | ④ |
| | 15 | ① | ② | ③ | ④ | | 35 | ① | ② | ③ | ④ |
| | 16 | ① | ② | ③ | ④ | | 36 | ① | ② | ③ | ④ |
| | 17 | ① | ② | ③ | ④ | | 37 | ① | ② | ③ | ④ |
| | 18 | ① | ② | ③ | ④ | | 38 | ① | ② | ③ | ④ |
| | 19 | ① | ② | ③ | ④ | | 39 | ① | ② | ③ | ④ |
| | 20 | ① | ② | ③ | ④ | | 40 | ① | ② | ③ | ④ |

# 삼성 GSAT 4급

| 감독관 확인란 | |
|---|---|

## 실전모의고사_연습용

### 성명표기란

### 수험번호

### (주민등록 앞자리 생년제외) 월일

### 수험생 유의사항

※ 답안은 반드시 컴퓨터용 사인펜으로 보기와 같이 바르게 표기해야 합니다.
〈보기〉 ① ② ③ ❹ ⑤

※ 성명표기란 위 칸에는 성명을 한글로 쓰고 아래 칸에는 성명을 정확하게 표기하십시오. (맨 왼쪽 칸부터 성과 이름은 붙여 씁니다)

※ 수험번호/월일 위 칸에는 아라비아 숫자로 쓰고 아래 칸에는 숫자와 일치하게 표기하십시오.

※ 월일은 반드시 본인 주민등록번호의 생년을 제외한 월 두 자리, 일 두 자리를 표기하십시오.
〈예〉 1994년 1월 12일 → 0112

※ 검사문항 : 1～120

| | 문번 | 답란 | | 문번 | 답란 | | 문번 | 답란 | | 문번 | 답란 |
|---|---|---|---|---|---|---|---|---|---|---|---|
| 수리능력 | 1 | ① ② ③ ④ | 수리능력 | 21 | ① ② ③ ④ | 추리능력 | 1 | ① ② ③ ④ | 추리능력 | 21 | ① ② ③ |
| | 2 | ① ② ③ ④ | | 22 | ① ② ③ ④ | | 2 | ① ② ③ ④ | | 22 | ① ② ③ |
| | 3 | ① ② ③ ④ | | 23 | ① ② ③ ④ | | 3 | ① ② ③ ④ | | 23 | ① ② ③ |
| | 4 | ① ② ③ ④ | | 24 | ① ② ③ ④ | | 4 | ① ② ③ ④ | | 24 | ① ② ③ |
| | 5 | ① ② ③ ④ | | 25 | ① ② ③ ④ | | 5 | ① ② ③ ④ | | 25 | ① ② ③ |
| | 6 | ① ② ③ ④ | | 26 | ① ② ③ ④ | | 6 | ① ② ③ ④ | | 26 | ① ② ③ |
| | 7 | ① ② ③ ④ | | 27 | ① ② ③ ④ | | 7 | ① ② ③ ④ | | 27 | ① ② ③ |
| | 8 | ① ② ③ ④ | | 28 | ① ② ③ ④ | | 8 | ① ② ③ ④ | | 28 | ① ② ③ |
| | 9 | ① ② ③ ④ | | 29 | ① ② ③ ④ | | 9 | ① ② ③ ④ | | 29 | ① ② ③ |
| | 10 | ① ② ③ ④ | | 30 | ① ② ③ ④ | | 10 | ① ② ③ ④ | | 30 | ① ② ③ |
| | 11 | ① ② ③ ④ | | 31 | ① ② ③ ④ | | 11 | ① ② ③ ④ | | 31 | ① ② ③ |
| | 12 | ① ② ③ ④ | | 32 | ① ② ③ ④ | | 12 | ① ② ③ ④ | | 32 | ① ② ③ ④ |
| | 13 | ① ② ③ ④ | | 33 | ① ② ③ ④ | | 13 | ① ② ③ ④ | | 33 | ① ② ③ ④ |
| | 14 | ① ② ③ ④ | | 34 | ① ② ③ ④ | | 14 | ① ② ③ ④ | | 34 | ① ② ③ ④ |
| | 15 | ① ② ③ ④ | | 35 | ① ② ③ ④ | | 15 | ① ② ③ ④ | | 35 | ① ② ③ ④ |
| | 16 | ① ② ③ ④ | | 36 | ① ② ③ ④ | | 16 | ① ② ③ ④ | | 36 | ① ② ③ ④ |
| | 17 | ① ② ③ ④ | | 37 | ① ② ③ ④ | | 17 | ① ② ③ ④ | | 37 | ① ② ③ ④ |
| | 18 | ① ② ③ ④ | | 38 | ① ② ③ ④ | | 18 | ① ② ③ ④ | | 38 | ① ② ③ ④ |
| | 19 | ① ② ③ ④ | | 39 | ① ② ③ ④ | | 19 | ① ② ③ ④ | | 39 | ① ② ③ ④ |
| | 20 | ① ② ③ ④ | | 40 | ① ② ③ ④ | | 20 | ① ② ③ ④ | | 40 | ① ② ③ ④ |

gosinet (주)고시넷

| 문번 | | 답란 | 문번 | | 답란 |
|---|---|---|---|---|---|
| 지각능력 | 1 | ① ② ③ ④ | 지각능력 | 21 | ① ② ③ ④ |
| | 2 | ① ② | | 22 | ① ② ③ ④ |
| | 3 | ① ② | | 23 | ① ② ③ ④ |
| | 4 | ① ② | | 24 | ① ② ③ ④ |
| | 5 | ① ② | | 25 | ① ② ③ ④ |
| | 6 | ① ② ③ ④ | | 26 | ① ② ③ ④ |
| | 7 | ① ② ③ ④ | | 27 | ① ② ③ ④ |
| | 8 | ① ② ③ ④ | | 28 | ① ② ③ ④ |
| | 9 | ① ② ③ ④ | | 29 | ① ② ③ ④ |
| | 10 | ① ② ③ ④ | | 30 | ① ② ③ ④ |
| | 11 | ① ② ③ ④ | | 31 | ① ② ③ ④ |
| | 12 | ① ② ③ ④ | | 32 | ① ② ③ ④ |
| | 13 | ① ② ③ ④ | | 33 | ① ② ③ ④ |
| | 14 | ① ② ③ ④ | | 34 | ① ② ③ ④ |
| | 15 | ① ② ③ ④ | | 35 | ① ② ③ ④ |
| | 16 | ① ② ③ ④ | | 36 | ① ② ③ ④ |
| | 17 | ① ② ③ ④ | | 37 | ① ② ③ ④ |
| | 18 | ① ② ③ ④ | | 38 | ① ② ③ ④ |
| | 19 | ① ② ③ ④ | | 39 | ① ② ③ ④ |
| | 20 | ① ② ③ ④ | | 40 | ① ② ③ ④ |

gosinet
(주)고시넷

## 고용보건복지_NCS

## SOC_NCS

## 금융_NCS

저마다의 일생에는,

특히 그 일생이 동터 오르는 여명기에는

모든 것을 결정짓는 한 순간이 있다.

그 순간을 다시 찾아내는 것은 어렵다.

그것은 다른 수많은 순간들의 퇴적 속에

깊이 묻혀있다.

– 장 그르니에, 섬 LES ILES

고시넷

2022

# GSAT 삼성직무적성검사

# 삼성그룹

# 4급 전문대졸 채용

# 실전모의고사

[ 온라인 시험 완벽 대비
수리+추리+지각

대표예제 & 기출예상문제
출제유형학습+실전모의고사 ]

## 정답과 해설

gosinet
(주)고시넷

고시넷

2022

GSAT 삼성직무적성검사

# 삼성그룹

## 4급 전문대졸 채용

## 실전모의고사

온라인 시험 완벽 대비
수리+추리+지각

대표예제 & 기출예상문제
출제유형학습+실전모의고사

## 정답과 해설

gosinet
(주)고시넷

# 파트1 출제유형학습

## 01 수리능력

| 테마 4 기출예상문제 | | | | | | | | | 문제40쪽 |
|---|---|---|---|---|---|---|---|---|---|
| 01 | ② | 02 | ④ | 03 | ① | 04 | ③ | 05 | ④ |
| 06 | ① | 07 | ④ | 08 | ① | 09 | ④ | 10 | ③ |
| 11 | ③ | 12 | ① | 13 | ① | 14 | ④ | 15 | ④ |
| 16 | ② | 17 | ② | 18 | ④ | 19 | ③ | 20 | ③ |
| 21 | ③ | 22 | ① | 23 | ② | 24 | ④ | 25 | ④ |
| 26 | ③ | 27 | ③ | 28 | ③ | 29 | ② | 30 | ③ |
| 31 | ② | 32 | ④ | 33 | ④ | 34 | ④ | 35 | ① |
| 36 | ① | 37 | ② | 38 | ② | 39 | ② | 40 | ③ |
| 41 | ② | 42 | ③ | 43 | ② | 44 | ④ | 45 | ③ |
| 46 | ④ | 47 | ④ | 48 | ③ | 49 | ③ | 50 | ② |
| 51 | ① | 52 | ④ | 53 | ④ | 54 | ④ | 55 | ④ |
| 56 | ② | 57 | ③ | 58 | ④ | 59 | ② | 60 | ③ |

### 01

| 정답 | ②

| 해설 | $68\times25-281=1,700-281=1,419$

### 02

| 정답 | ④

| 해설 | $4\sqrt{6}\times2\sqrt{2}-4\sqrt{3}$
$=8\sqrt{12}-4\sqrt{3}$
$=16\sqrt{3}-4\sqrt{3}=12\sqrt{3}$

### 03

| 정답 | ①

| 해설 | $2\frac{1}{2}\times\frac{4}{3}+2+\frac{4}{3}=\frac{5}{2}\times\frac{4}{3}+2+\frac{4}{3}$
$=\frac{10}{3}+2+\frac{4}{3}=\frac{10+6+4}{3}=6\frac{2}{3}$

### 04

| 정답 | ③

| 해설 | $12+125\div5-(-7)=12+25-(-7)$
$=12+25+7=44$

### 05

| 정답 | ④

| 해설 | $7.6+2.4\times\frac{3}{10}=7.6+0.72=8.32$

### 06

| 정답 | ①

| 해설 | $\frac{7}{3}\times\frac{9}{14}+\frac{3}{5}\times\frac{25}{7}=\frac{3}{2}+\frac{15}{7}$
$=\frac{21}{14}+\frac{30}{14}=\frac{51}{14}=3\frac{9}{14}$

### 07

| 정답 | ④

| 해설 | $\frac{35}{36}\times\frac{8}{7}+\frac{4}{15}=\frac{10}{9}+\frac{4}{15}=\frac{62}{45}$

### 08

| 정답 | ①

| 해설 | $3\sqrt{8}+\sqrt{18}=6\sqrt{2}+3\sqrt{2}=9\sqrt{2}$

### 09

| 정답 | ④

| 해설 | $7.65\times3.2\div2.4=24.48\div2.4=10.2$

## 10

| 정답 | ③

| 해설 | $5\frac{1}{4}-\frac{8}{9}\times\frac{3}{4}=\frac{21}{4}-\frac{2}{3}=\frac{63}{12}-\frac{8}{12}=\frac{55}{12}$
$=4\frac{7}{12}$

## 11

| 정답 | ③

| 해설 | $102-54\div2=102-27=75$

## 12

| 정답 | ①

| 해설 | $\frac{5}{6}\div2+\frac{8}{15}=\frac{5}{6}\times\frac{1}{2}+\frac{8}{15}=\frac{5}{12}+\frac{8}{15}$
$=\frac{25+32}{60}=\frac{57}{60}=\frac{19}{20}$

## 13

| 정답 | ①

| 해설 | $2^2+7^2-(-3)^2=4+49-9=44$

## 14

| 정답 | ④

| 해설 | $2\frac{1}{3}+4+\frac{1}{6}=\frac{14}{6}+\frac{24}{6}+\frac{1}{6}=\frac{39}{6}=6\frac{1}{2}$

## 15

| 정답 | ④

| 해설 | $15\triangle8=(15+8)-(15-8)=23-7=16$

## 16

| 정답 | ②

| 해설 | $(6\triangle11)\triangle(13\bullet22)=\{(6+11)-(6-11)\}\triangle(13-22)^2$
$=22\triangle81=(22+81)-(22-81)=162$

## 17

| 정답 | ②

| 해설 | $5♤20=5+20\times2=5+40=45$

## 18

| 정답 | ④

| 해설 | $3♤(6♤4)=3♤(6+4\times2)=3♤14=3\times14+2=44$

## 19

| 정답 | ③

| 해설 | $12\bigstar32=(12\times32)-12=372$

## 20

| 정답 | ③

| 해설 | $(8\diamond7)\bigstar3=(2\times8+7)\bigstar3=23\bigstar3$
$=(23\times3)-23=46$

## 21

| 정답 | ③

| 해설 | 전체 일의 양을 1이라 하면 P, Q, R관은 1분에 각각 $\frac{1}{12}$, $\frac{1}{18}$, $\frac{1}{36}$의 일을 한다. 3개의 관을 동시에 열면 1분에 $\frac{1}{12}+\frac{1}{18}+\frac{1}{36}=\frac{1}{6}$만큼의 일을 할 수 있으므로 수조를 비우는 데 6분이 걸린다.

## 22

| 정답 | ①

| 해설 | 과일은 총 11개를 구매하고 다섯 종류의 과일을 각각 2개 이상 구매한다고 하였으므로 과일 한 종류만 3개, 나머지 네 종류의 과일은 2개씩 구입했음을 알 수 있다. 다섯 종류를 각각 2개씩 구입했을 때의 가격은 (10,000+6,000+3,000+1,000+500)×2=41,000(원)인데 총 42,000원을 지불했다. 따라서 1,000원짜리 과일은 총 3개를 구입했다.

## 23

| 정답 | ②

| 해설 | 복권이 당첨되지 않을 확률을 $x$라고 한다면 하나라도 당첨될 확률은 $1-x\times x\times x\times x=1-x^4=\frac{175}{256}$이다.

$x^4=\frac{81}{256}$ $\qquad\therefore\ x=\frac{3}{4}$

따라서 연금복권에 당첨될 확률은 $1-\frac{3}{4}=\frac{1}{4}$이다.

## 24

| 정답 | ④

| 해설 | 작년 A 공장의 컴퓨터 생산량을 $x$대, B 공장의 컴퓨터 생산량을 $y$대라 하면 다음 두 식이 성립한다.

$x+y=2,500$ ……………… ㉠

$0.1x : 0.2y=1:3,\ y=1.5x$ ……………… ㉡

㉡을 ㉠에 대입하여 계산하면

$x=1,000,\ y=1,500$이다.

따라서 작년 A 공장의 컴퓨터 생산량은 1,000대이므로 올해의 생산량은 10% 증가한 1,100대가 된다.

## 25

| 정답 | ④

| 해설 | 이익을 얻기 위해서는 문제없는 제품을 생산하였을 때의 수익이 불량 제품을 생산하였을 때의 손실보다 커야 한다. 불량 제품을 $x$개라 하면, 문제없는 제품은 $(3,500-x)$개이므로 다음과 같은 식이 성립한다.

$(3,500-x)\times3,000>1,000x$

$10,500,000-3,000x>1,000x$

$10,500,000>4,000x$

$2,625>x$

따라서 불량 제품의 개수는 2,624개 이하여야 한다.

## 26

| 정답 | ③

| 해설 | 농도 4%의 소금물 300g에 들어 있는 소금의 양은 $\frac{4}{100}\times300=12(\text{g})$이다. 추가로 넣은 물의 양을 $x$g이라고 하면 다음과 같은 식이 성립한다.

$\frac{12}{300+x}\times100=3$ $\qquad \frac{12}{300+x}=\frac{3}{100}$

$3(300+x)=1,200$ $\qquad\therefore\ x=100(\text{g})$

**보충 플러스+**

- 소금물의 농도(%)$=\frac{\text{소금의 양}}{\text{소금물의 양}}\times100$
- 소금의 양$=\frac{\text{소금물의 농도}}{100}\times$소금물의 양

## 27

| 정답 | ③

| 해설 | 상품의 원가를 $x$원으로 두면, 정가는 $1.3x$원이다. 20% 할인하여 260원의 이익을 얻었다고 하였으므로 이를 식으로 정리하면 다음과 같다.

$(1.3x\times0.8)-x=260$ $\quad 0.04x=260$ $\quad\therefore\ x=6,500$(원)

## 28

| 정답 | ③

| 해설 | 영욱이가 혼자 일을 하면 10시간이 걸리므로 1시간에 하는 일의 양은 $\frac{1}{10}$이다. 미정이가 혼자서 일을 할 때 $x$시간이 걸린다고 하면 1시간에 하는 일의 양은 $\frac{1}{x}$이므로 다음과 같은 식이 성립한다.

$\left(\frac{1}{10}+\frac{1}{x}\right)\times 6=1 \qquad \frac{6}{x}=\frac{4}{10}$

$4x=60 \qquad \therefore\ x=15$(시간)

그러므로 미정이가 혼자서 일을 하면 15시간이 걸린다.

## 29

| 정답 | ②

| 해설 | 두 사람이 만나기까지 이동한 시간을 $x$시간으로 두면 다음과 같은 식이 성립한다.

$4x+6x=12 \qquad 10x=12 \qquad \therefore\ x=1+\frac{12}{60}$(시간)

따라서 인성이와 효진이는 1시간 12분이 지난 후 만난다.

## 30

| 정답 | ③

| 해설 | $x$는 100보다 작고 18과 4의 배수이므로 $x=36$ 또는 $x=72$이다. 그런데 $x$가 72라면 72와 40의 최대공약수는 4가 아닌 8이 되므로 조건에 맞지 않는다. 즉, $x=36$이고 $a$와 $b$의 값을 각각 구하면 다음과 같다.

2) 36 54
3) 18 27
3) 6 9
2 3

2) 36 40
2) 18 20
9 10

$\therefore\ a=2\times3\times3\times2\times3=108,\ b=2\times2\times9\times10=360$

따라서 $a+b=108+360=468$이다.

**보충 플러스+**

최대공약수와 최소공배수 구하기

3) 12 30
2) 4 10
2 5

- 최대공약수 : 3×2=6
- 최소공배수 : 3×2×2×5=60

## 31

| 정답 | ②

| 해설 | 과자의 개수를 $x$개로 두면 사탕의 개수는 $(20-x)$개이므로 다음과 같은 식이 성립한다.

$200x+50(20-x)+200=3,600 \qquad \therefore\ x=16$(개)

## 32

| 정답 | ④

| 해설 | 1분 주입량은 A관이 $\frac{1}{4}$, B관이 $\frac{1}{3}$, C관이 $\frac{1}{6}$이므로 3개 관을 사용한 1분 주입량은 $\frac{1}{4}+\frac{1}{3}+\frac{1}{6}=\frac{3}{4}$이다.

따라서 A, B, C관을 동시에 사용하여 물을 채울 때 걸리는 시간은 $1\div\frac{3}{4}=\frac{4}{3}$(분), 즉 1분 20초이다.

## 33

| 정답 | ④

| 해설 | 4일 동안의 판매수입은 다음과 같다.

- 첫째 날 : 4,000×10=40,000(원)
- 둘째 날 : 3,500×10=35,000(원)
- 셋째 날 : 3,000×10=30,000(원)
- 넷째 날 : 2,500×10=25,000(원)

따라서 총 판매수입은 40,000+35,000+30,000+25,000=130,000(원)이다.

## 34

| 정답 | ④

| 해설 | 철수의 키를 $x$cm, 정수의 키를 $y$cm라고 하면,

$x+y=362$ ………………………… ㉠

$x=y+12$ ………………………… ㉡

㉡을 ㉠에 대입하면

$(y+12)+y=362 \qquad 2y=350 \qquad \therefore\ y=175,\ x=187$

즉, 철수의 키는 187cm이다.

## 35

| 정답 | ①

| 해설 | 철수가 출발선 20m 뒤에서 출발하여 120m를 달렸다면 결승점에 도착했을 때이다. 그때 영희가 96m를 달렸다고 했으므로 두 사람의 거리 차이는 100−96=4(m)이다.

## 36

| 정답 | ①

| 해설 | $x$일 후에 저금통의 금액이 지연이가 소연이보다 커진다고 하면 다음과 같은 식이 성립한다.

$3,000+500x>5,000+200x$

$300x>2,000 \qquad x>6.666\cdots$

따라서 7일 후부터이다.

## 37

| 정답 | ②

| 해설 | 운동장 한 바퀴를 $2x$km라고 하면,

$\frac{x}{4}+\frac{x}{3}=\frac{35}{60} \qquad 3x+4x=7 \qquad \therefore x=1$

따라서 운동장 한 바퀴는 2km이다.

## 38

| 정답 | ②

| 해설 | 규리와 승연이가 각각 분속 80m, 분속 50m로 같은 방향을 향해 걷고 있으므로 두 사람 사이의 거리는 1분에 30m씩 벌어진다. 따라서 두 사람 사이의 거리가 600m가 되는 것은 20분 후이다.

## 39

| 정답 | ②

| 해설 | 5%의 소금물의 양을 $x$g, 11%의 소금물의 양을 $(400-x)$g으로 두고 식을 세우면 다음과 같다.

$\frac{5}{100}\times x+\frac{11}{100}\times(400-x)=\frac{8}{100}\times 400$

$5x+11\times(400-x)=3,200$

$6x=1,200 \qquad \therefore x=200(\text{g})$

## 40

| 정답 | ③

| 해설 | 햄버거의 가격을 $x$원이라 하면 개수별 가격은 다음과 같다.

- 1 ~ 49개 : $x$원
- 50 ~ 99개 : $0.9x$원
- 100개 이상 : $0.8x$원

100개를 주문했을 때의 가격이 $0.8x\times 100=80x$(원)이므로, 100개를 주문했을 때의 가격보다 비싼 최소 개수는 $\frac{80x}{0.9x}=88.88\cdots$, 즉 89개이다.

## 41

| 정답 | ②

| 해설 | 2019년의 평균 시급은 2015년의 $\frac{9,100}{6,210}\fallingdotseq 1.47$(배)이다.

| 오답풀이 |

① 2017년, 2019년에는 월 평균 소득이 감소하였다.

③ 2017년 주간 평균 근로시간은 22시간이므로 월 평균 근로시간은 $22\times 4=88$(시간) 정도이다.

④ 2017년에서 2018년 사이에 월 평균 소득은 증가하지만 평균 시급은 감소한다.

## 42

| 정답 | ③

| 해설 | 2019년 영국의 지적재산권 사용료 지급의 전년 대비 증감률은 $\frac{11,740-12,940}{12,940}\times 100\fallingdotseq -9.3$(%)로, 9.3% 감소하였다.

| 오답풀이 |

① 2017년 독일의 지적재산권 사용료 수입은 한국의 $\frac{15,507}{5,167}\fallingdotseq 3.001$(배)이다.

④ 2019년 프랑스의 지적재산권 사용료 지급은 전년 대비 $13,982-13,319=663$(백만 달러) 감소하였다.

## 43

| 정답 | ②

| 해설 | 이메일 스팸 수신량이 전년 동기 대비 가장 크게 감소한 시기는 2017년 상반기(전년 동기 대비 0.4통 감소)로, 약 43% 감소하였다$\left(\frac{0.52-0.92}{0.92}\times 100 \fallingdotseq -43(\%)\right)$.

| 오답풀이 |

① 휴대전화 스팸 수신량이 전년 동기 대비 가장 크게 감소한 시기는 2019년 상반기(전년 동기 대비 0.08통 감소)로, 약 47% 감소하였다$\left(\frac{0.09-0.17}{0.17}\times 100 \fallingdotseq -47(\%)\right)$.

③ 2016년 하반기 휴대전화 스팸 수신량은 0.18통으로 2019년 상반기 휴대전화 스팸 수신량인 0.09통의 두 배이다.

④ 2018년 상반기 1일 스팸 이메일 수신량은 0.51통이다. 상반기인 1 ~ 6월은 약 180일이므로 6개월간 90통 이상의 스팸 이메일을 받았다고 추론할 수 있다.

## 44

| 정답 | ④

| 해설 | E 병원의 의사 1인당 의료이익은 $\frac{399}{830} \fallingdotseq 0.48$(억 원)으로 A 병원의 의사 1인당 의료이익인 $\frac{825}{1,625} \fallingdotseq 0.51$(억 원)보다 작다.

## 45

| 정답 | ③

| 해설 | 2010년에 한 달에 1회 이상 음주한 여성의 수는 $1,160\times\frac{45}{100}=522$(만 명)이다.

| 오답풀이 |

① 2017년과 2018년에 남성의 월간음주율은 계속 증가하였다.

② 2019년 남성의 월간음주율은 지난해에 비해 1.3%p 감소하였다.

④ 2012년 만 19세 이상 남성인구 중 $1,390\times\frac{100-77.8}{100} \fallingdotseq 309$(만 명)은 한 번도 음주하지 않은 달이 있는 남성이다. 그러나 매달 1번도 음주하지 않은 남성의 수는 알 수 없다.

## 46

| 정답 | ④

| 해설 | 2018년 봄에 발생한 학교급식 식중독 건수는 11+17+28=56(건), 가을에 발생한 건수는 38+24+17=79(건)으로 가을에 발생한 식중독 건수가 더 많다. 반면, 2019년에는 봄에 발생한 식중독 건수가 19+24+20=63(건), 가을에 발생한 건수가 18+15+21=54(건)으로 봄에 발생한 식중독 건수가 더 많다.

| 오답풀이 |

① 2018년과 2019년 각 달의 식중독 발생 건수를 더해 보면 9월이 38+18=56(건)으로 식중독이 가장 많이 발생한 달임을 알 수 있다.

② 2019년 월별 식중독 평균 발생 건수를 구하면, $\frac{22+4+19+24+20+24+26+15+18+15+21+27}{12} \fallingdotseq 19.6$(건)이다.

③ 2018년 식중독이 가장 많이 발생한 달은 9월의 38건, 가장 적게 발생한 달은 1월의 9건으로 건수 차이는 38−9=29(건)이다.

## 47

| 정답 | ④

| 해설 | A, B를 구하면 A=303−159=144, B=144−23−52−25=44이다. 따라서 (가)=44+45=89(개)가 된다. C, D를 통해서도 (가)의 값을 구할 수 있는데, C=159−34−45−42=38, D=23+38=61이므로 (가)=303−61−86−67=89(개)가 된다.

## 48

| 정답 | ③

| 해설 | 그래프를 살펴보면 3월까지 증가하던 감기환자 수가 4월로 넘어가면서 감소함을 알 수 있다.

| 오답풀이 |

①, ④ 그래프는 외래환자 천 명당 감기환자 수를 나타내므로 월별 총 감기환자 수는 정확히 알 수 없다.

② 2013 ~ 2017년 사이의 통계치는 평균이므로 외래환자 천 명당 15명을 초과한 때가 있었는지는 정확히 알 수 없다.

## 49

| 정답 | ③

| 해설 | ① 대북지원 액수가 가장 적은 연도는 1996년이다.

② 대북지원 액수가 가장 많은 연도는 2007년이다.

## 50

| 정답 | ②

| 해설 | 여성 갑상선 질환 환자 수는 전년 대비 2016년에는 171,275−142,765=28,510(명), 2017년에는 202,323−171,275=31,048(명), 2018년에는 232,200−202,323=29,877(명), 2019년에는 252,489−232,200=20,289(명)이 증가하였다. 따라서 가장 많이 증가한 해는 2017년이다.

| 오답풀이 |

① 그래프를 통해 남녀 갑상선 질환 환자 수가 모두 증가하고 있는 것을 알 수 있다.

③ 연도별 남성 환자 수의 비율을 구해 보면 다음과 같다.

- 2015년 : $\frac{24,918}{142,765+24,918}\times100≒14.9(\%)$
- 2016년 : $\frac{30,964}{171,275+30,964}\times100≒15.3(\%)$
- 2017년 : $\frac{37,813}{202,323+37,813}\times100≒15.7(\%)$
- 2018년 : $\frac{45,229}{232,200+45,229}\times100≒16.3(\%)$
- 2019년 : $\frac{50,517}{252,489+50,517}\times100≒16.7(\%)$

따라서 남성 환자 수의 비율은 해마다 증가하고 있다.

④ $\frac{24,918+30,964+37,813+45,229+50,517}{5}$ =37,888.2(명)

## 51

| 정답 | ①

| 해설 | '내수=생산−수출+수입'이므로 부품소재 산업동향의 빈칸에 들어갈 수치는 다음과 같다.

- 2015년 내수 : 658−280+176=554(조 원)
- 2016년 내수 : 660−294+179=545(조 원)
- 2019년 내수 : 658−301+179=536(조 원)

| 구분 | 2013년 | 2014년 | 2015년 | 2016년 | 2017년 | 2018년 | 2019년 |
|---|---|---|---|---|---|---|---|
| 생산 | 584 | 642 | 658 | 660 | 650 | 638 | 658 |
| 내수 | 491 | 545 | (554) | (545) | 538 | 532 | (536) |

부품소재 내수 규모가 가장 작은 해는 2013년으로 491조 원이며, 가장 큰 해는 2015년으로 554조 원이다.

## 52

| 정답 | ④

| 해설 | '무역수지=수출−수입'이므로 2013 ~ 2019년의 무역수지를 구하면 다음과 같다.

- 2013년 : 273−180=93(조 원)
- 2014년 : 270−173=97(조 원)
- 2015년 : 280−176=104(조 원)
- 2016년 : 294−179=115(조 원)
- 2017년 : 282−170=112(조 원)
- 2018년 : 269−163=106(조 원)
- 2019년 : 301−179=122(조 원)

조사기간 동안 부품소재 무역수지는 지속적으로 증가하다가 2017, 2018년에는 감소하였다.

| 오답풀이 |

① 전년 대비 부품소재 생산 규모 변화율은 다음과 같다.

- 2014년 : $\frac{642-584}{584}\times100≒9.9(\%)$
- 2015년 : $\frac{658-642}{642}\times100≒2.5(\%)$
- 2016년 : $\frac{660-658}{658}\times100≒0.3(\%)$
- 2017년 : $\frac{650-660}{660}\times100≒-1.5(\%)$

• 2018년 : $\frac{638-650}{650}\times 100 ≒ -1.8(\%)$

• 2019년 : $\frac{658-638}{638}\times 100 ≒ 3.1(\%)$

2014년이 9.9%로 전년 대비 부품소재 생산 규모 증가율이 가장 높다.

② 2017년 부품소재 생산 규모는 660 → 650(조 원), 수출 규모는 294 → 282(조 원), 수입 규모는 179 → 170(조 원)으로 모두 전년 대비 하락하였다.

③ 부품소재 생산 규모는 2013년 584조 원으로 600조 원대 이하였지만, 2014년부터 2019년까지는 600조 원 이상인 것을 볼 수 있다.

## 53

| 정답 | ④

| 해설 | 지난주 당근은 kg당 가격이 1,886−108=1,778(원), 양파는 kg당 가격이 927+16=943(원)으로 당근이 $\frac{1,778}{943}$ ≒ 1.89(배) 비쌌다.

| 오답풀이 |

① 쌀 20kg의 작년 가격은 오늘(44,520원)보다 12,720원 저렴한 31,800원이다. 따라서 작년 쌀 40kg의 가격은 31,800×2=63,600(원)이다.

② 오늘 소고기는 kg당 17,711원, 닭고기는 kg당 1,523원이므로 소고기가 $\frac{17,711}{1,523}$ ≒ 11.6(배) 더 비싸다.

③ 애호박은 오늘 1개에 $\frac{12,074}{20}$ = 603.7(원), 지난주 1개에 $\frac{12,074+3,385}{20}$ = 772.95(원)으로 지난주에 비해 약 170원 저렴하다.

## 54

| 정답 | ④

| 해설 | 오늘이 2kg에 1,106원 더 저렴하므로, 6kg의 딸기를 오늘 구입했다면 1,106×3=3,318(원)을 덜 지불했을 것이다.

## 55

| 정답 | ④

| 해설 | 2019년도는 신선농산물 수출액이 가공식품 수출액의 $\frac{272,529}{25,954}$ ≒ 10.5(배)로 20배 미만이다.

| 오답풀이 |

② 신선농산물 품목에서 화훼류만 36,969톤에서 24,081톤으로 수출량이 감소하였다.

③ 인삼류의 수출량은 5,700−4,960=740(톤) 증가하였고, 가공식품의 수출량은 5,706−3,868=1,838(톤) 증가하였다. 따라서 가공식품의 수출량이 더 많이 증가하였다.

## 56

| 정답 | ②

| 해설 | 신선농산물 하위 품목의 수출액 증가율을 구하면 다음과 같다.

• 채소류 : $\frac{153,533-104,848}{104,848}\times 100 ≒ 46.4(\%)$

• 과실류 : $\frac{78,002-66,924}{66,924}\times 100 ≒ 16.6(\%)$

• 화훼류 : $\frac{29,469-44,516}{44,516}\times 100 ≒ -33.8(\%)$

• 버섯류 : $\frac{11,525-3,483}{3,483}\times 100 ≒ 230.9(\%)$

따라서 증가율이 가장 높은 품목 두 가지는 버섯류, 채소류이다.

## 57

| 정답 | ③

| 해설 | 그래프의 막대 길이를 살펴보면 소득격차가 가장 큰 해는 2015년임을 알 수 있다. 따라서 2015년의 농가 소득은 그 해 전체 소득의 $\frac{3,212}{4,809+3,212}\times 100 ≒ 40.0(\%)$이다.

## 58

| 정답 | ④

| 해설 | • 2005년 대비 2015년의 도시근로자 소득 증가분 :
4,809−2,865=1,944(만 원)

• 2005년 대비 2015년의 농가 소득 증가분 :
3,212−2,307=905(만 원)

## 59

| 정답 | ②

| 해설 | • A 생산점의 배 생산량 : 1,280상자

• C 생산점의 배 생산량 : 800상자

따라서 1,280−800=480(상자) 줄어든다.

| 오답풀이 |

① 배를 생산하지 않을 경우 최대 2,000상자의 사과 생산이 가능하다.

③ • B 생산점의 사과 생산량 : 1,600상자
• A 생산점의 사과 생산량 : 1,400상자
따라서 1,600−1,400=200(상자) 줄어든다.

④ 사과와 배의 총 생산량을 구하면 다음과 같다.
• A 생산점의 합계 생산량 : 1,280+1,400=2,680(상자)
• B 생산점의 합계 생산량 : 1,120+1,600=2,720(상자)
• C 생산점의 합계 생산량 : 800+1,800=2,600(상자)
따라서 B 생산점이 가장 많다.

## 60

| 정답 | ③

| 해설 | • A 생산점의 판매이윤 :
1,280×6,000+1,400×10,000=21,680,000(원)

• B 생산점의 판매이윤 :
1,120×6,000+1,600×10,000=22,720,000(원)

• C 생산점의 판매이윤 :
800×6,000+1,800×10,000=22,800,000(원)

따라서 C 생산점의 이윤이 가장 많다.

# 02 추리능력

| 테마 4 기출예상문제 | | | | | | | | | 문제 82쪽 |
|---|---|---|---|---|---|---|---|---|---|
| 01 | ③ | 02 | ④ | 03 | ④ | 04 | ② | 05 | ③ |
| 06 | ③ | 07 | ④ | 08 | ② | 09 | ④ | 10 | ② |
| 11 | ① | 12 | ② | 13 | ② | 14 | ① | 15 | ③ |
| 16 | ③ | 17 | ① | 18 | ① | 19 | ② | 20 | ③ |
| 21 | ① | 22 | ① | 23 | ③ | 24 | ③ | 25 | ② |
| 26 | ① | 27 | ② | 28 | ② | 29 | ① | 30 | ③ |
| 31 | ④ | 32 | ④ | 33 | ② | 34 | ④ | | |
| 35 | ①,③,⑧ | 36 | ②,④,⑦ | 37 | ⑤,⑥ | 38 | ①,④,⑧ | | |
| 39 | ②,⑦,⑩ | 40 | ③,⑤,⑥,⑨ | 41 | ② | 42 | ④ | | |
| 43 | ① | 44 | ② | 45 | ③ | 46 | ② | 47 | ① |
| 48 | ① | 49 | ② | 50 | ③ | 51 | ① | 52 | ② |
| 53 | ② | 54 | ④ | 55 | ③ | 56 | ③ | 57 | ③ |
| 58 | ③ | 59 | ② | 60 | ③ | | | | |

## 01

| 정답 | ③

| 해설 |

| 121 | 100 | 81 | 64 | 49 | ? |
|---|---|---|---|---|---|
| ↑ | ↑ | ↑ | ↑ | ↑ | ↑ |
| $11^2$ | $10^2$ | $9^2$ | $8^2$ | $7^2$ | $6^2$ |

따라서 ?에 들어갈 숫자는 36이다.

## 02

| 정답 | ④

| 해설 |

3×6　　　18×?

2　3　6　18　?　1,944

2×3　　　6×18

따라서 ?에 들어갈 숫자는 108이다.

## 03

| 정답 | ④

| 해설 |

$2 \xrightarrow[\times 5]{} 10 \xrightarrow[-3]{} 7 \xrightarrow[\times 5]{} 35 \xrightarrow[-3]{} 32 \xrightarrow[\times 5]{} 160 \xrightarrow[-3]{} ?$

따라서 ?에 들어갈 숫자는 157이다.

## 04

| 정답 | ②

| 해설 | $11 \xrightarrow[+2]{} 13 \xrightarrow[+2]{} ? \xrightarrow[+2]{} 17 \xrightarrow[+2]{} 19$

따라서 ?에 들어갈 숫자는 15이다.

## 05

| 정답 | ③

| 해설 | 분자는 2씩, 분모는 1씩 증가한다. 약분되는 분수에 주의한다.

$\frac{1+2}{2+1} \rightarrow \frac{3+2}{3+1} \rightarrow \frac{5+2}{4+1} \rightarrow \frac{7+2}{5+1} \rightarrow \frac{9+2}{6+1} \rightarrow ?$

따라서 ?에 들어갈 숫자는 $\frac{11}{7}$이다.

## 06

| 정답 | ③

| 해설 | $135 \xrightarrow[-15]{} 120 \xrightarrow[-14]{} 106 \xrightarrow[-13]{} 93 \xrightarrow[-12]{} 81 \xrightarrow[-11]{} ?$

따라서 ?에 들어갈 숫자는 70이다.

## 07

| 정답 | ④

| 해설 | 가운데 1을 시작으로, 양쪽에 하나씩 큰 숫자들이 붙는 규칙이다.

따라서 ?에 들어갈 숫자는 543212345이다.

## 08

| 정답 | ②

| 해설 | $13 \xrightarrow[+2]{} 15 \xrightarrow[+3]{} 18 \xrightarrow[+4]{} 22 \xrightarrow[+5]{} 27 \xrightarrow[+6]{} ?$

따라서 ?에 들어갈 숫자는 33이다.

## 09

| 정답 | ④

| 해설 | $4 \xrightarrow[\times 3]{} 12 \xrightarrow[-3]{} 9 \xrightarrow[\times 3]{} 27 \xrightarrow[-3]{} 24 \xrightarrow[\times 3]{} ?$

따라서 ?에 들어갈 숫자는 72이다.

## 10

| 정답 | ②

| 해설 | $7 \xrightarrow[+7]{} 14 \xrightarrow[+6]{} 20 \xrightarrow[+5]{} 25 \xrightarrow[+4]{} 29 \xrightarrow[+3]{} ?$

따라서 ?에 들어갈 숫자는 32이다.

## 11

| 정답 | ①

| 해설 | 한글 자음을 숫자로 변환하여 푼다.

ㄲ ⟶ ㄷ ⟶ ㅁ ⟶ ㅆ ⟶ ?

$2 \xrightarrow[+2]{} 4 \xrightarrow[+3]{} 7 \xrightarrow[+4]{} 11 \xrightarrow[+5]{} ?$

따라서 ?에 들어갈 문자는 16에 해당하는 ㅋ이다.

## 12

| 정답 | ②

| 해설 | 알파벳 순서를 숫자로 변환하여 푼다.

M ⟶ L ⟶ P ⟶ O ⟶ S ⟶ ?

$13 \xrightarrow[-1]{} 12 \xrightarrow[+4]{} 16 \xrightarrow[-1]{} 15 \xrightarrow[+4]{} 19 \xrightarrow[-1]{} ?$

따라서 ?에 들어갈 문자는 18에 해당하는 R이다.

## 13

| 정답 | ②

| 해설 | 한글 모음을 숫자로 변환하여 푼다.

ㅐ ⟶ ㅑ ⟶ ㅔ ⟶ ? ⟶ ㅠ ⟶ ㅔ

$2 \xrightarrow[+1]{} 3 \xrightarrow[+3]{} 6 \xrightarrow[+5]{} ? \xrightarrow[+7]{} 18 \xrightarrow[+9]{} 27$

따라서 ?에 들어갈 문자는 11에 해당하는 ㅙ이다.

## 14

| 정답 | ①

| 해설 |

C ⟶ F ⟶ E ⟶ H ⟶ G ⟶ ?

$3 \xrightarrow[+3]{} 6 \xrightarrow[-1]{} 5 \xrightarrow[+3]{} 8 \xrightarrow[-1]{} 7 \xrightarrow[+3]{} ?$

따라서 ?에 들어갈 문자는 10에 해당하는 J이다.

## 15

| 정답 | ③

| 해설 |

ㄴ ⟶ ㅂ ⟶ ㄹ ⟶ ㅇ ⟶ ㅂ ⟶ ?

$2 \xrightarrow[+4]{} 6 \xrightarrow[-2]{} 4 \xrightarrow[+4]{} 8 \xrightarrow[-2]{} 6 \xrightarrow[+4]{} ?$

따라서 ?에 들어갈 문자는 10에 해당하는 ㅊ이다.

## 16

| 정답 | ③

| 해설 |

A ⟶ 2 ⟶ E ⟶ 10 ⟶ Q ⟶ ?

$1 \xrightarrow[+1]{} 2 \xrightarrow[+3]{} 5 \xrightarrow[+5]{} 10 \xrightarrow[+7]{} 17 \xrightarrow[+9]{} ?$

따라서 ?에 들어갈 숫자는 26이다.

## 17

| 정답 | ①

| 해설 | ①을 제외한 선택지들은 앞 문자에 비해 뒤 문자가 3씩 감소한다(사전에 실리는 순서).

① 여어야아 – 7, 5, 3, 1

| 오답풀이 |

② 이유워외 – 21, 18, 15, 12

③ 으웨요와 – 19, 16, 13, 10

④ 우왜예어 – 14, 11, 8, 5

## 18

| 정답 | ①

| 해설 | ①을 제외한 선택지들은 두 번째 문자가 나머지 문자에 비해 3이 작다.

① 타차타타 – 12, 10, 12, 12

| 오답풀이 |

② 바다바바 – 6, 3, 6, 6

③ 카아카카 – 11, 8, 11, 11

④ 하카하하 – 14, 11, 14, 14

## 19

| 정답 | ②

| 해설 | ②를 제외한 선택지들은 앞 문자에 +1, +2, +1이 차례대로 적용된다.

② ABDF – 1, 2, 4, 6

| 오답풀이 |

① EFHI – 5, 6, 8, 9

③ MNPQ – 13, 14, 16, 17

④ KLNO – 11, 12, 14, 15

## 20

| 정답 | ③

| 해설 | ③를 제외한 선택지들은 앞 문자에 비해 뒤 문자가 10씩 증가하여 차례대로 적용된다(사전에 실리는 순서).

③ 가계구갸 – 1, 8, 14, 3(21+3)

| 오답풀이 |

① GQAK – 7, 17, 1(16+1), 11(16+11)

② 다파자마 – 3, 13, 9(14+9), 5(14+14+5)

④ ㅂㄴㅌㅇ – 6, 2(14+2), 12(14+12), 8(14+14+8)

## 21

| 정답 | ①

| 해설 | '사과를 매일 먹음'$=p$, '건강함'$=q$, '질병에 잘 걸림'$=r$, '병원에 자주 감'$=s$라고 하면 첫 번째 명제부터 순서대로 $p \to q$, $\sim q \to r$, $\sim q$, $r \to s$이다. '건강하지 못한 사람은 사과를 매일 먹지 않는다'는 $\sim q \to \sim p$로 $p \to q$의 대우 명제이며 참이 된다.

**보충 플러스+**

$p$는 $q$이다($p \to q$)
→ $q$는 $p$이다($q \to p$, 역)
→ $p$가 아니면 $q$가 아니다($\sim p \to \sim q$, 이)
→ $q$가 아니면 $p$가 아니다($\sim q \to \sim p$, 대우)
어떤 명제가 참일 때 그 대우는 반드시 참이다(단, 역과 이는 참일 수도 있고 아닐 수도 있다).

## 22

| 정답 | ①

| 해설 | **21**의 해설과 두 번째 명제와 네 번째 명제에 따라 $\sim q \to r \to s$ 즉, '건강하지 못한 사람은 병원에 자주 간다($\sim q \to s$)'가 성립하고, 네 번째 명제에서 '그는 건강하지 못하다'라고 했으므로 제시된 명제는 참이다.

## 23

| 정답 | ③

| 해설 | **21**의 해설에 따라 $\sim q \to r \to s$ 또는 첫 번째 명제의 대우인 $\sim q \to \sim p$가 성립하나, $\sim p \to r$이 반드시 성립하는지는 주어진 지문만으로 알 수 없다.

## 24

| 정답 | ③

| 해설 | 네 번째 명제의 이로, 참일 수도 있고 아닐 수도 있다.

## 25

| 정답 | ②

| 해설 | 지문의 내용을 도식화하면 다음과 같다.

- 찬열 < 수호
- 수호, 세훈 < 백현 → 루한 < 찬열 < 수호 < 백현 (세훈: 루한 ~ 수호 범위)
- 루한 < 찬열

또한 키가 가장 작은 사람이 루한이 아니라고 하였으므로 세훈 < 루한임을 알 수 있다.

∴ 세훈 < 루한 < 찬열 < 수호 < 백현

## 26

| 정답 | ①

| 해설 | **25**의 해설에 따라 찬열보다 키가 큰 사람은 수호, 백현 총 2명이다.

## 27

| 정답 | ②

| 해설 | 세훈보다 키가 작은 사람은 없다.

## 28

| 정답 | ②

| 해설 | J를 기준으로 조건에 따라 배치하면 다음과 같다.

| G(여동생) | J(나) | | R(언니) | B(오빠) |
|---|---|---|---|---|
| | F(아들) | D(딸) | | |

B는 J(나)의 오빠이므로 F(아들)에게는 외삼촌이 된다.

| 오답풀이 |

④의 경우 오빠(B)와 언니(R) 사이의 관계에 대한 언급이 없으므로, R(언니)이 B(오빠)의 누나라고 할 수 없다.

## 29

| 정답 | ①

| 해설 | 4개 부서가 리그전을 벌이면 부서당 3번씩 모두 6번의 경기가 있게 되며 승점은 다음과 같다.

- A : 3+1+3
- B : 0+3+?
- C : 1+0+?
- D : 0+?+?

B 부서는 무승부 기록이 없는 부서에게 이겼다고 하였으며 무승부 기록이 없는 부서는 D이다. 따라서 D는 2패이다.

C 부서는 A 부서에게 진 부서들과 1무 1패를 기록하였는데 D 부서는 무승부 기록이 없는 부서이므로 C 부서는 B 부서와 무승부를 기록하고, D 부서에게 졌다.

다시 정리하면,

- A : B = 3 : 0 • A : C = 1 : 1
- A : D = 3 : 0 • B : C = 1 : 1
- B : D = 3 : 0 • C : D = 0 : 3

따라서 A−7, B−4, C−2, D−3이므로 A, B 부서가 결선에 진출한다.

## 30

| 정답 | ③

| 해설 | 조건에 따르면 다음 그림과 같이 부서 직원들이 앉아 있다.

따라서 관리부 직원의 바로 옆 왼쪽에는 홍보부 직원이 앉아 있게 된다.

## 31

| 정답 | ④

| 해설 | D는 수요일 이후로 당직을 서지 않으므로(세 번째 조건) 월요일과 화요일에 당직을 선다. 또, A와 E는 D와 한 번씩 당직을 서므로(네 번째 조건) 각각 월요일 또는 화요일에 당직을 한 번씩 선다. 조건에 따라서 당직 근무자를 배정하면 아래와 같다.

| 요일 | 월 | 화 | 수 | 목 | 금 |
|---|---|---|---|---|---|
| 당직 근무자 | D | D | A | B | B |
| | A 또는 E | A 또는 E | C | C | E |

따라서 반드시 참인 것은 ④이다.

## 32

| 정답 | ④

| 해설 | a : 'A가 도착하였다', b : 'B가 도착하였다', c : 'C가 도착하였다', d : 'D가 도착하였다', e : 'E가 도착하였다'로 두고, 명제와 그 대우를 파악한다.

- $d \rightarrow \sim a(a \rightarrow \sim d)$ • $e \rightarrow d(\sim d \rightarrow \sim e)$
- $\sim c \rightarrow \sim b(b \rightarrow c)$ • $\sim d \rightarrow \sim b(b \rightarrow d)$
- $e \rightarrow b(\sim b \rightarrow \sim e)$

따라서 $e \rightarrow b \rightarrow c$이므로 참이다.

| 오답풀이 |

① $a \rightarrow \sim d \rightarrow \sim e$이므로 거짓이다.

② $b \rightarrow d \rightarrow \sim a$이므로 거짓이다.

③ $c$와 $a$의 연결고리가 없으므로 알 수 없다.

## 33

| 정답 | ②

| 해설 | 어떠한 명제가 참일 경우에 그 명제의 대우만이 항상 참이 된다. 주어진 조건에서 전기장판과 전기스토브의 직접적인 인과 관계를 찾아볼 수 없으므로 ②는 참이라고 할 수 없다.

| 오답풀이 |

① 네 번째 명제의 대우 명제와 첫 번째 명제를 연결하면 참인 명제가 된다.

③ 세 번째 명제의 대우 명제와 네 번째 명제를 연결하면 참인 명제가 된다.

④ 두 번째 명제의 뒷부분의 대우 명제와 네 번째 명제를 연결하면 참인 명제가 된다.

## 34

| 정답 | ④

| 해설 | 세 번째 조건에 의하면 C는 1등이다.

| | | | | |
|---|---|---|---|---|
| C | | | | |

네 번째 조건에 의하면 D는 2 ~ 3등이다.

| | | | | |
|---|---|---|---|---|
| C | D | D | | |

(1) D가 2등이라면 두 번째 조건에 의해 B는 4 ~ 5등이어야 하며, 다섯 번째 조건에서 E는 B보다 영업실적이 높으므로 E가 3등, A/B가 4/5등 또는 A가 3등, E가 4등, B가 5등이 되어야 한다.

| | | | | |
|---|---|---|---|---|
| C | D | E | A/B | B/A |
| C | D | A | E | B |

(2) D가 3등이라면 네 번째 조건에 의하여 A와 B가 4 ~ 5등이 되며, E는 2등이 된다.

| | | | | |
|---|---|---|---|---|
| C | E | D | A/B | B/A |

즉, 다음과 같은 5가지 경우의 수가 조건에 부합한다.

| | | | | |
|---|---|---|---|---|
| C | D | A | E | B |
| C | D | E | A | B |
| C | D | E | B | A |
| C | E | D | A | B |
| C | E | D | B | A |

## 35

| 정답 | ①, ③, ⑧

| 해설 | '축구'는 공을 다루는 스포츠 종목이며, '야구'는 배트와 같은 도구와 공을 함께 다루는 스포츠 종목이다. 따라서 **35**에는 공만 가지고 다루는 스포츠 종목을, **36**에는 공과 도구를 함께 다루는 스포츠 종목을, **37**에는 도구만 가지고 다루는 스포츠 종목을 분류하면 된다. 따라서 **35**에는 '농구, 축구, 배구'가 들어가야 함을 알 수 있다.

## 36

| 정답 | ②, ④, ⑦

| 해설 | **35**번의 해설을 참고하면 **36**에는 '테니스, 야구, 탁구'가 들어가야 함을 알 수 있다.

## 37

| 정답 | ⑤, ⑥

| 해설 | **35**번의 해설을 참고하면 **37**번에는 '펜싱, 검도'가 들어가야 함을 알 수 있다.

## 38

| 정답 | ①, ④, ⑧

| 해설 | 제시된 단어들을 보면 기분을 나타내는 단어들임을 알 수 있다. 따라서 **38**에는 '격분하다'와 같이 기분이 안 좋거나 화가 날 때 쓰이는 단어가 들어가야 하고, **39**에는 '기쁘다'와 같이 들뜬 기분을 나타낼 때 쓰이는 단어가 들어가야 한다. 남은 제시어를 고려하였을 때 **40**에는 지루한 기분을 나타낼 때 쓰이는 단어가 들어가야 한다. 따라서 **38**번에는 '격분하다, 성나다, 분개하다'가 들어가야 함을 알 수 있다.

## 39

| 정답 | ②, ⑦, ⑩

| 해설 | **38**번의 해설을 참고하면 **39**번에는 '기쁘다, 즐겁다, 신나다'가 들어가야 함을 알 수 있다.

## 40

| 정답 | ③, ⑤, ⑥, ⑨

| 해설 | **38**번의 해설을 참고하면 **40**번에는 '지루하다, 무료하다, 따분하다, 권태롭다'가 들어가야 함을 알 수 있다.

## 41

| 정답 | ②

| 해설 | GPS위성은 자신의 위치와 시간 정보를 담아 전파로 지구에 발신하여, 최소 3개의 위성으로부터 수신한 전파를 통해 자신까지의 거리를 계산하여 자신의 현재 위치를 정확하게 찾아내는 시스템으로, 원래는 군사 목적으로 개발되었지만, 현재는 스마트폰, 네비게이션, 지도 제작 등 많은 실생활에서도 많이 사용되고 있다.

## 42

| 정답 | ④

| 해설 | 자기장에서 나침반 자침의 N극이 가리키는 방향을 차례로 이어 놓은 선을 자기력선이라 한다. 자기력선은 N극에서 나와 S극으로 들어가고, 도중에 분리되거나 교차되지 않는다. 또한 자기력선의 간격이 좁을수록 자기장이 세다.

| 오답풀이 |

① 대전된 물체를 말하는 대전체는 전자를 잃은 물체는 (+)전하로 대전되고 전자를 얻은 물체는 (−)전하로 대전된다.

② 도체에는 원자핵에 구속되지 않아 원자 사이를 자유롭게 이동할 수 있는 자유 전자가 많아 전기가 잘 통한다.

③ 부도체는 절연체라고도 한다.

## 43

| 정답 | ①

| 해설 | 전기장의 세기는 전기력선 사이의 간격이 좁고 밀도가 클수록 크다. 따라서 전기장의 세기는 A 지점에서 가장 크다.

## 44

| 정답 | ②

| 해설 | 프리즘의 무지개 빛 중에서 A 빛의 굴절률이 가장 작고, B 빛의 굴절률이 가장 크다.

## 45

| 정답 | ③

| 해설 | (가) 적응과 진화의 예에 해당한다.

(나) 외부 환경에서 오는 자극에 대한 반응의 예이다.

(다) 생명을 유지하는 데 필요한 물질을 합성하는 물질 대사의 예이다.

## 46

| 정답 | ②

| 해설 | (나)형은 응집원 A와 응집소 $\beta$를 가진 A형으로, 항A혈청(B형 표준 혈청)과 응집 반응이 나타난다.

| 오답풀이 |

① (가)형은 응집원 A와 B가 있고 응집소가 없는 AB형으로, AB형은 항A혈청(B형 표준 혈청)과 항B혈청(A형 표준 혈청) 둘 다에 응집 반응이 나타난다.

③ (다)형은 응집원 B와 응집소 $\alpha$를 가진 B형으로, 항A혈청(B형 표준 혈청)과 응집 반응이 나타난다.

④ (라)형은 응집원이 없고 응집소 $\alpha$와 $\beta$를 가진 O형으로, 응집원이 없으므로 혈청과 응집 반응이 일어나지 않는다.

## 47

| 정답 | ①

| 해설 | 들숨 때는 횡격막이 내려가고 늑골이 올라가면서 흉강의 부피가 커져 압력이 내려간다. 반대로 날숨 때는 횡격막이 올라가고 늑골이 내려가므로 흉강의 부피가 작아져 압력이 증가한다.

## 48

| 정답 | ①

| 해설 | (가) 북한산의 암석은 화강암으로 심성암이며, (나) 한라산의 암석은 현무암으로 화산암이다.

| 오답풀이 |

② (가)는 땅속에서 굳은 심성암이 지표 위로 올라오면서 압력이 감소되어 판상 절리가 발달되어 있다.

③ (나)는 유동성이 큰 현무암질 용암의 분출에 의해 형성된 순상 화산체이다.

④ (가)의 암석 생성 시기는 중생대이고, (나)의 암석 생성 시기는 신생대이므로, (가)가 (나)보다 더 빠르다.

## 49

| 정답 | ②

| 해설 | 추운 지방에 사는 여우는 몸의 말단부가 작고, 더운 지방에 사는 여우는 몸의 말단부가 크다. 이는 몸의 표면적을 줄여 열 손실을 줄이려는 온도에 대한 적응 현상이다.

㉠ 추운 겨울날 창문 안쪽에 성에가 낀 것은 기온이 내려가서 상대 습도가 증가하다가 이슬점 온도 이하가 되면 공기 중의 수증기가 얼어 나타난 것이다.

㉣ 알코올을 몸에 바르면 알코올이 기화하면서 몸에 있는 열을 빼앗아 시원함을 느낀다. 이와 같은 현상은 온도에 대한 적응과는 관계가 없다.

| 오답풀이 |

㉡ 벙어리 장갑은 손가락이 갈라진 장갑보다 외부와 접하는 면적이 작으므로 더 따뜻하고, ㉢ 얼음 덩어리를 잘게 부수면 마찬가지로 외부와 접하는 면적이 넓어져 빨리 녹는다. 또 ㉤ 날씨가 추우면 몸을 움츠려 표면적을 줄임으로써 몸에서 빠져나가는 열 손실을 줄이게 된다.

## 50

| 정답 | ③

| 해설 | ㉠ 지구에 존재하는 액체 상태의 물은 지구 표면 온도의 급격한 변화를 막아 주어 생명체를 보호하고, 용매로서의 특징을 통하여 물 속에 다양한 물질이 녹을 수 있는 환경을 만들어 주어 생명체의 탄생이 가능하게 해 주었다.

㉡ 대기 중에 공급된 산소가 태양 에너지를 받아 오존으로 변화하여 성층권에 축적되면, 태양에서 오는 자외선을 차단하여 지표에 거의 도달하지 못하게 한다.

## 51

| 정답 | ①

| 해설 | 탄소 순환이란 탄소가 생물의 호흡 작용, 화석 연료의 연소 과정, 화산 분출 등을 통해 대기 중에서는 CO나 $CO_2$로, 지각 내에서는 석탄 또는 탄산칼슘으로, 해수에서는 탄산염 등으로, 생태계에서는 각종 고분자 유기물로 존재하면서 생태계를 순환하는 것을 말한다. 즉 식물의 광합성 작업을 통해 이산화탄소를 흡수하고 생물의 유해가 땅속으로 들어가서 화석 연료를 생성하며 박테리아의 호흡으로 일부분이 석회암(탄산염+칼슘이온)이 되고 이 석회암이 맨틀에 따라 지구의 내부로 이동한 후 화산 활동으로 다시 대기에 방출되는 모든 과정을 탄소의 순환이라 한다.

㉠ A 과정 : 화석의 연소 과정으로 지구 온난화가 강화되는 과정이다. 이때 화석 연료에 저장된 화학에너지가 빛에너지나 열에너지로 전환된다.

㉡ B 과정 : 탄소가 화석 연료로 생성되는 과정으로 지권으로 이동하는 과정이다. 땅속으로 들어간 생물의 유해가 화석 연료를 생성하는 것 등이 그 예가 된다.

| 오답풀이 |

㉢ C 과정 : 대기 중의 해수가 용해되는 과정을 통해 이산화탄소의 농도가 감소한다.
D 과정 : 해수의 탄소가 석회암으로 침전되는 과정이다.

㉣ 지구상에 있는 탄소의 대부분은 땅 속의 석회암 속에 존재한다.

## 52

| 정답 | ②

| 해설 | 에어백은 차량 추돌사고가 발생했을 때, 운전자와 운전대의 사이에 위치하여 충돌 시간은 늘리고, 운전자가 받는 힘은 줄이면서 운전자에게 가해지는 충격을 줄여 주는 역할을 한다. ②는 작용 · 반작용의 법칙에 해당한다.

| 오답풀이 |

①, ③, ④ 충돌 시간을 늘려 충격을 줄인 예이다.

## 53

| 정답 | ②

| 해설 | 물체의 무게를 $W$, 작용하는 힘을 $F$라 하면 움직도르래인 ②는 물체 무게 절반만큼의 힘이 든다($F=\frac{W}{2}$).

| 오답풀이 |

① 고정도르래는 힘의 크기는 줄이지 못하고 방향만 바꾸므로 $F=W$이다.

③ 지레는 $W \times b = F \times a$인데, $a, b$가 각각 1(m)이므로 $F=W$이다.

## 54

| 정답 | ④

| 해설 | 달에는 물과 대기가 존재하지 않기 때문에 풍화 및 침식 작용이 일어나지 않아 지형이 잘 보존된다. 따라서 우주비행사의 발자국도 그대로 남아 있는 것이다.

## 55

| 정답 | ③

| 해설 | 중력의 크기는 물체의 질량에 비례하지만, 무거운 물체가 가벼운 물체보다 더 빨리 떨어지는 것은 아니다. 중력에 의해 발생하는 가속도(중력가속도 $g$)는 모든 물체에 동일하고, 공기의 저항을 무시할 때 질량에 상관없이 모든 물체의 떨어지는 속도는 같다.

## 56

| 정답 | ③

| 해설 | 건전지는 화학에너지가 전기에너지로 전환된 것이다.

## 57

| 정답 | ③

| 해설 | 어떠한 물체가 등속도 운동을 한다는 것은 힘이 작용하지 않거나 알짜힘이 0인 경우이다. 따라서 공을 떨어뜨렸을 때 공에 작용하는 힘은 중력뿐이므로 수직 방향으로 떨어지게 된다.

## 58

| 정답 | ③

| 해설 | 물고기에서 반사된 빛이 물에서 공기로 나아갈 때 굴절각이 입사각보다 크므로, 물 밖에서 물고기를 보면 실제 물고기가 있는 위치보다 얕은 곳에 있는 것처럼 보인다. 따라서 물고기가 보이는 방향보다 약간 아래쪽을 겨냥해야 물고기를 잡을 수 있다.

## 59

| 정답 | ②

| 해설 | 정지해 있는 돌은 그 상태를 계속 유지하려는 성질이 있으므로 갑자기 잡아당기면 B가 끊어진다.

## 60

| 정답 | ③

| 해설 | (가)는 고체, (나)는 액체, (다)는 기체의 분자 모양이다. 액체나 고체에 비해 분자 간의 간격이 넓은 기체는 압력이나 온도에 따른 부피의 변화가 가장 크다. 일정한 공간 안에서 고체는 분자의 수도 많고 간격이 가장 조밀하여 압력이나 온도에 따른 부피의 변화가 제일 작다. 따라서 부피 변화가 큰 순서대로 나열하면 (다)-(나)-(가)이다.

# 03 지각능력

테마 3 기출예상문제 문제118쪽

| | | | | | | | | | |
|---|---|---|---|---|---|---|---|---|---|
| 01 | ① | 02 | ① | 03 | ① | 04 | ② | 05 | ① |
| 06 | ② | 07 | ③ | 08 | ② | 09 | ④ | 10 | ② |
| 11 | ①,④ | 12 | ②,④ | 13 | ①,④ | 14 | ②,④ | 15 | ①,③ |
| 16 | ② | 17 | ② | 18 | ① | 19 | ① | 20 | ① |
| 21 | ② | 22 | ① | 23 | ② | 24 | ① | 25 | ② |
| 26 | ① | 27 | ④ | 28 | ① | 29 | ③ | 30 | ② |
| 31 | ③ | 32 | ② | 33 | ② | 34 | ④ | 35 | ① |
| 36 | ③ | 37 | ④ | 38 | ② | 39 | ③ | 40 | ② |
| 41 | ② | 42 | ③ | 43 | ④ | 44 | ① | 45 | ④ |
| 46 | ① | 47 | ③ | 48 | ④ | 49 | ④ | 50 | ② |
| 51 | ③ | 52 | ④ | 53 | ① | 54 | ② | | |

## 01

| 정답 | ①

| 해설 | 제시된 좌우의 숫자가 서로 같다.

## 02

| 정답 | ①

| 해설 | 제시된 좌우의 문자가 서로 같다.

## 03

| 정답 | ①

| 해설 | 제시된 좌우의 숫자가 서로 같다.

## 04

| 정답 | ②

| 해설 | 桃花浪高幾尺許－桃死浪高幾尺許

## 05

| 정답 | ①

| 해설 | 제시된 좌우의 문자, 숫자가 서로 같다.

## 06

| 정답 | ②

| 해설 | 오름차순에 의해 작은 숫자부터 정렬한다.

## 07

| 정답 | ③

| 해설 | 오름차순에 의해 한글은 ㄱ부터 정렬한다.

## 08

| 정답 | ②

| 해설 | ①, ③, ④는 ○ 표시된 부분이 다르다.

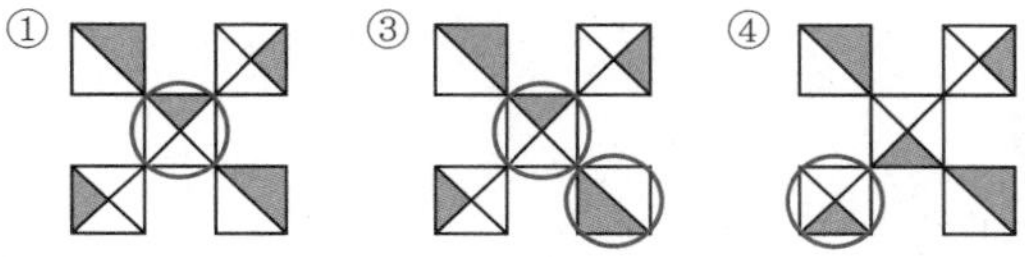


## 09

| 정답 | ④

| 해설 | ①, ②, ③은 ○ 표시된 부분이 다르다.

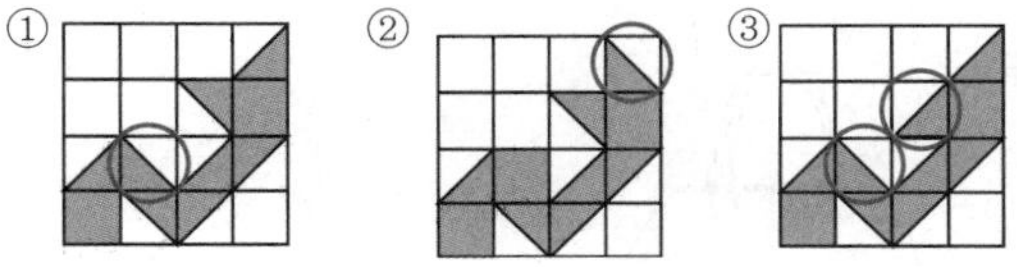


## 10

| 정답 | ②

| 해설 | ①, ③, ④는 ○ 표시된 부분이 다르다.

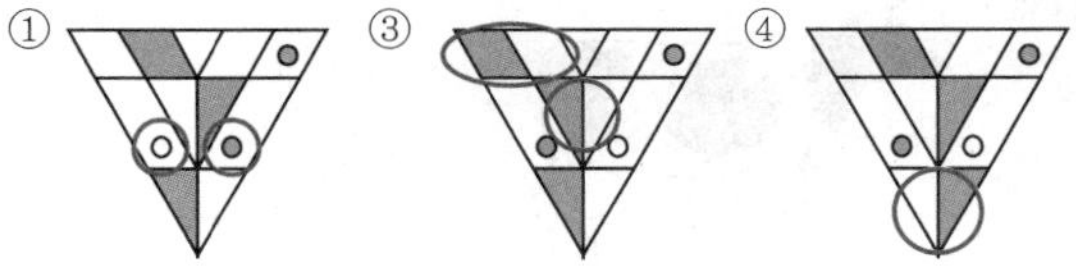


## 11

| 정답 | ①, ④

| 해설 | ②, ③은 ○ 표시된 부분이 다르다.

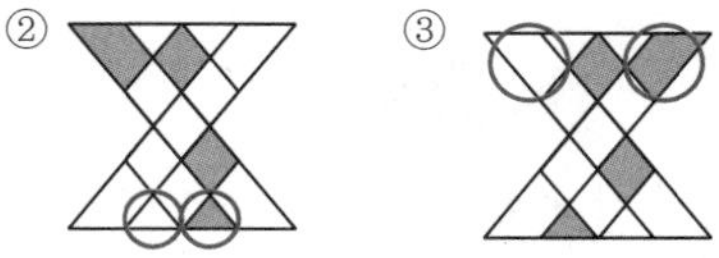


## 12

| 정답 | ②, ④

| 해설 | ①, ③은 ○ 표시된 부분이 다르다.

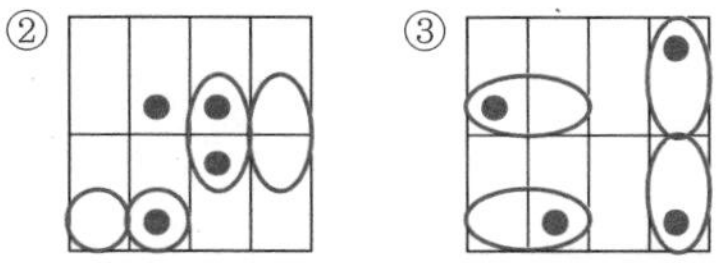


## 13

| 정답 | ①, ④

| 해설 | ②, ③은 ○ 표시된 부분이 다르다.

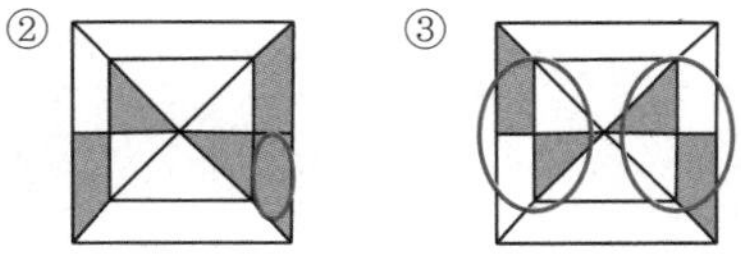


## 14

| 정답 | ②, ④

| 해설 | ①, ③은 ○ 표시된 부분이 다르다.

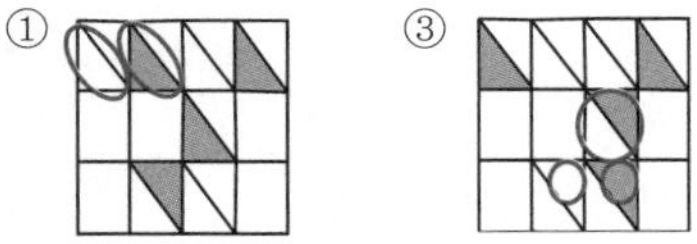

## 15

| 정답 | ①, ③

| 해설 | ②, ④는 ○ 표시된 부분이 다르다.

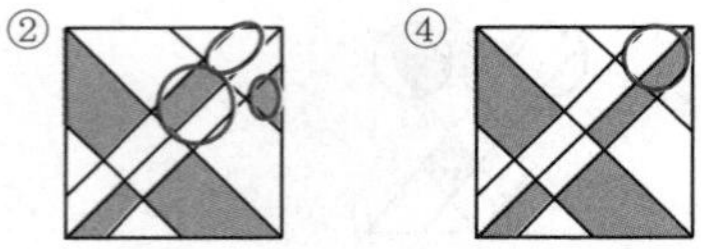

## 16

| 정답 | ②

| 해설 | 0 5 4 9 – 강원 충청 평안 함경

## 17

| 정답 | ②

| 해설 | 9 8 2 4 – 함경 경상 전라 평안

## 18

| 정답 | ①

| 해설 | 〈보기〉의 대응과 같다.

## 19

| 정답 | ①

| 해설 | 〈보기〉의 대응과 같다.

## 20

| 정답 | ①

| 해설 | 〈보기〉의 대응과 같다.

## 21

| 정답 | ②

| 해설 | 이탈리아 독일 이란 알제리 – ☭ ☩ (Ψ) ☪

## 22

| 정답 | ①

| 해설 | 〈보기〉의 대응과 같다.

## 23

| 정답 | ②

| 해설 | 알제리 한국 이란 미국 일본 – ☪ ☯ (Ψ) ☧ ☠

## 24

| 정답 | ①

| 해설 | 〈보기〉의 대응과 같다.

## 25

| 정답 | ②

| 해설 | 오스트리아 미국 이탈리아 일본 알제리 한국
– ☬ ☧ ☭ ☠ ☪ ☯

## 26

| 정답 | ①

| 해설 |

## 27

| 정답 | ④

| 해설 |

## 28

| 정답 | ①

| 해설 |

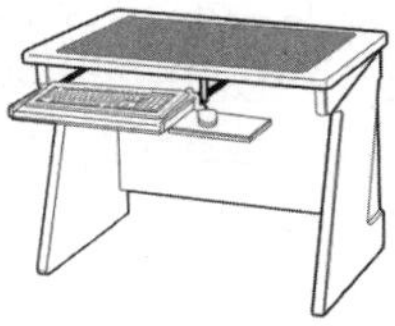

## 29

| 정답 | ③

| 해설 |

## 30

| 정답 | ②

| 해설 |

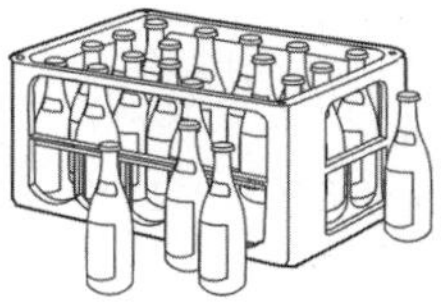

## 31

| 정답 | ③

| 해설 | 가운데 줄 블록 속에 숨어 있는 1개, 마지막 줄(블록 뒤쪽에 가려진)에 4개이므로 총 5개가 한 면도 보이지 않는다.

## 32

| 정답 | ②

| 해설 | 블록의 전체 개수는 맨 앞줄에 2개, 가운데 줄에 7개, 마지막 줄에 10개이므로 총 19개이다. 정육면체가 되려면 $4\times4\times4=64$(개)의 블록이 필요하므로 $64-19=45$(개)의 블록이 더 필요하다.

## 33

| 정답 | ②

| 해설 | 1단과 2단에 가로로 눕혀 있는 것은 각각 4개, 3개, 세로로 길게 세워져 있는 것은 2개이다. 따라서 모두 합치면 $4+3+2=9$(개)이다.

## 34

| 정답 | ④

| 해설 | 색칠된 블록 대각선 방향에 세워져 있는 블록을 제외하면 모두 색칠된 블록과 직접 접촉하고 있다.

## 35

| 정답 | ①

| 해설 |

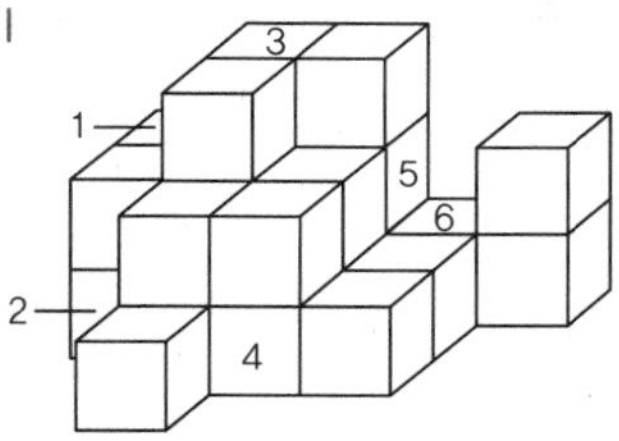


## 36

| 정답 | ③

| 해설 | 각 층별로 위, 앞, 뒤, 좌, 우로 보이지 않는 블록의 수를 파악하여 합산한다.

• 1층

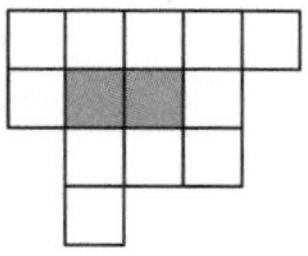

• 2층

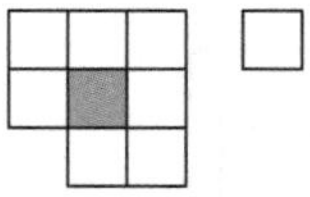

• 3층

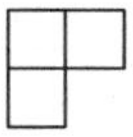

따라서 $2+1=3$(개)이다.

## 37

| 정답 | ④

| 해설 | 주어진 그림에서 정육면체를 만들 때 필요한 블록의 수는 5×5×5=125(개)이다. 현재 그림 속 블록의 개수는 13(1층)+9(2층)+3(3층)=25(개)이므로 총 100개의 블록이 더 필요하다.

## 38

| 정답 | ②

| 해설 | 가장 앞줄에 위치한 블록의 개수는 6개, 두 번째 줄은 8개, 마지막 줄은 13개이므로 총 27개이다.

## 39

| 정답 | ③

| 해설 |

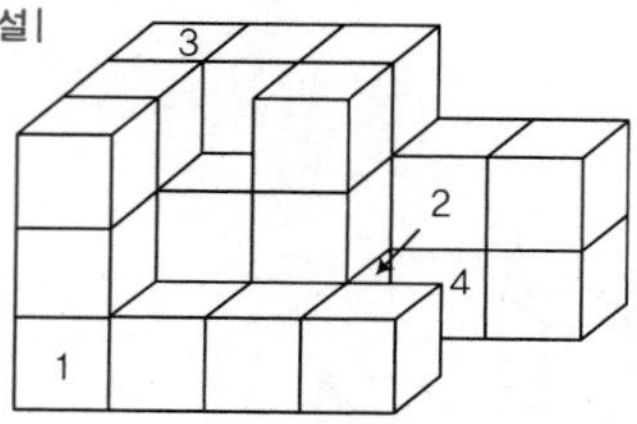


## 40

| 정답 | ②

| 해설 | 1층 : 가로 4개, 세로 4개이므로 총 4×4=16(개)

2층 : 한 블록이 빠졌으므로 16−1=15(개)

3층 : 다섯 블록이 빠졌으므로 16−5=11(개)

따라서 블록은 16+15+11=42(개)이다.

## 41

| 정답 | ②

| 해설 |

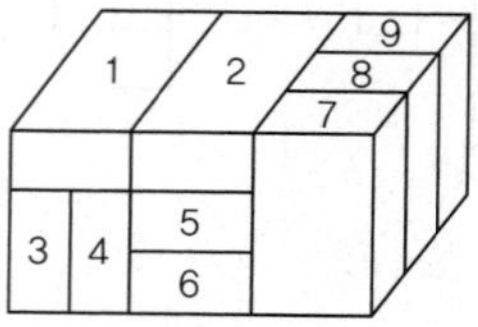


따라서 블록은 9개이다.

## 42

| 정답 | ③

| 해설 | 그림의 왼쪽과 오른쪽을 나누어 살펴보면 왼쪽은 3×2×2=12(개), 오른쪽은 2×2×2−1=7(개)의 블록이 쌓여 있음을 알 수 있다. 따라서 블록은 19개이다.

## 43

| 정답 | ④

| 해설 |

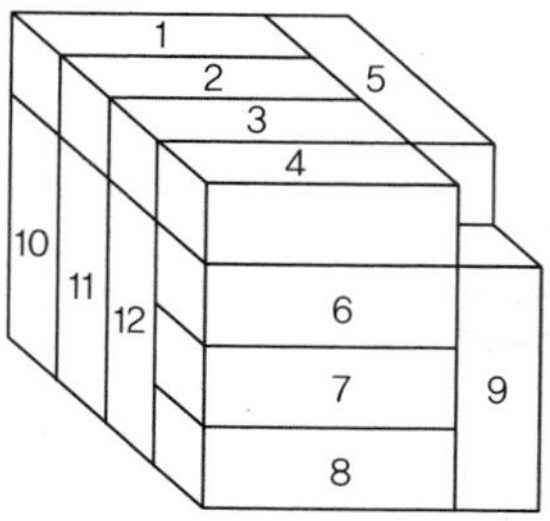


그림에서 보이는 블록의 개수는 위와 같고, 보이지 않는 블록의 개수는 9개이므로 총 21개임을 알 수 있다.

## 44

| 정답 | ①

| 해설 | A는 도형의 변의 수와 도형을 지나가는 선의 개수가 일치한다. 즉 삼각형에는 3개의 선, 오각형에는 5개의 선, 사각형에는 4개의 선, 삼각형에는 3개의 선이 있는 것을 확인할 수 있다. 〈보기〉를 보면 사각형에 4개의 선이 지나가고 있으므로 〈보기〉는 A에 속한다.

## 45

| 정답 | ④

| 해설 | 그림의 분류 기준은 다양하게 적용될 수 있다. 먼저 원의 종류를 보면 모두 ○, ●가 포함되므로 이는 분류 기준으로 볼 수 없다. 선까지 포함해서 구성요소를 살펴보아도 A, B, C는 구성요소가 일관되지 않으므로 구성요소가 규칙이 아니게 된다. 다음으로 선과 원의 관계 등 여러 기준을 찾아도 적용되지 않기 때문에 〈보기〉가 속하는 그룹은 없다고 볼 수 있다.

## 46

| 정답 | ①

| 해설 | ①은 〈보기〉의 도형을 화살표 방향에서 바라본 모습이다.

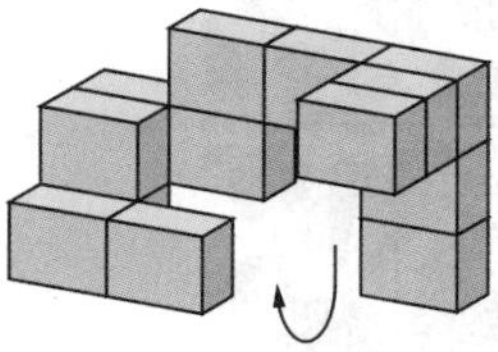

## 47

| 정답 | ③

| 해설 |

화살표 방향을 '가'면으로 잡고 그림자를 보면

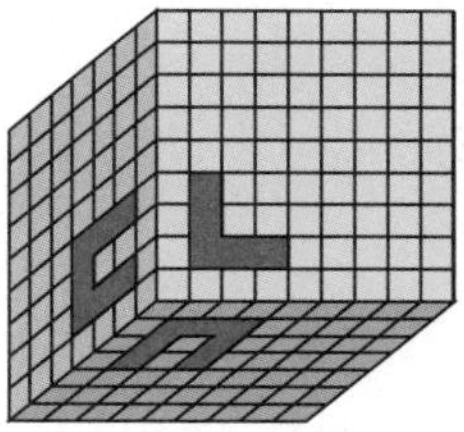

〈보기〉와 같은 그림자를 볼 수 있다.

| 오답풀이 |

화살표 방향을 '가'면으로 잡으면 그림자는 오른쪽과 같다.

①

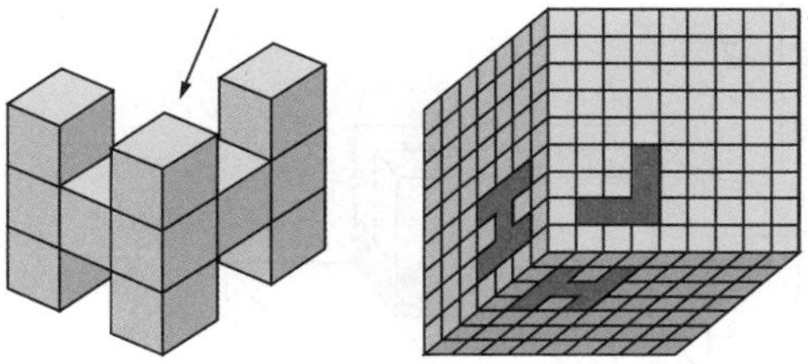

②

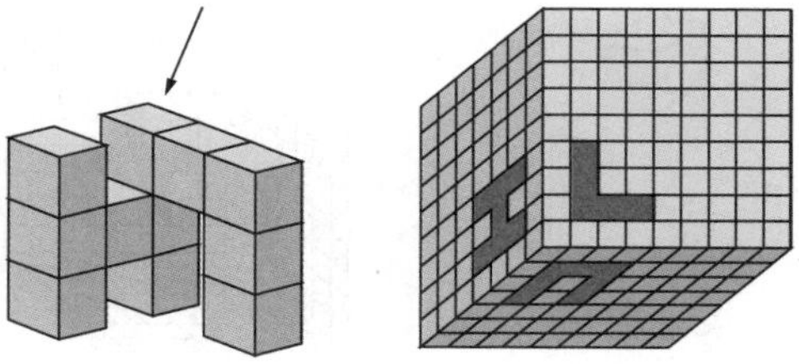

④

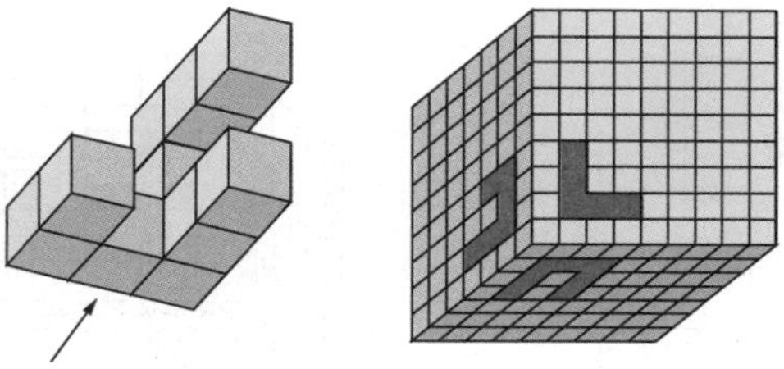

## 48

| 정답 | ④

| 해설 |

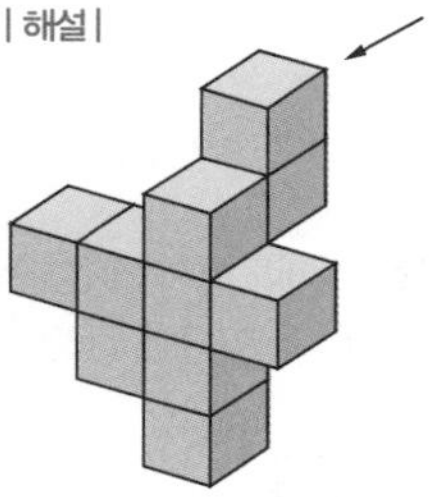

화살표 방향을 '가'면으로 잡고 그림자를 보면

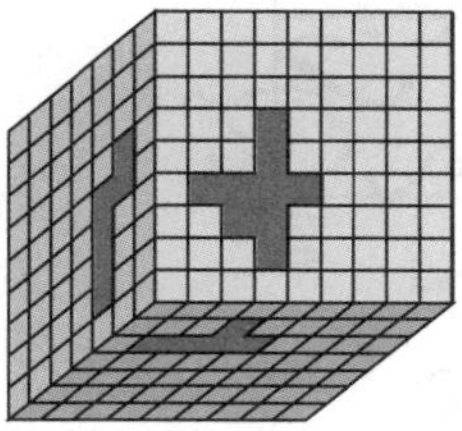

〈보기〉와 같은 그림자를 볼 수 있다.

| 오답풀이 |

화살표 방향을 '가'면으로 잡으면 그림자는 오른쪽과 같다.

①

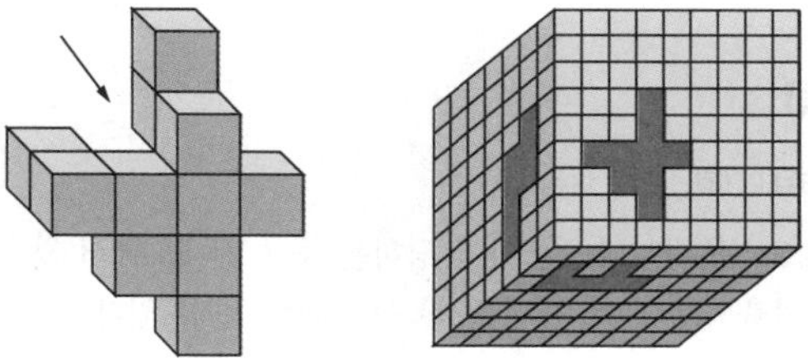

②

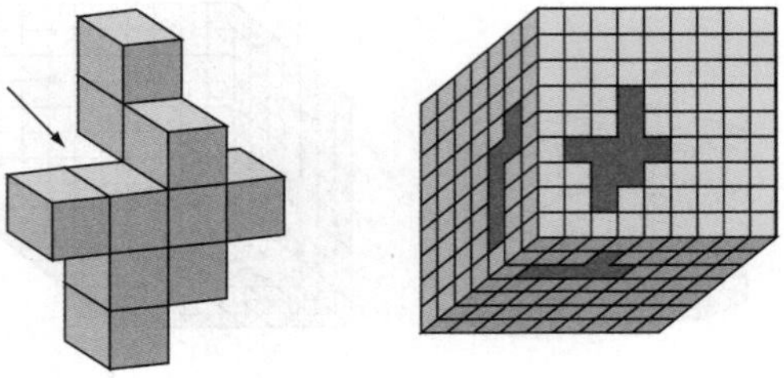

③

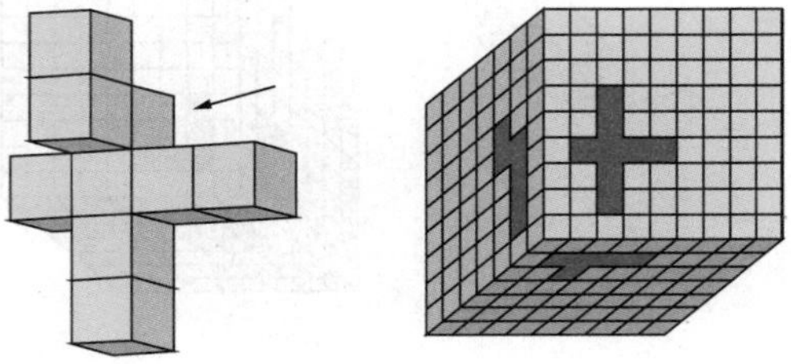

## 49

| 정답 | ④

| 해설 | 주사위의 앞면에 해당하는 곳을 전개도에서 찾은 후 앞면을 중심으로 뒷면을 찾으면 해결할 수 있다.

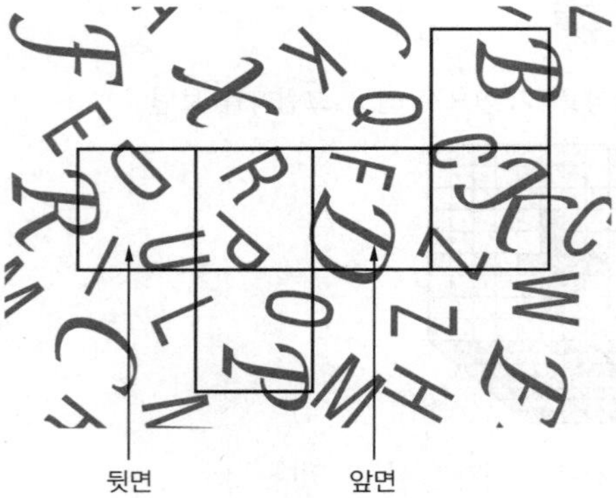


## 50

| 정답 | ②

| 해설 | 주사위의 앞면에 해당하는 곳을 전개도에서 찾은 후 앞면을 중심으로 뒷면을 찾으면 해결할 수 있다.

## 51

| 정답 | ③

| 해설 | 앞면을 제외한 모든 면이 각각 다른 블록과 접촉하고 있다.

## 52

| 정답 | ④

| 해설 |

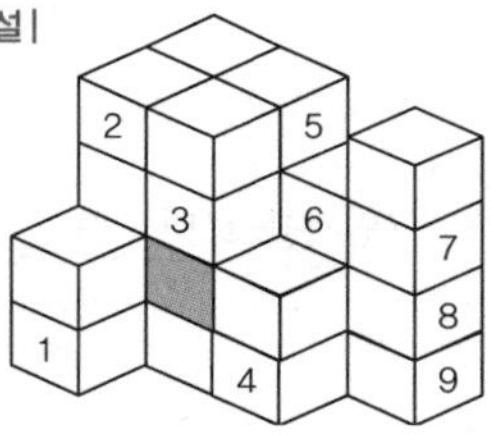


## 53

| 정답 | ①

| 해설 | 색칠된 블록의 왼쪽, 오른쪽, 뒤쪽에 1개씩 총 3개가 색칠된 블록과 접촉하고 있다.

## 54

| 정답 | ②

| 해설 |

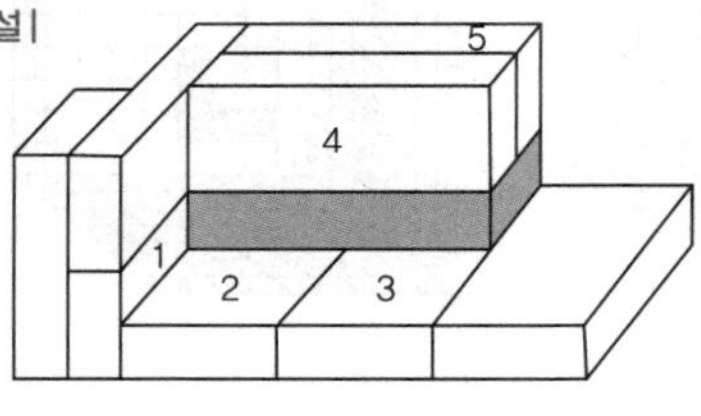

# 파트 2 실전모의고사

## 1회 실전모의고사

| 01 수리능력 | | | | | | | | | 문제 142쪽 |
|---|---|---|---|---|---|---|---|---|---|
| 01 | ② | 02 | ④ | 03 | ② | 04 | ② | 05 | ② |
| 06 | ② | 07 | ① | 08 | ② | 09 | ② | 10 | ③ |
| 11 | ④ | 12 | ① | 13 | ③ | 14 | ③ | 15 | ① |
| 16 | ③ | 17 | ② | 18 | ③ | 19 | ④ | 20 | ④ |
| 21 | ② | 22 | ② | 23 | ① | 24 | ① | 25 | ② |
| 26 | ③ | 27 | ① | 28 | ④ | 29 | ② | 30 | ④ |
| 31 | ④ | 32 | ① | 33 | ③ | 34 | ③ | 35 | ③ |
| 36 | ③ | 37 | ② | 38 | ④ | 39 | ③ | 40 | ④ |

### 01

| 정답 | ②

| 해설 | $2.84+7.72-6.09=10.56-6.09=4.47$

### 02

| 정답 | ④

| 해설 | $\frac{5}{7} \div \frac{7}{12} \times \frac{2}{3} = \frac{5}{7} \times \frac{12}{7} \times \frac{2}{3} = \frac{60}{49} \times \frac{2}{3} = \frac{40}{49}$

### 03

| 정답 | ②

| 해설 | $777-21\times23=777-483=294$

### 04

| 정답 | ②

| 해설 | $47-18+54=29+54=83$

### 05

| 정답 | ②

| 해설 | $0.7\times0.8\div0.4=0.56\div0.4=1.4$

### 06

| 정답 | ②

| 해설 | $248\times0.6=148.8$

### 07

| 정답 | ①

| 해설 | $1,000\times0.365=365$

### 08

| 정답 | ②

| 해설 | $222\times0.006=1.332$

### 09

| 정답 | ②

| 해설 | $9\times0.03=0.27$(kg)

### 10

| 정답 | ③

| 해설 | $950\times0.103=97.85$

### 11

| 정답 | ④

| 해설 | $13◉11=3\times13+11=39+11=50$

### 12

| 정답 | ①

| 해설 | $(7▼7)◉(6▼5)=(2\times7-7)◉(2\times6-5)$
$=7◉7=3\times7+7=28$

## 13

| 정답 | ③

| 해설 | (2◉4)▼3=(3×2+4)▼3=10▼3=2×10−3=17

## 14

| 정답 | ③

| 해설 | 5○4=4×4−5=11

## 15

| 정답 | ①

| 해설 | 4▲9○6=27○6=36−27=9

## 16

| 정답 | ③

| 해설 | 12○(9▲2)=12○16=256−12=244

## 17

| 정답 | ②

| 해설 | 9▲4=9×4+9−4=36+9−4=41

## 18

| 정답 | ③

| 해설 | 2▲(−1)=2×(−1)+2−(−1)=−2+2+1=1

## 19

| 정답 | ④

| 해설 | 7▲11=7×11+7−11=77+7−11=73

## 20

| 정답 | ④

| 해설 | 넣어야 할 소금의 양을 $x$g으로 놓고 식을 세우면 다음과 같다.

$\frac{x}{500+x}\times100=20$　　$100x=20(500+x)$

$100x=10,000+20x$　　$80x=10,000$

$\therefore\ x=125$(g)

## 21

| 정답 | ②

| 해설 | • 합이 5일 경우 : (1, 4), (2, 3), (3, 2), (4, 1)

• 합이 8일 경우 : (2, 6), (3, 5), (4, 4), (5, 3), (6, 2)

따라서 9가지이다.

## 22

| 정답 | ②

| 해설 | 전체 업무의 양을 1이라고 하면 수영이는 하루에 $\frac{1}{6}$ 만큼, 형식이는 하루에 $\frac{1}{10}$ 만큼 업무를 하는 것이다. 이 둘이 함께 업무를 진행하는 데 $x$일이 걸린다고 하면 다음과 같은 식이 성립한다.

$x\left(\frac{1}{6}+\frac{1}{10}\right)=1$

$x=\frac{30}{8}=3.75$(일)

따라서 4일 만에 업무가 끝난다.

## 23

| 정답 | ①

| 해설 | 어떤 수를 $x$로 놓고 식을 세우면 다음과 같다.

$(x+4)\times3=5x-10$　　$3x+12=5x-10$

$2=22x$　　$\therefore\ x=11$

따라서 어떤 수는 11이다.

## 24

| 정답 | ①

| 해설 | 초콜릿의 개수를 $x$, 빵의 개수를 $y$라 하면 다음과 같은 식이 성립한다.

$x+y=100$ ········· ㉠

$500x+1,000y=67,500$ ········· ㉡

㉠을 정리하면 $x=100-y$이므로 ㉡에 대입하여 풀면,

$500(100-y)+1,000y=67,500$

$500y=17,500$

$\therefore\ y=35$(개)

따라서 소영이가 구입한 빵의 개수는 35개이다.

## 25

| 정답 | ②

| 해설 | 소금물의 농도$=\dfrac{\text{소금의 양}}{\text{소금물의 양}}\times100$이므로, 8%의 소금물 250g에 들어 있는 소금의 양은 20g이다.

따라서 추가해야 할 물의 양을 $x$g이라고 하면 다음과 같은 식이 성립한다.

$\dfrac{20}{250+x}\times100=5\qquad 5(250+x)=2,000$

$5x=750\qquad \therefore\ x=150$(g)

따라서 추가해야 할 물의 양은 150g이다.

## 26

| 정답 | ③

| 해설 | 현재 서연이의 나이를 $x$, 서연이 엄마의 나이를 $y$라고 하면 다음과 같은 식이 성립한다.

$8x=y$ ········· ㉠

$4(x+4)=y+4$ ········· ㉡

㉠을 ㉡에 대입하면,

$4(x+4)=8x+4\qquad 8x-4x=16-4$

$\therefore\ x=3$(살)

따라서 서연이의 현재 나이는 3살이다.

## 27

| 정답 | ①

| 해설 | 직육면체의 부피=가로×세로×높이이므로 세로의 길이를 $x$cm라고 하면 다음과 같은 식이 성립한다.

$8\times x\times6=192\qquad \therefore\ x=4$(cm)

따라서 세로의 길이는 4cm이다.

## 28

| 정답 | ④

| 해설 | 미영이의 나이를 $x$살, 수영이의 나이를 $y$살이라고 하면 다음과 같은 식이 성립한다.

$x-y=3$ ········· ㉠

$x+y=49$ ········· ㉡

㉠+㉡을 하면 $2x=52\qquad \therefore\ x=26$(살)

따라서 미영이의 나이는 26살이다.

## 29

| 정답 | ②

| 해설 | 정가는 $2,000+(2,000\times0.5)=3,000$(원)이고, 할인 판매가는 $2,000+(2,000\times0.3)=2,600$(원)이므로 할인한 금액은 400원이다.

## 30

| 정답 | ④

| 해설 | 어떤 반 학생들의 수를 $x$명이라고 하면 다음과 같은 식이 성립한다.

$2x+8=3x-15\qquad \therefore\ x=23$(명)

따라서 사탕은 $2\times23+8=54$(개)이다.

## 31

| 정답 | ④

| 해설 | 봉사 모임의 회원 17명 중 지난해 임원진이었던 3명을 제외하면 14명이다. 14명 중 회장, 부회장, 총무를 선출해야 하므로 총 ${}_{14}P_3=14\times13\times12=2,184$(가지)의 조합으로 구성할 수 있다.

## 32

| 정답 | ①

| 해설 | 3ha 이상의 농가 비중은 1999 ~ 2014년 동안 6.3 → 7.2 → 8.6 → 9.4로 계속 증가하다가 2019년에 9.0으로 감소하였다.

| 오답풀이 |

② 0.5ha 이상 ~ 3ha 미만 농가 비중은 64.8 → 61.0 → 55.4 → 50.5 → 46.3으로 계속 감소했다.

③ 0.5ha 이상 ~ 3ha 미만 농가의 수치가 가장 큰 것을 그래프를 통해 확인할 수 있다.

④ 0.5ha 미만 농가 비중은 28.9 → 31.8 → 36.0 → 40.1 → 44.7로 꾸준히 증가했다.

## 33

| 정답 | ③

| 해설 | 전체 직원 수는 750명이고 충청도는 20%, 경상도는 18%이므로 계산을 통해 각각 150명과 135명이라는 것을 알 수 있다. 전라도와 제주도는 105명이므로 서울 / 경기도, 강원도의 합계는 750－150－135－105＝360(명)이 된다.

서울 / 경기도 출신 직원의 수가 강원도 출신 직원 수의 3배이므로 강원도 출신 직원의 수를 $x$라고 하면 $x+3x=360$, $x=90$(명)이 된다. 따라서 강원도 출신 직원의 수는 90명이다.

## 34

| 정답 | ③

| 해설 | 연령계층별로 인원수를 알 수 없기 때문에 20 ~ 39세 전체 청년의 자가 거주 비중은 알 수 없다.

| 오답풀이 |

① 20 ~ 24세 청년 중 62.7%가 보증부월세, 15.4%가 순수월세로, 약 78.1%가 월세 형태로 거주하고 있으며 자가 비율은 5.1%이다.

② 20 ~ 24세 청년을 제외한 연령계층은 모두 무상 거주 비율이 순수월세 비율보다 높다.

④ 연령계층이 높아질수록 자가 거주 비율은 5.1 → 13.6 → 31.9 → 45.0으로 높아지고 있으나 월세 비율은 78.1 → 54.2 → 31.6 → 25.2로 낮아지고 있다.

## 35

| 정답 | ③

| 해설 | 8월의 유입인원은 6,720－3,103＝3,617로 361만 7천 명이다. 9월의 유입인원은 348만 명으로 8월에 비해 13만 7천 명이 감소했다.

| 오답풀이 |

① 1분기부터 각 분기별 수송인원은 1,767만 3천 명, 1,913만 1천 명, 1,948만 4천 명, 2,050만 2천 명으로 점차 증가한다.

② 2분기의 유입인원은 987만 명이다.

④ 12월의 수송인원은 3,010＋3,900＝6,910으로 691만 명이다. 유입인원과 수송인원이 가장 많은 달은 모두 12월이다.

## 36

| 정답 | ③

| 해설 | 5만 달러를 10월의 환율을 적용해 원화로 환산하면 50,000×1,139.6＝56,980,000(원)이다. 따라서 5,500만 원보다 많은 금액을 송금했다.

| 오답풀이 |

① 환율이 낮을수록 동일한 양의 수입품을 더욱 저렴하게 구매할 수 있다. 따라서 물품 수입업자는 10월보다 환율이 낮은 3월에 상대적인 이득을 본다.

② (500,000÷1,063.5)－(500,000÷1,082.8)≒8.38(달러)이다. 따라서 5달러 이상의 환차익이 발생한다.

④ 3,000,000,000÷1109.3 ≒ 2,704,000(달러)이므로 약 270만 달러에 해당한다.

## 37

| 정답 | ②

| 해설 | 모든 주택형태에서 도시가스 에너지가 가장 많이 소비되고 있다.

| 오답풀이 |

① 전체 에너지 소비량의 30%는 7,354×0.3=2,206.2로 단독주택에서 소비한 전력 에너지량인 2,118보다 많다.

③ 제시된 자료에 가구 수는 나와 있지 않으므로 가구당 에너지 소비량은 알 수 없다.

④ 모든 주택형태에서 소비되는 에너지 유형은 석유, 도시가스, 전력으로 3가지이다.

## 38

| 정답 | ④

| 해설 | 아파트 전체 에너지 소비량 중 도시가스 에너지 소비량이 차지하는 비율은 $\frac{5,609.3}{10,125}\times 100 ≒ 55.4(\%)$이다.

## 39

| 정답 | ③

| 해설 | 한국의 25 ~ 29세의 고용률은 2000년에 증가한 이후 계속 감소하였다. 이와 같은 고용률 변동 추이는 프랑스에서 나타나고 있다.

한국의 30 ~ 34세의 고용률은 계속 감소하다가 2015년에 증가하였다. 이와 같은 고용률 변동 추이는 일본에서 나타나고 있다.

## 40

| 정답 | ④

| 해설 | 제시된 국가의 고용률 증가율을 구하면 다음과 같다.

- 한국 : $\frac{90.0-87.5}{87.5}\times 100 ≒ 2.9(\%)$
- 독일 : $\frac{88.5-87.1}{87.1}\times 100 ≒ 1.6(\%)$
- 영국 : $\frac{89.4-86.6}{86.6}\times 100 ≒ 3.2(\%)$
- 미국 : $\frac{85.9-82.1}{82.1}\times 100 ≒ 4.6(\%)$

따라서 30 ~ 34세의 2010년 대비 2015년 고용률 증가율이 가장 큰 나라는 미국이다.

## 02 추리능력

문제 157쪽

| | | | | | | | | | |
|---|---|---|---|---|---|---|---|---|---|
| 01 | ② | 02 | ① | 03 | ① | 04 | ④ | 05 | ④ |
| 06 | ② | 07 | ② | 08 | ② | 09 | ③ | 10 | ④ |
| 11 | ③ | 12 | ③ | 13 | ③ | 14 | ④ | 15 | ③ |
| 16 | ③ | 17 | ① | 18 | ① | 19 | ② | 20 | ① |
| 21 | ② | 22 | ① | 23 | ③ | 24 | ③ | 25 | ④ |
| 26 | ③ | 27 | ①,⑥ | 28 | ③,④,⑤ | 29 | ②,⑦,⑧ | | |
| 30 | ①,③,④ | 31 | ②,⑥,⑧ | 32 | ⑤,⑦ | 33 | ② | | |
| 34 | ② | 35 | ③ | 36 | ① | 37 | ① | 38 | ② |
| 39 | ④ | 40 | ④ | | | | | | |

## 01

| 정답 | ②

| 해설 |

$6 \xrightarrow[\times 2]{} 12 \xrightarrow[-3]{} 9 \xrightarrow[\times 2]{} 18 \xrightarrow[-3]{} 15 \xrightarrow[\times 2]{} 30 \xrightarrow[-3]{} ?$

## 02

| 정답 | ①

| 해설 |

$6 \xrightarrow[\times 2]{} 12 \xrightarrow[-5]{} 7 \xrightarrow[\times 2]{} 14 \xrightarrow[-5]{} ? \xrightarrow[\times 2]{} 18 \xrightarrow[-5]{} 13 \xrightarrow[\times 2]{} 26$

## 03

| 정답 | ①

| 해설 |

$6 \xrightarrow[\times 3]{} 18 \xrightarrow[-11]{} 7 \xrightarrow[\times 3]{} 21 \xrightarrow[-11]{} 10 \xrightarrow[\times 3]{} 30 \xrightarrow[-11]{} ?$

## 04

| 정답 | ④

| 해설 |

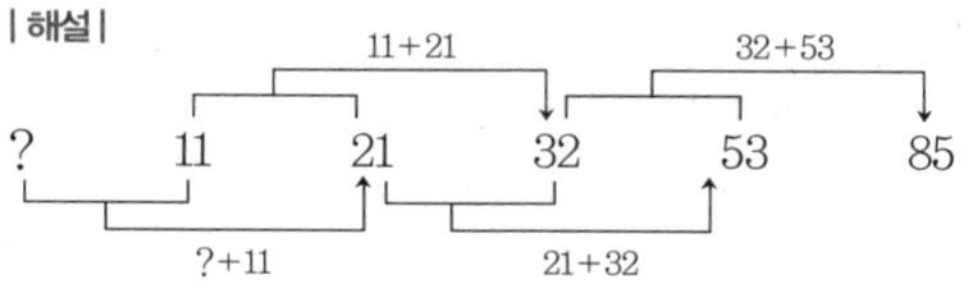

## 05

| 정답 | ④

| 해설 | $124 \xrightarrow[-3^1]{} 121 \xrightarrow[-3^2]{} 112 \xrightarrow[-3^3]{} 85 \xrightarrow[-3^4(=81)]{} ?$

## 06

| 정답 | ②

| 해설 |

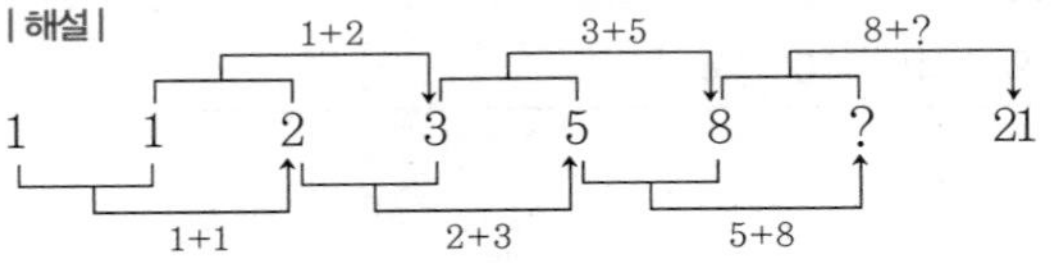


## 07

| 정답 | ②

| 해설 |

$12 \xrightarrow[-3]{} 9 \xrightarrow[+4]{} 13 \xrightarrow[-3]{} 10 \xrightarrow[+4]{} 14 \xrightarrow[-3]{} 11 \xrightarrow[+4]{} 15 \xrightarrow[-3]{} ?$

## 08

| 정답 | ②

| 해설 | ②를 제외한 선택지들은 앞 문자에 ×1, ×2, ×3이 차례대로 적용된다(사전에 실리는 순서).

② DDHY – 4, 4, 8, 25

| 오답풀이 |

① ㅑㅑㅖㅠ – 3, 3, 6, 18

③ ㄲㄲㄷㅇ – 2, 2, 4, 12

④ ㄴㄴㄹㅍ – 3, 3, 6, 18

## 09

| 정답 | ③

| 해설 | ③을 제외한 선택지들은 앞 문자에 –3, –4, –5가 차례대로 적용된다(사전에 실리는 순서).

③ QOLH – 17, 15, 12, 8

| 오답풀이 |

① URNI – 21, 18, 14, 9

② ㅢㅟㅛㅖ – 20, 17, 13, 8

④ ㅉㅆㅁㄲ – 14, 11, 7, 2

## 10

| 정답 | ④

| 해설 | ④를 제외한 나머지는 앞 문자에 각각 +2씩 적용한 것이다.

④ NOQS – 14, 15, 17, 19

| 오답풀이 |

① 버보부브 – 3, 5, 7, 9

② 마사자카 – 5, 7, 9, 11

**보충 플러스+**

• 일반 자음 순서(순환 패턴)

| ㄱ | ㄴ | ㄷ | ㄹ | ㅁ | ㅂ | ㅅ | ㅇ | ㅈ | ㅊ | ㅋ | ㅌ | ㅍ | ㅎ |
|---|---|---|---|---|---|---|---|---|---|---|---|---|---|
| 1 | 2 | 3 | 4 | 5 | 6 | 7 | 8 | 9 | 10 | 11 | 12 | 13 | 14 |

• 알파벳 순서(순환패턴)

| A | B | C | D | E | F | G | H | I | J | K | L | M |
|---|---|---|---|---|---|---|---|---|---|---|---|---|
| 1 | 2 | 3 | 4 | 5 | 6 | 7 | 8 | 9 | 10 | 11 | 12 | 13 |
| N | O | P | Q | R | S | T | U | V | W | X | Y | Z |
| 14 | 15 | 16 | 17 | 18 | 19 | 20 | 21 | 22 | 23 | 24 | 25 | 26 |

• 일반 모음 순서(순환패턴)

| ㅏ | ㅑ | ㅓ | ㅕ | ㅗ | ㅛ | ㅜ | ㅠ | ㅡ | ㅣ |
|---|---|---|---|---|---|---|---|---|---|
| 1 | 2 | 3 | 4 | 5 | 6 | 7 | 8 | 9 | 10 |

## 11

| 정답 | ③

| 해설 | ㄷ $\xrightarrow[-3]{}$ ㄱ $\xrightarrow[-3]{}$ ㅌ $\xrightarrow[-3]{}$ ㅉ $\xrightarrow[-3]{}$ ?

## 12

| 정답 | ③

| 해설 | $E \xrightarrow[+5]{} J \xrightarrow[-1]{} I \xrightarrow[+5]{} N \xrightarrow[-1]{} ?$

## 13

| 정답 | ③

| 해설 | ㅏ $\xrightarrow[+1]{}$ ㅑ $\xrightarrow[+1]{}$ ㅓ $\xrightarrow[+1]{}$ ㅕ $\xrightarrow[+1]{}$ ?

## 14

| 정답 | ④

| 해설 | B $\xrightarrow[+1]{}$ C $\xrightarrow[+3]{}$ F $\xrightarrow[+5]{}$ K $\xrightarrow[+7]{}$ ?

## 15

| 정답 | ③

| 해설 | A $\xrightarrow[+1]{}$ B $\xrightarrow[+3]{}$ E $\xrightarrow[+5]{}$ J $\xrightarrow[+7]{}$ Q $\xrightarrow[+9]{}$ Z $\xrightarrow[+11]{}$ ?

## 16

| 정답 | ③

| 해설 | C $\xrightarrow[+1]{}$ D $\xrightarrow[+2]{}$ F $\xrightarrow[+4]{}$ J $\xrightarrow[+8]{}$ ?

## 17

| 정답 | ①

| 해설 | A팀이 문리버로 수요일 또는 목요일에 야유회를 간다면, B, C, D팀은 월, 화, 수 또는 월, 화, 목요일에 메뚜기월드, 블루오션, 바위공원으로 야유회를 간다. 그런데 C팀과 D팀은 화요일에 미팅이 있어 야유회를 갈 수 없으므로 B가 화요일에 야유회를 가야 한다. 또한 바위공원은 화요일에 휴장하여 갈 수 없고 블루오션은 물 공포증이 있는 팀원 때문에 갈 수 없으므로 야유회 장소는 메뚜기월드가 된다.

## 18

| 정답 | ①

| 해설 | **17**번의 해설을 참고하면 D팀이 목요일에 블루오션을 간다면 A팀은 수요일에 문리버, B팀은 화요일에 메뚜기월드에 가는 상황일 것이다. 따라서 C팀은 월요일에 바위공원으로 야유회를 가야 한다.

## 19

| 정답 | ②

| 해설 | A, B, C 세 나라가 동서 방향으로 나란히 이웃하고 있고, B국이 A국의 서쪽에 있으므로 B－A－C 또는 C－B－A의 순서가 된다. 그런데 가톨릭교를 국교로 한 나라가 가장 동쪽에 있고, C국은 기독교를 국교로 하고 있으므로 C－B－A 순서가 됨을 알 수 있다. 따라서 A국은 가장 동쪽에 위치하고 있다.

## 20

| 정답 | ①

| 해설 | **19**번의 해설을 참고하면 세 나라는 C－B－A 순서로 이웃하고 있으므로 C국은 가장 서쪽에 위치한다.

## 21

| 정답 | ②

| 해설 | A국은 가장 동쪽에 위치하고 있어 가톨릭교이고, C국은 기독교를 국교로 하고 있으므로 B국이 이슬람교를 국교로 하고 있다.

## 22

| 정답 | ①

| 해설 | 정상 초파리는 약물 B의 존재 유무와 상관없이 위로 올라가는 성질을 보이고, 약물 B를 넣은 배양기에서는 유전자 A가 돌연변이된 초파리가 위로 올라가지 못하며, 약물 B를 넣지 않은 배양기에서는 유전자 A가 돌연변이된 초파리가 위로 올라가는 운동성을 보였다고 하였으므로, 유전자 A가 돌연변이된 초파리가 약물 B를 섭취하면 파킨슨씨병에 걸린다는 것을 알 수 있다.

## 23

| 정답 | ③

| 해설 | 돌연변이된 유전자 A가 약물 B를 섭취할 경우에는 파킨슨씨병에 걸리나, 정상 초파리의 경우는 약물 B를 섭취해도 파킨슨씨병에 걸리지 않는다. 그러나 파킨슨씨병에 걸리지 않았다고 해도 약물 B 섭취로 인한 유전자 A의 돌연변이 여부는 예문만으로 알 수 없다.

## 24

| 정답 | ③

| 해설 | 물리적 자극에 대한 운동성이 비정상이라고 해서 모두 파킨슨씨병에 걸렸다고는 볼 수 없고 또한 돌연변이된 유전자 A를 가졌다고도 볼 수 없으므로, 이러한 초파리가 약물 B를 섭취하더라도 파킨슨씨병에 걸릴지 안 걸릴지의 여부는 알 수 없다.

## 25

| 정답 | ④

| 해설 | 진술을 보면 인태와 재원의 주장이 경민의 주장과 상반된다는 것을 알 수 있다.

경민이 거짓을 말하고 있다면 나머지 진술은 모두 진실이므로 5번은 재호, 6번은 진호, 7번은 경민, 8번은 재원, 9번은 인태가 된다. 모든 진술에 모순이 없으므로 거짓말을 하고 있는 사람은 경민이가 된다.

추가로 인태와 재원의 진술을 확인해 보면 인태의 진술이 거짓일 경우 재원과 경민의 진술이 서로 상충되어 모순이 발생하게 되고 재원의 진술이 거짓일 경우 인태와 경민의 진술이 상충되어 역시 모순이 발생하게 됨을 알 수 있다.

## 26

| 정답 | ③

| 해설 | ㉠은 두 번째 명제의 '대우'이므로 참이며, ㉢은 첫 번째 명제의 '대우'이므로 참이다.

| 오답풀이 |

㉡은 두 번째 명제의 '역'에 해당하므로 항상 참이라고 말할 수 없고, ㉣은 두 번째 명제의 '이'에 해당하므로 항상 참이라고 말할 수 없다.

## 27

| 정답 | ①, ⑥

| 해설 | '대전'은 광역시이고, '안동'은 경상도에 있는 도시이다. 따라서 **27**에는 광역시, **28**에는 경상도에 속한 도시가 들어가야 하고, 남은 제시어를 고려하였을 때 **29**에는 전라도에 속해있는 도시가 들어가야 알맞다. 따라서 **27**번에는 '대전, 인천'이 들어가야 한다.

## 28

| 정답 | ③, ④, ⑤

| 해설 | **27**번의 해설을 참고하면 '안동, 경주, 포항'이 들어가야 함을 알 수 있다.

## 29

| 정답 | ②, ⑦, ⑧

| 해설 | **27**번의 해설을 참고하면 **29**번에는 '전주, 목포, 나주'가 들어가야 함을 알 수 있다.

## 30

| 정답 | ①, ③, ④

| 해설 | ①은 A 자동차에 대한 장점을 얘기하고 있고, ②는 단점을 얘기하고 있다. 따라서 **30**에는 A 자동차의 장점이, **31**에는 A 자동차의 단점이 들어가야 하며 **32**에는 A 자동차에 대한 대외 평가에 대한 내용이 들어가야 한다. 따라서 **30**번에는 ①, ③, ④가 들어가야 한다.

## 31

| 정답 | ②, ⑥, ⑧

| 해설 | **30**번의 해설을 참고하면 **31**번에는 ②, ⑥, ⑧이 들어가야 함을 알 수 있다.

## 32

| 정답 | ⑤, ⑦

| 해설 | **30**번의 해설을 참고하면 **32**번에는 ⑤, ⑦이 들어가야 함을 알 수 있다.

## 33

| 정답 | ②

| 해설 | ㉡은 비중에 대한 설명이다. 부력은 중력이 작용할 때 유체 속에 있는 물체가 유체로부터 받는 중력과 반대 방향의 힘이다. 이 힘의 크기는 유체 속에 떠 있는 물체와 같은 부피의 그 유체의 무게와 같다.

## 34

| 정답 | ②

| 해설 | 속도－시간 그래프에서 이동거리는 그래프의 넓이를 의미하는데, 등속 운동 시 거리를 구하라고 했으므로 그래프 기울기가 0인 5 ~ 15초 사이의 넓이를 구하면 된다. 따라서 2(m/s)×10(s)＝20(m)가 답이다.

## 35

| 정답 | ③

| 해설 | 레코드판이 돌기 시작하면 원심력이 작용하므로 잉크는 레코드판의 바깥쪽으로 흘러가게 된다.

## 36

| 정답 | ①

| 해설 | 관성의 법칙에 의해 모든 물체는 외력이 작용하지 않을 때 지금 상태를 유지하려는 성질을 가진다. 따라서 좌회전을 하면 몸은 계속 앞으로 가려고 하기 때문에 상대적으로 오른쪽으로 쏠리는 느낌을 받게 된다.

## 37

| 정답 | ①

| 해설 | 돌고 있는 계란을 손으로 살짝 멈추게 했다가 손을 뗐을 때 다시 돌면 날계란, 멈추면 삶은 계란이다. 날계란의 경우 손으로 잠깐 멈추게 해도 안쪽의 단백질 부분은 관성에 의해 계속 돌고 있기 때문에 이것이 바깥쪽에 마찰력을 가하여 다시 돌게 된다. 그러나 삶은 계란은 손의 힘이 계란 전체에 같이 전달되기 때문에 다시 돌지 않는다.

## 38

| 정답 | ②

| 해설 | 활은 손으로 활시위를 당겼다 놓았을 때 활시위가 본래의 모양으로 돌아가려는 성질, 즉 탄성을 이용한 것이다.

## 39

| 정답 | ④

| 해설 | ① A부터 C까지의 거리는 10＋20＋30＋40＋50＝150(m)이고, 걸린 시간은 2.5초이므로 A에서 C까지의 평균 속력은 $\frac{150}{2.5}=60$(m/s)이다.

② 같은 시간 간격으로 찍은 자동차 사이의 거리가 늘어나고 있으므로 자동차의 속력이 증가하고 있음을 알 수 있다.

③ 자동차의 속력이 가장 빠른 지점은 C이다.

## 40

| 정답 | ④

| 해설 | 물은 얼음이 되면 수소 결합에 의해 육각고리 구조를 형성하게 되어 빈 공간이 생기게 된다. 이 공간으로 인하여 얼음의 부피가 증가한다.

| 03 지각능력 | | | | | | | | 문제 168쪽 | |
|---|---|---|---|---|---|---|---|---|---|
| 01 | ② | 02 | ② | 03 | ① | 04 | ② | 05 | ③ |
| 06 | ② | 07 | ③ | 08 | ② | 09 | ① | 10 | ④ |
| 11 | ② | 12 | ① | 13 | ② | 14 | ② | 15 | ① |
| 16 | ① | 17 | ② | 18 | ① | 19 | ② | 20 | ② |
| 21 | ① | 22 | ④ | 23 | ① | 24 | ② | 25 | ④ |
| 26 | ② | 27 | ③ | 28 | ④ | 29 | ④ | 30 | ④ |
| 31 | ① | 32 | ③ | 33 | ② | 34 | ③ | 35 | ② |
| 36 | ② | 37 | ④ | 38 | ④ | 39 | ① | 40 | ② |

## 01

| 정답 | ②

| 해설 | 오름차순은 컴퓨터에서 데이터 등을 정렬할 때, 작은 숫자부터 큰 숫자의 차례대로 정렬하는 것을 의미한다. 알파벳의 경우에는 A부터 Z로, 한글의 경우는 ㄱ부터 ㅎ (사전 순서)으로 정렬하므로 'ㄱ－ㅂ－ㅅ－ㅇ－ㅌ－ㅎ' 순이 적절하다.

## 02

| 정답 | ②

| 해설 | DFNBEWQJUI － DFNBEWOJUI

## 03

| 정답 | ①

| 해설 | 제시된 도형이 시계방향으로 60° 회전된 모양이다.

| 오답풀이 |

②, ③, ④는 ○ 표시된 부분이 다르다.

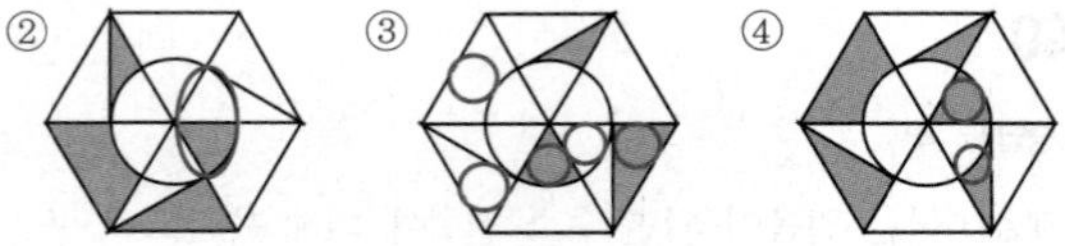

## 04

| 정답 | ②

| 해설 | ①, ③, ④는 ○ 표시된 부분이 다르다.

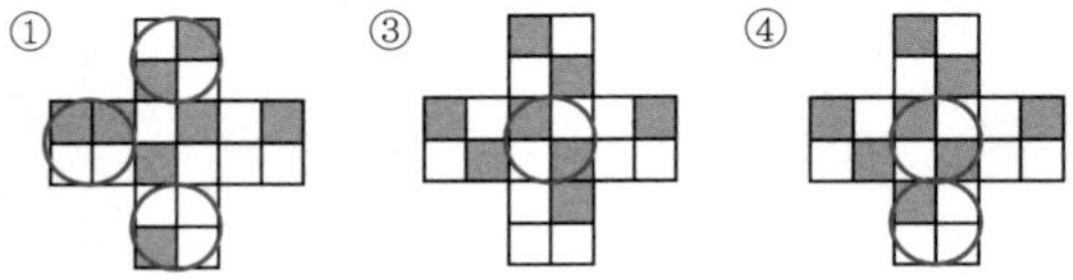

## 05

| 정답 | ③

| 해설 | ①, ②, ④는 ○ 표시된 부분이 다르다.

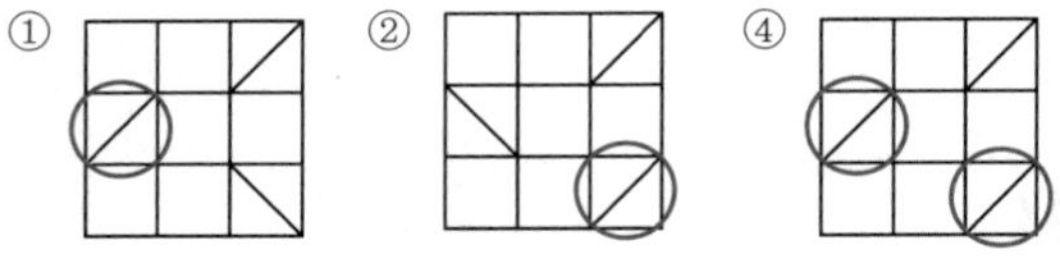

## 06

| 정답 | ②

| 해설 | ①, ③, ④는 ○ 표시된 부분이 다르다.

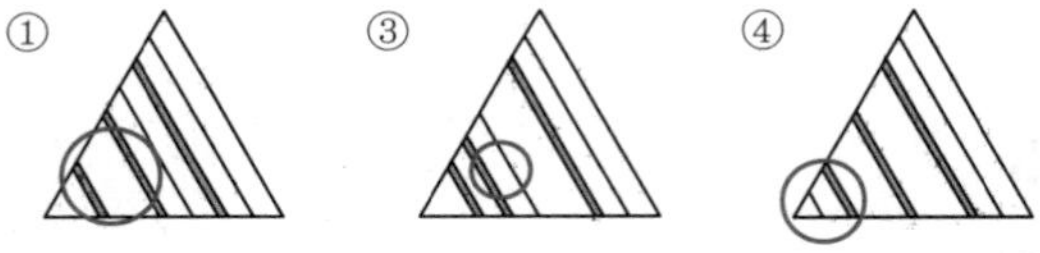

## 07

| 정답 | ③

| 해설 | ①, ②, ④는 ○ 표시된 부분이 다르다.

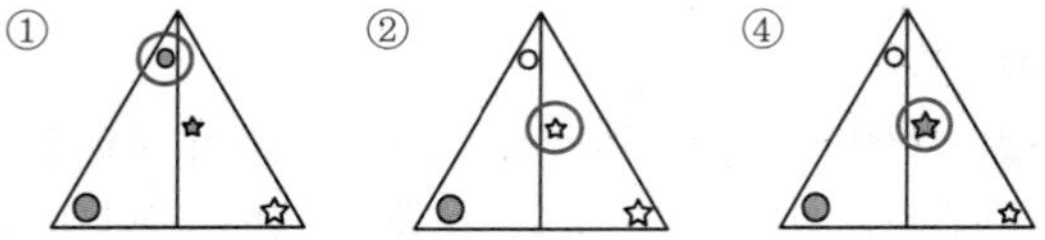

**08**

| 정답 | ②

| 해설 |

**09**

| 정답 | ①

| 해설 |

**10**

| 정답 | ④

| 해설 |

**11**

| 정답 | ②

| 해설 | 〈보기〉를 보면 ○, ●, 선 2개로 이루어져있다. A, B, C의 구성을 살펴보면 B가 ○, ●, 선 2개로 이루어져 있는 것을 알 수 있다. 따라서 〈보기〉는 B에 속한다.

**12**

| 정답 | ①

| 해설 | 〈보기〉의 대응과 같다.

**13**

| 정답 | ②

| 해설 | 검 활 력 가 모 – 力 發 强 加 挑

**14**

| 정답 | ②

| 해설 | 가 검 매 화 활 – 加 力 膺 懲 發

**15**

| 정답 | ①

| 해설 | 〈보기〉의 대응과 같다.

**16**

| 정답 | ①

| 해설 | 〈보기〉의 대응과 같다.

**17**

| 정답 | ②

| 해설 | 7 18 12 15 3 – i m g l k

**18**

| 정답 | ①

| 해설 | 〈보기〉의 대응과 같다.

**19**

| 정답 | ②

| 해설 | 29 7 18 12 6 – n i m g j

**20**

| 정답 | ②

| 해설 | 15 6 3 4 18 – l j k h m

**21**

| 정답 | ①

| 해설 | 〈보기〉의 대응과 같다.

## 22

| 정답 | ④

| 해설 |

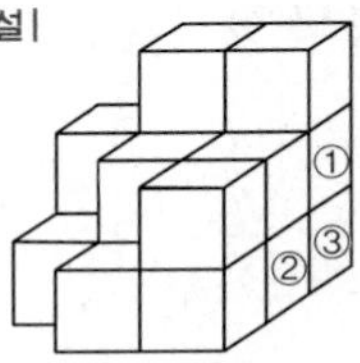


## 23

| 정답 | ①

| 해설 | 그림의 상태에서 정육면체를 만들기 위해서는 최소 3×3×3=27(개)의 블록이 필요하다. 현재 블록의 개수는 16개이므로 11개의 블록이 더 필요하다.

## 24

| 정답 | ②

| 해설 | 가장 앞줄에 위치한 블록의 개수는 3개, 두 번째 줄은 5개, 마지막 줄은 8개이므로 총 16개이다.

## 25

| 정답 | ④

| 해설 |

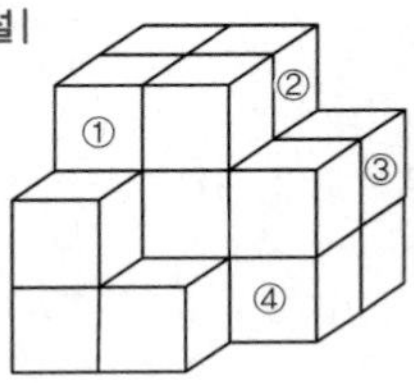


## 26

| 정답 | ②

| 해설 | 주어진 그림에서 정육면체를 만들려면 최소 3× 3×3=27(개)의 블록이 필요하다. 현재 블록의 개수는 19개이므로 8개의 블록이 더 필요하다.

## 27

| 정답 | ③

| 해설 | 가장 앞줄에 위치한 블록의 개수는 3개, 두 번째 줄은 8개, 마지막 줄은 8개이므로 총 19개이다.

## 28

| 정답 | ④

| 해설 | 주어진 그림에서 정육면체를 만들려면 최소 4×4×4=64(개)의 블록이 필요하다. 현재 블록의 개수는 30개이므로 34개의 블록이 더 필요하다.

## 29

| 정답 | ④

| 해설 | 주어진 그림에서 정육면체를 만들려면 최소 4×4×4=64(개)의 블록이 필요하다. 현재 블록의 개수는 13개이므로 51개의 블록이 더 필요하다.

## 30

| 정답 | ④

| 해설 | 주어진 그림에서 정육면체를 만들려면 최소 3×3×3=27(개)의 블록이 필요하다. 현재 블록의 개수는 22개이므로 5개의 블록이 더 필요하다.

## 31

| 정답 | ①

| 해설 |

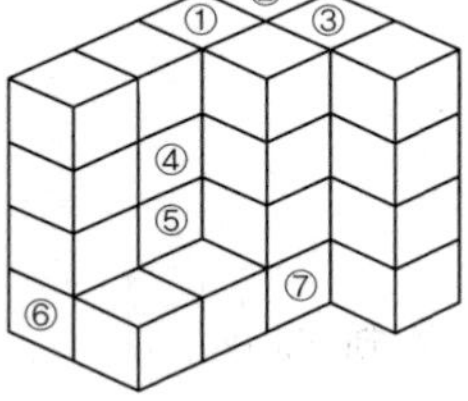

## 32

| 정답 | ③

| 해설 | 주어진 그림에서 정육면체를 만들려면 최소 4×4×4=64(개)의 블록이 필요하다. 현재 블록의 개수는 30개이므로 34개의 블록이 더 필요하다.

## 33

| 정답 | ②

| 해설 | 가장 앞줄에 위치한 블록은 4개, 두 번째 줄은 10개, 마지막 줄은 16개이므로 총 30개이다.

## 34

| 정답 | ③

| 해설 | ③은 제시된 입체도형을 반대 방향에서 바라본 모습이다.

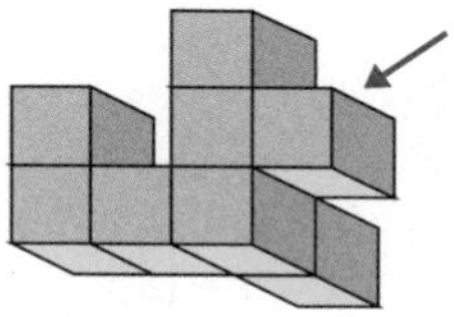

| 오답풀이 |

다른 입체도형은 점선 표시된 블록이 추가되거나 동그라미 친 블록이 제거되어야 한다.

①

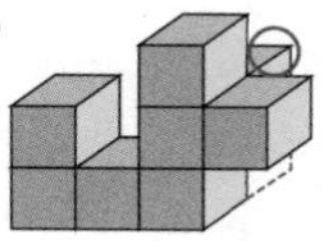

②

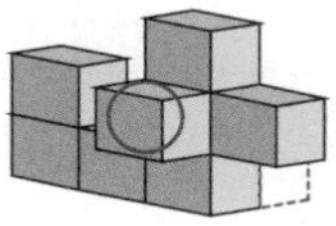

④

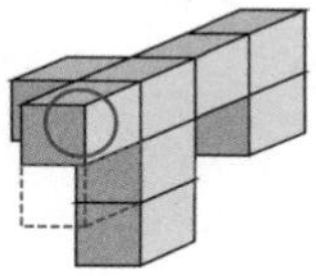

## 35

| 정답 | ②

| 해설 | ②는 제시된 입체도형을 시계 방향으로 90° 돌린 후, 왼쪽에서 바라본 모습이다.

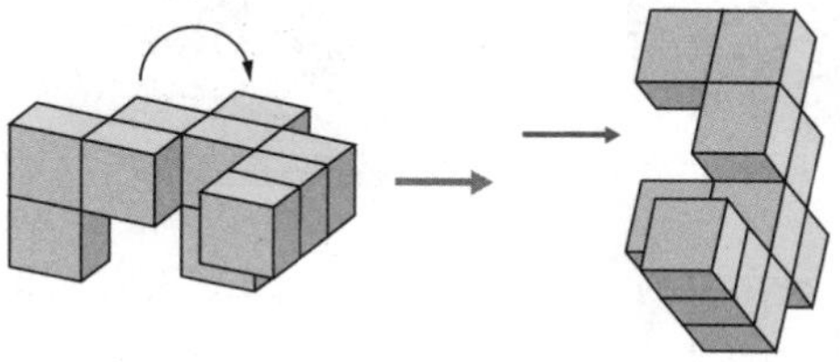

| 오답풀이 |

다른 입체도형은 점선 표시된 블록이 추가되거나 동그라미 친 블록이 제거되어야 한다.

①

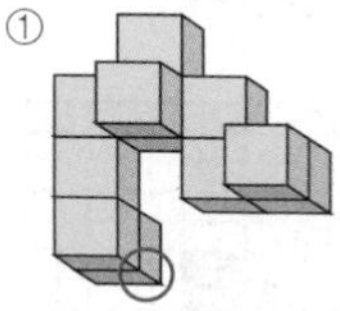

③

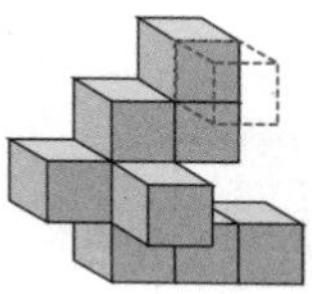

④

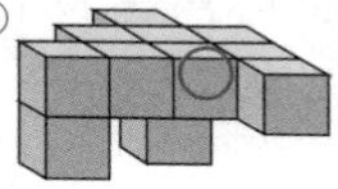

## 36

| 정답 | ②

| 해설 |

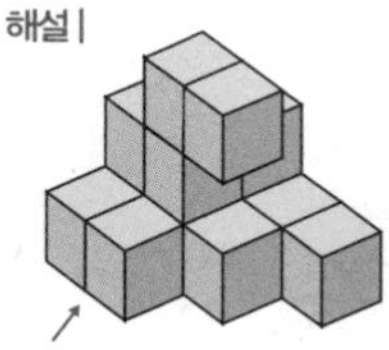

화살표 방향을 '가'면으로 잡고 그림자를 보면

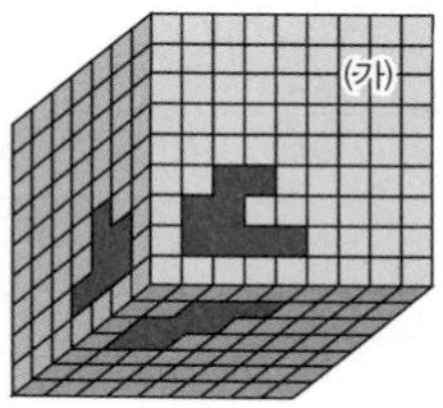


〈보기〉와 같은 그림자를 볼 수 있다.

| 오답풀이 |

화살표 방향을 '가'면으로 잡으면 그림자는 오른쪽과 같다.

①

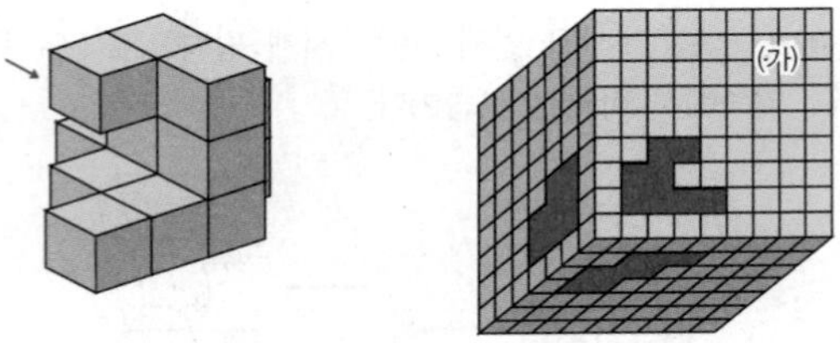


③

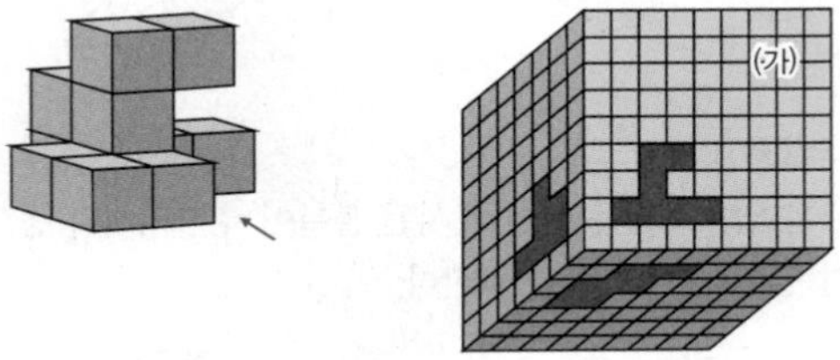


④

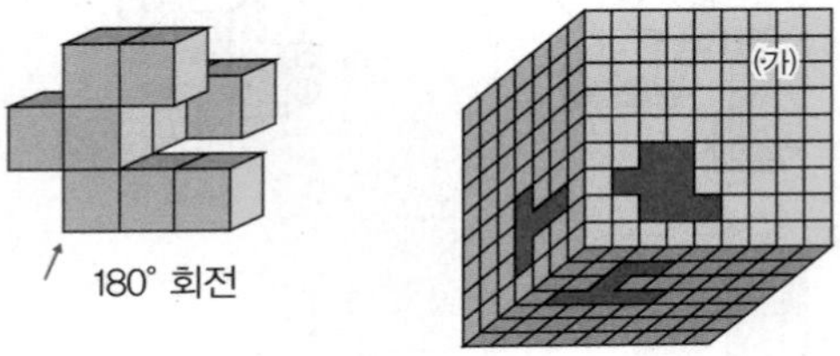


## 37

| 정답 | ④

| 해설 | 주사위의 앞면에 해당하는 곳을 전개도에서 찾은 후 앞면을 중심으로 뒷면을 찾는다.

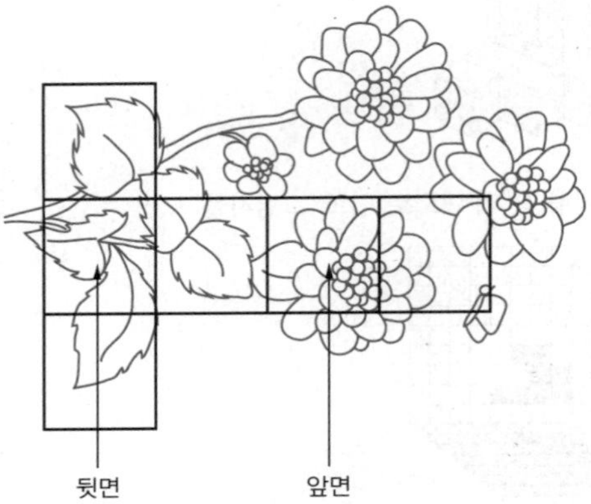


## 38

| 정답 | ④

| 해설 | 주어진 장소를 찾아 ㉮ ~ ㉱에서부터 선을 그어 본다. ㉱에서의 선이 이루는 각도는 다음과 같다.

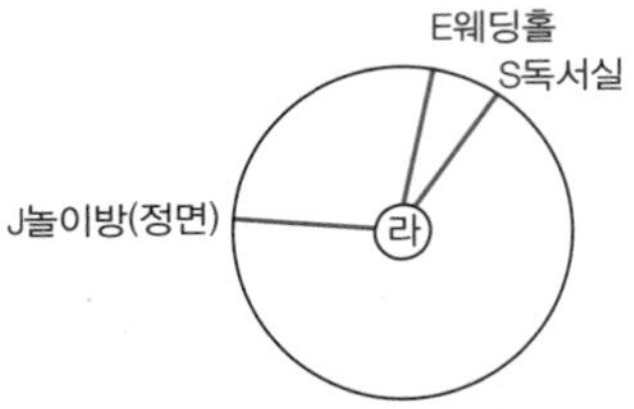


따라서 ㉱에 위치함을 알 수 있다.

## 39

| 정답 | ①

| 해설 |

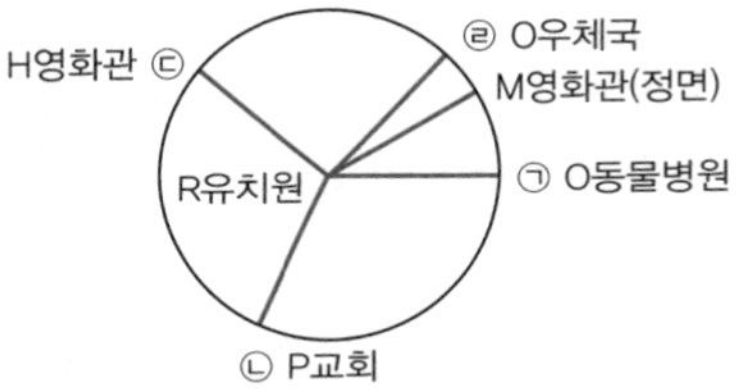


## 40

| 정답 | ②

| 해설 |

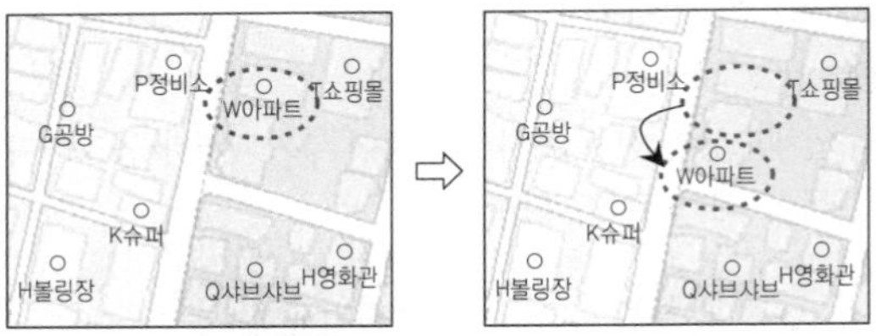

# 2회 실전모의고사

| 01 수리능력 | | | | | | | | | 문제184쪽 |
|---|---|---|---|---|---|---|---|---|---|
| 01 | ② | 02 | ④ | 03 | ③ | 04 | ① | 05 | ② |
| 06 | ③ | 07 | ① | 08 | ④ | 09 | ② | 10 | ③ |
| 11 | ③ | 12 | ② | 13 | ① | 14 | ③ | 15 | ④ |
| 16 | ④ | 17 | ② | 18 | ④ | 19 | ② | 20 | ③ |
| 21 | ③ | 22 | ④ | 23 | ③ | 24 | ② | 25 | ③ |
| 26 | ④ | 27 | ③ | 28 | ④ | 29 | ④ | 30 | ④ |
| 31 | ④ | 32 | ① | 33 | ④ | 34 | ② | 35 | ④ |
| 36 | ① | 37 | ② | 38 | ③ | 39 | ③ | 40 | ④ |

## 01

| 정답 | ②

| 해설 | $234+7\times895=234+6,265=6,499$

## 02

| 정답 | ④

| 해설 | $4\sqrt{2}+3\sqrt{3}\times2\sqrt{6}=4\sqrt{2}+6\sqrt{18}$
$=4\sqrt{2}+18\sqrt{2}=22\sqrt{2}$

## 03

| 정답 | ③

| 해설 | $42\times38-59=1,596-59=1,537$

## 04

| 정답 | ①

| 해설 | $\frac{32}{9}\times\frac{7}{4}+\frac{1}{2}\times\frac{44}{9}=\frac{56}{9}+\frac{22}{9}=\frac{78}{9}=\frac{26}{3}$

## 05

| 정답 | ②

| 해설 | $2.34+8.9-8.572=11.24-8.572=2.668$

## 06

| 정답 | ③

| 해설 | $(3\sqrt{5}+5)(\sqrt{5}-1)=3\sqrt{5}\times\sqrt{5}-3\sqrt{5}$
$+5\sqrt{5}-5=15-5+2\sqrt{5}=10+2\sqrt{5}$

## 07

| 정답 | ①

| 해설 | $2.5-0.2\times0.6=2.5-0.12=2.38$

## 08

| 정답 | ④

| 해설 | $0.07\times0.035=0.00245$

## 09

| 정답 | ②

| 해설 | $\frac{9}{10}+\frac{4}{15}=\frac{27}{30}+\frac{8}{30}=\frac{35}{30}=1\frac{5}{30}=1\frac{1}{6}$

## 10

| 정답 | ③

| 해설 | $4\frac{6}{11}\times\frac{11}{15}=\frac{50}{11}\times\frac{11}{15}=\frac{10}{3}$

## 11

| 정답 | ③

| 해설 | $4☆7=4\times4-7=9$

## 12

| 정답 | ②

| 해설 | $(9■2)☆12=(9+2)☆12=11\times11-12=109$

## 13

| 정답 | ①

| 해설 | 5☆(2■9■8)=5×5−19=6

## 14

| 정답 | ③

| 해설 | 21◈3=(21+3)−(21−3)=24−18=6

## 15

| 정답 | ④

| 해설 | 38◈15=(38+15)−(38−15)=53−23=30

## 16

| 정답 | ④

| 해설 | 17◈(−3)={17+(−3)}−{17−(−3)}=14−20=−6

## 17

| 정답 | ②

| 해설 | 390×0.024=9.36

## 18

| 정답 | ④

| 해설 | 611×0.14=85.54

## 19

| 정답 | ②

| 해설 | 321×0.033=10.593

## 20

| 정답 | ③

| 해설 | 1,512×0.53=801.36

## 21

| 정답 | ③

| 해설 | $x$년 후 어머니의 나이가 진우와 형진이의 나이를 합한 것의 두 배가 된다고 하면 다음과 같은 식이 성립한다.

$48+x=2\{(8+x)+(13+x)\}$

$48+x=42+4x \qquad \therefore\ x=2$

따라서 2년 후이다.

## 22

| 정답 | ④

| 해설 | 명수가 나아간 거리 : 4.5×5=22.5(km)

준희가 나아간 거리 : 3×5=15(km)

따라서 5시간 후 두 사람 사이의 간격은 22.5−15=7.5(km)이다.

## 23

| 정답 | ③

| 해설 | $x$분 후 두 사람이 만난다고 하면 은혜가 나아간 거리는 $60x$m, 승호가 나아간 거리는 $90x$m이다. 두 사람이 만났을 때 두 사람이 걸은 총 거리는 4.5km, 즉 4,500m이므로 다음과 같은 식이 성립한다.

$60x+90x=4,500, \qquad 150x=4,500 \qquad \therefore\ x=30$

따라서 30분 후에 만나게 된다.

## 24

| 정답 | ②

| 해설 | 24%의 소금물 200g에 포함된 소금의 양은 $200\times\frac{24}{100}=48$(g)이다. 넣어야 하는 물의 양을 $x$g이라고 하면 다음과 같은 식이 성립한다.

$\frac{48}{200+x}\times100=16(\%) \qquad \therefore\ x=100(\text{g})$

## 25

| 정답 | ③

| 해설 | 물통에 가득 찬 물의 양을 1이라고 하면, A 수도꼭

지를 사용하여 1분간 채울 수 있는 물의 양은 $\frac{1}{4}$, B 수도꼭지를 사용하여 1분간 채울 수 있는 물의 양은 $\frac{1}{6}$이다. B 수도꼭지를 사용한 시간을 $x$분이라고 하면, 다음과 같은 식이 성립한다.

$\frac{1}{4}\times(5-x)+\frac{1}{6}\times x=1,\qquad 3(5-x)+2x=12$

$\therefore\ x=3$(분)

## 26

| 정답 | ④

| 해설 | 올해 사원 20명의 나이 총합은 42×20=840(세)이다. 연말에는 이 중 56세 직원 1명이 퇴임하고 26세의 직원 1명이 들어오며 모두가 1살씩 나이를 먹으므로 내년 사원들의 평균 나이는 (840+20−56+26)÷20=41.5(세)가 된다.

## 27

| 정답 | ③

| 해설 | • 처음 판매가 : 100,000+(100,000×0.3) =130,000(원)

• 할인가 : 130,000−(130,000×0.15)=110,500(원)

## 28

| 정답 | ④

| 해설 | 전체 프로젝트의 양을 1이라 하면 1일 동안 할 수 있는 일의 양은 A가 $\frac{1}{10}$, B가 $\frac{1}{15}$이다. 따라서 A, B가 함께 프로젝트를 수행한다면 $1\div\left(\frac{1}{10}+\frac{1}{15}\right)=6$(일)이 걸린다.

## 29

| 정답 | ④

| 해설 | 어떤 계급의 상대도수 $=\frac{\text{그 계급의 도수}}{\text{각 계급 도수의 합계}}$이다.

득점이 6점인 계급의 도수는 8이므로 상대도수는 $\frac{8}{40}=0.2$이다.

## 30

| 정답 | ④

| 해설 | 득점의 평균은 모든 계급의 점수를 더한 뒤 도수의 합계인 40으로 나누어 구한다.

$$\frac{0\times0+1\times0+2\times0+3\times2+4\times1+5\times4+6\times8+7\times11+8\times9+9\times3+10\times2}{40}$$

$=6.85\fallingdotseq6.9$

따라서 평균은 6.9점이다.

## 31

| 정답 | ④

| 해설 | $\frac{2,652-3,231}{3,231}\times100=-17.9201\cdots\fallingdotseq-17.9(\%)$이므로 2015년 대비 약 17.9% 감소하였다.

| 오답풀이 |

① 〈입양아동 수〉를 보면 국외 입양아동의 수는 꾸준히 감소하고 있다.

② 〈입양아동 수〉에서 2019년 전체 입양아동 수 대비 국내 입양아동 수의 비율을 계산해 본다.

$\frac{1,462}{2,475}\times100=59.0707\cdots\fallingdotseq59.1(\%)$

③ 3,899−2,475=1,424(명)

## 32

| 정답 | ①

| 해설 | 각 기업별 조사 회답자 수를 100%로 하고 각각의 회답을 집계하면 다음과 같다.

(단위 : 명)

| 구분 | 불만 | 어느 쪽도 아니다 | 만족 | 계 |
|---|---|---|---|---|
| A사 | 29 (25.9%) | 36 (32.1%) | 47 (42.0%) | 112 (100.0%) |
| B사 | 73 (51.4%) | 11 (7.7%) | 58 (40.8%) | 142 (100.0%) |
| C사 | 71 (52.2%) | 41 (30.1%) | 24 (17.6%) | 136 (100.0%) |
| 계 | 173 (44.4%) | 88 (22.6%) | 129 (33.1%) | 390 (100.0%) |

㉠ 총 인원수(390명) 대비 '불만'이라고 대답한 사람의 수(173명)의 비율은 44.4%이므로 과반수가 아니다.

㉡ '불만'이라고 대답한 사원의 수가 가장 많은 회사는 B사(73명)이지만, B사의 불만 응답률은 51.4%이고 C사의 불만 응답률은 52.2%이므로 C사 쪽의 불만 응답률이 더 높다.

| 오답풀이 |

㉢ '어느 쪽도 아니다'라고 답한 사람이 가장 적다는 것으로 근무조건의 좋고 나쁨을 알 수 없다.

㉣ '만족'이라고 답한 사람의 수는 B사가 가장 많으나, 만족 응답률은 40.8%로 A사의 42%보다 낮다. 또한 '만족' 응답률이 높다는 것만으로 근무조건이 좋음을 단정할 수는 없다.

## 33

| 정답 | ④

| 해설 | ㉡ 남자 수 : 여자 수= $a$ : $b$ 라고 하면 $42.3a+41.3b=41.7(a+b)$가 되며, 이를 정리하면 $3a=2b$ 즉, $a$ : $b=2$ : $3$이다. 따라서 여자는 $\frac{3}{5}$, 즉 60%를 차지한다.

㉣ 가족기업 수 : 일반기업 수= $c$ : $d$ 라고 하면 $39.5c+43.5d=41.7(c+d)$가 되며, 이를 정리하면 $9d=11c$ 즉, $c$ : $d=9$ : $11$이다. 따라서 조사대상 중 가족기업의 비중은 $\frac{9}{20}$이므로 그 숫자는 $700\times\frac{9}{20}=315$(명)이다.

| 오답풀이 |

㉠ 남자의 수는 $700\times\frac{2}{5}=280$(명)이다.

㉢ 일반기업을 경영하는 사람은 $700\times\frac{11}{20}=385$(명)이다.

## 34

| 정답 | ②

| 해설 | 구매해야 하는 다과는 사과맛 쿠키 2세트, 막대 과자 2세트, 이온 음료 1세트, 비타민 음료 1세트, 샌드위치 2세트이다.

먼저 A 마트에서 구입할 때의 금액을 구하면 $13,000\times2+14,000\times2+14,000\times1+21,000\times1+42,000\times2=173,000$(원)이다. A 마트는 10만 원 이상 구매 시 5%를 할인한다고 했으므로 $173,000\times(1-0.05)=164,350$(원)이다.

다음으로 B 마트에서 구입할 때의 금액을 구하면 $12,000\times2+15,000\times2+22,000\times1+23,000\times1+46,000\times2=191,000$(원)이다. B 마트는 12만 원 이상 구매 시 8%를 할인한다고 했으므로 $191,000\times(1-0.08)=175,720$(원)이다.

따라서 A와 B 마트 중 더 저렴한 마트는 A 마트이며 금액은 164,350원이다.

## 35

| 정답 | ④

| 해설 | ㉡ 2009년에는 에너지산업 분야에서 38.0%, 제조업·건설업 분야에서 28.9%, 수송 분야에서 17.5%, 2019년에는 에너지산업 분야에서 43.4%, 제조업·건설업 분야에서 31.4%, 수송 분야에서 15.7%로 세 개 분야에서 주로 배출됐다.

㉢ 2009년에 비해 2019년의 에너지산업부문 배출비중이 $43.4-38.0=5.4$(%p), 제조업·건설업부문의 배출비중이 $31.4-28.9=2.5$(%p) 늘어났다.

㉣ 2009년에 비해 2019년의 수송부문의 배출비중은 $17.5-15.7=1.8$(%p), 기타부문(미분류 포함)의 배출비중은 $14.9-8.9=6$(%p) 감소했다.

| 오답풀이 |

㉠ 주어진 자료에는 에너지부문의 온실가스 배출량만 제시되어 있으므로 온실가스 전체 배출량은 알 수 없다.

## 36

| 정답 | ①

| 해설 | $6,625-1,853-1,219-1,212-789-578=974$

또는 $4,896-897-768-546-789-922=974$

## 37

| 정답 | ②

| 해설 | $\frac{1,134}{5,066}\times100=22.3845\cdots\fallingdotseq22.4(\%)$

## 38

| 정답 | ③

| 해설 | 6월 판매량은 N사 S 라면, S사 S 라면, O사 P 라면 순으로 많았다.

| 오답풀이 |

① N사 S 라면의 판매량이 가장 많은 달은 1월이다.

② S사 S 라면은 N사 J 라면보다 4월 판매량이 적었다.

④ O사 P 라면의 판매량은 전월에 비해 증가하였다.

## 39

| 정답 | ③

| 해설 | 각 도시에서 차종별로 이용차량 수에 따른 순위를 부여했을 때 순위는 소형차－화물차－버스로 모든 도시에서 동일하다.

| 오답풀이 |

① 20◇8년 이용차량 대수 총합이 전년 대비 20% 증가한 49,039,200대이므로 20◇7년의 일일 이용차량 대수 총합을 $x$라 할 때, $x \times 1.2 = 49,039,200$이다. 따라서 $x = 40,866,000$(대)이다.

② 대전의 경우 화물차 이용차량 대수가 버스보다 많지만 주행거리는 화물차가 더 길다.

④ 20◇7년 소형차 이용차량 대수는 서울특별시가 대전광역시의 $\frac{16,375,553}{3,391,249} ≒ 4.8$(배)이다.

## 40

| 정답 | ④

| 해설 | 20◇8년 도시별 이용차량 대수 증가율은 각각 서울 20%, 대전 10%, 대구 30%, 부산 15%, 광주 25%라고 했으며, 이 증가율은 곧 버스 대수 증가율이므로 각 지역의 20◇8년 버스 대수는 다음과 같다.

- 서울 : 1,061,017×1.2≒1,273,220(대)
- 대전 : 346,493×1.1≒381,142(대)
- 대구 : 153,433×1.3≒199,463(대)
- 부산 : 458,734×1.15≒527,544(대)
- 광주 : 376,828×1.25＝471,035(대)

따라서 20◇8년 버스 대수가 두 번째로 많은 도시와 세 번째로 많은 도시는 부산과 광주이다.

| 02 추리능력 | | | | | | | | | 문제 200쪽 |
|---|---|---|---|---|---|---|---|---|---|
| 01 | ③ | 02 | ② | 03 | ② | 04 | ① | 05 | ④ |
| 06 | ③ | 07 | ② | 08 | ② | 09 | ④ | 10 | ④ |
| 11 | ③ | 12 | ④ | 13 | ③ | 14 | ① | 15 | ③ |
| 16 | ② | 17 | ① | 18 | ① | 19 | ① | 20 | ② |
| 21 | ② | 22 | ② | 23 | ① | 24 | ② | | |
| 25 | ①,③,⑩,⑫ | 26 | ②,④,⑤,⑧,⑪ | 27 | ⑥,⑦,⑨,⑬ | | | | |
| 28 | ④,⑤ | 29 | ②,⑥,⑦ | 30 | ①,③,⑧ | 31 | ③ | | |
| 32 | ④ | 33 | ② | 34 | ③ | 35 | ③ | 36 | ③ |
| 37 | ③ | 38 | ③ | 39 | ④ | 40 | ① | | |

## 01

| 정답 | ③

| 해설 |

$$4 \xrightarrow[+2^1]{} 6 \xrightarrow[+2^2]{} 10 \xrightarrow[+2^3]{} 18 \xrightarrow[+2^4]{} 34 \xrightarrow[+2^5]{} ?$$

## 02

| 정답 | ②

| 해설 |

$$48 \xrightarrow[-1]{} 47 \xrightarrow[-3]{} 44 \xrightarrow[-5]{} 39 \xrightarrow[-7]{} 32 \xrightarrow[-9]{} ? \xrightarrow[-11]{} 12$$

## 03

| 정답 | ②

$$7 \xrightarrow[+2]{} 9 \xrightarrow[+1]{} 10 \xrightarrow[+2]{} 12 \xrightarrow[+1]{} 13 \xrightarrow[+2]{} 15 \xrightarrow[+1]{} ?$$

## 04

| 정답 | ①

| 해설 |

$$6 \longrightarrow 55 \longrightarrow 92 \longrightarrow 117 \longrightarrow 130 \longrightarrow ? \longrightarrow 120$$

$$+49 \xrightarrow[-12]{} +37 \xrightarrow[-12]{} +25 \xrightarrow[-12]{} +13 \xrightarrow[-12]{} +1 \xrightarrow[-12]{} -11$$

## 05

| 정답 | ④

| 해설 |

$92 \xrightarrow[\div 2]{} 46 \xrightarrow[+2]{} 48 \xrightarrow[\div 2]{} 24 \xrightarrow[+2]{} 26 \xrightarrow[\div 2]{} 13 \xrightarrow[+2]{} ?$

## 06

| 정답 | ③

| 해설 | 짝수항은 뒤에 2, 4, 6…이 추가되고 홀수항은 앞에 3, 5, 7…이 추가된다.

## 07

| 정답 | ②

| 해설 |

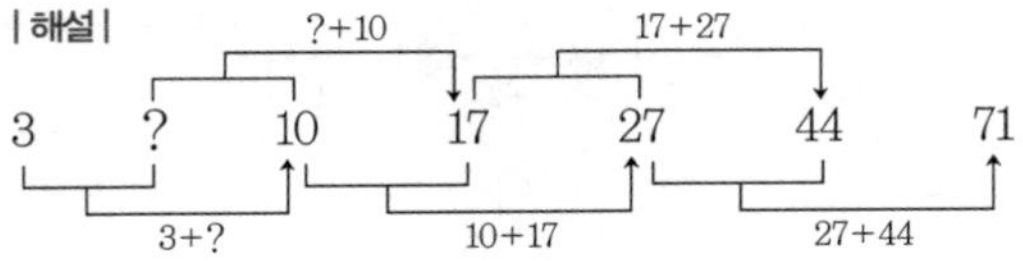


## 08

| 정답 | ②

| 해설 |

$5 \xrightarrow[+3]{} 8 \xrightarrow[-1]{} 7 \xrightarrow[+6]{} 13 \xrightarrow[-2]{} 11 \xrightarrow[+9]{} 20 \xrightarrow[-3]{} ?$

## 09

| 정답 | ④

| 해설 |

$6 \xrightarrow[\times 2]{} 12 \xrightarrow[+1]{} 13 \xrightarrow[-3]{} 10 \xrightarrow[\times 2]{} 20 \xrightarrow[+1]{} ? \xrightarrow[-3]{} 18 \xrightarrow[\times 2]{} 36$

## 10

| 정답 | ④

| 해설 | $1 \rightarrow 9 \rightarrow 25 \rightarrow 49 \rightarrow 81 \rightarrow ?$

($1^2$, $3^2$, $5^2$, $7^2$, $9^2$, $11^2$)

## 11

| 정답 | ③

| 해설 | ③을 제외한 선택지들은 세 번째 문자부터 앞 문자에 각각 +1이 적용된다.

③ MMOP – 13, 13, 15, 16

| 오답풀이 |

① 뚜뚜루무 – 5, 5, 6, 7

② ZZAB – 26, 26, 27(1), 28(2)

④ 요요우워 – 13, 13, 14, 15

## 12

| 정답 | ④

| 해설 | ④를 제외한 선택지들은 세 번째 문자가 나머지 문자에 비해 2가 크다.

④ 야야어야 – 2, 2, 3, 2

| 오답풀이 |

① 디디미디 – 3, 3, 5, 3

② 오오우오 – 5, 5, 7, 5

③ GGIG – 7, 7, 9, 7

## 13

| 정답 | ③

| 해설 | ③을 제외한 선택지들은 두 번째 문자가 첫 번째 문자보다 2 크고 세 번째, 네 번째 문자가 두 번째 문자보다 1 크다.

③ ㅇㅈㅊㅊ–8, 9, 10, 10

| 오답풀이 |

① ACDD–1, 3, 4, 4

② ㄴㄹㅁㅁ–2, 4, 5, 5

④ FHII–6, 8, 9, 9

## 14

| 정답 | ①

| 해설 | ①을 제외한 선택지들은 앞 문자에 +1, +1, +4가 차례대로 적용된다.

① 둥뚱룽붕 – 4, 5, 6, 8

| 오답풀이 |

② KLMQ – 11, 12, 13, 17

③ DEFJ – 4, 5, 6, 10

④ 아애야여 – 1, 2, 3, 7

## 15

| 정답 | ③

| 해설 | ③을 제외한 선택지들은 앞 문자에 비해 뒤 문자가 2씩 증가한다.

③ HJLM – 8, 10, 12, 13

| 오답풀이 |

① EGIK – 5, 7, 9, 11

② MOQS – 13, 15, 17, 19

④ BDFH – 2, 4, 6, 8

## 16

| 정답 | ②

| 해설 | C와 D는 함께 있고 도서관에 있는 사람은 1명뿐이므로 D가 도서관에 있다는 것은 거짓이다.

## 17

| 정답 | ①

| 해설 | C와 D는 함께 있으므로 한 명의 자리만 가능한 집 또는 도서관에 있을 수 없다. 따라서 둘은 운동장에 있음을 알 수 있다. 위치가 명확하지 않은 사람은 E, F인데, E가 도서관에 있다면 F는 자연스럽게 집에 있게 된다.

## 18

| 정답 | ①

| 해설 | 문제의 조건에 따라 A는 운동장에 있고, 17번 문제 해설에 따라 C와 D는 운동장에 있다. 따라서 운동장에 있는 사람은 A, C, D이다.

## 19

| 정답 | ①

| 해설 | A는 중앙에 앉아 있으므로 왼쪽에서 3번째, E는 A를 기준으로 오른편에 앉아 있으므로 왼쪽에서 4번째 또는 5번째에 앉게 된다. 이에 따라 E와 붙어 앉아야 하는 B도 5번째 또는 4번째 자리에 앉게 되므로 한쪽 끝에 앉아야 하는 C는 왼쪽 끝인 왼쪽 1번째 자리에 앉고, 남은 자리인 왼쪽에서 2번째 자리에 D가 앉게 된다. 따라서 정리하면 다음과 같이 2가지 경우의 자리 배열이 가능하다.

| | | | | |
|---|---|---|---|---|
| C | D | A | E<br>(B) | B<br>(E) |

## 20

| 정답 | ②

| 해설 | **19**번 문제 해설에서 정리한 자리 배열의 두 가지 경우 중 어떠한 경우에도 B와 C는 서로 붙어 앉지 않는다.

## 21

| 정답 | ②

| 해설 | **19**번 문제 해설에 따라 C는 왼쪽 끝에 앉으므로, 자리 배열의 두 가지 경우 모두 E는 C의 오른편에 앉는다.

## 22

| 정답 | ②

| 해설 | 주어진 명제를 아래와 같이 기호화할 수 있다.

- 발표 → 참석(발표는 참석이기 위한 충분조건, 참석은 발표이기 위한 필요조건) ………… ㉠
- A 참석 → (B 참석∩C 참석) ………… ㉡
- ～A 발표 → D 발표 ………… ㉢
- C 발표 → ～D 발표 ………… ㉣

②는 주어진 조건만으로 알 수 없다.

| 오답풀이 |

① ㉣의 대우 명제는 'D 발표 → ~C 발표'이다. 이를 ㉢과 삼단논법으로 정리하면 '~A 발표 → C 발표'가 된다.

③ ㉡의 'A 참석 → B 참석'의 대우 명제는 '~B 참석 → A 참석'이다. 참석은 발표를 위한 필요조건이므로 '~B 참석 → ~A 발표'가 된다.

④ ㉢의 대우 명제는 '~D 발표 → A 발표'이다.

## 23

| 정답 | ①

| 해설 | 첫 번째, 세 번째 사내 소문들에 의하면 B－F－A 순으로 순위가 높고 그중 B－F는 연이은 순위임을 알 수 있다. 또한 두 번째 사내 소문에 의하여 C보다 E, E보다 F의 순위가 낮음을 알 수 있다. 여기에서 가능한 조합을 모두 구해서 정리하면 다음과 같다.

| | | | | | |
|---|---|---|---|---|---|
| 1 | C | C | C | C | D |
| 2 | E | E | D | E | C |
| 3 | B | B | E | D | E |
| 4 | F | F | B | B | B |
| 5 | A | D | F | F | F |
| 6 | D | A | A | A | A |
| D+F | 10 | 9 | 7 | 8 | 6 |

이 중 D와 F의 순위 합이 9 미만인 것은 3 ~ 5번째 조합에 해당하며 6위는 항상 A가 된다. 따라서 성과급을 받지 못할 팀원은 A이다.

## 24

| 정답 | ②

| 해설 | 입찰에 참여하는 업체의 수는 다음의 모든 경우가 가능하다.

| | | | |
|---|---|---|---|
| A | ○ | ○ | × |
| B | ○ | ○ | ○ |
| C | × | ○ | ○ |
| D | × | × | × |
| 참가업체의 수 | 2 | 3 | 2 |

| 오답풀이 |

① 첫 번째 명제(A → B)와 두 번째 명제의 대우(~C → A)에 의하여 ~C → B가 성립하고 그 대우인 ~B → C로 참이 된다.

③ D 업체가 지난해 마감기한을 초과해 공사를 완료하였다면, 이번 입찰에 참가할 수 없다. 선택지의 명제들로 A → ~ D는 도출할 수 있으나 그 역은 도출할 수 없으므로 반드시 참이라고 할 수 없다. 그러나 마지막 명제에 의하여 C 업체와 D 업체가 같은 마감기한을 받아 같은 날 공사를 완료했으므로 C 업체도 마감기한을 초과해 공사를 완료했음을 알 수 있다. 따라서 C 업체가 참가할 수 없고 두 번째 명제의 대우(~C → A)에 의하여 참이다.

④ 두 번째 명제의 대우(~C → A)와 첫 번째 명제(A → B)에 의하여 참이다.

## 25

| 정답 | ①, ③, ⑩, ⑫

| 해설 | 제시된 단어들과 '개발'을 토대로 생각해 보면 **25**번에는 제품 생산 과정이라는 범주로 묶을 수 있고, 마찬가지로 '등록'을 토대로 생각해 보면 **26**번에는 선거 과정과 관련된 것끼리 묶을 수 있다. 나머지 제시어들끼리 생각해 보면 **27**번에는 부모가 되는 과정의 범주로 묶을 수 있다. 첫 번째 박스에는 '개발, 마케팅, 영업, 생산'이 들어가야 한다.

## 26

| 정답 | ②, ④, ⑤, ⑧, ⑪

| 해설 | **25**번의 해설을 참고하면 **26**번에는 '등록, 추천, 운동, 투표, 당선'이 들어가야 함을 알 수 있다.

## 27

| 정답 | ⑥, ⑦, ⑨, ⑬

| 해설 | **25**번의 해설을 참고하면 **27**번에는 '연애, 결혼, 출산, 양육'이 들어가야 함을 알 수 있다.

## 28

| 정답 | ④, ⑤

| 해설 | ④는 길이와 관련된 내용이고, ②는 무게와 관련된 내용이다. 따라서 28에는 길이에 대한 내용이, **29**번에는 무게에 대한 내용이 들어가야 하며 나머지 제시 문장을 고려하였을 때 **30**번에는 부피에 대한 내용이 들어가야 한다. 첫 번째 박스에는 ④, ⑤가 들어가야 한다.

## 29

| 정답 | ②, ⑥, ⑦

| 해설 | **28**번의 해설을 참고하면 **29**번에는 ②, ⑥, ⑦이 들어가야 함을 알 수 있다.

## 30

| 정답 | ①, ③, ⑧

| 해설 | **28**번의 해설을 참고하면 **30**번에는 ①, ③, ⑧이 들어가야 함을 알 수 있다.

## 31

| 정답 | ③

| 해설 | 고체에서 액체로 상태가 변할 때는 분자 사이의 인력이 약해지고 분자 사이의 거리가 넓어져서 부피가 커진다. 분자의 성질과 개수, 크기는 변하지 않는다.

## 32

| 정답 | ④

| 해설 | 달의 표면에 운석 구덩이가 많은 이유는 달에는 대기가 없어 운석이 대기와의 마찰로 타지 않고 그대로 떨어지기 때문이다. 또한 대기와 물이 없어 그 후에도 풍화나 침식 작용이 나타나지 않아 한번 생긴 운석 구덩이가 없어지지 않기 때문이기도 하다.

## 33

| 정답 | ②

| 해설 | 버스의 속력이 일정할 때에는 버스와 손잡이가 같은 속도로 움직이고 있으므로 손잡이는 바로 아래인 B 방향으로 떨어진다.

## 34

| 정답 | ③

| 해설 | 관성의 법칙에 의해 물은 수레가 움직이는 쪽과 반대 방향으로 몰리게 된다.

## 35

| 정답 | ③

| 해설 | 위치에너지는 물체의 질량×높이에 비례한다.

## 36

| 정답 | ③

| 해설 | 아래 방향으로 가속되고 위 방향으로 관성력을 받으면 일시적으로 체중이 줄어들기 때문에 아래 방향으로 가속되고 있을 것이다.

## 37

| 정답 | ③

| 해설 | 물레방아와 수력 발전은 위치에너지를 이용한 것이다.

## 38

| 정답 | ③

| 해설 | 운동에너지는 속력의 제곱에 비례하므로 속력이 2배가 되면 운동에너지는 4배가 된다. 따라서 제동거리도 4배로 늘어나게 된다.

## 39

| 정답 | ④

| 해설 | 분자식을 통해 2가지의 원자가 1 : 1로 결합한 것을 찾아야 한다.

④ HCl

| 오답풀이 |

① $CO_2$, ② $H_2O$, ③ $NH_3$

## 40

| 정답 | ①

| 해설 | 노을은 날씨가 맑아 공기 중에 먼지가 많을 때 생기므로 저녁노을은 서쪽 하늘이 맑다는 의미이다. 우리나라는 편서풍의 영향을 받아 대기가 서쪽에서 동쪽으로 이동하므로 저녁노을이 나타난 다음 날은 맑을 것으로 예상할 수 있다.

**03 지각능력** 문제212쪽

| | | | | | | | | | |
|---|---|---|---|---|---|---|---|---|---|
| 01 | ④ | 02 | ① | 03 | ④ | 04 | ① | 05 | ② |
| 06 | ④ | 07 | ② | 08 | ① | 09 | ② | 10 | ② |
| 11 | ② | 12 | ② | 13 | ① | 14 | ① | 15 | ① |
| 16 | ② | 17 | ② | 18 | ① | 19 | ① | 20 | ① |
| 21 | ② | 22 | ① | 23 | ① | 24 | ② | 25 | ① |
| 26 | ② | 27 | ① | 28 | ② | 29 | ② | 30 | ① |
| 31 | ② | 32 | ④ | 33 | ③ | 34 | ② | 35 | ① |
| 36 | ② | 37 | ③ | 38 | ② | 39 | ④ | 40 | ① |

## 01

| 정답 | ④

| 해설 | ①, ②는 ○ 표시된 부분이 다르다.

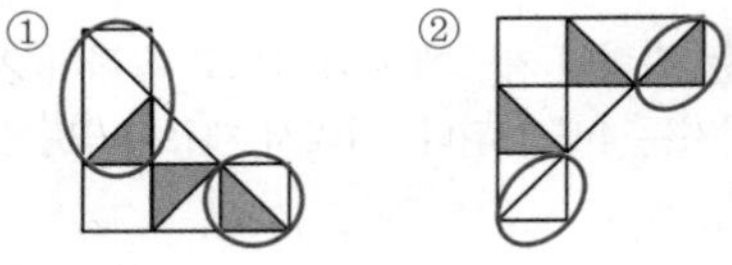

## 02

| 정답 | ①

| 해설 | 제시된 도형을 시계방향으로 90° 회전한 모양이다.

| 오답풀이 |

②, ③, ④는 ○ 표시된 부분이 다르다.

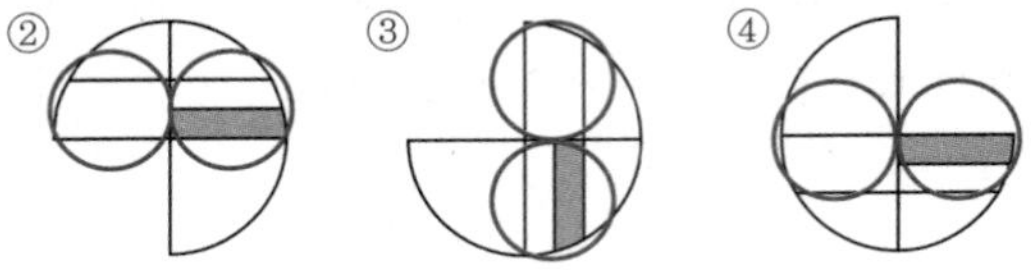

## 03

| 정답 | ④

| 해설 | ①, ②, ③은 ○ 표시된 부분이 다르다.

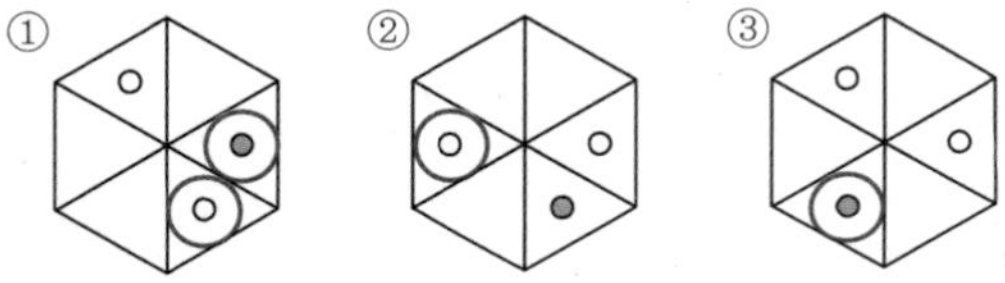

## 04

| 정답 | ①

| 해설 | ②, ③, ④은 ○ 표시된 부분이 다르다.

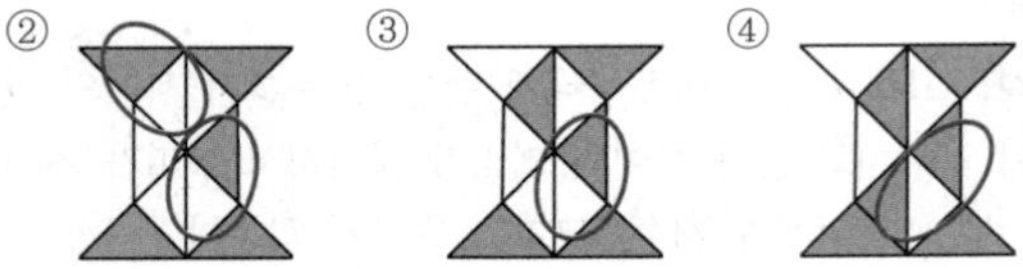

## 05

| 정답 | ②

| 해설 | ①, ③, ④는 ○ 표시된 부분이 다르다.

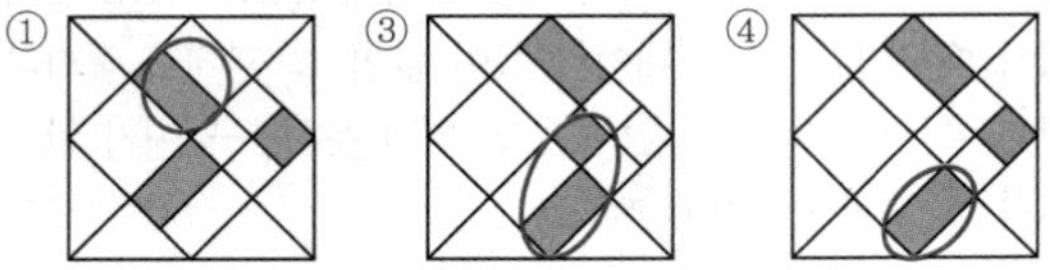

## 06

| 정답 | ④

| 해설 | 오름차순에 의해 알파벳은 A부터 정렬한다.

## 07

| 정답 | ②

| 해설 | cake와 champagne, dress와 dance는 첫 글자가 같으므로 2번째 글자를 비교해 본다. 오름차순일 때 a는 h나 r보다 앞서므로 cake- champagne, dance-dress 순이다.

## 08

| 정답 | ①

| 해설 | 오름차순에 의해 ㄱ부터 정렬한다.

## 09

| 정답 | ②

| 해설 | ☆○◎◇▽▼△－☆○◎◇△▼▽

## 10

| 정답 | ②

| 해설 | 世界文化遺產 － 世界文化流產

## 11

| 정답 | ②

| 해설 | InterContinental－InterContienetal

## 12

| 정답 | ②

| 해설 | 룩셈부르크도미니크공화국－룩셈부르크도미니트공화국

## 13

| 정답 | ①

| 해설 | 제시된 좌우의 문자가 서로 같다.

## 14

| 정답 | ①

| 해설 | 제시된 좌우의 문자가 서로 같다.

## 15

| 정답 | ①

| 해설 | 〈보기〉의 대응과 같다.

## 16

| 정답 | ②

| 해설 | 제 표 조 마 창 － ▩ ▣ ▨ ▤ ▧

## 17

| 정답 | ②

| 해설 | 솥 제 나 형 마 － ▦ ▩ ▥ ■ ▤

## 18

| 정답 | ①

| 해설 | 〈보기〉의 대응과 같다.

## 19

| 정답 | ①

| 해설 | 〈보기〉의 대응과 같다.

## 20

| 정답 | ①

| 해설 | 〈보기〉의 대응과 같다.

## 21

| 정답 | ②

| 해설 | ▧ @ ☆ $ ◉ – X E H F K

## 22

| 정답 | ①

| 해설 | 〈보기〉의 대응과 같다.

## 23

| 정답 | ①

| 해설 | 〈보기〉의 대응과 같다.

## 24

| 정답 | ②

| 해설 | % ◈ $ ☆ @ – B O F H E

## 25

| 정답 | ①

| 해설 | 〈보기〉의 대응과 같다.

## 26

| 정답 | ②

| 해설 | 모 관 인 사 참 – W O R T Q

## 27

| 정답 | ①

| 해설 | 〈보기〉의 대응과 같다.

## 28

| 정답 | ②

| 해설 | 학 대 인 모 관 – S P R W O

## 29

| 정답 | ②

| 해설 | 관 모 대 참 사 – O W P Q T

## 30

| 정답 | ①

| 해설 | 포함하고 있는 원의 종류에 따른 분류이다.

A는 ○ 3개, ● 1개, ⊗ 1개로 구성된다.

B는 ○ 2개, ● 2개, ⊗ 1개로 구성된다.

C는 ○ 2개, ● 1개, ⊗ 2개로 구성된다.

따라서 〈보기〉는 ○ 3개, ● 1개, ⊗ 1개로 구성되어 있으므로 A에 속한다.

## 31

| 정답 | ②

## 32

| 정답 | ④

| 해설 | 전체 개수인 20개에서 한 면이라도 보이는 블록의 개수를 뺀다.

20－15＝5(개)

## 33

| 정답 | ③

## 34

| 정답 | ②

## 35

| 정답 | ①

## 36

| 정답 | ②

## 37

| 정답 | ③

## 38

| 정답 | ②

| 해설 | ②를 화살표 방향대로 (가)에 그림자를 비추어 보면 다음과 같다.

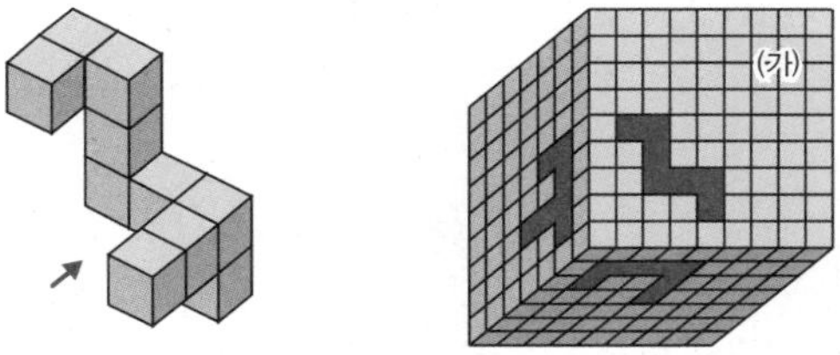


| 오답풀이 |

①

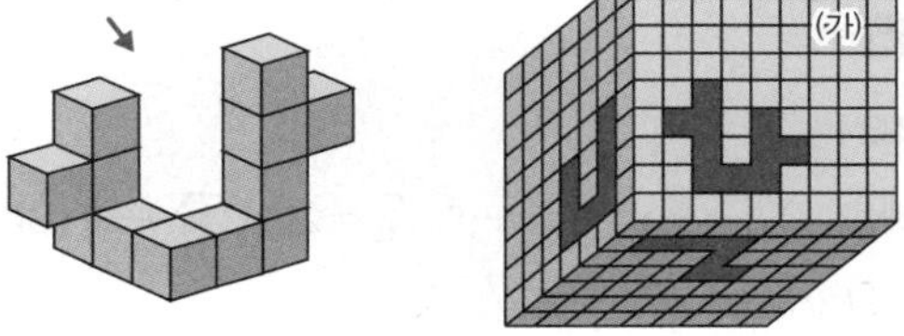


③

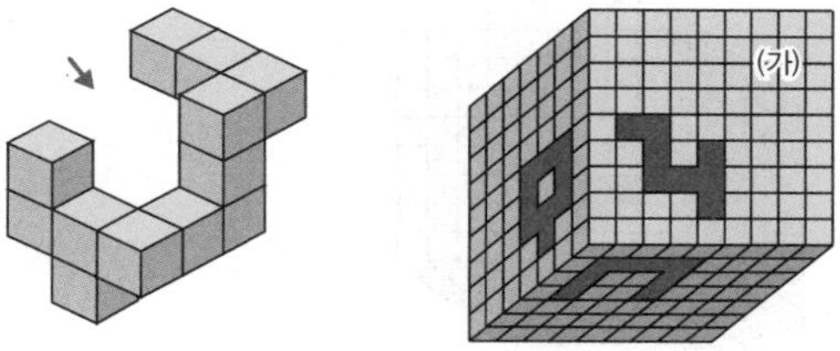


④

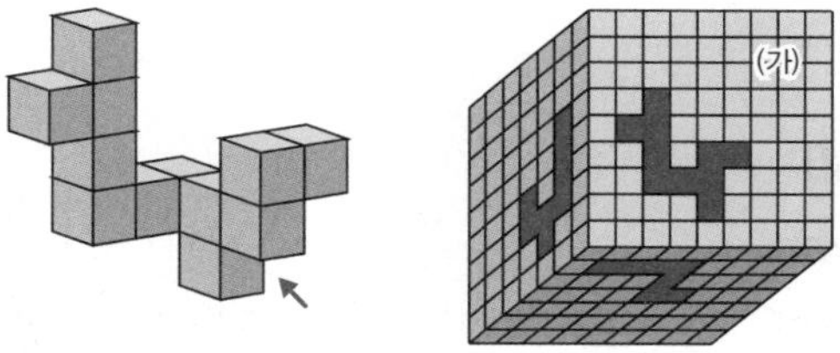


## 39

| 정답 | ④

| 해설 | 3차원 공간에서 세 면에 비친 그림자는 다음과 같다.

①

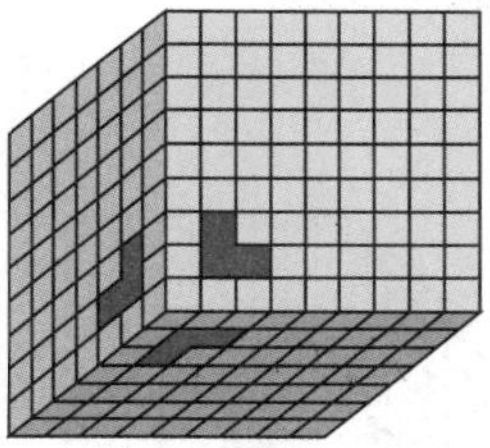

②

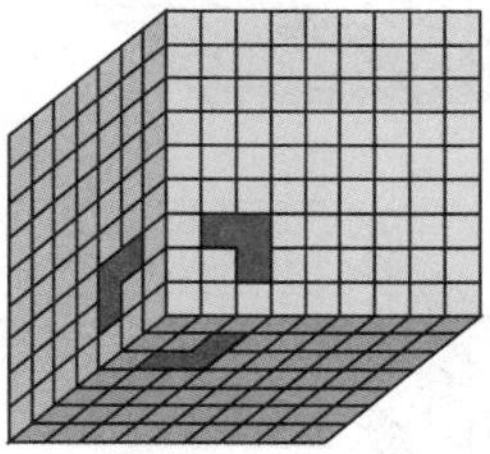

③

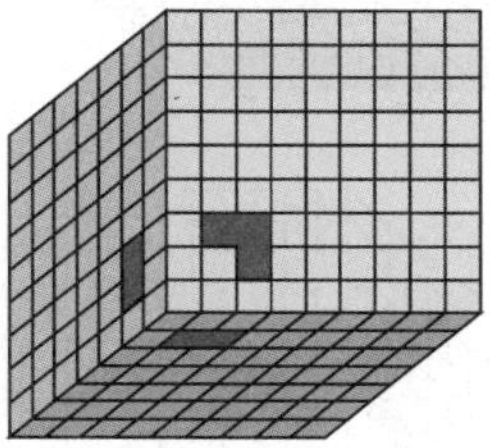

④

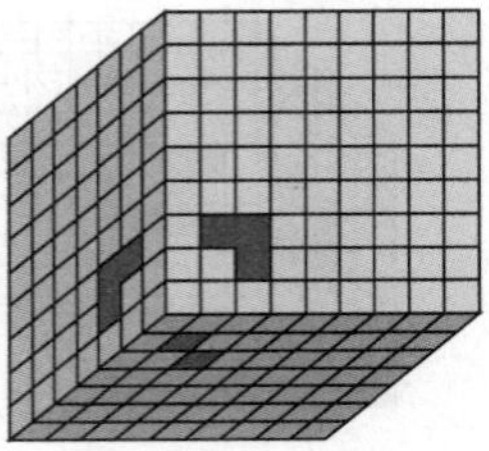

## 40

| 정답 | ①

| 해설 | ①을 화살표 방향대로 (가)에 그림자를 비추어 보면 다음과 같다.

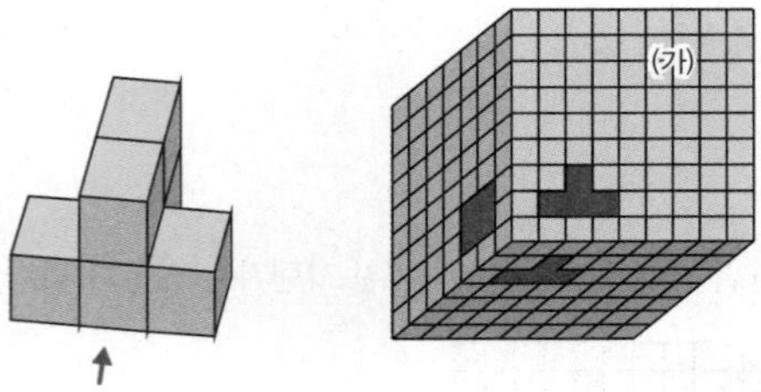


| 오답풀이 |

②

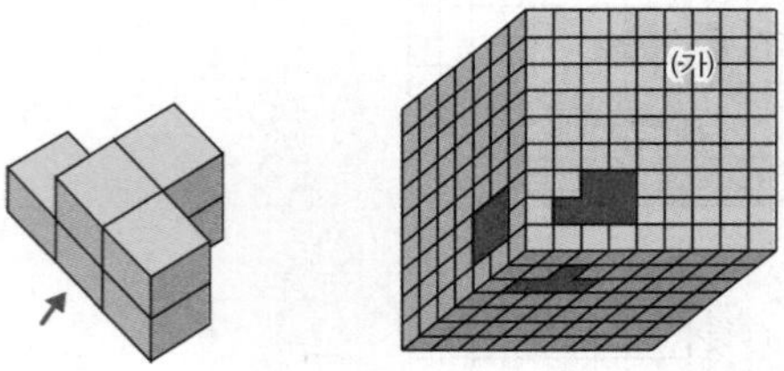


③

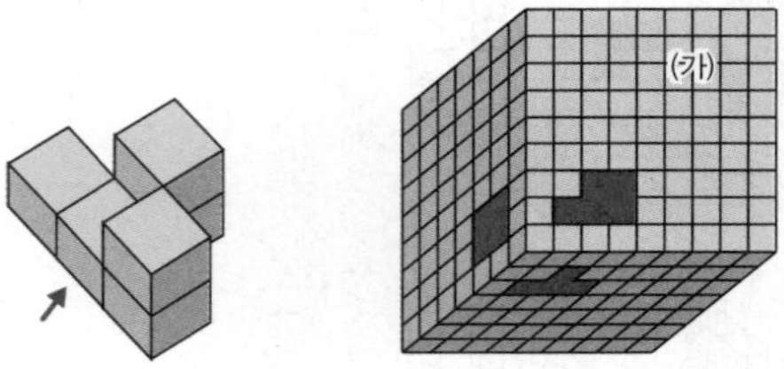


④

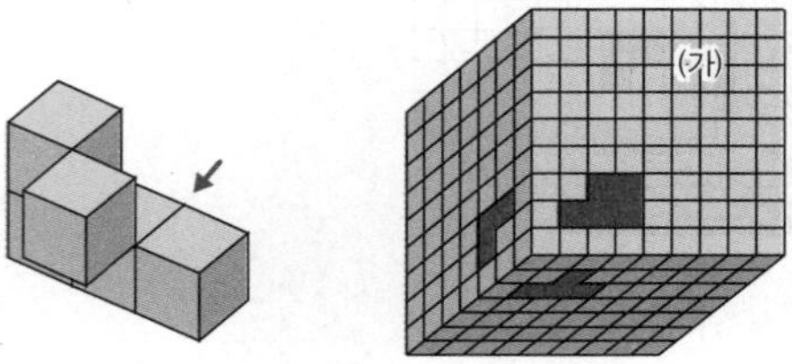


# 3회 실전모의고사

| 01 수리능력 | | | | | | | | | 문제 226쪽 |
|---|---|---|---|---|---|---|---|---|---|
| 01 | ② | 02 | ① | 03 | ① | 04 | ① | 05 | ② |
| 06 | ④ | 07 | ③ | 08 | ③ | 09 | ③ | 10 | ③ |
| 11 | ④ | 12 | ③ | 13 | ① | 14 | ④ | 15 | ② |
| 16 | ② | 17 | ③ | 18 | ③ | 19 | ③ | 20 | ② |
| 21 | ① | 22 | ① | 23 | ① | 24 | ② | 25 | ④ |
| 26 | ④ | 27 | ④ | 28 | ④ | 29 | ④ | 30 | ③ |
| 31 | ③ | 32 | ③ | 33 | ① | 34 | ③ | 35 | ② |
| 36 | ④ | 37 | ③ | 38 | ④ | 39 | ① | 40 | ④ |

## 01

| 정답 | ②

| 해설 | $7.8+2.5\div0.5\times4.9=7.8+5\times4.9=7.8+24.5=32.3$

## 02

| 정답 | ①

| 해설 | $96-80+34\times28-90=16+952-90=878$

## 03

| 정답 | ①

| 해설 | $7.3+3.7+2.4=11+2.4=13.4$

## 04

| 정답 | ①

| 해설 | $347-589+642=-242+642=400$

## 05

| 정답 | ②

| 해설 | $2(3\sqrt{6}\times2\sqrt{2})-9\sqrt{3}=2(6\sqrt{12})-9\sqrt{3}=24\sqrt{3}-9\sqrt{3}=15\sqrt{3}$

## 06

| 정답 | ④

| 해설 | $25.08+28.28+432.57=53.36+432.57=485.93$

## 07

| 정답 | ③

| 해설 | $615-14+9.2=601+9.2=610.2$

## 08

| 정답 | ③

| 해설 | $\left(-\frac{2}{3}\right)+\left(-\frac{1}{4}\right)+\frac{1}{2}=\left(-\frac{8}{12}\right)+\left(-\frac{3}{12}\right)+\frac{6}{12}=\left(-\frac{11}{12}\right)+\frac{6}{12}=-\frac{5}{12}$

## 09

| 정답 | ③

| 해설 | $1,250\times10^{-2}=1,250\times\frac{1}{100}=12.50$

## 10

| 정답 | ③

| 해설 | $21\times12-73=252-73=179$

## 11

| 정답 | ④

| 해설 | 25◎18=25+18=43

## 12

| 정답 | ③

| 해설 | 10◎(12◆5)=10◎(12×5)=10+60=70

## 13

| 정답 | ①

| 해설 | (9◎2)◆(7◎5)=(9+2)◆(7+5)=11×12=132

## 14

| 정답 | ④

| 해설 | $2,345\times0.039=91.455$

## 15

| 정답 | ②

| 해설 | $68\times0.12=8.16$

## 16

| 정답 | ②

| 해설 | $720\times0.3=216$

## 17

| 정답 | ③

| 해설 | $3,690\times0.072=265.68$

## 18

| 정답 | ③

| 해설 | $30\times0.25=7.5$

## 19

| 정답 | ③

| 해설 | 타율$=\frac{\text{안타 수}}{\text{타수}}$이므로 두 시합에서 총 8타수 5안타를 친 삼성이의 타율은 $\frac{5}{8}=0.625$, 즉 6할 2푼 5리이다.

## 20

| 정답 | ②

| 해설 | $\frac{8}{25}=\frac{8\times4}{25\times4}=\frac{32}{100}=0.32$, 즉 3할 2푼이다.

## 21

| 정답 | ①

| 해설 | $\frac{13}{25}=\frac{13\times4}{25\times4}=\frac{52}{100}=0.52$, 즉 5할 2푼이다.

## 22

| 정답 | ①

| 해설 | $\frac{170}{200}=0.85$, 즉 8할 5푼이다.

## 23

| 정답 | ①

| 해설 | $\frac{12}{25}=\frac{12\times4}{25\times4}=\frac{48}{100}=0.48$, 즉 4할 8푼이다.

## 24

| 정답 | ②

| 해설 | 오리의 수를 $x$마리, 소의 수를 $y$마리라고 하면 다음과 같은 식이 성립한다.

$x+y=200$ ························ ㉠

$2x+4y=620$ ························ ㉡

2×㉠－㉡을 하면, $-2y=-220$

$\therefore\ y=110$(마리), $x=90$(마리)

따라서 오리는 90마리, 소는 110마리이다.

## 25

| 정답 | ④

| 해설 | 지선이가 이길 확률$=\frac{\text{지선이가 이기는 경우의 수}}{\text{전체 경우의 수}}$이다. 전체 경우의 수는 (도진이가 던진 주사위의 경우의 수)×(지선이가 던진 주사위의 경우의 수)이므로 6×6=36(가지)이다. 또한 지선이가 이기는 경우를 (도진이의 주사위, 지선이의 주사위)로 나타내면 (1, 2), (1, 3), (1, 4), (1, 5), (1, 6), (2, 3), (2, 4), (2, 5), (2, 6), (3, 4), (3, 5), (3, 6), (4, 5), (4, 6), (5, 6)으로 총 15가지이다. 따라서 지선이가 이길 확률은 $\frac{15}{36}=\frac{5}{12}$이다.

## 26

| 정답 | ④

| 해설 | 전체 일의 양을 1이라고 하면 형은 한 시간에 $\frac{1}{4}$만큼, 동생은 한 시간에 $\frac{1}{8}$만큼 일을 하는 것이다. 형이 혼자서 두 시간 동안 일한 양은 $\frac{1}{4}\times2=\frac{1}{2}$이며 최종적으로 끝낸 일의 양은 $1\times\frac{75}{100}=\frac{3}{4}$이다. 따라서 형제가 함께 일한 양은 $\frac{3}{4}-\frac{1}{2}=\frac{1}{4}$이고, 형제가 함께 일한 시간은 $\frac{1}{4}\div\left(\frac{1}{4}+\frac{1}{8}\right)=\frac{2}{3}$로 40분이다.

## 27

| 정답 | ④

| 해설 | $x$일 뒤에 초콜릿을 다 먹는다고 하면 다음과 같은 식이 성립한다.

$10+x-2x=0 \qquad 10-x=0 \qquad \therefore\ x=10$

## 28

| 정답 | ④

| 해설 | 오리의 수를 $x$마리, 염소의 수를 $y$마리라고 하면 다음과 같은 식이 성립한다.

$x+y=40$ ························ ㉠

$2x+4y=100$ ························ ㉡

㉠, ㉡을 연립하면 $x=30$(마리), $y=10$(마리)이다.

따라서 오리는 30마리이다.

## 29

| 정답 | ④

| 해설 | 수영이의 나이를 $x$살이라고 하면, 다음과 같은 식이 성립한다.

$\frac{(x+4)+x+(x-1)}{3}=21$ $\therefore x=20$(살)

따라서 미영이의 나이는 20+4=24(살)이다.

## 30

| 정답 | ③

| 해설 | 가로의 길이를 $x$cm라고 하면 세로의 길이는 $(x+8)$cm이다.

$2x+2(x+8)=100$ $4x=84$ $\therefore x=21$(cm)

따라서 세로의 길이는 21+8=29(cm)이다.

## 31

| 정답 | ③

| 해설 | 게시물당 조회 수를 구하면 다음과 같다.

| 구분 | 조회 수 | 게시물 수 | 게시물당 조회 수 |
|---|---|---|---|
| 2016년 | 3,197 | 2,079 | $\frac{3,197}{2,079}$ ≒1.538 |
| 2017년 | 5,517 | 2,802 | $\frac{5,517}{2,802}$ ≒1.969 |
| 2018년 | 10,869 | 5,764 | $\frac{10,869}{5,764}$ ≒1.886 |
| 2019년 | 21,530 | 7,686 | $\frac{21,530}{7,686}$ ≒2.801 |

따라서 게시물당 조회 수가 가장 많은 해는 2019년이다.

| 오답풀이 |

①

| 구분 | 조회 수 | 전년 대비 조회 수 차이 |
|---|---|---|
| 2016년 | 3,197 | – |
| 2017년 | 5,517 | 5,517−3,197=2,320 |
| 2018년 | 10,869 | 10,869−5,517=5,352 |
| 2019년 | 21,530 | 21,530−10,869=10,661 |

| 구분 | 게시물 수 | 전년 대비 게시물 수 차이 |
|---|---|---|
| 2016년 | 2,079 | – |
| 2017년 | 2,802 | 2,802−2,079=723 |
| 2018년 | 5,764 | 5,764−2,802=2,962 |
| 2019년 | 7,686 | 7,686−5,764=1,922 |

- 전년 대비 조회 수가 가장 많이 증가한 해 : 2019년
- 전년 대비 게시물 수가 가장 많이 증가한 해 : 2018년

② $\frac{21,530}{3,197}$≒ 6.73으로 7배 미만이다.

④ 2017년 대비 2019년 게시물 수의 증가율 :

$\frac{7,686-2,802}{2,802}\times100$≒174.3(%)

2017년 대비 2019년 조회 수의 증가율 :

$\frac{21,530-5,517}{5,517}\times100$≒290.2(%)

## 32

| 정답 | ③

| 해설 | 2019년 자동차 생산량은 4,114천 대, 자동차 수출량은 2,530천 대이다. 따라서 2019년 자동차 생산량은 수출량의 $\frac{4,114}{2,530}$ ≒ 1.63(배)로, 1.7배 미만이다.

## 33

| 정답 | ①

| 해설 | 2014 ~ 2019년의 전년 대비 생산, 내수, 수출의 증감 추세는 다음과 같다.

| 구분 | 생산 | 내수 | 수출 |
|---|---|---|---|
| 2014년 | − | − | + |
| 2015년 | − | − | − |
| 2016년 | + | + | − |
| 2017년 | + | + | − |
| 2018년 | − | + | − |
| 2019년 | − | − | − |

따라서 생산, 내수, 수출의 증감 추세가 같은 해는 2개(2015년, 2019년)이다.

## 34

| 정답 | ③

| 해설 | $\frac{(8\times5)+(7\times4)+(6\times1)}{10}=7.4$(시간)

## 35

| 정답 | ②

| 해설 | 운동 시작 연령은 6세라고 응답한 선수와 11세라고 응답한 선수가 똑같이 2명으로 가장 많다.

## 36

| 정답 | ④

| 해설 | $\frac{3,563}{3,563+1,485+530+396}\times100 ≒ 59.6$(%)이다.

| 오답풀이 |

② 전년도에 비해 2017년에는 141천 명, 2018년에는 87천 명, 2019년에는 177천 명 증가하였다.

③ 488+530+554+606=2,178(천 명)이다.

## 37

| 정답 | ③

| 해설 | 비율이 두 번째로 높은 지역은 남구로 7.5%이고, 비율이 가장 낮은 지역은 서구로 2.6%이다. 따라서 비율을 합한 값은 10.1%p이다.

## 38

| 정답 | ④

| 해설 | $200,000\times\frac{5.8}{100}=11,600$(명)

## 39

| 정답 | ①

| 해설 | A=4,850−2,641−64=2,145

B=44,234−22,412−21,095=727

또는 다음과 같은 방식으로도 구할 수 있다.

A=22,412−8,513−3,011−3,500−1,287−2,215−1,741=2,145

B=440+37+64+61+0+39+86=727

## 40

| 정답 | ④

| 해설 | 안락사되는 고양이는 20.8%, 반환되는 고양이는 7.8%이므로 $\frac{20.8}{7.8} ≒ 2.7$(배)이다.

| 오답풀이 |

① 유기된 고양이가 유기된 개보다 많은 지역은 서울특별시, 대구광역시 두 곳이다.

② 유기동물의 수가 두 번째로 적은 지역은 울산광역시이다.

③ 인천광역시 유기동물의 수는 5,314마리이고, 광주광역시와 울산광역시 유기동물의 수의 합은 1,942+3,418=5,360(마리)이므로 인천광역시 유기동물의 수가 더 적다.

**02 추리능력** 문제 240쪽

| | | | | | | | | | |
|---|---|---|---|---|---|---|---|---|---|
| 01 | ② | 02 | ② | 03 | ① | 04 | ② | 05 | ④ |
| 06 | ① | 07 | ④ | 08 | ③ | 09 | ② | 10 | ② |
| 11 | ① | 12 | ① | 13 | ④ | 14 | ③ | 15 | ② |
| 16 | ② | 17 | ③ | 18 | ③ | 19 | ① | 20 | ③ |
| 21 | ③ | 22 | ③ | 23 | ① | 24 | ①,④,⑦ | | |
| 25 | ②,③ | 26 | ⑤,⑥ | 27 | ①,②,④,⑦,⑨ | 28 | ③,⑤,⑥,⑧ | | |
| 29 | ④ | 30 | ② | 31 | ③ | 32 | ② | 33 | ③ |
| 34 | ② | 35 | ① | 36 | ② | 37 | ③ | 38 | ② |
| 39 | ③ | 40 | ③ | | | | | | |

## 01

| 정답 | ②

| 해설 |

$58 \xrightarrow[-4]{} 54 \xrightarrow[-8]{} 46 \xrightarrow[-12]{} 34 \xrightarrow[-16]{} 18 \xrightarrow[-20]{} ? \xrightarrow[-24]{} -26$

따라서 ?에 들어갈 숫자는 −2이다.

## 02

| 정답 | ②

| 해설 |

3　9　5　8　7　?　9　6　11　5

(위: 9→8, 8→?, ?→6, 6→5 각각 −1 / 아래: 3→5, 5→7, 7→9, 9→11 각각 +2)

따라서 ?에 들어갈 숫자는 7이다.

## 03

| 정답 | ①

| 해설 |

$3 \xrightarrow[\times 2]{} 6 \xrightarrow[+3]{} 9 \xrightarrow[-4]{} 5 \xrightarrow[\times 2]{} 10 \xrightarrow[+3]{} 13 \xrightarrow[-4]{} 9 \xrightarrow[\times 2]{} ?$

따라서 ?에 들어갈 숫자는 18이다.

## 04

| 정답 | ②

| 해설 |

$24 \xrightarrow[\times 3]{} 72 \xrightarrow[\div 6]{} ? \xrightarrow[\times 3]{} 36 \xrightarrow[\div 6]{} 6 \xrightarrow[\times 3]{} 18$

따라서 ?에 들어갈 숫자는 12이다.

## 05

| 정답 | ④

| 해설 |

$153 \xrightarrow[-4]{} 149 \xrightarrow[-8]{} 141 \xrightarrow[-12]{} 129 \xrightarrow[-16]{} 113 \xrightarrow[-20]{} 93 \xrightarrow[-24]{} ?$

따라서 ?에 들어갈 숫자는 69이다.

## 06

| 정답 | ①

| 해설 |

88　54　34　20　14　?

(위: 50−34 → 20, 20−14 → ? / 아래: 88−54 → 34, 34−20 → 14)

따라서 ?에 들어갈 숫자는 6이다.

## 07

| 정답 | ④

| 해설 |

$7 \xrightarrow[\times 2]{} 14 \xrightarrow[-5]{} 9 \xrightarrow[\times 2]{} ? \xrightarrow[-5]{} 13 \xrightarrow[\times 2]{} 26 \xrightarrow[-5]{} 21$

따라서 ?에 들어갈 숫자는 18이다.

## 08

| 정답 | ③

| 해설 |

$2 \xrightarrow[+7]{} 9 \xrightarrow[-2]{} 7 \xrightarrow[+7]{} 14 \xrightarrow[-2]{} 12 \xrightarrow[+7]{} 19 \xrightarrow[-2]{} ?$

따라서 ?에 들어갈 숫자는 17이다.

## 09

| 정답 | ②

| 해설 |

$7 \xrightarrow[+1]{} 8 \xrightarrow[+2]{} 10 \xrightarrow[+5]{} ? \xrightarrow[+10]{} 25 \xrightarrow[+17]{} 42$

$+1 \xrightarrow[+1]{} +2 \xrightarrow[+3]{} +5 \xrightarrow[+5]{} +10 \xrightarrow[+7]{} +17$

따라서 ?에 들어갈 숫자는 15이다.

## 10

| 정답 | ②

| 해설 |

$2 \xrightarrow[\times 6]{} 12 \xrightarrow[\div 3]{} 4 \xrightarrow[\times 6]{} 24 \xrightarrow[\div 3]{} ? \xrightarrow[\times 6]{} 48 \xrightarrow[\div 3]{} 16$

따라서 ?에 들어갈 숫자는 8이다.

## 11

| 정답 | ①

| 해설 | ①을 제외한 나머지 선택지들은 앞 문자에 +3, −1, +2가 차례대로 적용된다(사전에 실리는 순서).

① 뽀오쏘쪼 − 9, 12, 11, 14

| 오답풀이 |

② 노로또모 – 3, 6, 5, 7

③ KNMO – 11, 14, 13, 15

④ 요웨워위 – 13, 16, 15, 17

## 12

| 정답 | ①

| 해설 | ①을 제외한 나머지 선택지들은 앞 문자에 ×2, –1, +1이 차례대로 적용된다(사전에 실리는 순서).

① ㅑㅕㅓㅗ – 2, 4, 3, 5

| 오답풀이 |

② ㅂㅌㅋㅌ – 6, 12, 11, 12

③ IRQR – 9, 18, 17, 18

④ CFEF – 3, 6, 5, 6

## 13

| 정답 | ④

| 해설 | ④를 제외한 나머지 선택지들은 앞 문자에 +2, –5, +2가 차례대로 적용된다(사전에 실리는 순서).

④ prnp – 16, 18, 14, 16

| 오답풀이 |

① 으이웨유 – 19, 21, 16, 18

② 타하찌카 – 17, 19, 14, 16

③ 머뻐더러 – 7, 9, 4, 6

## 14

| 정답 | ③

| 해설 | ③을 제외한 나머지 보기들은 세 번째 문자가 나머지 문자에 비해 5가 작다(사전에 실리는 순서).

③ 요요야요 – 6, 6, 2, 6

| 오답풀이 |

① FFAF – 6, 6, 1, 6

② ssns – 19, 19, 14, 19

④ 앙앙당앙 – 8, 8, 3, 8

## 15

| 정답 | ②

| 해설 | 작가가 어떠한 의미를 제시하고자 하는 것에 프레임을 씌우는 것이지, 의미 없는 사물에 프레임을 씌우기만 한다고 해서 의미가 생성되는 것은 아니다.

## 16

| 정답 | ②

| 해설 | 의미 없는 대상처럼 보여도 그것이 프레임에 둘러싸여 나타났다면 이는 작가가 어떠한 의미를 제시하고자 한 것이므로, 프레임은 단순한 물리적 틀이 아니라 작가가 의미화한 세계의 테두리라고 할 수 있다.

## 17

| 정답 | ③

| 해설 | 프레임 속에서 의미를 찾을 수 없는 경우도 있는데, 이 또한 의미화를 위한 작업으로는 볼 수 있으나 그것이 잘못된 의미화 작업인지는 지문만으로 알 수 없다.

## 18

| 정답 | ③

| 해설 | 선희가 참여 중인 A 프로젝트 구성 사원의 대부분이 2년차이지만, 모두가 2년차는 아니므로 선희가 몇 년차인지는 정확히 알 수 없다.

## 19

| 정답 | ①

| 해설 | 선희가 A 프로젝트에 참여 중인 것은 확실하므로 적어도 1개 이상의 프로젝트에 참여하고 있음을 알 수 있다.

## 20

| 정답 | ③

| 해설 | A 프로젝트에 참여 중인 사원의 대부분이 2년차이

지만 모든 2년차 사원들이 이 프로젝트에 참여하고 있는지는 알 수 없다.

## 21

| 정답 | ③

| 해설 | 민영이는 24살이고 국내사업부를 제외한 타 부서에는 25세 이하의 사원이 없다고 하였으므로 민영이는 국내사업부에 속해 있다. 성별에 관해서는 영업부만 전부 남자사원으로 구성되어 있다고 제시되었을 뿐, 나머지 두 부서의 성별 구성에 대한 언급이 없으므로 민영이의 성별은 알 수 없다.

## 22

| 정답 | ③

| 해설 | 총무부만 3년차 이상으로 구성되어 있다고 했으므로 국내사업부 소속인 민영이가 3년차 이상인지 이하인지는 알 수 없다.

## 23

| 정답 | ①

| 해설 | 영업부를 제외한 각 부서 사무실에 복사기가 한 대씩 있으므로 민영이의 소속인 국내사업부 사무실에도 복사기가 있음을 알 수 있다.

## 24

| 정답 | ①, ④, ⑦

| 해설 | **24**는 공연하게 사람을 모욕함으로써 성립하는 범죄인 모욕죄(형법 311조)에 해당하는 것이고, **25**는 재산이나 재물을 목적으로 하는 행위인 사기죄(형법 347조)이며 **26**은 형법상 횡령, 배임(형법 355조)에 관한 내용이다.

따라서 **24**에는 ①, ④, ⑦이 들어가야 함을 알 수 있다.

## 25

| 정답 | ②, ③

| 해설 | **24**의 해설을 참고하면, **25**에는 ②, ③이 들어가야 함을 알 수 있다.

## 26

| 정답 | ⑤, ⑥

| 해설 | **24**의 해설을 참고하면, **26**에는 ⑤와 ⑥이 들어가야 함을 알 수 있다.

## 27

| 정답 | ①, ②, ④, ⑦, ⑨

| 해설 | **27**은 성형수술에 찬성하는 입장이며, **28**은 성형수술에 반대하는 입장이다.

따라서 **27**에는 ①, ②, ④, ⑦, ⑨가 들어가야 함을 알 수 있다.

## 28

| 정답 | ③, ⑤, ⑥, ⑧

| 해설 | **27**의 해설을 참고하여 **28**에는 ③, ⑤, ⑥, ⑧이 들어감을 알 수 있다.

## 29

| 정답 | ④

| 해설 | 수면으로 올라갈수록 공기 방울 외부 수압은 낮아지지만 공기 방울 속 기압은 변하지 않는다. 따라서 공기 방울 속에서 공기가 물을 미는 힘보다 공기 방울 밖에서 물이 공기를 미는 힘이 더 작아지기 때문에 공기 방울의 부피가 늘어난다.

## 30

| 정답 | ②

| 해설 | 팔을 굽힌 채로 물풍선을 받으면 팔을 뻗은 채로 물풍선을 받을 때보다 충돌하는 데까지 걸리는 시간이 길어지므로, 물체가 받는 힘이 작아져 상대적으로 물풍선을 터뜨리지 않고 더 잘 받을 수 있게 된다.

## 31

| 정답 | ③

| 해설 | 먼저 A 그림을 보면 A 그림에 시세포가 모여 가장 선명하게 보이는 황반에 상이 맺히고, B 그림의 상은 망막의 다른 부분에 맺히게 된다. 그런데 A 그림은 여전히 황반에 맺히지만 B 그림은 시세포가 분포하지 않는 맹점에 맺히게 되므로 사라져 거리를 벌리면 보이지 않게 된다.

## 32

| 정답 | ②

| 해설 | 온도가 높아지면 입자들의 운동이 빨라져 서로 충돌하는 횟수가 늘어나고, 충돌 강도도 높아지기 때문에 화학반응의 속도가 빨라진다.

## 33

| 정답 | ③

| 해설 | 타이어의 요철은 도로와의 마찰력을 높여 타이어의 미끄러짐을 방지해 준다.

## 34

| 정답 | ②

| 해설 | 가정에서는 여러 전기 기구에 일정한 정격 전압이 걸려야 하고, 한 개의 스위치를 끄더라도 다른 전기 기구는 사용 가능해야 하므로 병렬 회로로 연결해야 한다.

## 35

| 정답 | ①

| 해설 | 기류는 아래에서 위로 이동하고 공은 시계 방향으로 구른다. 공의 안쪽은 기류의 방향과 회전 방향이 일치하여 운동 속도가 증가하고 압력이 감소하나, 공의 바깥쪽은 기류의 방향과 회전 방향이 서로 반대이므로 속도가 감소하고 압력이 증가한다. 따라서 공은 안쪽으로 작용하는 압력에 의해 ⓐ 방향으로 떨어지게 된다.

## 36

| 정답 | ②

| 해설 | 급히 당길 때에는 관성력($F=ma$)이 생겨서 (b) 부분의 실이 끊어진다.

## 37

| 정답 | ③

| 해설 |

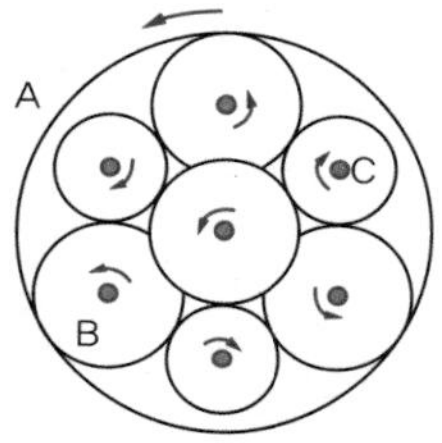


톱니바퀴가 바깥쪽으로 맞물려 있는 경우에는 중심축의 회전 방향이 서로 반대이고 안쪽으로 맞물려 있는 경우에는 두 기어의 회전 방향이 같다. 따라서 그림과 같이 중심의 기어와 A, B의 회전 방향은 모두 같고 C의 회전 방향은 반대이다.

## 38

| 정답 | ②

| 해설 | 가장 높은 지점에서 위치에너지가 최대이고, 가장 낮은 지점에서 운동에너지가 최대이다.

## 39

| 정답 | ③

| 해설 | 두 개 공의 질량이 다르므로 같은 힘으로 던졌을 때 공이 날아가는 속도가 다를 것이다. 야구공은 질량이 작은 분자, 농구공은 질량이 큰 분자를 나타내어 분자의 질량에 따른 분자 운동 속도의 변화를 알 수 있게 된다.

## 40

| 정답 | ③

| 해설 | 체내의 효소는 체온이 정상 범위 내에 있어야 활발하게 활동하며, 체온이 낮아지면 효소가 제대로 기능을 하지 못해 우리 몸에 산소나 영양분을 제대로 운반하지 못하게 된다.

| 오답풀이 |

① 한 반응을 촉매한 효소는 다시 새로운 기질과 결합하여 촉매 반응을 활성화한다(반복 사용).

④ 효소는 반응 후에도 변하지 않으므로 소모되지 않는다.

### 03 지각능력 문제252쪽

| | | | | | | | | | |
|---|---|---|---|---|---|---|---|---|---|
| 01 | ② | 02 | ② | 03 | ② | 04 | ④ | 05 | ③ |
| 06 | ④ | 07 | ① | 08 | ② | 09 | ② | 10 | ④ |
| 11 | ② | 12 | ③ | 13 | ① | 14 | ④ | 15 | ③ |
| 16 | ④ | 17 | ② | 18 | ④ | 19 | ③ | 20 | ① |
| 21 | ② | 22 | ① | 23 | ② | 24 | ① | 25 | ② |
| 26 | ① | 27 | ① | 28 | ② | 29 | ② | 30 | ① |
| 31 | ② | 32 | ② | 33 | ③ | 34 | ③ | 35 | ③ |
| 36 | ③ | 37 | ④ | 38 | ③ | 39 | ④ | 40 | ① |

## 01

| 정답 | ②

| 해설 | ①, ③, ④는 ○ 표시된 부분이 다르다.

①
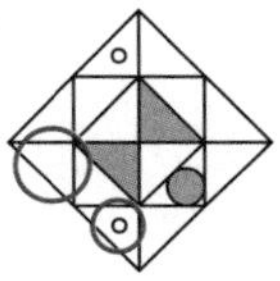
③
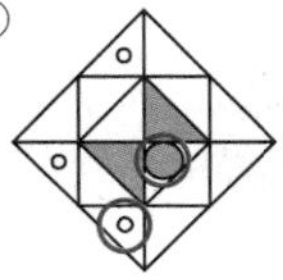
④
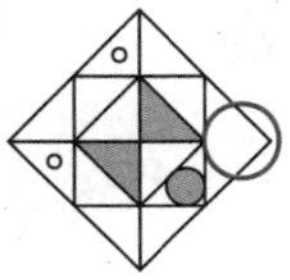

## 02

| 정답 | ②

| 해설 | 제시된 도형이 반시계방향으로 90° 회전된 모양이다.

## 03

| 정답 | ②

| 해설 | ①, ③, ④는 ○ 표시된 부분이 다르다.

①
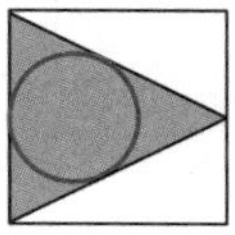
③

④
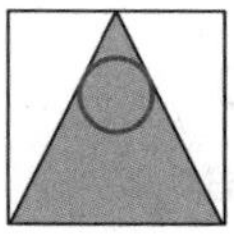

## 04

| 정답 | ④

| 해설 | 제시된 도형이 시계방향으로 90° 회전된 모양이다.

## 05

| 정답 | ③

## 06

| 정답 | ④

## 07

| 정답 | ①

| 해설 | 제시된 도형이 시계방향으로 90° 회전된 모양이다.

## 08

| 정답 | ②

| 해설 | 제시된 도형이 반시계방향으로 90° 회전된 모양이다.

## 09

| 정답 | ②

| 해설 | ①, ③, ④는 ○ 표시된 부분이 다르다.

①
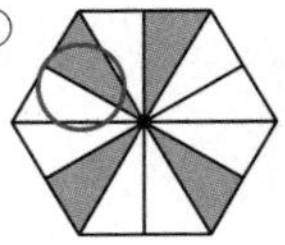
③
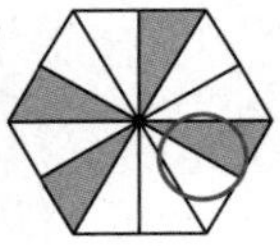
④
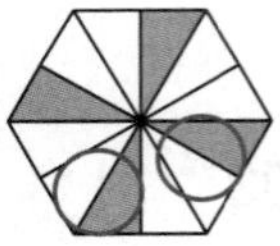

## 10

| 정답 | ④

| 해설 | ①, ②, ③은 ○ 표시된 부분이 다르다.

①
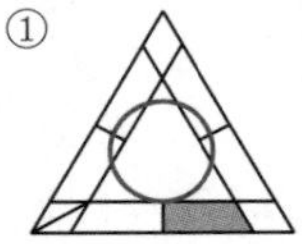
②
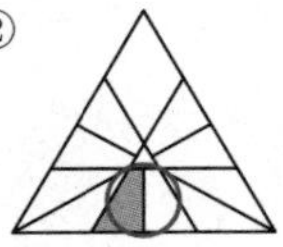
③
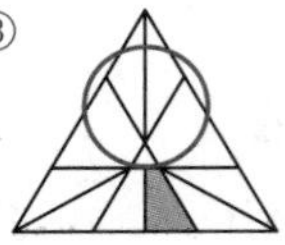

## 11

| 정답 | ②

| 해설 | 제시된 도형이 반시계방향으로 90° 회전된 모양이다.

## 12

| 정답 | ③

## 13

| 정답 | ①

| 해설 | ②, ③, ④는 ○ 표시된 부분이 다르다.

②
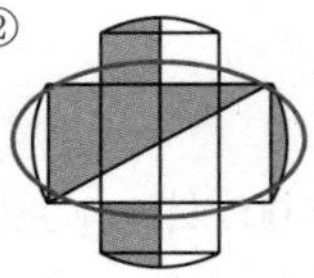
③
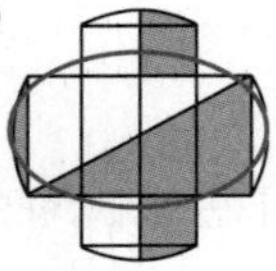
④
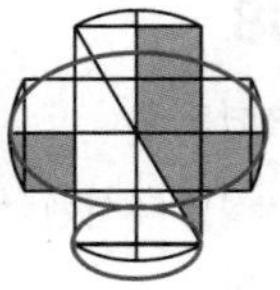

## 14

| 정답 | ④

| 해설 | 제시된 도형이 반시계방향으로 90° 회전된 모양이다.

## 15

| 정답 | ③

| 해설 |

## 16

| 정답 | ④

| 해설 |

## 17

| 정답 | ②

| 해설 |

## 18

| 정답 | ④

| 해설 |

## 19

| 정답 | ③

| 해설 |

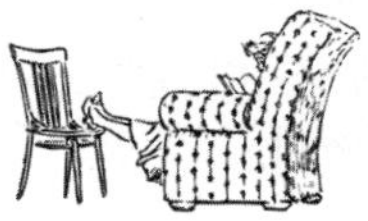

## 20

| 정답 | ①

| 해설 | 〈보기〉의 대응과 같다.

## 21

| 정답 | ②

| 해설 | 도덕 물리 체육 수학 – ◈ ◘ ◇ ◆

## 22

| 정답 | ①

| 해설 | 〈보기〉의 대응과 같다.

## 23

| 정답 | ②

| 해설 | 영어 문학 물리 체육 사회 – ▣ ◈ ◘ ◇ ▣

## 24

| 정답 | ①

| 해설 | 〈보기〉의 대응과 같다.

## 25

| 정답 | ②

| 해설 | € ¥ ₦ K – 키위 배 사과 딸기

## 26

| 정답 | ①

| 해설 | 〈보기〉의 대응과 같다.

## 27

| 정답 | ①

| 해설 | 〈보기〉의 대응과 같다.

## 28

| 정답 | ②

| 해설 | ₮ ¥ € ₦ K – 포도 배 키위 사과 딸기

## 29

| 정답 | ②

| 해설 | $ ₦ K ₣ ₮ ₤ – 오렌지 사과 딸기 바나나 포도 귤

## 30

| 정답 | ①

| 해설 | A는 내부를 채운 도형 막대(——●)끼리 만나며 내부가 빈 도형 막대(——○)끼리는 만나지 않는다. 반대로 B는 내부를 채운 도형 막대끼리는 만나지 않으며 내부가 빈 도형 막대끼리 만난다. C는 내부가 빈 도형 막대끼리는 만나지 않으며, 내부를 채운 도형 막대(양 끝에 도형이 위치한 막대 포함)와 빈 막대끼리 만난다. 〈보기〉는 내부를 채운 도형 막대끼리 만나며 내부가 빈 막대끼리는 만나고 있지 않으므로 A에 속한다.

## 31

| 정답 | ②

| 해설 | 첫 번째 줄에 11개, 두 번째 줄에 13개, 세 번째 줄에 15개로, 총 11+13+15=39(개)이다.

## 32

| 정답 | ②

| 해설 | 주어진 그림에서 정육면체를 만들려면 4×4×4=64(개)의 블록이 필요하다. 현재 블록의 개수는 39개이므로 최소 25개의 블록이 더 필요하다.

## 33

| 정답 | ③

| 해설 |

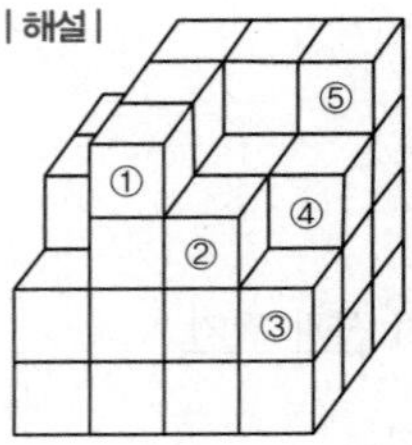


## 34

| 정답 | ③

| 해설 | 첫 번째 줄에 6개, 두 번째 줄에 6개, 세 번째 줄에 6개로, 총 6+6+6=18(개)이다.

## 35

| 정답 | ③

| 해설 | 주어진 그림에서 정육면체를 만들려면 3×3×3=17(개)의 블록이 필요하다. 현재 블록의 개수는 18개이므로 최소 9개의 블록이 더 필요하다.

## 36

| 정답 | ③

| 해설 |

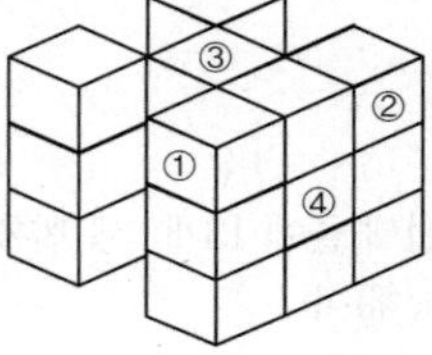


## 37

| 정답 | ④

| 해설 | 주어진 그림에서 정육면체를 만들려면 4×4×4=64(개)의 블록이 필요하다. 현재 블록의 개수는 20개이므로 최소 44개의 블록이 더 필요하다.

## 38

| 정답 | ③

| 해설 | 전체 블록의 개수에서 보이는 블록의 개수를 빼면 된다. 따라서 20−15=5(개)이다.

## 39

| 정답 | ④

| 해설 | 주어진 그림에서 정육면체를 만들려면 4×4×4=64(개)의 블록이 필요하다. 현재 블록의 개수는 19개이므로 최소 45개의 블록이 더 필요하다.

## 40

| 정답 | ①

| 해설 |

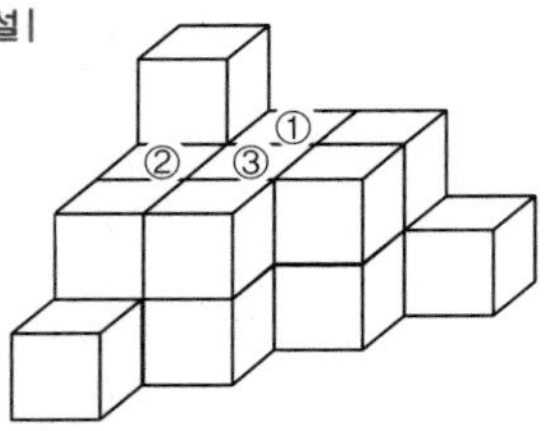